本书为国家社会科学基金重点项目『项目批准号：15AZX011』结项成果
本书获二〇二二年贵州省出版传媒事业发展专项资金资助
本书获贵州省孔学堂发展基金会资助

【阳明文库】学术专著系列

熊泽蕃山《集义和书》译注与研究

【张凌云 严薇 译著】

日本阳明学家经典著作译注与研究丛书 刘金才 主编

孔學堂書局

本书获2022年贵州省出版传媒事业发展专项资金资助
本书获贵州省孔学堂发展基金会资助

图书在版编目（CIP）数据

熊泽蕃山《集义和书》译注与研究 / 张凌云，严薇译著. —贵阳：孔学堂书局，2022.10
（阳明文库. 学术专著系列）
ISBN 978-7-80770-387-7

Ⅰ. ①熊… Ⅱ. ①张… ②严… Ⅲ. ①熊泽蕃山（1619-1691）- 哲学思想 - 研究 Ⅳ. ①B313.3

中国版本图书馆CIP数据核字(2022)第148114号

阳明文库（学术专著系列）
日本阳明学家经典著作译注与研究丛书　刘金才　主编
熊泽蕃山《集义和书》译注与研究　张凌云　严　薇　译著
XIONGZEFANSHAN JIYIHESHU YIZHU YU YANJIU

审　　定： 刘齐文　刘金才
项目执行： 苏　桦
责任编辑： 张基强　黄文华
责任校对： 陈　倩
书籍设计： 曹琼德
排版制作： 刘思好
责任印制： 张　莹

出　　品：贵州日报当代融媒体集团
出版发行：孔学堂书局
地　　址：贵阳市乌当区大坡路26号
印　　制：雅昌文化（集团）有限公司
开　　本：889mm × 1194mm　1/24
字　　数：370千字
印　　张：15.75
版　　次：2022年 10 月第 1 版
印　　次：2022年 10 月第 1 次
书　　号：ISBN 978-7-80770-387-7
定　　价：98.00元

阳明文库·学术专著系列

总序

一、缘起

明代大儒王守仁(1472—1529)集心学之大成而创立的阳明心学，成就了中国儒家思想史上一个新的高峰，是中华传统思想文化的精华。阳明心学自16世纪初创立以降，其“门徒遍天下，流传逾百年”（《明儒学案》），形成了黔中、江右、浙中、楚中、闽粤、南中、北方、泰州八大王门学派，不仅在明代中后期“震动一世，而风行天下”，对中国人文精神发展和近代思想的启蒙发挥了“震霆启寐，烈耀破迷”的作用，而且渐次传播到东亚诸国，被输入国基于自我文化自觉认知、吸纳、阐发和转化，诞生了一批批异域阳明学者和流派，著述浩瀚，言说纷呈，对传播、丰富、拓展阳明心学思想和促进东亚人文精神的发展做出了重要贡献。

特别是与中国一衣带水的邻邦日本，早在1513年，就有室町幕府（1336—1573）遣明正使、高僧了庵桂悟（1424—1514）在浙江拜会王阳明“辩空”“论教”，获得阳明所赠《送日东正使了庵和尚归国序》及其心学著作。了庵桂悟东归后开始了阳明心学的传播，于儒学被定为官方意识形态的江户幕府(1603—1868）治世初期，应运诞生了以“近江圣人”中江藤树（1608—1648）为始祖的日本阳明学。自17世纪40年代初中江藤树开办藤树书院、著《翁问答》《孝经启蒙》等而开创具有日本特色的阳明学流派，阳明心学的“心即理”“致良知”“知行合一”“万物一体之仁”等核心思想和精神便在日本近世儒学者和中下阶层中不断传布。他们以“致良知”为宗，视“心”为“万物之本体”，立“孝德”为“明德”伦理之核心，主张以良知为镜而慎独、自省和践行，以及反对泥古而强调“时·处·位”之权变等思想，尽管经历了“蕃山遭禁”（1687—1691）、宽正“异学之禁”（1787—1793）等坎坷，但一直薪火相传，学者辈出、著作层现，形成了独特的日本近世阳明学之谱系。

纵观继中江藤树之后的日本近世阳明学发展轨迹，各个时期都涌现出了具有代表性的人物、著作和受阳明心学影响的思想精神。例如在江户时代前期，既有阳明学主事功派代表熊泽蕃山（1619—1691）及其《集义和书》和《大学或问》，亦有阳明学主内省派代表渊冈山（1617—1686）及其《冈山先生示教录》等。在江户时代中期，既有主张“致良知”“知行合一”之旨为孔孟之正宗的三重松庵（1674—1734）及其《王学名义》，亦有被称为“外朱内王之学”的大阪怀德堂第一任学主三宅石庵（1665—1730）及其《藤树先生书简杂著》；既有以传播阳明学为使命而在日本最先注解《传习录》的三轮执斋（1669—1744）及其《日用心法》和《四句教讲义》等，亦有倡“致良知”之教、明“天地万物一体”之义的中根东里(1694—1765)及其《大人歌》和“人说”等。在江户时代后期，既有主张“朱王调和”的佐藤一斋（1772—1859）及其《言志四录》和《传习录栏外书》等，亦有开陈“良知、太虚”之哲学的贫民起义领袖大盐中斋（1793—1837）及其《洗心洞札记》和《儒门空虚聚语》等。幕末更出现了大力张扬阳明“万物一体”思想的吉村秋阳（1799—1866）及其《王学提纲》、农政家二宫尊德（1787—1856）强调“至诚即神·实行为先”的“报德思想”，以及藩政改革家山田方谷(1805—1877）贯彻“致良知”的“诚意本位主义”精神等。

正是这些日本近世阳明学家言说和思想的传承及其对社会大众的近代思想启蒙作用，使阳明学不但成为日本江户时代封建社会思想解体的催化剂，而且成了鼓舞吉田松阴、高杉晋作、西乡隆盛等幕末志士进行倒幕维新的思想武器和行为动力，为成就明治维新变革做出了重要贡献。到了日本迈向近代化的明治时代（1868—1912)中期，还以国粹主义者三宅雪岭出版《王阳明》、平民主义者德富苏峰出版《吉田松阴》为先导，兴起了阳明学复兴运动，《日本之阳明学》（高濑武次郎，1898）、《日本阳明学派之哲学》（井上哲次郎，1900）、《精神修养与阳明学》（岛有生，1902）、《阳明学神髓》(杉原夷山，1904)、《吉田松阴精神修养谈》(杉原三省，1909)等著作纷纷问世，阳明学不仅被用为抑制道德西化风潮，重铸日本"国民之道德心"和救治腐败、匡救时弊的良药，而且被井上哲次郎等日本近代知识精英定位为"代表心德的东洋道德的精华和东方哲学史的最重要构成部分"。由此可见，日本阳明学不仅使阳明心学的内涵和外延、价值和意义得到了极大的丰富和扩展，而且对日本的人文精神的发展、近代思想的发育以及近世以来的社会革新和进步产生了重要影响。

日本近世阳明学的主要人物和思想著述，在前述的明治阳明学复兴运动中，经日本国家主义汉学家高濑武次郎在其所著《日本之阳明学》中强调中国"王学末流"吸收了阳明学"枯禅元素"，"日本阳明学"发扬了阳明学"事业元素"而形成了"凛然有生气，懦夫能立志，顽夫亦有廉风"之特质，成就了"维新诸豪杰的惊天动地之伟业"，而被正式定名为与"中国阳明学"相对应的"日本阳明学"。在高濑著述的基础上，御用文人井上哲次郎出版《日本阳明学派之哲学》，较系统地梳理了从中江藤树一直到幕末吉田松阴等的"日本阳明学"谱系，强调"日本阳明学派成活泼之事迹，留赫奕之痕迹"，具有让国民"领悟陶铸日本国民之心性的德教精神"，从而基于日本国家主义和哲学思想史，构建了与"日本朱子学派""日本古学派"相并列的"日本阳明学派"之体系。日本近世阳明学的主要著作，也于日本明治三十四年(1901)，由井上哲次郎、蟹江义丸编成《王阳明学之部》上、中、下三卷收入《日本伦理汇编》出版。第一次世界大战后岩波书店陆续出版的《日本思想史大系》，也推出了《中江藤树》《熊泽蕃山》《佐藤一斋　大盐中斋》等专卷，使日本阳明学成为阳明心学在东亚传播和本土化的典型而备受瞩目，发展为日本思想研究乃至东亚思想研究的显学之一。

然而令人遗憾的是，上述日本近世阳明学家的代表性著作，在我国除了三轮执斋所注释的《标注传习录》(吴志远、李小希译，2014)外，至今没有一部原典完整地译注为现代汉语出版，也未见有人对其中一部原著进行完整解读和专门研究。这使中国大多不懂日文的学者在研究中只能使用日本阳明学的第二、第三手资料，参考经近代日本阳明学研究者解读和确立的观点，很难全面了解阳明心学在日本被容受、改造和发展的过程及内容，也很难确切地认识和把握日本代表性阳明学家的思想特色及其实践的特质。这种状况既严重影响着阳明学普世价值研究的深化和拓展，也有碍中国读者深入了解和认知日本阳明学，不利于提高国人对阳明思想文化普遍价值的认识。

为此，我们于2015年申报了国家社会科学基金重点项目“日本阳明学家经典著作译注与研究”（项目批准号：15AZX011）并获批，对6位日本近世最具代表性的阳明学家及其经典著作进行了中文译注和研究，于2021年2月以“良好”成绩结项。现经课题组成员进一步修改完善，冠以《日本阳明学家经典著作译注与研究丛书》之名出版，以期为弥补上述中国阳明学界的缺憾，进一步推动阳明学普世价值研究的深化和拓展提供有益的助力。

二、译注与研究的对象和目的、意义

（一）译注与研究对象的选取

迄今的日本学界，对于何为“日本阳明学”、何为“日本阳明学家”的范畴界定并非完全一致。其中既有专指“日本近世阳明学”之说，亦有指包括具有国家主义和民粹主义性质的“日本近代阳明学”之说，有的将近代直至现代日本有关中国阳明学和日本阳明学的研究统称为“日本阳明学”，极端者甚至将仅发表过一篇题为《作为革命哲学的阳明学》文章的现代日本著名右翼作家三岛由纪夫（1925—1970）也称为“日本阳明学者”。因此，我们选取日本阳明学家及其经典著作作为译注与研究的对象，首先应明确“日本阳明学”和“日本阳明学家”的范畴及选取原则。

“日本阳明学”之说，发端于前述的高濑武次郎的《日本之阳明学》，成型于井上哲次郎的《日本阳明学派之哲学》。井上提出的日本阳明学之范畴，在时间上界定在了日本近世（江户时代），在谱系建构上不仅包括了以中江藤树为首的日本近世阳明学的学者及其著述，而且包含了曾受阳明心学思想影响或倾慕阳明学的思想家和政治家及其言说等。其为主张日本阳明学较之于中国阳明学的“先进性”与“革命性”，彰显阳明学对于明治维新大业的贡献，将幕末开国论者佐久间象山、横井小楠、河井继之助，尊王思想家吉田松阴，倒幕维新志士高杉晋作、西乡隆盛等算不上阳明学者之人，也纳入了日本阳明学派的谱系。这不仅使“明治维新的成功有赖于阳明学”“阳明学是明治维新的原动力”等说法风靡于世，也导致许多人往往以幕末阳明学来解释和定性日本阳明学（中国近代知识精英如梁启超、章太炎等人以及近现代学者张君劢、朱谦之等也多受此影响），以致有学者将井上建构的日本阳明学称为“日本国家主义阳明学”，批评其有“政治化”“历史后设”或“后见之明”之嫌。然而井上建构（有人称其为“塑造”）的日本阳明学谱系，尽管具有明显的政治化乃至为近代日本国家主义服务的倾向，但其基本上是以扎实的文献史料为依据的，最大可能地囊括了从江户初期中江藤树到幕末云井龙雄（1844—1870）等的近70名阳明学者或关涉阳明心学的思想家和践学者，描述出了日本近世阳明学的主要历史形态，是迄今学界最详细、较有系统和被普遍接受的“日本近世阳明学谱系”。因此，我们对“日本阳明学家及其经典著作”的选取，仍然参考井上哲次郎的“日本近世阳明学谱系”，将“日本阳明学家”的范围界定在日本近世尊崇、学研、阐发和著述阳明心学的儒学者。

我们知道，日本阳明学的生成发展历经德川时代260多年。在以“封建领主土地所有制”“士农工商等级身份制”和“朱子学思想统治”为基石的幕藩体制下，朱子学成为代表武士阶级“武尊町卑”“义理本位”价值伦理的官学，而阳明学则成了中下阶层“四民平等”“情心本位（心本情主）”价值伦理的代表。日本阳明学的境遇，虽然未必像明治阳明学者吉本襄所说“一直受到严重压抑，几乎命悬一线”（《阳明学》第4卷第60号），但总体上处于“在野”的地位，经历了如下非常曲折的历程：中江藤树“由朱转王”创始，其弟子熊泽蕃山等继承发展，“蕃山遭禁”后三重松庵等坚守不懈，“元禄文化”（1688—1705年间以新兴町人特别是京阪商人为主体展开的，以重人性、合理性为精神特质的町人文化）高潮后三轮执斋等奋力中兴，宽正“异学之禁”后佐藤一斋等“朱王调和”论重构，幕末大盐中斋等革命性地再兴阳明学。因此本丛书对日本近世阳明学家及其著作的选择，遵循既要照顾日本阳明学纵向性发展历程，又要照顾其学术历史形态，集中反映其在各个阶段的思想特征之原则，选取了如下具有代表性的日本近世阳明学家及其经典著作为译注和研究的对象。

1. 日本阳明学派创始人中江藤树及其代表作《翁问答》，译注日文底本为山井勇、山下龍二等編：《日本思想史大系29：中江藤樹》，岩波書店1974年版。

2. 日本近世初期阳明学主事功派代表人物熊泽蕃山及其代表作《集义和书》，译注日文底本为後藤陽一、友枝龍太郎編：《日本思想史大系30：熊沢蕃山》，岩波書店1971年版。

3. 日本近世中期坚守阳明学代表人物三重松庵及其所著《王学名义》，译注日文底本为井上哲次郎、蟹江義丸共編：《日本倫理彙編　卷之二　王陽明學派》，東京育成會1903年版。

4. 日本近世中期阳明学中兴代表人物三轮执斋及其所著《日用心法》和《四句教讲义》，译注日文底本为井上哲次郎、蟹江義丸共編：《日本倫理彙編　卷之二　王陽明學派》，東京育成會1901年版。

5. 日本近世后期大儒、朱王调和派代表人物佐藤一斋及其所著《言志录》，译注日文底本为相良亨、溝口雄三校注：《日本思想大系46：佐藤一斎　大塩中斎》，岩波書店1980年版。

6. 日本近世末期阳明学再兴代表人物大盐中斋及其所著《洗心洞札记》，译注日文底本为相良亨、溝口雄三校注：《日本思想大系46：佐藤一斎　大塩中斎》，岩波書店1980年版。①

（二）译注与研究的目的和意义

译注与研究上述日本近世阳明学家的经典著作具有以下的目的和意义：

1. 本丛书所遴选和译注的七部日本近世阳明学家的日文原典著作，迄今没有一部译为汉语或进行中文编注而出版，因而本丛书的译注成果，不仅能为中国的阳明学研究者提供重要的研究资料和素材，而且能填补世界阳明学界译注领域的一个空白。

2. 本丛书所译注的七部著作，是自日本阳明学开创者中江藤树至幕末将阳明学再兴并付诸实践的大盐中斋之著作中最具代表性的经典著作。将其译为汉语和进行中文编注，不仅可以使不懂日文的

---

① 译注日文底本图书信息保持日文原貌。

中国读者全面了解和把握阳明学在日本被容受乃至本土化的过程及内容，而且有助于中国学者深入认知和研究日本阳明学的特质。

3. 本丛书所译注的七部著作，是最能体现日本阳明学者对中国儒学吸纳、阐发和践履的代表性著作，其汉译文本展现了日本阳明学在形成过程中对中国儒学各派思想及概念的容受轨迹及其基于自我实践需要而转化、创新的内容，这对于深化中国阳明学研究以及拓展阳明学普世价值的研究具有重要的学术价值和资料参考价值。

4. 本丛书各辑（卷）在中文译注所选著作之前，首先对作者的人生经历、人物性格及著述业绩，该著作的生成背景、成书经纬、思想精髓进行了基于时代背景和社会文化语境的评介，明确了其思想价值和译注意义。这对于中国研究者和读者详细了解和准确把握作者的言说特点和学问立场，确切地根据该著作的文化语境读解其思想内容和观点，深入地认识日本阳明学的思想特质具有重要的导读性意义。

5. 迄今，在有关日本阳明学的研究中，未见一项是对某部近世阳明学家经典著作的专门研究。本丛书各辑在每位阳明学家经典著作的译注之后，以"思想评述"为题，就每位作者的学问历程和思想形成轨迹，各部著作的核心思想内容及其与中国阳明学的渊源、异同、学术和实践价值、影响、历史作用等，进行了综合考察和较为深入地论析，阐明了各部著作的思想特征及其在日本思想史上的地位、学术价值与现实意义。这对于明确日本阳明学的品格特色及其在世界阳明学中的地位，深化和丰富国际阳明学研究不无裨益。

三、译注与研究的原则和方法

（一）和文类著作汉译和注释的原则和方法

1. 和文类著作汉译的原则和方法

本丛书收入的中江藤树著《翁问答》、熊泽蕃山著《集义和书》、三重松庵著《王学名义》、三轮执斋著《日用心法》及《四句教讲义》，均是近世日语著作，其所使用的文体，基本上是由中世日语向近代日语演变过程的"候文"体（日语文言文体）。因而在汉译作业中要求努力做到：（1）在坚持忠于原著的原则下，特别注意近世日语语法和词语的表述意义，做到确切把握原意而实现日汉书面语的等值转换，译成相应的汉语；（2）在争取译作与原作语义等值的前提下，使词、词组、句、超句体、篇章之间实现最大的等值转换；（3）运用日汉书面语的翻译转换规则，把具有体用对峙式的日语翻译成动宾平衡式的流畅汉语；（4）日文原著中的中文著作名、引文和用语的翻译和注释，尽量找到中文原典进行核定。

2.和文类著作汉译中的注释对象和方法

和文类著作汉译中的注释，一律采用脚注形式，加注的主要对象和方法为：（1）对文中的“引经据典”注出其原典出处或原典内容；（2）中文读者不熟悉的日本专用术语或生僻词语，注明其义，并标明“译者注”；（3）中文读者较为陌生的典故、古代人物、历史事件、年号、地名等，添加注释；（4）无法译为确切汉语而直接用日文“汉字词汇”表达的词语，进行注解；（5）原文中由中文典籍译成日语后的同源词语，进行相应标注。

（二）日本古典汉文类著作译注的体例和方法

本丛书收入的佐藤一斋著《言志录》和大盐中斋著《洗心洞札记》，均是用日本古典汉文写成，其中夹杂了大量中文繁体字、异体字、日文特殊汉字以及各种不同文字、词义用法，故译注工作主要是对原著各条进行原文点校、难解词语注解和翻译为现代汉语。译注体例参考中华书局“中国古典名著译注丛书”之体例，设“原文（点校）”“注解”“今译”三个部分，主要对象和方法如下。

1.“原文（点校）”部分的主要内容和方法：（1）按照中文古典通常的点逗方法对原文添加了标点；（2）原文中的中文繁体汉字皆改为现代汉语中常用简体字；（3）原文中日文特有写法的汉字，皆改为中文常用汉字写法；（4）现代汉语中仍沿用的部分古字予以保留。

2.“注解”部分的主要对象为：（1）文中“引经据典”的原典出处；（2）中文读者陌生的典故、历史事件、名人别号等；（3）中文读者难解的日本专用术语或生僻词语；（4）关乎识解原文本义的概念性词语等。

3.“今译”部分遵循忠于原著的原则，为准确表达原著之原义和体现原作文笔之风格，译文采取了文白夹杂的译法，尽量保留了部分现代汉语中常见的古汉语词句用法，而将较为晦涩、生僻的古文以及日式汉语古文部分译成现代汉语。

（三）对作家作品研究的理论和方法

1. 援用历史学的理论和方法，对作者的人生经历、著述业绩、学问历程、思想形成轨迹以及本部著作撰著的时代背景和成书经纬进行了考察和评介。

2. 利用文本分析的方法，从思想史角度，对各部著作的主要内容、所反映的核心思想内涵和特征进行了基于时代背景和社会文化语境的解读和分析。

3. 援用比较哲学和比较文化学的理论和方法，对各作者作品的思想渊源和特质及其与中国阳明学的容受关系、异同、在日本思想史上的地位、学术价值和现实意义等进行了学术性评析。

四、丛书构成结构与主要内容

本丛书按日本阳明学创始、继发、坚守、中兴、“朱王调和”和再兴的发展轨迹，选取6名日本阳明学家及其7部经典著作进行了译注，由四辑共六个单元构成。每辑附有“总序”和“总跋”，每个单元由“作家作品述介”“作品译注”和“作家作品思想评述”三个部分构成。

“总序”部分阐述了本丛书的缘起及目的、译注及研究的对象及意义，明确了对6位日本阳明学家的著作进行译注和研究的方法与体例，概述了各单元译注与研究的主要内容。各辑的主要内容如下。

第一辑：《中江藤树〈翁问答〉译注与研究》，由三部分构成。第一部分为“中江藤树生平与《翁问答》述介”，对日本阳明学创始人中江藤树的生平、人物性格及业绩，《翁问答》的生成背景、成书经纬、思想价值和译注意义进行了评介；第二部分为“《翁问答》译注”，对《翁问答》全书进行了汉译和注释；第三部分为“中江藤树《翁问答》思想评述”，对中江藤树由朱子学转向阳明学的心路历程、思想形成轨迹，《翁问答》的主要内容和思想精髓进行了深入地考察和分析，并通过考察中江藤树认知和阐发阳明学的视角和立场及其思想对于民众道德培育的影响，探究了他的阳明学思想与中国阳明心学思想的关系和异同，阐明了其人其书以“孝德”为本位，主张以良知为镜而慎独、自省，践行和强调“时·处·位”之思想特色，明确了其在日本思想史上的价值和对日本近世以来的道德教育的意义。

第二辑：《熊泽蕃山〈集义和书〉译注与研究》，由三部分构成。第一部分为“熊泽蕃山生平与《集义和书》述介”，对熊泽蕃山拜中江藤树为师求学、出仕从政、著书立说以及因反抗幕府被幽禁致死的人生经历，智、仁、勇品格，主要著述业绩，《集义和书》的撰写宗旨、成书背景和主要内容、价值进行了述介；第二部分为“《集义和书》译注”，对《集义和书》全书四卷——《书信问答》《心法图解》《始物解》《论义》进行了汉译和注释；第三部分为“熊泽蕃山《集义和书》思想评述”，对熊泽蕃山从学阳明学的心路历程、重视践履和强调“即知即行”及“时·处·位”之权变等思想的形成轨迹、《集义和书》的核心思想内容进行了较深入的考察和分析，并通过阐析熊泽蕃山阳明学思想的特质、其与中国阳明学的异同及其历史影响和作用，阐明了熊泽蕃山及其《集义和书》的思想特色，其人其书在日本思想史上的地位、学术价值与现实意义。

第三辑上卷：《三重松庵〈王学名义〉译注与研究》，由三部分构成。第一部分为“三重松庵与《王学名义》述介”，对三重松庵的人生经历，其古义学思想沿袭和邂逅王学的过程，《王学名义》的撰写宗旨、成书经纬、主要内容和译注价值进行了评介；第二部分为“《王学名义》译注”，对《王学名义》全书（上、下卷）进行了汉译和注释；第三部分为“三重松庵《王学名义》思想评述”，对松庵将古义学与王学相融合的思想形成轨迹、《王学名义》的思想内涵和精神指向进行了比较深入地考察和分析，并通过阐析三重松庵的核心思想与中国阳明心学思想的渊源关系和异同，明确了松庵及其《王学名义》视致良知及知行合一之旨为孔孟之正宗的思想特色，揭示了其人其书在日本思想史上的价值和意义。

第三辑中卷：《三轮执斋〈日用心法〉·〈四句教讲义〉译注与研究》，由四部分构成。第一部分为“三轮执斋与《日用心法》及《四句教讲义》述介”，对三轮执斋的人生经历、由朱子学转向阳明学的过程及著述业绩、《日用心法》和《四句教讲义》的成书经纬及其价值和译注意义进行了评介；第二部分为“《日用心法》译注”，对《日用心法》全文进行了汉译和注释；第三部分为“《四句教讲义》译注”，对《四句教讲义》全文进行了汉译和注释；第四部分为“三轮执斋《日用心法》及《四句教讲义》思想评述”，对三轮执斋的学问历程和思想形成轨迹，《日用心法》和《四句教讲义》的生成背景、主要内容和思想精髓及其学术价值和社会意义进行了综合考察和分析，并通过考析其阳明学思想与中国阳明心学思想的关系和异同，认为执斋阳明学的思想特色是将阳明心学与尧舜之传、孔孟之道相贯通，强调“执心”为“日用行仪”之功夫，“四句教”为本于人心本体之诚实而有正学脉、示学术、励学业之作用，从而揭示了其人其书对于日本近世中期阳明学中兴的作用和意义。

第三辑下卷:《佐藤一斋〈言志录〉译注与研究》，由三部分构成。第一部分为“佐藤一斋与《言志录》述介”，对佐藤一斋的人生经历、志学心路、著述业绩和学术品格，《言志录》的成书经纬、主要思想内容及其译注价值进行了评介；第二部分为“《言志录》译注”，对《言志录》全书进行了点校、注解和今译；第三部分为“佐藤一斋《言志录》思想评述”，对佐藤一斋的思想形成轨迹、《言志录》基于儒家工夫论的四大论域的主要内容和思想指归进行了深入细致的阐释和论析，阐明了一斋基于日本儒学自觉的立场而阐发儒家思想的学术特色，揭示了其将朱子学和阳明学进行调和的“朱王会同”思想指向。同时，通过考察和分析一斋生前身后的思想影响和作用，阐明了其人其书对于儒学思想史的重要意义和当代价值。

第四辑：《大盐中斋〈洗心洞札记〉译注与研究》，由三部分构成。第一部分为“大盐中斋生平与《洗心洞札记》述介”，对大盐中斋的人生经历、思想沿袭、著述业绩、主要事迹及其历史影像，《洗心洞札记》的成书背景及其开陈“良知、太虚”之哲学的价值进行了评介；第二部分为“《洗心洞札记》译注”，对《洗心洞札记》全书进行了原文点校、注解和今译；第三部分为“大盐中斋《洗心洞札记》思想评述”，对大盐中斋的思想形成轨迹，《洗心洞札记》的主要内容、思想精髓和特质进行了较为深入的考察和分析，并将《洗心洞札记》作为王学在日本被继承和容受的一个案例，探讨了其开陈“良知、太虚”之哲学在对抗朱子学的新儒教中的历史地位，揭示了其学术价值及其对于当代的启示意义。

综上所述，热盼能为读者阅读和识解这套《日本阳明学家经典著作译注与研究丛书》提供有益的参考和助力。

刘金才

2022年7月于北京

目录

第三卷 始物解

第四卷 论义

第一部分

熊泽蕃山生平与《集义和书》述介

《集义和书》是日本近世思想家、日本阳明学主事功派代表熊泽蕃山最具代表性的著作。其中“集义”一词出自《孟子·公孙丑上》[①]，在该书中，集义之“义”是指正义、仁义；而《集义和书》之“集义”则源自朱熹《孟子集注》“集义，犹言积善，盖欲事事皆合于义也”之说，即“积累善事，行事合乎道义”之意。所谓“和书”，即以和文撰写之书籍。熊泽蕃山以“集义和书”命名此书，主要是为体现该书之宗旨——论说当如何事事合乎于义而积累善事和践行道义。

一、熊泽蕃山其人

江户时代中期影响日本朝野的古文辞学派创始人荻生徂徕（1666—1728）曾评价当代儒者说：“盖百年儒者巨擘，人才则蕃山，学问则仁斋，余子碌碌未足数也。”由此可见，熊泽蕃山早在江户时代中期就已被评价为“儒者巨擘”中之英才，在日本近世学界中具有重要的地位和较大影响力。纵观蕃山的一生，其人生轨迹可简单概括为少年尚武，青年尚文求学，而立和不惑之年以致良知为宗从政，知天命之年后直面德川社会问题讲学立说、著书传世。蕃山下级武士的出身、修习阳明学的学历、两次出仕的从政经历以及基于良知学对现实社会的深思，为其思想与学问赋予了以改造世界为使命而注重践履的倾向与特征。蕃山的思想与学问诉求，虽然其在世时因有违幕藩统治阶级利益几番遭受挫折和受制而壮志未酬，但却为后世留下了宝贵的精神遗产。

（一）蕃山的生平与品行特征

熊泽蕃山（1619—1691），名伯继，字了介，号蕃山，晚年自号息游轩。蕃山出生于当时天皇所在地京都，其父为野尻一利，母为熊泽龟女。据《日本思想大系30：熊泽蕃山》中所载《熊泽蕃山

①《孟子·公孙丑上》：“（公孙丑问）：‘敢问何谓浩然之气？’（孟子）曰：‘难言也。其为气也，至大至刚，以直养而无害，则塞于天地之间。其为气也，配义与道；无是，馁也。是集义所生者，非义袭而取之也。’”

年谱》[1]可知，与中江藤树9岁时被祖父领养、收为养子的经历相似，蕃山8岁时亦被其外祖父熊泽守久收为养子，故而姓氏改为熊泽。16岁即出仕冈山藩，23岁问学于中江藤树，27岁主导冈山藩政改，32岁开始著书立说，53岁时与藩主池田光政之间产生龃龉乃至绝交，67岁时长子去世，69岁时上书幕府，因触犯禁忌，被幕府幽禁于古河（今茨城境内），直至1691年73岁病逝。在73年的人生旅程里，熊泽蕃山经历了丧子之伤痛、仕途之坎坷与晚年失去人身自由之不幸，然而从以下几个事例，以及临终前仍笔耕不辍之精神，可以窥知这位思想家、政治家、教育家的个性与品格。蕃山的品行特征主要体现在“性格刚勇”“心怀仁德”和“致学智慧”三个方面。

熊泽蕃山之勇既体现于年轻时的血气之勇，又体现于对追求学问、施政建言方面的刚直之勇。岛原事件（1637—1638）发生时，蕃山年方二十，未被允许参战却私自随军出征，虽因战乱平息而未真正参战，但可见其年轻气盛，血液里流淌着武士之勇。另一方面，当时的主流学问是幕府推崇的朱子学，而蕃山所学的中江藤树后期倾注全力的阳明学，则是与被幕府起用的朱子学学者林罗山的学问相对立，被对方排斥的学问。尽管如此，蕃山依旧对自身所追求的学问之道不改初衷、矢志不渝，并学以致用，多次对冈山藩的藩政改革、幕府的施政之弊上书建言、指责批评，即便受到打击乃至软禁亦不妥协、变节，可见其性格中的刚直之勇。

熊泽蕃山虽然性格勇猛刚直，然而据说其为人却谦逊温和且相貌十分俊美。他先后两次出仕于冈山藩，在就任期间推行藩政改革，主张施行仁政。关于何为“仁”，蕃山认为：“仁者，德之本”[2]“仁者，天地置于我心，万物备于己身。故而无死生幽明之隔、无富贵贫贱之好恶，随世间安乐忧患而行，至公而无至私之心，至明而无私照之欲，浩然之气满乾坤。处静则虚则明，处动则

① 后藤阳一、友枝龙太郎校注：《日本思想大系 30：熊泽蕃山》，（日本）岩波书店 1982 年版，第 581 页。
② 熊泽蕃山：《集义和书》第 8 卷“论义一”，后藤阳一、友枝龙太郎校注：《日本思想大系 30：熊泽蕃山》，第 134 页。

直则合乎理。观其气象，则笃恭而天下平也”①。蕃山也将上述认识作为自己的座右铭躬身实践。

又据《先哲丛谈》记载，蕃山“布德施惠，赈贫救因，罢勾查，禁赌博，毁淫祠，表节义，其明圣教以辟异端，严武备以戒不虞，诸新政，海内惊耳目”。从上述蕃山的行为及处世态度可知，其一生真正贯彻和践行了自己对于仁德的理解与主张，展现了其“心怀仁德”的高尚品行。

熊泽蕃山之智慧体现于两个方面，一是知己之不足，及时拜师求学进行弥补，建立自身的知识、学问体系；二是学问路向的选择，他不为功名利禄所动，未选择当时盛行的主流官学，而是基于对现实情况的思考，追求能匡正时弊、学以致用的真正学问。蕃山在仕途受挫之后，亦未灰心丧气，而是继续著书、研讲阳明良知之学，终于形成自身的学问体系，建立一家之言，为其后日本阳明学的发展打下了坚实的理论基础。

（二）主要著述

熊泽蕃山自23岁就学于中江藤树门下，32岁起执笔著书，一生著述颇丰，按时间顺序列举如下：

（1）《大和西铭》（1650年出版）

（2）《十届之图》（1650年成书）

（3）《花园会约》（1651年起草）

（4）《与津田永忠的问答略记》（1655年成书）

（5）《葬祭辩论》（1667年出版）

（6）《源语外传》（1671年成书）

（7）《集义和书》（第一版1672年出版、第二版1676年出版、第三版1710年出版）

（8）《息先生道谈》（1672年成书）

（7）《中庸小解》（1679年成书）

（8）《集义外书》十二册（1680年成书，1709年出版）

（9）《论语上卷小解》（1679年成书）

① 熊泽蕃山：《集义外书》第7卷，正宗敦夫编：《增订蕃山全集》，（日本）名著出版1976年版，第153页。

（10）《浩然之气解》（1682年成书）

（11）《三轮物语》（1685年成书）

（12）《大学（和）解》（1685年成书）

（13）《大学小解》（1686年成书，1689年出版）

（14）《论语下小解》（1686年成书，1687年出版）

（15）《系辞上下传解》（1686年成书）

（16）《孝经小解》（1690年）

（17）《孝经外传》（1690年）

（18）《夜会记》（1690年）

（19）《易经小解》（1691年成书）

（20）《大学或问》（1788年出版）

蕃山修习阳明学，志在政务改革中践行所学，却在后期遭到打压，晚年甚至被幕府下令幽禁直至去世。这一命途多舛的人生经历，从某个角度来说也折射出阳明学在日本近世早期的际遇。而蕃山一直笔耕不辍，从未停止对于学问的追索和现实的思考，终不负其所望，两个世纪之后在日本步入近代、传统与现代转型之际，以井上哲次郎所著《日本阳明学派之哲学》为标志，确立了阳明学在日本思想史上的重要地位，熊泽蕃山也获得了仅次于日本阳明学始祖中江藤树的重要地位。

二、《集义和书》的成书背景及主要内容

（一）成书背景

《集义和书》（初版）成书于蕃山隐居十几年之后。这一时期，幕府一方面不断发布法令压制大名的权力以强化对藩国的控制，如1615年（元和元年）发布《元和令》，1635年（宽永十二年）颁布《宽永令》，1663年（宽文三年）幕府将军又发布《宽文令》；另一方面继续实施文治政策，以加强思想意识形态上的控制，如《宽文令》中增加了处罚不孝之子、严禁殉死的条文，亦废除了大名等重臣的人质需居留江户的制度。

作为官方意识形态的朱子学仍然受到幕府的倚重，但学者中也开始出现不同的声音。如中江藤树不仅对朱子学提出了异议，而且

其学问立场也转向了阳明学；1665年（宽文五年），古学派山鹿素行撰写《圣教要录》，批判朱子学和阳明学并非儒学正统。另两位古学派学者伊藤仁斋与荻生徂徕也反对朱子学，主张复古，推崇先王之道。

熊泽蕃山著述《集义和书》时已54岁，入世经验已比较丰富，思想也已较为成熟，如“时·处·位”之权变思想及学问体系已经完备，遂将其所思所想和重要观点汇于笔端，完成了这部日本近世阳明学的重要思想著作。

根据井上通泰、正宗敦夫的考证，《集义和书》初版于1672年（宽文十二年），之后经蕃山增补删减、大幅修订后于1676年（延宝四年）再版。蕃山将初版中被删减的部分收录于《集义外书》当中，《集义外书》大致成书于1680年（延宝八年）之前，于蕃山死后的1709年（宝永六年）出版。与《集义外书》的内容侧重于“经世治教”、《大学或问》探讨如何“经世济民”相比，《集义和书》的主旨则更侧重于“谈学论道”[①]。

（二）内容简介

《集义和书》共由4部分构成，分别为“书信问答”“心法图解”“始物解”“论义”。除“心法图解”“始物解”外，大部分内容皆采用书信问答的方式展开论述，对儒学中的诸多命题，如天道、人道、心法、文道、武道、政道、孝道、仁政、德行、学问、葬祭、读书方法等予以关注、分析、研讨和阐发。以下对各部分的内容进行简略介绍。

1.“书信问答”部分

此卷内容为杂论，蕃山主要对诸如下列之问题进行了讨论：学者是否具备治国安邦之道、万物一体之仁；中国儒学的发展过程、朱子学与阳明学的差异；如何受用心法，文武两道、儒道佛的区别，生死观、祭祀、性·心·气的辨析，学问与才能的关系，如何教子，君子与小人的区别以及丧祭；等等。在论述中，他多结合实例，特别是日本人日常生活中的例子，通过比较、深入浅出地讲述道理。

---

① 后藤阳一、友枝龙太郎校注：《日本思想大系 30：熊泽蕃山》，第 587、588 页。

如在第四篇中，蕃山以是否当为父母守孝三年为例，说道："丧祭之事要谋划时机、位置、地位"，这是《集义和书》中首次对"时·处·位"说进行的相关论述。还有如在第五篇中，蕃山再以"同姓不婚"为例，对行事当按"时·处·位"进行的原因进行了论述。他以三皇五帝期间礼法的产生、制定、形成过程为依据，得出"一切礼法皆是依随时、处、位之变迁而定"的结论，并将此延伸到幼儿教育和人才培养方式，阐述了依循时、处、位行事的必要性和重要性。

2."心法图解"部分的主要内容

这部分内容显示了熊泽蕃山的思想核心，其通过图示的方式分别对天道、人道、心法、俗心、悟道、禽兽的概念和内涵进行了阐释。

首先，对于天道，蕃山认为理为寂然不动之象，气为流动之象，太虚即理气之浑融。天道即至诚无息，诚就是天之道，诚还具有元、亨、利、贞四大道理。这是蕃山宇宙认识论的基本内容。

其次，蕃山论述了人道。他认为人性之中本身即包含仁、义、礼、智、信的道理，仁、义、礼、智、信是天理处于未发之中，人的喜、怒、哀、乐属于气之灵觉，而恻隐、羞恶、辞让、是非是仁、义、礼、智的开端。其中"仁"作为天之元德，是生命的原理，信则是至诚无息的天理，仁、义、礼、智中都包含有信。

在详细解释仁、义、礼、智、信与天理的对应关系、内容和特征后，蕃山又围绕五典十义阐释了"父慈子孝、君仁臣忠、夫义妇听、兄良弟悌"的内容，提出了其对人伦关系、秩序的见解。

再次，对于心法的论述，蕃山有两个基本观点，一是以慎独为心法之要；二是圣人和普通人天性并无不同，都知善恶，存神明。普通人如果能够专心自省、解惑、慎独，改过向善，也能成为君子，重要的是慎独、不自欺。

总体来看，蕃山从哲理的角度对天道、人道、心法、俗心、悟道、禽兽所包含的具体内容以及它们之间的差异和相互联系进行了深入阐发和把握，展现了其宇宙观和人伦观，因此"心法图解"的内容可说是蕃山的学问、思想内容之纲。

3."始物解"部分的主要内容

"始物解"是熊泽蕃山对《易经·系辞下传》中所记圣人创世内

容的阐释，可视为蕃山的文明起源论。《易经·系辞传》分上下篇，蕃山从中择取了下篇中如下内容进行阐发："古者包牺氏之王天下也，仰则观象于天，俯则观法于地，观鸟兽之文，与地之宜，近取诸身，远取诸物，于是始作八卦，以通神明之德，以类万物之情。作结绳而为罔罟，以佃以渔，盖取诸《离》。包牺氏没，神农氏作，斲木为耜，揉木为耒，耒耨之利，以教天下，盖取诸《益》。日中为市，致天下之民，聚天下之货，交易而退，各得其所，盖取诸《噬嗑》。神农氏没，黄帝、尧、舜氏作，通其变，使民不倦，神而化之，使民宜之。《易》穷则变，变则通，通则久。是以'自天佑之，吉无不利'。黄帝、尧、舜，垂衣裳而天下治，盖取诸《乾》《坤》。刳木为舟，剡木为楫，舟楫之利，以济不通，致远以利天下，盖取诸《涣》。服牛乘马，引重致远，以利天下，盖取诸《随》。重门击柝，以待暴客，盖取诸《豫》。断木为杵，掘地为臼，臼杵之利，万民以济，盖取诸《小过》。弦木为弧，剡木为矢，弧矢之利，以威天下，盖取诸《睽》。上古穴居而野处，后世圣人易之以宫室，上栋下宇，以待风雨，盖取诸《大壮》。古之葬者，厚衣之以薪，葬之中野，不封不树，丧期无数，后世圣人易之以棺椁，盖取诸《大过》。上古结绳而治，后世圣人易之以书契，百官以治，万民以察，盖取诸《夬》。"对上述内容的阐发充分展现了蕃山对器物如何产生，政治、经济、文化生活如何进行所持有的观点。本部分共计十三个主题，篇幅长短不一，内容主次有别。其中，蕃山对君主之道、施政之法、厚葬含义辨析进行了较多阐释。

对于君主之道，蕃山认同《易经·系辞下传》中所说的"仁者不富"，认为君主应当实行"益"道，"君主不聚敛财物，则财物自然流向下民，下民之心则自然向君主聚拢，敬服于君主"，这样就可以不治而可得太平之世。并且，蕃山强调真正之财富，不是指金银，而是指五谷、薪柴、木材、麻、棉等民生日用之物。

对于施政之法，蕃山认为礼仪、法度非一成不变，而应遵循时、处、位而变通，"圣明之君主，与时势共进而变通，施行可行、可为、易知、易从之政教。世间穷极之时，事物繁多，不胜其累。将其变通，使其合宜，是为易简之善也。易简则治世长久也"。作为施政方法与目标，蕃山认为德政最重要，而无为而治是德治的最高境界。

关于厚葬，蕃山认为应当根据该风俗所处的时代去理解，那种以为超过自身承受能力去办丧事才是厚葬的观念是错误的。如在古代，相对于将死者直接埋葬于土中，装入木箱埋葬就可以称之为厚葬。他进而指出，不仅于父母在世时用心侍奉，在父母死后对父母的亡灵依然诚心供奉，事死如事生，这样的人才能称得上是君子。

蕃山应当很早即已开始读《易》，晚年另著有《易经小解》。《易经·系辞下传》这一章内容对于理解《易》有提纲挈领的作用，且蕃山能够将其放在《集义和书》之中借以阐发为君者应该如何施政，充分体现了其重视理论联系实际和学以致用的精神。

4.“论义”部分的主要内容

如果说“心法图解”部分是熊泽蕃山学问体系之纲，提纲挈领地阐明了他关于天道、人道、心法的观点，“书信问答”部分浅析了仁、义、理、智、信等的内涵，那么“论义”部分则更详细、深入、有逻辑地进一步阐释和论析了五德、五伦、五典十义等的具体内容、相互之间的关系、何为心法之要，以及如何合乎时、处、位地受用心法。

蕃山在论述中多处引用了中国古典经书的内容，如《周易》《论语》《孟子》《道德经》《中庸》《传习录》《诗经》《管子》《法言·孝至》《西铭》等等。通过引用、辨析、阐发的方法论人（子路、丰臣秀吉、空海、菅原道真、柳下惠、舜帝、尧帝等）、论书（《周易》《孝经》《论语》《大学》等）、论史（公家史、武家史、儒学史等）、论说（孝之心法、格物致知、正心诚意、孔子四绝之“毋意”、五等人伦、智仁勇等）、论政（治国平天下之关键在于人才等）。

其中，对于君主应如何选才用能和发挥众人才能治世，蕃山说道：“天下诸理之要者，是齐家、治国、平天下。其中各事，皆需天赋之才智。君主察其天之所赋之才智，任命合适之职，臣子亦是尽天赋之才者也。从中挑选勤于修身、待人宽厚、知敏行笃之人，令其掌管教职，即如日本古时之淳和院、奖学院中之师者；挑选熟识山川地理之人，使其管理山川湖泽；选拔深悟植物生长规律之人，命其管理农事，即如今日之郡代；挑选多谋善断、赏罚有信者担任士师之职，即如今日之所司代；挑选精通音律之理者，令其担任乐师；善恶分明、直言不讳之人，则命其担任谏议大夫；能进则尽忠、退则补过、知天下政道之损益之人，令其担任纳言，以宣君言、纳下言；挑选通阴阳鬼神之道、晓人情时变之人，令其作为冢宰，管理百官。天下事物繁多，理无穷尽。上述兹列二三事例。一人无法穷理，唯有合力共谋，方能知天下，为天下之事。”[①]这体现出了蕃山“选贤任能”的人才观和“众人合力共谋为天下之事”的治世观。

在本部分的论述过程中，蕃山非常重视“仁”的作用和地位，不仅在阐释时引经据典、细致入微，而且论理时更旁征博引、逻辑缜密，显示出他深厚而广博的知识学问。例如他阐释“仁”在各种德行中的重要地位说：“仁，全德之名也。……仁，乃理、性也；爱，乃气、情也。如自树木根部流向枝叶的，即是气；春花夏绿秋红，此颜色即为情，皆是生气之变化，而促使此种变化发生之理即为仁也。而人若得此仁，则具备明德。明明德之时，则可自觉体认仁也。”[②]

同时，蕃山还着重强调了受益于心法的重要立场或条件——合乎时、处、位，认为只有考虑到处于什么时代、身处何种风土人情与环境、位于何种时势之下等，方能更好地受用心法。

三、本书构成、体例说明及参考资料

（一）本书构成

本书由述介、《集义和书》译注、熊泽蕃山《集义和书》思想评述三部分构成。

第一部分为“熊泽蕃山生平与《集义和书》述介”，对熊泽蕃山的性格特征、人生经历、著述业绩，《集义和书》的成书背景及主要内容，本书的内容结构进行简要介绍与说明。

第二部分为主体部分，即“《集义和书》译注”。译注工作重

---

① 后藤阳一、友枝龙太郎校注：《日本思想大系 30：熊泽蕃山》，第 159 页。

② 熊泽蕃山：《集义和书》第 13 卷“论议六”，后藤阳一、友枝龙太郎校注：《日本思想大系 30：熊泽蕃山》，（日本）岩波书店 1982 年版，第 253、254 页。

点是将用近世日语撰写的《集义和书》译为中文，同时对文中所引中国古代典籍原文、对于中文读者不熟悉的日本专用术语、历史事件和人物等添加中文注释或说明。

第三部分为“熊泽蕃山《集义和书》思想评述”，对熊泽蕃山思想的形成轨迹、《集义和书》的核心思想内容进行梳理和评析，并对熊泽蕃山思想的特征、其思想与中国阳明学的异同及其在日本阳明学思想史上的地位、学术价值与意义进行评述。

（二）体例说明和参考资料

1.译注版本的选择

《集义和书》共有三个版本，本稿译注的版本选自《日本思想大系30：熊泽蕃山》（后藤阳一、友枝龙太郎校注，岩波书店1982年版），该书所收录的《集义和书》刊行于1673—1681年（延宝年间），是《集义和书》第二版。该版本收录于《日本思想大系30：熊泽蕃山》中时，校注者参考第一版（1672）及1710年（宝永七年）序刊本的内容进行了校订。据考证，第二版《集义和书》应当是熊泽蕃山亲自订正、增删第一版的内容后所出版，共16卷，所表达的观点更为清晰、明确。蕃山除此《集义和书》外，另有一部《集义外书》，若能将两书结合起来分析，则能进一步窥知蕃山思想的全貌。本次仅译注《集义和书》，《集义外书》留待今后再译。

2.卷章构成

本次译注之《集义和书》底本内容共16卷，其中第1—5卷为《书信问答》、第6卷为《心法图解》、第7卷为《始物解》、第8—16卷为《论义》。在译注时，为从内容上进行整体把握和便于读者阅读，译注者按照先后顺序将《集义和书》分为4卷，即原第1—5卷《书信问答》列为第一卷（共5篇），原第6卷《心法图解》列为第二卷（共6篇），原第7卷《始物解》列为第三卷（共13小节），原8—16卷《论义》列为第四卷（共9篇）。其中第三卷《始物解》、第四卷《心法图解》根据各篇、各小节的内容添加了小标题。

3.参考资料

本书翻译所采用的《集义和书》第二版在收录于《日本思想大系30：熊泽蕃山》时，编纂者曾参照初版和第三版进行了校订，并在大系中列出了二版和初版的不同。另外，《集义和书》全文也收录于《日本伦理汇编一：阳明学之部》（上）（育成社，1901年）、《有朋堂文库》（有朋堂，1914年）、《大日本文库儒教篇上卷》（春阳堂，1935年）、《蕃山全集》（1940年）、《增补蕃山全集》（名著出版，1976年）。同时因《集义和书》中引述了大量中国古代典籍的内容，如《周易·系辞》《论语》《诗经》《孟子》《大学》《中庸》《礼记》《道德经》等，故本书在译注之际对上述文献均有参考。此外，在注释时还参考了《日本思想大系30：熊泽蕃山》校注者后藤阳一、友枝龙太郎的部分相关解说和注释。

第二部分

《集义和书》译注

第一卷

书信问答

第一篇 何为儒者

来书问曰：世上博学多才者，甚或教人以孝悌忠信之道，然其中却不乏不忠不孝之人，是何缘故？

回书答曰：武士中有精于武艺者，虽知晓要战胜他人，却未能立下军功；反之，亦有诸多不精于武艺却立下战功者。学问之道亦是如此。所谓智、仁、勇者，乃文武之德性也。而礼、乐、弓、马、书、数，则为文武之技艺。天生仁厚之人，即便不做学问，亦会成为忠孝两全之人；天生勇猛之人，即便不习武艺，亦会成为常胜不败之人。因而，古人虽不知研习文武技能之道理，但对无道而有文才之人，便令其研习学问，教以学问之道，使百姓无惑，使民风清明淳朴；对少勇而擅武之人，则令其习弓马之术，教以用兵之术，使百姓身强体健，各施其能。如此，则国威尽显也。此乃统帅用人、获胜之道也。

无学问技能而忠孝兼备，乃与生俱来之美也。不知文武之道而勇者，乃匹夫之勇。所谓德才兼备者，莫过于文武双全。汝所言之博学多才之士，只求末而不达本。研习武艺亦是如此。况且，天生万物皆无十全十美——有四肢者无羽翼，有斗角者无利齿，物有其形亦必有其隐。芸芸众生，大凡才思敏捷者必德行稍逊，而品德高尚者或才疏学浅。知者，天生聪慧之人易草率行事；行者，笃实之人易愚笨无知。所谓君子，取人之所长，而不求其全。所谓小人，则扬他人之短，掩他人光芒也。总之，世上之人，无德无才者甚众，有才之人，常为人所称道；有德之人，常为人所爱戴也。

来书问曰：如今世上治学之人，思国家治理之道者甚多，如此，由学者治国，能国泰民安否？

回书答曰：无论何种学问，凡以逐利为本，则另当别论。如你我这般为求道而向学者，会被世人当作愚蠢之辈。因当下之时代，世人神智[①]渐开，入世者开始萌发利欲之心。若其心浸染于利弊得失，故而远离道德。如此这般，你我虽生于当世，却没有那等入世

---

① 语出周敦颐《太极图说》："惟人也，得其秀而最灵。形既生矣，神发知矣，五性感动而善恶分，万事出矣。"

知识，又难免于流俗，成为庸常之辈。所幸得闻正道，吾虽资质愚钝，却不畏难，常思以古法应对当世。若由学者治世，恐招致祸乱，只因即便是古之圣贤，若不借助他人之力，也难有所作为，更何况现今之人不及古代圣贤。譬如尧舜在位之时，房屋成排，善人成列，然仅有治世奇才五人①。周朝有盛况如斯，皆因有九位贤才②。若以为做学问便能处理国事，那么就不会仅有五人、九人留名千古了。古时，人们所谓“才”者，皆是才学和德行兼备之人。而博学多才、德行兼备之人，若不能洞晓人情世故和时势变化，则难以治国理事；而若由了解世情而性格乖僻之人为政，又弊害甚多。此为古人之贤明之处也。如今从事政务之人并非如此。作为君主，宜在适合其位之人、或百姓认可之人、或通晓人情世故之人中，择仁德之人来治理国事，此人即便没有学问，亦胜过学者处理国政。

来书问曰：昨日，余心有恶念，本欲缄口不言，却被老师洞悉。

回书答曰：愚焉能察觉人之不善之念，洞悉阁下心中所思所想乎？阁下心中自有良知，故觉心中之念为人所窥知也。不止你我，凡有恶念之人皆是如此。《大学》之旨，君子不窥人心，小人自觉为人所窥。③性善之理，乃显然之事。

来书问曰：楠木正成堪称智、仁、勇兼备之大将，却侍奉无德之君，此难以称之为智也。先生以为自武家当政以来，何人可称得上智、仁、勇兼备之士?

回书答曰：人之与生俱来者，是为天赋；学而知之者，谓之德行。正成天赋智、仁、勇，若聆听圣学，则会成为他人难以望其项背的文武双全之君子。若在今日，天子亦求之不得。正成所处时期，被后世称为北条时代，北条从京都陆续迎来数任将军，而他们仅将幕府实权握于己手，与各诸侯以同级之礼相待，且赖朝的后人一到九州，便面对手下武士自立为君，此非按人情世故行事也。是故，正成与北条之间并无君臣之礼，且北条高时执掌政权行残暴之

① 中国古代传说，舜的臣子：禹、稷、契、皋陶、伯益。

② 周公、召公、太公望、毕公、荣公、太颠、闳夭、散宜生、南宫适。参见《论语·泰伯》。

③ 语出《礼记·大学》：“人之视己，如见其肺肝然，则何益矣。此谓诚于中，行于外，故君子必慎独也。”

政，其亡故乃天命。且将军由京都任命，如此一来，除天子之外并无主君。无主君之命令，所以并无奉君之实。臣子权力膨胀，威胁到皇权，会出现与平清盛相同的结局。后白河天皇将政权托于赖朝之后，便开启了武家政权，但皇威残留过半，难说天下为武家独揽。因此，至后醍醐天皇时代之前，遵奉古代王德之人多矣。其时北条高时执政，穷奢极欲，违反天道，疏远百姓，故后醍醐天皇得以夺回天下，权力重归朝廷。然而，天皇不明正道，不用贤臣，不察知时势变化，百姓多生怨恨怒气，十分怀念武家执政之时，于是乎足利高氏（足利尊氏）趁机揭竿而起夺取天下，此后天下政权完全落于武家之手。由此，天下诸侯奉征夷大将军为主君而不侍奉天皇，等同于把侍从当作国君对待。故而现在看来，楠木正成并无奉君之实也。

说到武士，弁庆乃智、勇、仁兼备之人。其隐而不露之处，世人知之甚少。他勇猛无双、足智多谋，而身为武士，其仁义不轻易显露，故很难发现。对义经之好色，亦时时予以劝谏。逃至奥州时，弁庆劝告义经之妻北方同行。弁庆处事之法与常人不同，他先是佯装大怒，道出不能继续侍奉北方，后又缓和神情，毕竟北方是义经之妻且怀有身孕。弁庆告知北方源赖朝并非可信赖之人，断无留在都城辅佐他之可能，唯尽力逃离，一旦不敌追兵，就须先杀掉北方，余人再自行了断，除此以外别无他法。弁庆等扮作僧人逃至北陆时，每过关卡，与义经相对而视，从未揭发义经以立功邀赏。两人亲如手足，即便出卖义经能获得赏赐，亦不为乐事。况且出卖无罪之人而立功，必招致谗言毁谤，将十分凄惨。弁庆察觉关卡守卫敷衍塞责，于是巧妙应对守卫之刁难，通过了关卡。在平泉寺中，赖朝之追兵未至，然寺中有僧人起了贪欲之心，欲告发义经领赏。若将义经禁闭于此寺，义经绝难逃脱。此刻，因义经身边陪伴着一位美丽的僧者（北方假扮），寺中众僧为之侧目。俄顷，一老僧等出列，吹笛弹琴，奏起乐曲。乃善吹笛之义经也，其侍从中亦有善笙与筚篥者，北方亦弹筝相和，于是乎不分老少，贪欲之念立减，义经等因此而逃过此难。当时若义经之正妻北方不在，恐甚为危急。虽非巧妙配合之演奏，但若循道行事，亦为大吉也。由此可见弁庆仁厚之心也，其人重义理人情，宅心仁厚。曾谐曰，君子素其位而行，不愿乎其外[①]。若顺从于义经所处困难之境地，众人不会坚守自己的信念。然弁庆因其仁勇之故，不仅不畏敌，即便遇到困难亦不屈其心，因为有安慰或助人之故也，此为戏言耳。将君子置于其地，即应做在其位之事。在吉野河畔，面对临近之大敌，砍竹插于雪中以欺骗、击败敌人，此等行为看似微不足道，仅作临时之用，然可见其具有智勇双全之心耳。如镰仓幕府之史书所载，虽以时代为界限，然镰仓之事记载甚为详细，远国[②]之事较为粗略。《平家物语》《义经记》等大体为史实，其叙事之法亦有实有虚。

闲暇之时曾想过，正确记载之史书中，应有生而本性良善之人。源赖光、小松的平重盛、畠山重忠等，此皆为文武兼备，具君子风度之人此类人若聆听宋明之儒学，可成为名闻天下，乃至可传颂至唐朝之名人。然生不逢时，此为不幸焉。宋明之经典、周子、程子、朱子、王子等之注解传至日本，为时人所见，距今仅五六十年之事，然仅停留于市井，未成为士人之学。近十年以来，于武士之中随处可见此等有志之人，此等文武双全之人，后世理应甚多。

来书问曰：听闻万物一体，乃与草木、国土皆成佛相同之理。

回书答曰：所谓万物一体，是指天地万物皆由太虚一气生成。仁者，万物一体之仁[③]，一草一木皆有其时其理，更何况飞禽走兽乎？观草木受干旱而凋谢，吾心与草木同悲；承蒙雨露滋润，长势茂盛，吾心与草木同喜。此乃天地万物一体之仁之标志也。然而，人乃天地之德，万物之灵，才能卓著。如庭前之梅，其根隐藏土中，如同太虚。一棵树如同天地，枝如国，叶如万物，花果如人。叶、花、果虽生于一棵树，但叶不具备一树之用，仅繁茂、腐朽而已。而果实虽少，却具备一树之全，故而种植于土壤，可再成参天大树。同于此理，万物皆生于太虚一气，然而万物并不具备太虚天地之全。而人虽形状有限，但唯人性中存在明德这一尊号。所以，

---

① 语出《中庸》第十四章："君子素其位而行，不愿乎其外。"

② 离都城较远的地方。

③ 世界的本质就是万物一体的仁。见《河南程氏遗书》《传习录》《大学问》。

人是小体之天，天乃大体之人[①]。人之一身与天地合一，人的呼吸犹如四季更迭、昼夜轮回，是自然之法则。故而历法、医术均取法于此。元、亨、利、贞，谓之天地造化的神理主帅。人有仁、义、礼、知四德，木神为仁、金神为义、火神为礼、水神为智也。天、地、人谓之三极，虽形有异，其神贯通全身。因理无大小，故心和太虚皆同源一体。大舜仅五尺之身，然其明德而育天地万物。万物可称一体，然不可称为一性。万物因人而生，吾心即太虚。天地四海，皆在吾心，生死亦然。尧舜之道在于明人伦之理，故而不习其他之道。而佛法之事，吾不知也。

来书问曰：对圣人之说加以阐释，是以朱熹为先，无出其右。故朱子学为圣学。研习《大学》《近思录》等诸书，皆要进行注释。严加修读，始觉自己内心卑微。心学是研究内心的学问，甚觉有趣。王阳明可谓是文武兼备之名将，近来我注意到不少人研习心学，由此可见心学是一门研究气质变化之学问。

回书答曰：世间愚笨之人也自称为修习心学之人。初学心学之时，由于自己效仿研习，体会不深，用心学之名是否妥当倒也不在乎。道亦道，学亦学，皆附名称，较为偏颇。正因为有汉代的训诂之学，才有宋代的理学之兴。至明朝对汉代儒学古典著作进行诠释，不但承袭宋代周、张、程、朱理学之基础，且有了新的发展。而正因为有了明朝之论说义理，我等才有研究德行与涵养的心法可用。随着心学探究之深入，发现后世之人德行难及古代圣贤。后世之人，心虽为平常之心，依靠文学之力，得古代先贤关于未发[②]的阐释而诽谤古之圣贤之德行，实为不义也。行一不义，杀一不辜，而得天下[③]，非朱子学、阳明心学所主张也。吾等愚笨之人虽不免堕

---

① 此处体现了“天人合一”观。中华民族文化中，关于天地、宇宙、人生独特而系统的观念是天、地、人三者相互组成一个活的机体。这就是“三才”思想。老子说：“人法地，地法天，天法道，道法自然。”《吕氏春秋・情欲》曰：“人之与天地也同。”《周易》将天、地与人并称三才，认为自然界是一大天地，人是一小天地，所谓“天地一大生命，人身一小天地”。

② 未发之中是儒学思想，源自《中庸》中的“喜怒哀乐之未发谓之中，发而皆中节谓之和”，《传习录》中也有提及。意为：我们心中产生的喜欢、愤怒、悲哀、快乐等各种情感不会影响到我们对事物的观点，这种状态叫作“中”；表达（对某事物的）观点及情绪时采用恰当的方式，既不会令他人难受又能将自己的观点表达清楚，这种境界叫作“和”。

③ 语出《孟子・公孙丑上》。

入流俗，以此询问天地神明，古人亦不以为耻。研习世俗之事，仅关注心外之物，可知吾等之愚笨。正如您所说的，睿智之人行道以探析内心则知自已心中卑微；而为学之人亦有难以成事之处，故成为普通之人。做学问违背程、朱之道，可知其立足点及志向发生变化，原因在于为学之道不应向心外探寻本体良知。阳明派的学者，主张为学之道在于回归本体，反躬自省慎独[①]，穷其理，致良知。而世间愚钝之人，堕入流俗，追名逐利，如逐饭苍蝇，心安理得受用心法；然而，若遇大事，则混乱不堪。虽知晓气质变化之学，若胸无大志则难以适从。本性善良之人，受世间社会习俗之影响，迷失其本心，一旦聆听为学之道，则困惑顿消，复归本性良知。这类人是您所说的气质变化之人，但其本性不变。普通之人与闻道在先、闻道在后之人相遇之时，均有与生俱来的德性。若引你入道之人本性善良，则其交深之人德性皆善良；若引你入道之人德性一般，则其交深之人德性皆平常。此为物以类聚人以群分。由于心学、朱子学的异同，致前辈学者在德性上存在有德和无德之差异，大概如此，不必指责。以对方为吾之鉴，以正己之德性。古时之人，以主人家宾客之多寡，判断主人之才；以察知来人之善否，辨识主人之德性。

再来书问曰：我听闻宋之理学、明之心学之后，发觉程子、朱子似乎并未承继道统，先生以为呢？

回书答曰：读周子之通书，可见圣人之皮毛。程明道具颜子之秉性，此不可称为后之贤者之优点；伊川之才能，朱子之志皆为圣人之一面。无凡心亦是同样，圣人所传授之心法即为此。我辈仅论其学、术多少，解惑多称为理学，治心多称为心学。秦之焚书坑儒致经学受损，故汉儒之功在于开启训诂之学。其后佛教兴起，多为惑世之学。故谓宋儒之学在理学，解惑复归本心谓之明儒之心学。

来书问曰：太公望身份低微而后成三公（太师、太傅、太保），其中多有疑问。像周公、召公一样行中庸之道的君子难以见

① 参见《大学》《中庸》。

到。试问，是因为擅长征战杀伐（军事）之故吗?

回书答曰：《孟子·离娄上》称太公为天下大老，故有太公可称为古人一说。他年老且身份低微而知下情，有学识且知时势。生而高贵之人不知下情，循旁人之说，生搬硬套，以致未能通其下，因此尧舜设谏鼓谤木[1]广开言路。但贤才之人，居下而未见上之风俗，不知其政道之势，居下之判断有所偏颇。太公亦结交君子，做高贵之事，大臣通过太公而知下情，因此上下相通，无偏颇之事。

初虽不知其善于征战杀伐之事，因生而具将军之才能，故被重用。中国兵书《六韬》[2]所记文武、太公之论，多为虚假，由后人好事美化而作。假贤臣赞仁义勇谋，实叙军法功利之事耳。若其心为上述所言，则何以断为圣人焉?

来书问曰：中华之国，圣明天子统治之时强大威武，末代之时积贫积弱，此为何故?

回书答曰：众所周知，北狄曾入侵中土。圣贤之代，因文武兼备，外藩称臣来朝。末代尚文而轻武，崇文过度，骄奢淫逸，士卒以上骄奢而致国贫弱，缺乏威武。上奢而下疲，上下不齐心，畏惧兵威，武备松弛。无战事之时，民众之心脆弱如女子；即使可用，遭遇乱世，手足无力，身体因骄奢而软弱，难敌北狄之辱。贤君之时，若文武兼备，禁骄奢，上不软弱，下不懈怠，身无病而手足强壮，则断不会受北狄之辱。日本亦是如此，从神武帝至应神之时代，王者之威甚重，传至后代，渐渐重文而轻武。虽乃京家[3]之人，却受武家之辱，缘由亦在于此。武家在转瞬之间，强弱之势易也。平清盛虽以武功起家，然一族之荣耀，仅二十余年，武勇即变积弱。况唐代统治三五百年，若文武之位移易，禁剑[4]之风俗形成亦在情理之中。武备松弛，禁剑而绘圣代之图，不善也。

---

① 谏鼓谤木，语出刘安：《主术训》，《淮南子》卷九。原文为："古者天子听朝，公卿正谏，博士诵诗，瞽箴师诵，庶人传语，史书其过，宰彻其膳，犹以为未足也。故尧置敢谏之鼓，舜立诽谤之木，汤有司直之人，武王立戒慎之鞀，过若豪厘，而既已备之也。"

②《六韬》包括《文韬》《武韬》《龙韬》《虎韬》《豹韬》《犬韬》，是以周文王、武王和姜太公对话的形式写成的一部兵书，在战国和秦汉时即已广泛流传，具有很大的影响，深受政治家和军事家的重视。

③ 日本藤原四家之一。

④ 刀枪入库，马放南山或武备松弛。

来书问曰：纣王怀疑周文王有野心，然又命其征伐，是为何故？

回书答曰：正如日本王朝历代之征夷大将军一样，西国①诸侯之首领率领诸侯击退侵犯中国之北狄。当时有周一国之诸侯，文王乃其谥号也，其自称西伯。西伯昔日忠于纣王，此类事例实属少见。天下诸侯，多厌恶纣王，天下三分有二与其背离②，此二志在西伯。若此时西伯起兵灭纣，易于反掌。然西伯为纣王之忠臣，他率大半背离之诸侯入朝，纣王不知其心，甚觉可疑，反困其于汤阴。其后入朝诸侯渐稀，北狄终侵边境。此时纣王初感西伯之功，释西伯，封其国土，使其征伐狄人。殷商末期，文武皆衰，中土积弱，北狄来犯，因此纣王封周公为征夷将军讨伐狄人，又因征狄之需而提拔太公望，议论兵法。然并未授周文王六韬之事。

来书问曰：不幸壮年之时未做学问，如今已年逾五十。虽为小藩之家臣，处理日常家用之事，然并无闲暇进学。唯愿“朝闻道，夕死可矣”。

回书答曰：身为家老，好道而尊德，此乃忠孝之至也。即使本身无义务，劝人以道艺为在位之人之职责。心虽无耳目手足之能，然其可命令耳目手足之动作，因此得到尊重。若以稳重老实之人为家老，虽年少但有老人之正直可靠品质，亦可称为老。若符合老字之道理，则幸甚哉！

来书问曰：如上所述，家老者，自身虽无能无艺，然教人以道艺，此与自己之艺能同义，则为至高境界。真正之上位者，无论多少才能，学问如何广泛，若嫉妒人之贤，而未授其能，则反为恶人。故亦应学会弓马之术、文章书写之事。道学流派众多，如今分为朱子学、格物致知学、王学、陆学、心学等，皆为古之儒道，先生以为孰善？

---

① 相对于中原的西方之国。

② 语出《论语·泰伯》：“舜有臣五人而天下治。武王曰：‘予有乱臣十人。’孔子曰：‘才难，不其然乎？唐虞之际，于斯为盛，有妇人焉，九人而已。三分天下有其二，以服事殷。周之德，其可谓至德也已矣。’”三分天下有其二：《逸周书·程典解》说“文王合六州之侯，奉勤于商”。相传当时分九州，文王得六州，是三分之二。

回书答曰：难以说学问流派之善与不善。总之，略知皮毛而自创一派者，反成人道之害。若不知自身之愚蠢，不周密思考而立一派之见，连身体健康者心智亦会迷乱。邀请谦逊之儒学者，聆听经书教义，方成为文武兼修之士。夫武士者，做学问，知物之道，加之勤修武道，则今之武士即为古之士君子也。

来书问曰：虽可向博学之人问询经书之教义，然如何受用心法？

回书答曰：圣贤之书，若是合乎道德的，不论何人阅读，则道理皆同。若仅丧失主体性坐而论道，行他人之路，则心之尘埃难除，此为理所当然之事。受用心法者，如潜藏的俗念毫无改变，则会徒劳无功。若为有德之人，经其教化，则会出现众多有德之人。德，非为他人而修也，乃自身之存天理，灭人欲。灭人欲，存天理之工夫，莫过于善也。善，并非做了特别之事，日常人伦皆为善。君子重义理，小人重名利。有人认为心以义理为主而受用心法，然此类人皆居于小人之位，却不自知。囿于其位者古今皆恒有之。洞悉此点，而后读圣贤之书，若有人问询，此皆为入德修行之功也。心法中以《大学》《中庸》《论语》为最善，然学者心之所向，或成俗学或徒具形式。受用心法者，不知越其品性，终其一生陷于丧失主体性之心术之训诂；亦有学识非常精细者，能超越一般之俗念，然有此见解成就者甚少，大部分如水中之尘埃，沉底而变清澈，然此并非真实之清澈。另有一种人，生而欲望浅薄，心灵愚钝，笃信小乘，因而不为心法所动。聪明之人，虽以小悟小信而小有所成，能明悟理学，却难以成德，固此，有志于学问之人定要超越昨日之自己。然据学术之流派以观人品并无益处，据人之凡情来分亦有之。优秀之学者，无暇责他人之非，更爱日日反省己过也。

来书问曰：论武王、太公、伯夷、叔齐之是非者，古今众多，然难得其详尽之解。

回书答曰：愚不了解遥远古代之事。若武王、太公、伯夷、叔齐仍在，愚勿用多论，即随伯夷入首阳山。虽未明辨革命之是与非，然此并非明智之举。未细想古代之圣贤，然随时代之变，其迹亦变，故难见其真实想法。只是人之道若以尧舜为师，则不会有错。遇变之圣人，以文王为最。伯夷与文王，本为同辈，却有不同之命运，传说文王亦待之以礼。

来书问曰：聚优秀之儒佛者，使之论教。或存疑问之故乎，或为知其有无邪恶之念乎？

回书答曰：佛法教义优劣之论、儒道佛之论，颇费气力，善理之交锋者可见胜，然其人之胜负，非道之胜负。圣人之道远超于诸道者，在明辨其道而非论道也。因未深入探讨《孝经》，产生了疑问。天地之间人之存在正如人之腹中心之存在，天地万物若以人为主，则有形之人为贵，其人道之外有其他之事乎？

来书问曰：七书之中，圣贤之论为虚构之事，若多为功利之徒之言，哪些不可用呢？

回书答曰：应在具仁义之心、有仁义之名后方可使用。军队在人数多时，以正兵为本，以威制敌；人数少时，善用奇兵，以计谋制敌。然亦有正奇兼用之处，亦有正奇皆成之时。吾义而敌不义，吾善而敌不善，跟随善人之军士皆为义士，跟随不善之人，则士卒皆为贼寇。不可为恶人而损善人。好谋而欺敌，不损己方而灭敌者，乃为名将之常情也。七书者为名将常备之物也。生而具备军事之才者，虽不明道，亦成大将，立军功。其军事之才与君子有相似之处，然实有天壤之别。

来书问曰：责难佛教乃无用之事，唯有明己之德才为正确之事。若无争端，则三教一致应无罪乎？

回书答曰：所谓一致亦不可取，一致亦不为虚言。且一致此言乃争端也。即使同为佛道，亦会出现不同之意见而相争。若无争端，则永无非难。佛者乃天地之子也，吾亦为天地之子也。即使皆为兄弟，因见解不一，职业之不同，亦有各色之差别。正因所谓儒、佛之见解相异，才存是非之辨。若忘记对方之见解，仅以兄弟之亲密相交，则再无可争之事。此亦如有工匠之子，一人冶箭簇，一人作甲胄。若争执于防箭之甲胄与穿甲胄之箭，则终成东西之路人也。仅观兄弟之亲，其职各不同，应无争端。此亦可谓职业之故，然对于食物，兄弟二人亦有各自之喜好，即使味之相争，二者口味亦不一致。吾即吾，人即人，则为常态。谈及圣贤之时代，天下之人只有在圣人时代才依德而行。然尧帝之时有许由，光武之时有严子陵，孔子之时有原壤，非圣人之本意。圣人有如海阔凭鱼跃，天高任鸟飞之胸怀。

来书问曰：愚略知学问，然无才德，且食俸禄，以为耻也。

回书答曰：今称为儒者，如阁下之尊德思道者甚少。在三皇五帝、夏商之代前并无儒者之名，初出于周礼之天官，乡里之间教授六艺者称为儒，乃一职官名也[1]。而今之儒者，如一史官，以博学为业。孔子曰“文胜质史”[2]也。然今之儒者无德、不行道并非大罪。圣人之道，乃五伦[3]之人道，此为天子、诸侯、士、大夫、庶人此五等之人应学之道也。所谓儒者不一定应有道者之风范，传授学问不应当作产业。择上层之人作士民之师，此为特例。此外，先觉教诲后觉，朋友有相助相教之义。人有幼而学、壮而行、老而教之道，皆具士农工商之业。久逢乱世，战国之士无暇于礼乐之学，专注于武事，缺乏教化，子孙仅在乡里学文习艺，亦仅知上古之事。圣人之道者为儒者，其为高贵之学问，然尚未成产业，命名为圣人之道学，进而成儒学之道也。成古老之旧习，若不这样解说，便不能为人所理解，吾等始称为儒道。古人之所说，亦应为此。今之儒学正如成史之博学，习弓练炮，若奉公，即使当成产业亦无罪过。自战国以来，若学校之政废弛，此博学之儒者教授经传之义亦非别事。武艺者习弓马兵法，助武勇习武功，此乃武士之事，而博学之儒者学文而知道理，行道而修德，此为五等之人伦。因此今之儒者之地位虽低贱，然仍视武艺为诸艺中之第一重要。阁下擅长学问远胜其他，天赋阁下之才，以学问而受禄，何害之有？知德之人因贫而求奉公，儒者受禄亦不辱其节操。传闻晋陶渊明携酒归隐，此为大隐隐于世。与其奉公不如修身，此乃可治心也。从职业观其谦逊，此

---

① 语出《汉书·艺文志·诸子篇》：“儒家者流，盖出于司徒之官。助人君，顺阴阳，明教化者也。游文于六经之中，留意于仁义之际。祖述尧、舜，宪章文、武，宗师仲尼，以重其言，于道最为高。”

② 语出《论语·雍也》：“质胜文则野，文胜质则史，文质彬彬，然后君子。”

③ 参见《孟子·滕文公上》：“使契为司徒，教以人伦：父子有亲，君臣有义，夫妇有别，长幼有序，朋友有信。”五伦即五种人伦关系，封建宗法社会以君臣、父子、夫妇、兄弟、朋友为“五伦”。孟子认为：父子之间有骨肉之亲，君臣之间有礼义之道，夫妻之间挚爱而又内外有别，老少之间有尊卑之序，朋友之间有诚信之德，这是处理人与人之间关系的道理和行为准则。

乃德行高尚之故也。若有德而隐于儒者之人，必承其言而逊其身。故云，自傲者治心，自谦者德高。所愿之事，好德而隐于儒者，今人久不知其错，如佛家道家所言，儒者为其中之一流。将军、诸侯、卿大夫、士、庶人，此五等人乃道者也。儒者乃一艺人耳。世人并非均以弓马之勇当武士，正如武士并非均为善武道之人，此等谬误自汉代流传，五等人伦之外，视其他之道者为异端，儒者、佛者皆为异端。阁下如史官所述之古之儒，乃一艺人也，若能避免此等异端，则幸甚哉！

来书问曰：愚一同僚，有才智且彬彬有礼，因志不在道，难以与人交谈，甚为可惜。其并非不辨情理之人，可阅览《集义和书》否？

回书答曰：愚亦注意到此事。因有才之故，常见你我等人所犯的错误，别人多认为是学者之错误而对此表示赞同，其原因在于无劝告之人。有志者沉默为之，专心致于学问之道，其志不易显现。明辨道德之义之人，比你我更为聪慧，若你我不当学者之名，但比凡夫俗子，仍有过人之处。因有学者之名，仍存在隔阂。同道之友易看清世人之非，而忽略同道之错。观他人之非而不劝其改正，反而成其修身之障碍。细观同道之非，后互帮互助。同事之人亦据阁下之德，而后显其志，而无规矩之人则无法指望。若此人举止有礼，则无可指责。若为礼不正之人，认为他人之好正如己身之恶，愈加避讳此事。阁下之同事，虽称为学者，比我等无学之辈强，若修心积德，则性情缓和；若有才智且教养好，则不会疏远阁下，若与同道之人同等对待，与不知世故之同道相比，交谈更为自如。若听闻对方不善而生憎恨之心，无论看多少为道之书亦无价值。

来书问曰：十月之亥日称为亥之子，则做年糕之事又应称为何？

回书答曰：至今尚不知是否为中日之典故。以愚之见，若解其道理，十月乃纯阴之月并无阳，亥月之亥日者，为极阴也。极阴而生阳，生之物为母也，被生者为子。年糕则为阳物，故先调人身之阳，以助天地之气耳。阴阳循环之时，阴胜于阳，无论君臣、夫妻，轻视君、夫，动辄为阴之故而破阳。特别微阳难敌纯阴，以其为纯阴之子，使其生生不息。故阳可称为亥之子乎。日本为东方一小国，乃微阳也。是故，亦可称之为阳而谓养育之心也。

来书问曰：铠甲之接缝处为右在其上，询问铠甲作坊之人，回答古来习俗皆是如此。然不知其故。

回书答曰：《尚书》有记载，一旦兵起而天下大定。铠甲由戎狄之衣模仿制作而来，南、西、北方之人，衣为左上而无袖，戎乃士兵也，戎衣乃士兵之服。初之兵服，乃穿片之铠甲，命名为戎衣，此后以戎字代指士兵，戎夷之服，士兵之服，此二义之中，若以左上与无袖为据，乃戎夷之服之义，此为最初之义乎。中国（中原）铠甲之形亦与戎狄之服相似，因戎衣之故可知以右为上①。昔日日本之铠甲以特殊之法带铠袖，因防箭之故，作盾之用。近世铁炮传来，铠袖之用渐少，逐渐不用。此为异国之铠甲原本就没有之物。

① 语出《论语·宪问》："微管仲，吾其被发左衽矣。"披发左衽是蛮夷的服饰，自古汉人（中原人）的服饰规矩是生右死左，就是汉服交领的开口都是右衽，左衽压右衽；发式是束发，不披发。只有死去的人和蛮夷才使用左衽、披发。

第二篇　文武两道

来书问曰：一般而言，武士想要在征战中立下战功而出人头地，这种想法很寻常。但有人嘲笑说："没有战事最好，不该期盼发生兵乱。这（欲立战功）不符合武士之精神。"孰是孰非？

回书答曰：皆谬也。即便只字不识、不懂道学之武士，亦会做好一心为武士道的心理准备。即使现在发生大乱，他们也会毫不犹豫地想着立功，以病死床塌为憾。但是，若见异思迁、想法易变，则违背道武士之道。如果自己想着立功，人们的心思就又变成一样的了。生死二者必居其一。即使没有到这个地步，若有弓箭铁炮的危险，也是九死一生。希望立功出人头地，期盼发生大事，乃欠考虑也。凭九死一生想要扬名，但又看到扬名之事艰难，落后于人也是理所应当的吧？而且，想到天下百姓、妻子儿女等会深陷苦难、悲伤痛苦，拼命立功，就为了一点蝇头小利和自己的名声利益，心中会愉悦吗？仁义之人即使得到天下，亦难为之欢喜。兵书有云，凡兵不攻无过之城，不杀无罪之人，杀其人夺其国、郡，掠夺其钱财，皆为强盗行为[①]。有恶人认为发生祸乱为好事，且能扬名，此想法乃为不忠也。且明白富贵与贫贱流转无常，兴盛与衰落此消彼长，因此而厌恶战争，这种看法方为有识之见。若不理解上述道理，仅厌弃武道武艺，为过上舒适的生活希冀平安无事，这与心思不专、希望发生事端的人的想法如出一辙。真正的武士，始终如一地勇猛，注重武道武艺，无论何事发生都处置得稳妥。以忠心侍奉主君为要务，具备怜悯妻儿、天下百姓之仁爱之心，希冀社会安定无战祸，如果有不测之事发生，能够舍身忘己不顾安危，发挥巨大作用，立下军功之人，即使目不识丁，也能成为"文武两道"之士人。世上文武兼备之人被称为"文武两道"，实不为过也。只有武艺而无智、仁、勇之德行者，难以称其为"文武双全"。

---

① 语出《尉缭子·武议》："凡兵不攻无过之城，不杀无罪之人。夫杀人之父兄，利人之贷财，臣妾人之子女，此皆盗也。故兵者，所以诛暴乱，禁不义也。兵之所以加者，农不离其田业，贾不离其肆宅，士大夫不离其官府，由其武议在于一人，故兵不血刃而天下亲焉。"

来书问曰：和歌[①]和蹴鞠[②]并非武士的技能。赖家玩味蹴鞠而致国家灭亡，实朝重和歌，而如果武士怠惰弯弓习马而玩味和歌、蹴鞠，则会招致不祥。是否如此？

回书答曰：和歌乃我国之风俗，即便略懂作和歌之法亦是好事。然而古代之和歌诗人乃据本来吟咏和歌。追本溯源乃学问之道也。学问之道在文武之分，文武之中德为本、艺为末，而文之德为仁、武之德为义也。仁义之内容又体现在弓、马、书、数、礼、乐、诗、歌等技艺方面，而弓、马、书、数、礼、乐、诗、歌又反作用于文武之德，切实理解文武之道方能为武士指引方向、安抚民众情绪，进而无余力去花前月下，玩咏和歌，而成为名副其实之善人。赖家末期的衰落，并非和歌、蹴鞠之罪，而是其本不立之故。日本和中国，因不立本，过于重视武道而招致国家灭亡的事例很多，亦可称之为武道之罪。然舍本论末，便不着边际而不知所云。蹴鞠本流行于达官显贵之间，乃用脚传递，不使其落在地上的一种游戏，很难像武士一样用鹰捕捉鸟般、以徒步来玩赏的。达官贵人们乘坐轿子来玩这种游戏的话，只能在宫内进行，或促进血液循环、或消愁解闷，亦不为坏事，总有些趣味。在致力于学问和家业的基础上，把蹴鞠作为养生来看待，也是适合的。不论何种方式，把技艺当作根本并非好事。

来书问曰：我听闻勇者以沉勇为佳。刀由铁锻铸而成，故有利钝之分，人之武勇有强弱之分，沉勇亦有高低之别，然而真正的沉勇者凤毛麟角、百里挑一，大部分武士之沉勇不及所闻。

回书答曰：诚然，刀之锋利与否，可通过其材质辨别。古时未有今日这般试刀之物，故常以目测、材质之优良辨别刀之利钝。经常以目测判断利钝，大抵无误。铁的材质好，就像拥有精神气一样，会产生活力，进而刀就锋利；若铁质太硬，欠缺精神气，像石

① 和歌是日本的一种诗歌，由古代中国的乐府诗经过不断日本化发展而来，是一种日本传统定型诗，格式为五、七、五、七、七的排列顺序。日本最初的诗使用汉字写成的，有的用汉字的意，有的用汉字的音。后在此基础上产生了具有日本特点的诗。因为日本叫大和民族，加之写了诗要吟唱，所以便称为和歌。

② 蹴鞠，又名“蹋鞠”“蹴球”“蹴圆”“筑球”“踢圆”等，“蹴”有用脚蹴、蹋、踢的含义，“鞠”最早系外包皮革、内实米糠的球。因而“蹴鞠”就是指古人以脚蹴、蹋、踢皮球的活动，类似今日的足球。

头一样，即使锻造了，刀也会变得柔软且迟钝，不锋利。此种好坏，稍加留意就能发现。锻刀用的材质似钝、浑浊，虚无缥缈，像空中的云，像深渊，很难发现，人之沉着勇敢亦如此。在此姑且不论，武士大抵是武艺高超之人，毋庸置疑具备用刀藐视一切的能力。刀鞘用金丝银线来装饰，并不是想要以最快速度拔刀，而是根据最好的时机拔刀。所以，武需文相济，勇要仁抑制。一生应保持彬彬有礼、怀有仁爱之心。人的刀或腰刀拔得快，是在发生意外或身陷危险之时，人的勇气应像腰间短刀出鞘之快一样恰到好处。因此，一味夸耀能力则损害多矣。古人有云："有其善，丧厥善；矜其能，丧厥功"[①]。装腔作势者遭人嫉恨，有稍许功劳者不要夸耀，这样就树敌众多而心态失衡；反而要保持低调，强调自己有过失，即便功劳巨大，也难成众多权高位重者之一。过去三十年，有以铠甲为枕，以山野为家，屡获显赫名声者，亦有固懂武道而能说会道者。年轻之辈聚集在一起招待那位老者，听其讲武家故事。老者言道："吾并无别人说的那么大的功绩，只是从年轻时便具仁爱和恭敬之心、受人爱戴罢了。"由此才负有盛名。可以说"武道之极致者乃敬爱二字矣"。故无论做何事达到极致，即接近于道。

来书问曰：生，即天地让吾等劳苦，死，即造物主让吾等安乐。狂人[②]于亲人离世之时吟歌题赋[③]，对待亲人的生死尚且如此，对待自己的生死更是如此。如此这般，可否看作是恨生好死?

回书答曰：生劳死安不仅仅是表面上的两层意义，生死如同昼夜交替。众人皆在夜晚安宁睡去，在白昼醒来开始新的劳累。然而，若是夜里安稳到极致便会想到白日里的劳累，同样，若是白日里劳累到极致亦会想到夜里的安稳。生死劳安即时间也。世间有生有死乃由造物主创造，不该凭一己之见决定好恶。因狷狂者，本应对普通人的贪生厌死感到不解，在其内心，生死都是超出阴阳相伴

① 语出《尚书·商书·说命中》："……惟治乱在庶官。官不及私昵，惟其能；爵罔及恶德，惟其贤。虑善以动，动惟厥时。有其善，丧厥善；矜其能，丧厥功。惟事事，乃其有备，有备无患。"
② 勇于进取者，语出《论语·子路》："子曰：'不得中行而与之，必也狂狷乎！狂者进取，狷者有所不为也。'"
③ 隐者原壤在母亲逝世时高歌，庄子在妻子离世时吟赋。

的自然与人间之外的。圣人亦这样认为。然而，中庸[①]一派的圣贤因为精于伦理，故未被拘于超乎寻常的见解，狷狂者不甚了解伦理，故拘泥于超乎寻常之见解。可谓大智若愚。世间万物皆有规则[②]，圣人与伦理趋同，世间万物的准则即这趋同之处，因此岂凭一己之见打破事物准则乎。然而亦可理解狂人之进取之心。

来书问曰：我之居所有占卜凶吉的算命先生。不知当如何看待此事？

回书答曰：相书[③]云：恶乃祸之兆，善乃福之基[④]。此乃看相算命之精髓也。

来书问曰：我住的地方有人精通气象之道。此人虽领俸禄两百石，却大限已至，对其子曰："天下并非一定为谁所有，切勿粗心大意。"世上的武士当中亦有存此念想之人。不学无术之人即便为人臣子也是靠不住的，仅因未能趋于权势而暂且跟随主君，他们一旦羽翼丰满即会杀死主君否？

回书答曰：天下武士之心皆不为人知。总之，倘若这天下是从祖辈继承而来便不会引起非议，并非别人能奢望觊觎之物。地方上之大藩、小藩均是如此。而鄙人，唯恭谨地尊奉将军，在太平盛世里悠然度日，也没有继承家业这般好事，只有高呼万万岁的资格而已。贫，乃士之常，士所乐者莫过于此。许由之洗耳，其心境便是"做什么官呢，让尧帝做王，我要享受山水之乐。把天下让给我，让我做世俗里的官员，我不想再听到这样的事"，因而要清洗耳朵。无论国家抑或民众，皆不期望国家被未付出任何辛劳之人获得。故而，将继承来的国家、天下，轻易就拱手让与我，荒谬之极也。对于圣人而言，最贵重的宝物就是天子之位，若非富贵之人，亦难以救助万民。如若一个人连义都没有，仅按自己所想行事的

① 语出《中庸》。据朱熹注，为不偏不倚、无过无不及之意。庸，平常。中庸之道是儒家的伦理道德准则，为常行之礼。

② 语出《诗经·大雅·烝民》："天生烝民，有物有则。民之秉彝，好是懿德。天监有周，昭假于下。保兹天子，生仲山甫。"

③ 记载人的面相骨相、判断吉凶的书。

④ 参见《中庸》第二十四章："至诚之道可以前知。国家将兴，必有祯祥；国家将亡，必有妖孽。见乎蓍龟，动乎四体。祸福将至，善必先知之；不善，必先知之。故至诚如神。"

话，便是彻底将伦理抛于脑后。只看重利的人，会因为敌不过君主权威浩荡，只能为人臣子在其左右侍奉，倘若这样的人颇有势力，大多数君主应该会将其杀掉吧。因此，汉高祖在知道哪些人想置他于死地的同时对其作出了相应的处置。因此，洞察人情世故的同时能理解天下人之所想是最好不过的事。

来书问曰：立春前夜，撒大豆将福气聚到家中，将鬼邪之物拒之门外，剁下沙丁鱼的头挂在门口等习俗都是自然而然存在于这个世间。我们是否需要遵循？

回书答曰：秋冬之际，阴气[1]在内，阳气在外，人们若想从事生产活动，就要从立春的第二日起，将阳气聚集到屋内进行生产活动，而将阴气置于屋外。然而，因春寒料峭，撒大豆有助于聚集阳气，就连屋内的角落也最好认真地完成阴阳二气之交替。鬼即是阴气，从今夜起便要将其驱出门。神即是阳气，能带来福气，从今夜起便要将其聚至屋内滋生万物。沙丁鱼是众人的食粮，乃仁义之鱼也，邪气惧怕它的气味，可用以驱邪。加上刺叶桂花，会令世间所有鬼毫无缘由地消失。

来书问曰：如今做学问的人仅仅是一味地否定事物本身。尤其是否定世间无理由而存在的事物，否认因果报应，那么神道、王道只会朝着难以立足的方向发展。就如同把一切事物当作无的佛教一样。您如何看待此事？

回书答曰：古往今来的佛教弟子即如同上古时期的愚昧无知男女。上古时期的普通民众并无信仰，与此相反，悟道者则有信仰。而他们创造地狱、极乐世界这般莫须有之物时，亦心存困惑，之后渐渐醒悟，明了并不存在地狱、极乐世界。然而淳朴的古代民众毫无这般困惑。是以，方得以领悟我等便如同上古之普通人，虽说做这般普通人更好，但若自负于他人困惑于地狱，而己毫无困惑，认定不存在所谓地狱，视此类事物皆为莫须有，那么行事就会毫无忌惮。对于儒学、佛教，世间都曾流行过如上所述的一知半解之见。[2]

---

① 鬼。

② 宋明之学吸收了佛教老庄观点，但只是一知半解而已，陷入了万事皆为无、否定因果报应。

来书问曰：将佛教称为内典[1]、儒教称为外典[2]，源于心为内、身材容貌为外。故佛教是心法，儒教是表示外在的规矩。此外儒、道、佛三教即有、无、中也。即使三者皆有其灵妙之处，但要紧处有所不同，儒教乃有形之上等之道；道教则达到无形之极；而佛教不偏不倚，折中调和，居有、无之中道。据众生之秉性能力，兼以有、无、中予以阐释，吾等是否应归于既不偏重有形，亦不偏重无形的、以真实为准的中道？

回书答曰：有形有貌者皆生于无[3]，有、无不可二分。儒教中所说的“中”是天理的别称，与处在有无之间的“中”含义不同。古往今来人们都很重视《易经》，尧舜发现了《易经》的心法并且将其命名为“中”，意即天下、国家、家的和平、治理都无法脱离“中”，“中”之外无二心、无二道，天理在我，为未发，称为“中”；天理在我，为已发，称之为“和”。修身、齐家、治国、平定天下即为“已发”之“和”，即“中”也。领悟事物的天理之精髓而至易至简称之为“中”，即“和”。即便是佛教，亦不将有、无二分，乃曰“色即是空”[4]。即便是圣学，亦未对有、无、中三者加以区别，乃以形体、容貌乃天性也。佛教亦不曾只定位于有、无二者。佛书曰：“心性不动，假立中名。亡泯三千，假利空称。虽亡而存，假立假号”[5]。道教亦不偏向无，而是抑制后世之骄奢淫逸，揭露虚假而返璞归真[6]。故佛教、道教皆为圣学一派之弟子。

他们的缘语、道理又来自何处呢？在儒教看来，圣学出处不明，反而佛教、道教认为圣学遗留的东西非常之多。伏羲的先天八卦图便是源于道教学说，也无人为此辩解说先天八卦图是源于圣人门下。因佛、道两教学说的存在，人们不忌讳为异端学说。均出自圣门之说。上古三代之礼乐亦可留存于佛教。儒家所提倡的人道却

---

① 佛教书籍。

② 非佛教书籍。

③ 语出《道德经》第四十章：“反者道之动，弱者道之用。天下万物生于有，有生于无。”

④ 语出佛经的《般若心经》：“舍利子，色不异空，空不异色，色即是空，空即是色，受想行识亦复如是。”

⑤ 语出天台宗的三谛论。

⑥ 参见《道德经》第十九章：“绝圣弃智，民利百倍；绝仁弃义，民复孝慈；绝巧弃利，盗贼无有。此三者以为文不足，故令有所属；见素抱朴，少私寡欲；绝学无忧。”

认为礼乐在漫长的战国时期便消失了许多。因此，圣学的至理名言给诸邪说提供了机会，儒家不取土芥[①]。所有人都在争论道德的高低深浅，若融合相似的言论后再讨论异同的话，那将会永远没有尽头。虽说内典、外典之名来自于佛者，但其中有些地方却是模仿儒家之说。自秦汉起所谓君子便已丢失了儒家传统，且不知如何看待“执中”[②]，他们的道德愈加沉沦。儒家之道也不过如此罢了。因此，聪明的人都会选择加入佛教或是道教。道家后来亦从失去了天仙[③]提倡的宗旨，沦落成了地仙[④]，还断了自己的心法，只有佛者坚持自己的心法。因此佛法被称为“内”，儒学被称为“外”。

来书问曰：或许您听过这个有趣的古老故事，明慧[⑤]和解脱[⑥]同行，途中经过某地时，路旁放着许多金子。解脱看到此景说“这里有条巨蛇”，随后绕过它继续前行，走过了四五条街之后又说：“刚才地上的东西如果换其他人看到的话，那人一定很开心地捡起来吧。”明慧问：“需要我去给你带到此处吗？”解脱内心想的是这些鬼啊蛇啊之类的东西，虽说是害人之物，但却并没有人见过它们害人；然而，为钱财而丧命的人比比皆是，钱财才是真正的巨蛇。这种想法才是从世俗的迷惘中脱离出来的关键。在明慧眼中，钱财、石头、河川并无太大区别，对此也并无特别的见解。明慧的确心地高远，甚至可将其称为儒家圣贤之心境。这种心境在别处也适用无异吗?

回书答曰：虽然两位高僧之心境有高低之分，但从圣学的角度来看，两者的看法都是独特的见解。心处于自然[⑦]的状态下可谓是万物皆空。正如苏轼诗所云“柳绿花红真面目”，万物各有轻重之

① 土芥，泥土草芥，比喻微贱的东西，无足轻重。《左传·哀公元年》：“以民为土芥，是其祸也。”《孟子·离娄下》：“君之视臣如土芥，则臣视君如寇仇。”焦循的《孟子正义》：“土芥，谓视之如土如草，不甚爱惜也。”

② 参见《尚书·虞书·大禹谟》：“人心惟危，道心惟微，惟精惟一，允执厥中。”这十六个字源于尧舜禹禅让的故事，是儒学乃至中国文化传统中著名的“十六字心传”。意思是人心变化莫测，道心中正入微，惟精惟一是道心的心法，我们要真诚地保持惟精惟一之道，不改变、不变换自己的理想和目标，最后使人心与道心和合，执中而行。

③ 最了解道教的仙人。

④ 二流仙人。

⑤ 日本华严宗高僧。

⑥ 日本法相宗高僧。

⑦ 不被事物所拘束。

分，吾等无法干预。将金银、砂石一视同仁亦是以此见解所创造出的东西。如果用心无旁骛的内心来看待此事，我虽不要钱财，但因为钱财能让人们生存在这个世上，所以世人将其视为珍宝，以此度过自己的人生。有人破产后甚至会身亡，实为世间不幸。丢失钱财之人，可能丢的是主人的钱、别人的钱，抑或是自己的钱。如果凡人发现了地上的钱，应该会很开心地捡起来并据为己有；只有被我们这样的僧人发现才是一大幸事，我们会将它拾起然后交给附近合适的人，让他代为返还失主，此乃天性仁爱之人所为也。堵塞本然之心，虽说可能是品行不同所导致，但将其掩盖起来的只有一处。世俗之人用物欲去掩盖本然之心，使其受到蒙蔽，如同做学问之人以见识去掩盖本心一样。世人皆有此为，如若掩盖本心，最终必不会回到正义之路，不行正道便是悲哀。

来书问曰：固执之人不适合军营，精于利害[①]之人必武勇不足。试问，强弱之分能从容貌看出否？

回书答曰：加藤左马助[②]云：“武士对武道都有辨别之法。只有刚正不阿之人方才具备武勇。”越后国的景虎[③]云：“武道之行为已经成为武士理所当然的日常行为，这就如同百姓耕田劳作一样。武士仅仅靠平时守规矩、守道义不能提高地位，更上一层。光靠武道之行为并不能给武士带来封土领地，也不可能让他们出人头地。”强将手下无弱兵，武士大都被视为精通武道之人。即使是固执己见之人，也不是天生的懦弱、胆怯之辈，只不过修习中不经意间把固执己见当作好事来看待。刚正的人不会见异思迁，遇到不测事态时能抑制自己，在意想不到的事发生时，不会束手无策。此外，能明辨是非、区分利害关系的人常常不会在意情理，所以在最真实状态下，欠对方情理其实就是懦弱。阴达极致而生阳，阳达极致而生阴，[④]平素具有阳气之人在军中也有不易动怒之处。用箭矢枪炮之声将浮现的阳气都抽离，若能勇气储藏于丹田之处，出乎意料地不一意孤行，这样的人也会备受瞩目。龙虽没有翅膀却凭借极致的阳气

① 懂得利害关系。

② 侍奉丰臣秀吉的武将。

③ 上杉谦信成年后的称呼。

④ 源自《太极图说》，阴阳两极可交互循环。

飞上高空，但龙平时都是生存于阴气浓郁的水中的。以此观之，勇武之士平时都是认真做好分内之事的。

来书问曰：节约是件益事，所以人们皆欲节俭，但很难做到；另一方面，人们觉得浪费奢侈可耻，却又日复一日不能停止浪费。先生以为如何？

回书答曰：这大约是因为人们无法明辨节约、吝啬、巧施财物、奢侈之故。节约即我无欲无求而将自己所拥有的都施予别人，吝啬即我本身的欲望强而不施予别人。巧施财物即不渴求物也不储藏物，有则施予别人，无则安于现状。奢侈即有许多积蓄，虽善于巧用财物，但其花钱只是为了满足自己的欲望、自己的虚荣心而已。若不为此，也不会将钱财施与他人。不仅如此，这类人会让家人感到痛苦，会压榨百姓，也会借别人的东西不予归还，购商人之物却不付钱。他们不顾道义伦理而占有别人财物，同窃贼无异。把奢侈浪费装成巧施财物，把节约当作吝啬，吝啬的人也会假借节约之名行事。

来书问曰：与我志同道合者中，有被世人夸赞之人，亦有不与世俗同流合污之人。试问先生，是否可以据此断定此人是好人还是坏人？

回书答曰：子贡曾问孔子，“全乡人都喜欢、赞扬他，这个人怎么样”？孔子说：“这还不能肯定。”子贡又问孔子说：“全乡人都厌恶、憎恨他，这个人怎么样？”孔子说：“此亦无法断定，最好的人是全乡的好人都喜欢他，全乡的坏人都厌恶他。”[①]这个人的品德十有八九是好的，即使不是非常好也不会很差，只不过这个人有缺点。正因为有缺点，众人才会称赞他。好人看见他的缺点会将这视为玉的瑕疵，只会称赞其好的地方而不提缺点。世人的夸赞中以此类最盛。但因其缺点会带来弊端，所以最终也会被世人责难。若此人从一开始就没有缺点也会被小人责难。若世人皆是君子，那君子的许多行为都会与所有小人的不符。这些责难、诽谤都

① 语出《论语·子路》：“子贡问曰：‘乡人皆好之，何如？’子曰：‘未可也。’‘乡人皆恶之，何如？’子曰：‘未可也。不如乡人之善者好之，其不善者恶之。’”

是针对君子的美而不是缺点。若没有人懂人情世故那便不知为何小人会被世人夸赞而君子要被小人责难了。非其人不知其道矣！

来书问曰：当今日本，敬仰中江藤树的学风者甚多，在下就想拜您为师，成为您的弟子。

回书答曰：鄙人并无弟子，因鄙人没有为人师的本领。医者学习医术以谋生；或儒者广学多识，以其博学创造一番事业；或脱离俗世出家为僧，继承宗派、主持寺庙。这类事若非师徒相传便不能实现。鄙人才疏学浅，连能引导别人读书的自信都没有，遑论能助他人成就家业。吾虽立志于文武之道，于圣学之心法略有所得，但自身尚未入德，故而从未想过收徒授学，授人成德、得道之功夫。有他人难以企及之才华，又具天性之德者于谈论、游戏间便能实现其志向。若他们问及吾略得之心法，便予以告知。正如欲登高者已身居丘陵，他们稍加问学，所得已胜过吾十年之功，他等皆为吾之益友也。这与武士的长官教他们射箭骑马是一样的道理。先学受教于后学，武士之间互教的话，那就不存在师，自然师恩也就不存在了。为国、为天下、为武士道，对那些有灵性之人施以快速教导，这些人感受到了教导之人的恩惠便不会忘记，不会像医者、出家人那样结成师徒关系，只是志同道合的武士们切磋武艺，享受彼此共同的志趣而已。我等知友讨论道德，以之为乐亦是如此。因是知友，故而彼此之间没有身份之贵贱，亦无师徒之区别。我等是在未钻研学问之前成为武士的，身边的武士皆如上述那般彼此学习。若是无归属的浪人武士学习学问，然后以学问谋得职位，恐怕就不会再出现上述情形了。他们只需尽些相应的职责，并无多少困难。现下身居高位的武士们正是如此。普通武士们喜爱武艺，彼此以此为志趣，教授他们一些学问，并非难事。若本来便以武艺为先的话，也就没有这些以学问居高位的武士了。以博学出世、以武艺立身，二者各有其道也。心法为所有人的内在之修养，武艺是武士的职责之志趣，有此志趣的人中，论其优者，当为众人之典范。不能成为典范，有见识者当择优秀之人而用之。

来书问曰：有志于道者，时而也会萌发饮食男女之欲，是否在于其志向不诚笃之故？有未立志于道者，但其举止有礼。先生，您如何看待此事?

回书答曰：人之内心皆无声无臭，非感觉可捕获，亦难以窥视。有志向者，其内心世界是否滋生了阴暗的想法，我等并非本人，所以并不清楚。没有理想志向，但行事作风都很好的人也不一定在自己内心深处从未有过阴暗的想法。有的人离开了家乡，虽然自己的父母、兄弟姐妹、妻子儿女没有同行，短时间在他乡逗留，但他内心的想法始终坚定，还是像在家那样，无论发生什么都不会走上歧途。如果善良和真诚的话，那他一定有自己的志向，就算有朝一日沉沦于七情六欲之中，终归还能回归本心。应该不会有人因为躯体的衰老而脱离正道，躯体的衰老并不能说是志向不坚定。有的人就算有赤诚之心，渐渐地心中的光明之地也会被阴暗所掩盖。当今之世，有的人就算食欲、性欲慢慢淡化，品行慢慢变好，但心无定所且不在有父母、兄弟、妻子的故乡，只身一人在世间浮沉罢了；然而，人们都会觉得这个人可能会驻足于走过的某一地，认为他也想这浮沉之旅有个尽头。如今之好处就是他坚韧不拔且不怕吃苦，他不会因为追逐名利而扰乱本心。因为有的人天生就不重欲望，所以他们能成为坚定不移之人。因为躯体衰老所以丧失本来的志向、道德，内心也变得愚昧，这些人总觉得现世无聊而堕入祈求来世安乐之误区，亦有失去了原本的小心谨慎而将生活弄得一团糟之人，亦有认真过度而导致思维想法超出常人之人。[①]凡事不只有好的一面，就像月夜下朦胧的云、黑夜中看不见的太阳一样，有云就有依靠，没有云就没有依靠。

来书问曰：乃近来身边之事，一人路遇朋友与人争吵，无法视而不见，于是拔刀相助，奈何对方人数众多，两人双双殒命。其友人之遭遇乃命中注定，而路过者却死得毫无道理，可视作死于非命乎?

回书答曰：其实并不存在天命、非命。像争吵这样的事不会发生在优秀的武士身上。这样的事毫无礼仪可言，而且因为心中生了怒气容易被别人加害。然而，人为的灾难并不能说是命运。路过的人即使没有任何其他想法，在朋友遇到困难时为了义理不会置之不

① 如前文提到的庄子在妻子死时作诗吟赋等。

理，若在朋友困难时伸出援手，就算被打也非本人之过错，此乃真正的天命。不存在有人活该丧命之谬论，我们之所以犯错并不在于争吵，也不在于天命。死得其所，才是每个人的宿命。因此，君子不立危墙之下[①]。

来书问曰：祭祀是根据天子、诸侯、大夫、士、庶人的社会地位来举行的。天子祭祀天地、三光[②]、天下名山河川，诸侯祭祀名山河川及对国家有功之人，圣贤之人由其子孙后代祭祀。大夫、士、庶人各有各的祭品。不过在日本全国男女老少皆要祭祀天照大神。除天子之外，即便大国主亦不能祭祀天地、三光、天下名山河川，因世人皆知其不合礼仪。愚请教了老人，亦不知此事缘由，望先生赐教。

回书答曰：唐代的人制定了礼制，他们只祭祀礼制中所规定的神，礼制之外者便不祭祀，且禁止以利益为目的、玷污神明的祭祀，亦不允许使用邪术。不仅如此，还明确了得罪天神之人便没有其他祈祷之神这一道理，解开了证明侍奉有情有欲之父母并无错误之人的疑惑，体现了父母是精神的所在之处，他们如同神一般与天一体。因我父母与天神一体，而我是他们的孩子，所以我的躯体就是天神的住所、我的精神亦与天神相同。仁、义、礼、智乃天神之德也。根据仁义礼智所行之事，通常是为天而做。因依照其礼来祭祀，所以有福降临；背其道而行祭祀时，将有祸降临。日本是一个信神之国，很久以前还不具备礼仪时便很注重神明的威严。心中存着祭祀时神明就在旁边看着，应当敬畏神明的念头。只要参拜神明，利益、欲望、死亡、邪术就不会出现；天道就会实现，子女会孝顺父母，臣子会效忠君主。只不过时间、地方、地位不同罢了。直接侍奉天子的人是公卿、侍臣的亲近之人，官职在此之下的都依照顺序拥有官署，有该上奏的事时便通过这些官署。此外当地居民等不能将所拥有的白沙胡乱抛洒，尧设立击鼓就是为了更好地实践这一点。他曾下诏：“如果普通民众不通过农、工、商直接禀报遇

---

① 语出《孟子·尽心上》：“孟子曰：‘莫非命也，顺受其正；是故知命者不立乎岩墙之下。尽其道而死者，正命也；桎梏死者，非正命也。’”

② 日、月、星。

到障碍的话，就击鼓，让我听到。”但此事进行得并不顺畅。心怀怒气的人都直接闯到殿前，以此来抒发自己的怒气。可以说百姓就如同父母一样。很久以前日本还是太神宫治世时，非常重视道德，将其视为神圣之物，并将其赐予天下所有子民，这些道德离下等子民很近，并且时常绕其左右，所有人都有尧舜的风骨，同尧舜一样。尧舜作为后世的标榜，他的茅草宫殿遗留了下来，便是相同的道理。在此之上，神能赐予我们的便是和光同尘[①]的道德了。每个帝王在位时光景都不一样，鄙人只不过是将这神圣的道德写出来了罢了。不仅太神宫治世时如此，直到万岁以后，神德依旧生生不息，如同日月每日都照射着我们。降落又升起，如同面对着圣师[②]一样。神的道德化所带来的帮助并不少，古代的圣王就是君主的师父，尊敬君主亲近师父。不仅是神明，走近飘荡着灵气的山川也能触到不少的道机[③]。这是因为山川之神道德化的缘故，祷告和祭祀才变得有意义。天并非只有天子才能祭祀，祭天不问身份，因此士、庶民亦不必为之痛苦。此类事例极多。

来书问曰：上次的增建神庙之事并不在礼制之内，虽然有人接受了这一提议，但我们都知道这并非神的旨意。从踏入神社起就要诚敬，自然使心为之一新。即使不进神社参拜、祭奠，只要有虔诚的诚敬之心，亦能得到传授神人交感之神义。因一直有一颗诚敬之心，于家为孝子、于国为忠臣，则达到天下太平。请问先生，没有请佛（神）是否即是不践行道德?

回书答曰：比如，在京都，即使在贺茂的神社中人们亦会肃然起敬。古来许多请佛之事皆无证据。若有诸多请佛习惯，那天下极尽奢华的平清盛在广岛的严岛神社——离都城特别近的一个地方请佛，虽说做到了至美，但从很远的地方来到西海参拜这样的事对平清盛来说并不常见。古代建重廊[④]，乃非常忌讳之事。以前即便要建一个重廊也会选择灵地，然后迁往该处，但突然迁居非常不合礼制。后来，人们不选择好的灵地，且多数时候都很随意，这玷污了

① 指不露锋芒，与世无争的和平处事方法。
② 天照皇太神既是圣又是师。
③ 道路机缘。
④ 除正厅以外的其他厅或走廊。

神明，亦轻视了神威，就尊敬而言，此乃大不敬。再看看佛家，我们都知道佛寺的塔中都是舍利子，每个人对其都应有尊敬之意，虽然很久以前在山林中偶尔才能看到寺庙，但看到了便应该心怀敬意。如今因为争论是该建住屋还是建塔已司空见惯，以前遇到高僧法师的尊敬之心亦消失不见了。而且，圣人所教我们祭祀双亲，敬为本也。将父母视作神来祭祀其实就是指父母与天神一体，从本性来看，至尊即圣神，别无他求。从前有人赡养年迈的父亲母亲，父亲总会对孩子说："我已经没用了，你还要赡养我，贫穷之神迟早会降临这个家的。让我早点去死，我的命没什么价值。"这时，他的孩子跪在他跟前小心翼翼地说："我们家的福气之神就是围绕着父亲转的，我侍奉父亲的心意若变少，福气之神不会到来。但因为我一直常伴父亲左右，也养育妻儿，希望福气之神能一直常伴我们家。"年迈的父亲笑着说："我这一把没用的老骨头不仅要人照顾我，你们还要把好东西都先给我，我这老头子不是贫困之神是什么？怎么反倒还被你说成了福气之神了？"其子又说："从古至今，很多人许下了许多愿望，但都很难实现，就算常常去有神明的寺庙祈祷，得到福气之神庇护的一个都没有。孝顺父母，神便会赐予我们福气，得到神的惠泽的人大多数是倭人与汉人，而且有福神的家庭都不在有福气之神标志的地方祈福，而是在没有标记的地方祈祷。孝顺父母就算不能获得福气，但也不会带来坏事。在有神的地方祈祷，不仅不能获得福气，损失亦非常多。如今许多人已经歪曲了福神降临，此乃大不幸。"因为这个孩子和颜悦色地说了这番话后，年迈的父亲也理解了他的意思，从此之后便不再逃避，而且完全没有生气的事，家中一切都慢慢变好了。

来书问曰：普通人的父母没有佣人伺候他们，都是孩子自己侍奉，有时本应要为父母准备食物，但因为要做农活，所以没时间侍奉他们。这些子女没有俸禄，所以他们只能节省吃穿用来赡养父母、孝顺父母。士大夫以上的人有稳定的俸禄，所以赡养父母对他们来说是理所当然的，而且这些人因为有下人可以早晚服侍父母，亦很安心，下人代替他们服侍父母，所以他们便不用服侍父母。在其位不行其道，也具备赡养父母之心、且不用担心父母是否安心，还没有懈怠祭祀之事。因此，《孝经》中所云司其职者乃孝，为人们所接受。但亦有完全跟这不一致的情况发生，比如文王世子亲自服侍自己的父母，对此，请问先生如何看？

回书答曰：此亦根据时代而定，并非一直如此，仅仅是天下太平之时而已。天子治理好国家即为侍奉父母，诸侯勤恳治理其国亦是侍奉父母，官员参与国家治理、公正无私皆是侍奉父母。君子尊德性而道问学。[①]《论语》说："学而不思则罔，思而不学则殆。""思"即指"尊德性"，"学"即指"道问学"，即侍奉父母也，农民依照天时，善用地理知识耕种五谷是侍奉父母；工匠能得心应手地工作，商人精通钱财之道即为侍奉父母。在其位司其职那便是侍奉父母。虽偶尔有空闲时光不能服侍在父母身旁，但吾等躯体也即父母之身也。吾等立身行道，亦即父母立身行道也，虽远隔千里，但仍与父母不分离。

来书问曰：读《论语》第一章，虽大致明白文章含义，却不能完全领会。请问先生，此乃何故？

回书答曰：不亦乐乎之"说"者，乃指自己从学问上能感受到生命的充实感也，就像梅花凌寒独自开，暗香自来一样。不为顺境与逆境所左右，即不存在损失一说，快乐就如同万物复苏的春天一样，二者是一体。人不知而不愠的"不愠"，不仅仅是人们不理解我们所传达的道义，不将忠臣说为不忠之人、正直之人说为不正直之人、信说为不信，流放之罪、监禁、死刑等人生逆境也有许多不为人知。泰然处之之人不自责、不怨天尤人，就像在炎热酷暑中上吐下泻导致死亡的人一样，像在极寒之地遇上暴风雪的人一样。天道的阴阳、人道的顺逆，其含义是一样的。悦乐即顺也，不明此理者便会遇到逆境。人的一生境遇甚多，但无外乎顺境与逆境两种。小人若处于顺境，一定是极尽奢华，处于逆境则悲伤难过。总会感觉生活只有春秋而没有夏冬一般。君子若处于顺境之中，会成物，

① 语出《中庸》第二十七章："大哉，圣人之道！洋洋乎！发育万物，峻极于天。优优大哉！礼仪三百，威仪三千，待其人而后行。故曰：苟不至德，至道不凝焉。故君子尊德性而道问学，致广大而尽精微，极高明而道中庸，温故而知新，敦厚以崇礼。"

处于逆境之中，会成己[①]，就像生活只有春夏而没有秋冬一样。富贵福泽乃春夏两季之道也，而秋冬两季则带有贫困灾难之义。根据四季变换来判断祸福，祸福者乃人之阴阳也。屋子之南面冬暖夏凉，北面夏热冬寒，人之南面即成了我的北面。房屋排排并列，共同生活于世乃自然之理也。富贵福泽、贫贱忧戚相伴才是世间原貌，当恨谁，又当怪罪谁乎？

① 参见《中庸》第二十五章："诚者自成也，而道自道也。诚者，物之终始。不诚无物。是故君子诚之为贵。诚者，非自成己而已也，所以成物也。成己仁也，成物知也。性之德也，合外内之道也，故时措之宜也。"

第三篇 性、心、气

来书问曰：您如何看待性、心、气三者？

回书答曰：太虚者，理、气[①]也。简言之，一气[②]也。理者，气之德性也。[③]气之一伸一缩生阴阳，阴阳生八卦[④]，八卦生六十四卦[⑤]。理之形态多样，难以尽言，称为理一分殊[⑥]。天地万物皆尽于理。以理为主，则气为理之形，动、静为太极之时中[⑦]。如果以人为例而言，体内流动之物即为气。将气净化至灵妙明滢处称为心；存在于一片灵妙明滢之中的仁、义、礼、智、则称为性。灵明并非他物，正是气之浓郁中心之处，如同炉中熊熊燃烧之火。火焰如同照亮万物时一样亦可照亮人心，在被照亮之处体现了仁、义、礼、智的条理。

来书问曰：身死之后，心又如何？

回书答曰：到了冬日便不会有人想起夏天穿的单衣。到了夏天同样亦不会有人想起冬天的衣服。故而，身存有形之心，身死则为

---

① 太虚是指张子的思想，理、气是指朱子的思想，朱子规定太虚太极为理，蕃山规定太虚太极为理气，以下均称理气。

② 参见张载《正蒙》：“太虚无形，气之本体。其聚其散，变化之客形尔……太虚即气。”

③ 参见王阳明《传习录・答陆原静书》：“‘精一’之‘精’以理言，‘精神’之‘精’以气言。理者，气之条理；气者，理之运用。无条理，则不能运用；无运用，则亦无以见其所谓条理者矣。”

④ 八卦：乾、坎、艮、震、巽、离、坤、兑。

⑤ 易经六十四卦，是西伯侯姬昌（周文王）被纣王囚禁关押的七年间，潜心研究伏羲八卦的基础上推演所创的，所以又称为周易六十四卦。

⑥ 宋明理学中“一理”与“万物”关系的命题，源于道家。意思是天地间有一个理，这个理又能在万事万物之中得以体现，也就是说每个事物各自有一个理。最早见于程颐《答杨时论西铭书》，称张载的《西铭》“明理一而分殊”。《朱子语类》卷十八：“万物皆有此理，理皆同出一原，但所居之位不同，则其理之用不一，如为君须仁，为臣须敬，为子须孝，为父须慈。”

⑦ 参见《太极图说》：“无极而太极：大极动而生阳，动极而静，静而生阴，静极复动，一动一静，互为其根。”

无形之心。①

来书再问曰：如此说来，有德颜子之早死②与身为大盗而长寿的盗跖③之死，岂非相同？

回书答曰：人存乎理性、肉身，然而理性非为肉身所驱也。或曰，肉身不存亦为存也。恶人之不知理性，他们不会等死。君子之心，不受肉身驱使，生死不二分，生不待死，死生同一也。

来书问曰：在此世间，受到别人的夸奖，便毫无二心地信任夸奖之人，如此之人又当如何看待？

回书答曰：凡有好事即立刻逢迎之人，因无主见，亦不会深入思考真正的好坏，临时抱佛脚，现买现卖心学，还煞有介事地编造事实，让人对其深信不疑。君子虽然遇到好事也会逢迎，此乃人之本性，人之本性即好善也。与人交往，须了解其思想是否正确，这一点尤为重要。

来书问曰：如您所知，鄙人之兄长端正有礼、心怀慈悲，但后代衰落、十分不幸，不知何故？

回书答曰：有的人虽看起来不好，但在天的眼中却是好的。有的人看起来好，但在天看来未必是好的。您的兄长，他有爱心，行为举止端正，此乃天生，非后天习得，您兄长只爱自己的妻儿，还未惠及众人。故此您的兄长虽没有脱离苦难，亦不需要施舍。但您兄长并不了解那些下等人的难处，他把许多百姓关进水牢，有人因

① 有形之心，谓之心脏；无形之心，谓之心灵。有形之心，心是一个接收外界信息，同步形成善恶判断、好恶分析，继而做出相应意识调整的最重要的要器官。无形之心，是一个人的精神世界与情感表达。《素问·灵兰秘典论》说："心者，君主之官也，神明出焉。"佛教禅宗《达摩血脉论》中云："即心是佛，亦复如是。除此心外终无别佛可得；心即是佛，佛即是心；心外无佛，佛外无心。"心学认为，心是一切事物产生的根源。陆九渊说，充塞宇宙的"理"，就在人的心中，"人皆有是心，心皆具是理，心即理也"。王阳明说"至善者心之本体"，又说："心即理。天下又有心外之事、心外之理乎？"王阳明《传习录》云："凡知觉处便是心。""心"即"我的灵明"，"我的灵明便是天地鬼神的主宰"，"离却我的灵明，便没有天地鬼神万物了"。心，感知万物，主物质世界；心，生出意识，主精神世界。有，是心欲令其有；无，是心欲令其无。都是心在感知、分辨、甄选、评定，发出指令。无论禅宗所谓"即心即佛"，还是心学所谓"心即理也"，与《关帝觉世经》所言"人心即神，神即心"，都是同理一义。

② 颜渊，有道德心但早死。

③ 孔子在世时的大盗，长寿。

此染病。您兄长并非无罪，百姓供养他，却为他所害，遭受痛苦。他们妻儿的哀伤、无故获罪的痛苦触动了天地神明，若其不知此缘故，即为忘掉天职①；若知其所以然，便知是不仁也。治国理政之过错不论大小，其罪皆在地位最高之人②。如今之世俗，不外乎上等人为难下等人、做官之人为难百姓，而没有人对此表示责难。只是举止端正的话，可视为一时忍耐之爱。我们视为好人之人自有上天明鉴。受到神明惩罚之人，不会有幸福可言。

再来书问曰：鄙人兄长之事正如您所说的那样。但是鄙人兄长至少有对家人之爱，而那些无礼、不仁、残暴之人，他们的后代却兴旺发达，幸福安康，而极善之人的后人却十分不幸，是何道理?

回书答曰：根据人之秉性，天地间的神明会赐予好人幸运，赐予坏人灾难，只是时间早晚的问题。不仅如此，其先人或曾有助于或有碍于造物主创造万物。运势就如同倒春寒、秋老虎一般，聪慧之人得到神赐予的福气和灾难都很快，但对世人来说祸福的降临都很慢，乃平时对事物的理解或迟或快之故也。先人助造物主创造万物所带来的运势到现在都未停止，即使后代不是好人亦很幸福；先人妨碍造物主创造万物所带来的运势也是如此，即使其后代是好人，这种不好的运势依旧无法避免。就像有跌打撞伤、头痛症状的人能感觉到土用③、八专④、雨气⑤一样。故此，便知有许多事皆是理所当然的。

愚给老友的书信中写到：从前就相识的人不会失去对旧友的感情。长时间断绝音讯似乎非常无情。听闻您对于勤学道德之人十分厌弃，我常谈及道学，您是因此而疏远我，还是认为我不才而轻视道学呢？若以道学为无益之事，对爱好道德之人亦退避三舍，则无

---

① 天赐予的藩主职位。
② 原指天子。
③ 立春、立夏、立秋、立冬前的第十八天。
④ 在六十花甲中，由壬子起算的壬子元十二天中（即六十干最后十二天），有八日为天地比，即同气相重，此称为八专。八专日为：壬子、甲寅、乙卯、丁巳、己未、庚申、辛酉、癸亥。在六十花甲中，凡天地比者十二，在壬子元中占其八，其余四元（即甲子元、丙子元、戊子元、庚子元）中只占四日。
⑤ 即将下雨的样子。

法明辨是非。如果我不肖且远离道学，那我便会犯错。若您思及与我的旧交之情，怎会不告诫我的过错呢！若告诫我，我仍不改过，您可弃我而去，只如同往昔一样遵奉道德即可。莫因人而信道或弃道。道德，有信者，亦有不信者。投身于圣人门下的弟子会践行天下之圣学，即使世人皆为坏人、不正派之人，圣学本身也不应遭到怀疑，而应根据自己的见解来判断。若因对某人之好恶而愈加信道抑或渐而不信道，则难称得上能识别道德。

来书问曰：世间都同情判官（源义经）[1]，您如何看待？

回书答曰：君子有三恨，憎恨夸耀其功而得到了褒奖之人、憎恨富贵而骄奢淫逸之人、憎恨身处高位却不惠泽平民之人。判官义经不知其道德品行如何，虽然凭勇气而有过失，却并未因立下大功而受到褒奖，此乃人情世故悲凉之处。源赖朝，天生有福分，虽得天下却非仁义之人，且无宽容之心，此乃人情世故可憎之处。这非限于源义经和源赖朝两人。骄奢是天道之盈亏、地道之损毁、人道之憎恶也；谦虚是天道之盈满、地道之恩惠、人道之喜好也。

来书问曰：我等所住之地，有视蛇为神的使者，劝世人不可冒犯。我们周围尽是各种各样的可悲之事，这些会招致不好的结果。但我们应根据风俗习惯袖手旁观，还是打破旧俗进行干预呢？确实是个极难选择的问题。

回书答曰：我们应该听从神的旨意改正那些不符合道义之事。因神乃无形之故，有时会附身于某样东西。并不全是附身于蛇，而且因为蛇是居于草丛之中，它与人杂居，不合情理，神明会惩戒这些不合情理之事。不小心走近蛇所居住的深草之中遇到祸事便是人之错也，而蛇出没于人所居住的地方就是蛇之错。应将其逐回草丛中，即使不这样，将其杀掉亦可。此外若百姓还有疑惑，应该通过抽签来祈求神谕。如果其中一方提出的诉讼有道理，多次提出怀疑亦可，若前一两次提出时没有得到同意，则在神同意之前要进行多次抽签祈求神谕，一定要到神同意为止。另外，也有将与神意不符之结果视为神意，以禽兽替换人之尊贵的诸多事例。

---

① 九郎判官义经，薄命英雄，深受人们同情。

来书问曰：不做学问而从政就像在没有灯火的黑夜里前行一样，非常危险。懂得治国理政、经世济民很难。请问从政者是世袭适合，还是处于相应社会阶层之人适合？

回书答曰：有从政才能之人称为经世济民之才，这样的人潜心修学，将来必定能治国平天下。但若空有经世济民之才而不学习的话，也如同在没有灯火的黑夜中前行一样。但这亦是因为有人走了夜路，所以很多人会做出同样的选择。但走夜路之时，要观察四周情况，因而人的行为会变得不自由。另一方面，若是没有才能而有学问的人从政，就如同盲人在白天行走一样，虽然可以一边听着四周的动静一边走，但是始终走得不明白，本应该预测时势、方位、地位却无法做到。即使身不由己，但自己一边看着四周的情况一边走，或者在看不见的情况下前行，肯定不如看得见四周的情况好。有的人不懂兵法，但有胆识，因为自己分析过如何取胜，所以逢敌会赢；而有的人虽然懂兵法但却不懂得变通，所以逢敌就束手无策。精通胜负之道又懂兵法之人迟早会成为名将。不懂兵法难成名将，才能与学问的道理亦是如此。此为古往今来的先例已证明了的事实。

来书问曰：听闻有人未读四书五经亦得以成就学问，若果真如此，我亦想发奋尝试一番。若不读书，亦未达成所愿，而已垂垂老矣，即所谓晚学，此时余暇无几，学问难以成就，该当如何？

回书答曰：直接拜圣贤为师，即使不读经书也能成为明道理懂道德之人。当今之世，无圣贤之人为师，悟性较低之人想通过学习儒学经典而成就学问是很难的。经常向已得圣贤心得之人问道的话，应该也是可以成为善人的。那么，以下就涉及有学问、有道德修养之士了。圣人的言辞中有许多深奥的地方，其中蕴涵的道理无穷无尽。其深奥之处在言外之意，那么我们阅读经典旨在钻研圣人的内心，就像侍奉圣人一样虔诚。圣人的内心有深有浅，其品行也难以道尽，一个人不管读了多少遍经典，即使对经典内容大加赞许认同，之后也要不断研习。只是在某些传说中，汲取心术之人一旦进步，便不知言外之意了，这样年复一年到最后也只能无奈地放松自我了。悟性较高之人，稍稍听了一点圣人心法便能依此以天地为师，能有自己的造化，所以不读经书也可以明道理、懂道德。即便是悟性较高之人，若只是读死书，不思考其中的深奥之处，也很难真正地进入圣学的探索之路。天生的智者即使不研究圣人心法便读经书，也能很快明白德行是何物。因此行美德[①]之人即幸福之人会渐渐知晓德行，这样的人更能从书中获取知识，然后侍奉于圣人身边。为人君者会成为仁君，为人臣者会成为忠臣，两者皆可称为士人，皆具有善人之品行，必定会流芳百世。

来书问曰：我们知道三皇、五帝、三王[②]、周公[③]、孔子均为圣人。伏羲在没有文字、没有学校教育的时代出现在天地间，最初画出八卦图，成了天下后世的道学渊源。伏羲之后到孔子一代，循着先人[④]所留下的踪迹学习“韦编三绝”[⑤]，废寝忘食、夜以继日地专研《易经》。神农尝百草而有医[⑥]。然而，孔子虽恰好诞生于学习末代医术的好时代，却完全不懂医学[⑦]。如此这般完全与所处时代大不相同之事，您如何看待?

回书答曰：这样的事只是偶尔才有。将孔子置于伏羲、神农所处的位置，他也可能写出《易经》、开始学医。将伏羲、神农置于孔子之时代，他们也能像孔子一样。

再来书问曰：如此说的话就类似于佛说，即如特意准备好的辨清事物的道理之法。白手起家的人，是否与根据前人的经验做事的愚人相同?

回书答曰：古人并无要有所作为之志向。三皇在位时期，也是白手起家之时，那时候的人心里都能感受到道理的存在。孔子所处之时代，根据前人的经验来做事的行为极为普遍。混沌未开之初，

---

① “行美德”语出《尚书·洪范》：“一曰寿，二曰富，三曰康宁，四曰攸（行）好德，五曰考终命。六极（惩罚）：一曰凶短折，二曰疾，三曰忧，四曰贫，五曰恶，六曰弱。”总结了人生的价值意义及善与恶的体现。

② 夏禹、商汤、周文王。

③ 周文王之子，周武王弟。

④ 伏羲以后的时代。

⑤ 语出《史记·孔子世家》：“孔子晚而喜《易》，序《彖》《系》《象》《说卦》《文言》。读《易》，韦编三绝。曰：假我数年，若是，我于《易》则彬彬矣。”韦，熟牛皮。古代用竹片写书，再用皮条编缀成册。三，指多次。绝，断。意思是孔子勤读《易》书，致使编缀的皮条多次断开。

⑥ 语出《史记·三皇本纪》：“始尝百草，始有医药。”

⑦ “丘未达”语出《论语·乡党》：“问人于他邦，再拜而送之。康子馈药，拜而受之。曰：‘丘未达，不敢尝。’”

人们皆以太虚为先祖、以天地为父母，圣人诞生于斯，未立寸功不留名；世人无疑惑，明事理者隐；无不孝子，亦不会被孝子的行为震惊；无奸亦无忠，不举政刑而行大道；无人教授学问而人皆善良也。[①]及至后世，性、情分离，萌发物欲，人类由此而生困惑。此时伏羲降生，为众人答疑解惑。欲中有哀伤苦痛，感叹感慨，不能不予以教诲。偶尔，天道乘龙马现身，以其象助伏羲制出八卦图，此乃八卦图与教学之开端也。伏羲氏时代之前世人无欲无求，因能融合情与性之故，世间无人生病，后世以来，有了欲望，便产生了疾病，故而不能不传授医术和耕作之术。故上天将灵草（医术）、良种（耕作）降临于世，助神农而成医术。此乃所有知识之发源也。只是根据时间推移、变化，于最适合的时机把智力最大限度发挥出来，伏羲和神农像春天一样、周公和孔子像夏天一般发挥作用，虽然其形式各不相同，然皆是孕育万物。如果说《易经》无限定之理，那就不限于孔子，我认为这道理中也包括了伏羲氏的部分。

再来书问曰：释迦是夷戎的圣人？其佛法亦是依据时势而生吗？

回书答曰：释迦奉行的并不是圣贤的中正之理[②]。若你到中国向孔子学习，就会具有成为圣人之才能。中国是具有广阔而宽厚的仁义之心之地，此处之人天赋中智勇兼备。释迦出生之国，百姓愚痴，物欲横流，世道不仁。因为是酷热之国，死去动物的肉很难储存，他们会拿着活着的动物到处走，切下肉来卖给别人。仁心深厚者，不知道如何控制，所以他们形成了杀生的戒律[③]。日本乃仁义之国，出生于此，不会有应该超越佛法这样的感慨。如果释迦牟尼和达摩[④]还在世的话，看看如今的佛教信徒，对佛法应有另一番理解了。提到释迦的后继者，真是十分悲哀，已然受挫衰落了。我等均非佛教徒，所以不用为此费神冥思苦想。人们教育自己的孩子时都会用最直接的言语，而教育别人的孩子时就会用委婉的言语。对于

① 老子《道德经》第十八章：“大道废，有仁义；智慧出，有大伪；六亲不和，有孝慈；国家昏乱，有忠臣。”

② 伏羲、神农、尧、舜、孔子所主张的中正之理。

③ 不杀所有有生命之物的戒令。

④ 禅宗始祖。

释迦、达摩，若让我们听到一些佛者都难以忍受的语言，皆因未离开世态人情、不专心于道之故。我们要担心的事情亦或甚多，皆是埋藏于心不曾外说之事。

来书问曰：俗语有云“贫穷乃世上的福气之神”，是何缘故？

回书答曰：这世上如果没有人留存的话，何来财富？正因为有贫贱之人，所以能种出五谷杂粮、织出衣服、收集木材当柴、制盐捕鱼，这些都是作为生意来经营的。六月的酷暑难耐，劳作辛苦，然寒冬踏着腊月的霜雪卖盐、卖柴、卖菜等行为不亦可致富吗？故农、工、商皆因贫穷而出现于世。不仅是农、工、商如此，就算是士[1]，也将贫穷视为常事并研习技能，以期达到德才兼备。生而奢华之人，大多数无才无德，且很难为国家所用。不仅士农工商如此，即使是天下的大臣、藩国王、郡王亦具备吉、凶、兵、宾、嘉[2]的礼仪，储备水灾旱灾之需，如果是侍奉在君主身旁之人，不应求富足。虽说自己的君王是天下之主，却“厚往而薄来”[3]。按时接受朝见，让他们以薄礼进贡，却用厚礼回赠诸侯，这是为了安抚诸侯。[4]对天下百姓，在其生前就让其过得美满，死后为其厚葬，这样的话就不会招致百姓的恨意，而且对待他国要时刻有防备之心，以免遭到突袭。命定的大凶之年，更要提前为饥荒、灾难做好准备。天下的所有财物就应该为了天下人全部奉献出去，而不是攒在自己手里。这样一来，天下君主在世人眼中应是落下了一个“最贫穷之人”的形象，但如果世人真认为这样的君主贫穷的话，说明这世间聪明之人并不多。尧舜也对此深感忧虑。虽然尧舜与孔子都是圣人，但孔子为人师，是师者中的先驱者，将知识授予世人；尧舜为人君，则是自己先掌握了知识，再用自己的知识去招贤纳士。贫穷且不劳动就无法生财；不谦虚就无法真正理解知识是什么，只是满足于自己仅有的一点知识，觉得这点知识就足够了，那么天下才能

---

① 儒家按个体道德修养可分为士、君子、贤人、圣人四级。儒士有志于学，能够学而时习，并树立了儒家中道修养；君子初步理解中道，建立了基本人格，然仍有细微疑惑未解；贤人觉悟中道，上达天命，完全无惑，辩才无碍；圣人百尺竿头更进一步，圆证中道。圣贤都能允执厥中。

② 祭祀、丧葬、军旅、宾客、冠婚。

③ 语出《中庸》第二十章：“继绝世，举废国，治乱持危，朝聘以时，厚往而薄来，所以怀诸侯也。凡为天下国家有九经，所以行之者一也。”

④ 参见《中庸》第二十章。

学识兼备之人都将被埋没。只有放下姿态谦虚求教，才能成为一个善良且具备从政才能之人，也才能将自己端正的作风传于后世，名垂千古。将听取底层民众的意见当作耻辱，不用天下人民之智慧，那就脱离了事物的本体，而事物的本体并不在于虚无缥缈的道理；不以为耻反以为荣之人，得到的只有不善之名也。天地辽阔无穷，造化万物，孕育万物之处乃太虚无一物之理也。人的双眼脱离了五色还是能识别五色[①]、无味之嘴依旧能分别出五味[②]、无声之耳依旧能识别出五音[③]，人的内心若处于放空状态，则能应付万事万物。万物皆由无而生[④]，理解了这一道理，便能体会"贫穷乃世之福神"的直戳人心之处。

再来书问曰：不知先生您如何看待尧舜之子民并未摆脱贫穷之事？

回书答曰：愚以为他们虽然物质上贫穷，但精神却不匮乏。因为每个人都安分守己追求自己简单的梦想和愿望，所以即使身体疲惫但内心却是愉悦的。之所以说尧舜的子民有安康之福，理由便是如此。昔日在尧舜的国土上有一农夫，每日都会朝着北方叩拜，口中念念有词曰"请让我享享清福吧"。其妻笑曰："每日檐下杂草从生，地上铺着凉席，身着粗衣、口吃杂粮，夫劳于田、妇忙于炊，偶有闲暇必忙于纺织。春至冬、朝至暮，通宵达旦。若此为清福岂不是每个人都在享清福？"夫又曰："此皆为低等下人所为之事，非我等高尚之人应为之事。原本下等人之子，住拥挤的房屋、着低人一等的衣服、食低人一等之食、靠低人一等的生计谋生，这乃命中注定也。没有不如意的事发生最好，也不祈求从天而降的幸运之事。身无病、家无灾罢了。而通晓事理之人若没有空闲的话也是没法享受清福的吧？"

流水不腐，故生生不息，水洼之水几乎为死水。虫子钻进了柱子中，锄头的柄却没有虫子。俗乐[⑤]哀愁伤感但还是有很多人欣赏。

---

①红、黄、蓝、黑、白。
②酸、甜、苦、辣、咸。
③宫、商、角、徵、羽。
④语出老子《道德经》第四十章："反者道之动，弱者道之用。天下万物生于有，有生于无。"
⑤民间音乐。如日本的长呗、净琉璃、民谣和流行歌曲等。

经历过水腐坏柱子，方能体会虫蛀时的痛苦，即使尝到了美味的食物，也如同吃这个田夫的粗食一样，味同嚼蜡；即使着温暖舒适的衣服，也会苦恼于寒冷，觉得自己穿的是粗衣粗布。多数之人不堪忍受病痛，或是出生便夭折，仔细思虑的话，此乃非我所愿。人乃动物也，上至天子下至子民，贪图安逸乃人之常情。往昔许由[1]乃古之贤者，但身为农夫之后，与农夫是一样的。尧将天下禅让给许由，许由不受。为避免俗世的脏污，许由用颍河之水洗耳，内心感到快乐。他认为无道德之人即使得到了天子财富，也如浮云一般[2]。天爵[3]之人有此道德本性乃受人尊崇也。有人会说，夏桀殷纣为华夏之王，拥四海之高位也，坐拥天下财富，无人能与之相提并论。颜子无官无职乃一介平民布衣，尚在英年，进食能力便逐渐衰微，三十余岁便离开了人世。值得尊崇之人即天子。天子能保护天下之财富，诸侯虽然身份高贵但却很难知其内心。若是这世间的人都像桀、纣那样，一定会让人愤怒不已，此乃以恶为耻而好善之良心尚在之故。若是世人皆像颜子那样的话，大家都会内心愉悦、谦逊知耻。人爵[4]就如牵牛花上的露珠，永远无法与天爵相提并论。人爵始终要看命，命里有时终须有，命里无时莫强求，而天爵与命运并无关系，是因为心中的天爵之位无法防备。若是心中之快乐不被夺走，则生死安泰自若。我们自然希望世人都成为颜子之徒，而不是成为桀、纣之辈。

来书问曰：谁都知道无欲无求是件好事，但是作为出家人更应保持一颗无欲无求之道心。与世人交往非简单之事，明明知道骄奢乃恶事，但却不做人事；若是吝啬，理应受到指责。出家人若侍奉于世俗，却暗中存积蓄之私欲，这种欲望也不可能实现。您如何看待这样的人？

回书答曰：不知阁下如何理解无欲无求？抑制天理，将天理看

---

① 字道开、号武仲，尧在位时的清高隐士。

② “富贵如浮云”语出《论语・述而》：“子曰：‘饭疏食，饮水，曲肱而枕之，乐亦在其中矣。不义而富且贵，于我如浮云。’”

③ 语出《孟子・告子上》：“有天爵者，有人爵者。仁义忠信，乐善不倦，此天爵也。”

④ 即公卿大夫，语出《孟子・告子上》：“孟子曰：有天爵者，有人爵者。仁义忠信，乐善不倦，此天爵也；公卿大夫，此人爵也。古之人，修其天爵，而人爵从之。今之人，修其天爵，以要人爵，既得人爵而弃其天爵。则惑之甚者也，终亦必亡而已矣。”

作人的欲望；抑制欲望，将人的欲望视为天理，这原本就是错的。将物品储而不用就是欲，不储而将自己所拥有的物品慢慢用掉，直至一无所有也稳如泰山的人就是无欲无求之人吗？这两者不过是吝啬和没有本心罢了，与有无欲望无关。不做人事的话也是不好的，喜好风流的人就让他们看茶道，喜欢谣曲的人就让他们听歌会，喜欢马的就让他们照顾马，这些人难道就应该与同辈朋友或师兄弟有关系吗？不应该有这样的人吧。

趁着年轻，拜师学艺，学会一门技能并不是难事。但如今这样的人却甚少。志同道合之士和五人、七人会经常往来沟通。这些人当中有的爱好弓箭，并且用弓箭闯出了一片天地；还有喜爱矛、大刀、手枪、马术的人，亦各自有了立身之本。那么，那些歌谣、茶会、酒会、连歌、文学、某人的传闻以及比这些还要低下的各种低贱之事都可以视作骄奢。高官厚禄者周围总会有许多人围着，而地位卑微者连一席之地都没有，是因为没有侍奉他们之人，所以这些人常交往之人不会超过五人、七人。高官厚禄、名声显赫之人，吝啬也好，清白也好，即使是毫无关系之人对他们亦有所耳闻，皆因为世人给他们取了一个名称。世人茶余彼此相问，可知他们之间并没有联系。仁义知礼之人，时常修习三纲五常[①]之道，且行为举止端正。他们管理家中的男男女女，准备好战时所需之人员马匹[②]，松弛有度地从领地的百姓之处征收物品。他们永远呈挺拔之势，即使没有什么远大的、特别的梦想也不疏于文韬武略之事、不沉溺于骄奢之事。他们与亲戚、知音、同事交流沟通，轻快地修建自己的房屋，缝补衣服，省去各种用具，饮食清淡，毫不浪费，小有积蓄。他们对走霉运的亲戚、朋友、知己施以援手。他们爱惜家人、同情百姓，如同不知世间玩乐之事一般。世上总有品行端正之人，物以类聚，人以群分。不用特意为了需要而去做准备，也不必为不时之需去特意准备，无仁无义，一切皆顺其自然。

毫无理由就胡乱用自己积蓄者难道就能称为无欲之人了吗？那不过是滋生了追求名望之心，并将其作为自己欲望之心的借口罢了。正是有了私欲之心，便有了人之吝啬、有了人之清正廉洁无欲

① 三纲为父子、君臣、夫妇，五常为仁、义、礼、智、信。
② 战争时代负责分配士兵的人。

之风气。真实无欲之人中，也有龌龊之人。真实无欲，则不会在意别人说自己吝啬，也不会为此烦心，房屋装饰之事便不会在意上心，此乃俭约也。无喜欢之衣服、家具和食物，自然就不会特别看重这些。正因为无欲无私心之俭约，所以不会让自己劳累，也不会让人为难。（这样的人）可称为淡泊名利之人。阁下若是无欲之人的话，很难将自己的财产延续给后人，所以要思考做好自己该做之事。无欲若家产能续，也能做好自己该做之事。奢侈乃阳欲（积极的欲望），吝啬乃阴欲（消极的欲望），特意为自己打造一个无欲无求的美名乃一种求名之欲也。此三种欲望称为人之三大欲望。君子无欲乃指遵从礼仪不藏私欲也。若世间有这样的人存在，对如今的世道来说不是坏事。我们应该思考自己的内心是否将天道视为见证者。在此之前这一点还被人们谈论过。在我家乡有位行为值得钦佩之人，每个月领取俸禄五百石，对亲戚、知友都很好，但不擅长与我等交往。若让其任公职或军职，拥有门客，侍奉于国家，会渐渐学会与我等交流。此人表面上与同僚相处得不好，这是因为平时都将精力放在与亲人和友人的交流上。

待人真诚之习惯，也会体现于日常与陌生人交往中。例如：在町人的店里点了食物却没有得到特意热情的款待，这样的事时有发生。平素跟亲戚、朋友走得近的人，大家会在街市上町人的店中点东西然后一起食用，采取与亲戚、朋友一样没有隔阂、不讲客套的相处方式进行交往。如果能游刃有余地应对不同的人，那就应该积极地去与他们交往，无论什么人，如果有必要，都应该前去拜访。即使是自己的亲朋密友，若是来访就应该备上薄茶招待。若不能游刃有余地应对陌生人，那就应该与我等一样；若亲戚、朋友因为有事上门，那就与他们拉家常，到了用餐之时便以平时的食物招待他们，与那些行为令人赞叹、钦佩之亲戚、朋友交往时亦是如此。有心之人自会感受到你的真心。

来书问曰：鄙人犬子如您所知，虽然不是愚笨之人，但却染上了恶习，任性妄为且无视道德，不思学一技之能，反来责怪我这个父亲，责怪其他人，牙尖嘴利、行为恶劣，可谓是爱慕奢侈、一无是处之子。不知我当如何教育之？

回书答曰：这并非一朝一夕之故，原因在于阁下常年以来的教育，而罪不在于阁下之子。总之，为父为君者内心深处皆有仁义，但常严厉待人。人们离了水、火，一日也无法生活[①]。水、火乃世间给予人最大之恩惠之物，但因为火即是严厉，人们会小心地应对，故并没有人因真心靠近火而死去；水是心软之物，虽没有攻击力却可以治愈人心，但许多人因为爱水而溺死其中。阁下之病根便是过于心软。因过于心软，即使以礼对待别人之赞颂，也难免家中出不孝之子，国家出叛逆之臣。国君、父母十分严厉，即使说了过分之言，孩子与臣子都不有怨气；偶尔对臣子、孩子有一点仁慈之心，他们就会对这从天而降之仁慈感到喜悦。温和之国君、父母有自己应遵循之正确之道，然臣子和孩子亦有怨恨之理由。温和的君主和家长无论对臣子和孩子多么仁慈，给予赏赐，处在自己的高位，也很难意识到这是过度温和。父母温和会导致孩子习惯不好；君主温和，臣子之间的风气必定不正。水之仁如母，火之仁如父，而阁下却如同母之仁一般，孩子当然会任性妄为。即使现在您严厉地教育他，亦无法令其恢复应有之本性。治国理政之人，若如阁下一般，在奉行官[②]的治理下，必定犯罪之人甚多、死伤之人无数。若为君子，无论多么温和，孩子、臣子都会有所畏惧，此乃君子有神武[③]之德之故。无论水有多么温和，始终是深不见底之深渊，所以人们战战兢兢，如履薄冰，虽然柔和却也有甚大之威力。如今阁下既然无火之仁，无法严厉教育孩子，那么就要用您以水之仁，来慢慢累积厚德了。

来书问曰：我们都无法预料雷会劈向何方，所以谁都会觉得恐惧，如何是好？

回书答曰：害怕雷声之人，必定心术不正，乃恶人焉。阁下并非恶人却是恶人之徒，因而你有此疑惑。雷声乃通过空气之滞留而形成，听到雷声就会加快气血流动，比起高强度的针灸、服药，雷

---

① “民非水火不生活”语出《孟子·尽心上》：“孟子曰：‘易其田畴，薄其税敛，民可使富也。食之以时，用之以礼，财不可胜用也。民非水火不生活，昏暮叩人之门户求水火，无弗与者，至足矣。圣人治天下，使有菽粟如水火。菽粟如水火，而民焉有不仁者乎？’”

② 奉行，是日本武士执政时期的官名，最早出现于平安时期。镰仓幕府以后，用作衙门长官的官名，他们处理政务直至江户时代结束。

③ 如同神一样的武德。

声更能使人心旷神怡。要趁着目前情况还不甚严重，及时行善修心。举个例子，盗贼听到别人劝诫他巡逻之人来了，便会连夜出逃，他们害怕巡逻之人乃人之常情。而且他们在听到别人的劝诫时就会提心吊胆，这是因为平时作恶多端，听到雷声便会产生恐惧之故。

来书问曰：虽说圣人不会做梦，但孔子却说过在梦中见过周公[①]，还梦到过自己的葬礼，何故？

回书答曰：孔子所云梦见周公和自己的葬礼只是用了世俗称谓，称之为梦罢了，此非梦也。圣人内心有正确的思虑，可预先知晓。梦见周公乃夜所思也。梦到自己死后下葬的情景则是先知[②]。如今我也同圣人一样无梦。身为士，虽然没有日常的经济来源却有一颗平常之心[③]，他们至死也不会做出偷盗行窃之事，这是因为其虽非博学之人，但从小便熟知道义之理。故他们从来不会梦见自己行窃之事。这一点与圣人相同。脑中既无闲思，也无夜梦，此乃致知[④]之标志也，亦即过去所谓的格物[⑤]之功。低下之人完全不畏惧行窃之事暴露于世人眼前，羞耻之心淡薄，时不时就会有欲念。这样的人就可能会梦到自己行窃被追赶，或者被捉的场景。若在梦中梦到平时从未想过之事，则多半是在现实中碰到了相似之情形。像乘着车钻鼠洞之类的梦，应该就不会有人梦到。

来书问曰：人处于自己的内心世界就如同鱼儿活在水中一样。心生身，又为身之主，如同造车之人造了车乘车一样。然而，人生存于这片天地之中，正如同人有心一样是自然而然之事。心无内外之分，恐怕不能一味说心仅存在于心中吧？

回书答曰：天地创造了人且以人为主。天所造之理乃人之性命

① 语出《论语·述而》："子曰：甚矣，吾衰也！久矣，吾不复梦见周公。"

② 语出《礼记·檀弓上》："予（孔子）畴昔之夜，梦坐奠于两楹之间，夫明王不兴，而天下其孰能宗予，余殆将死也。盖寝疾七日而没。"

③ 语出《孟子·梁惠王上》："无恒产而有恒心者，惟士为能。若民，则无恒产，因无恒心。苟无恒心，放辟邪侈，无不为已。"

④ 朱子将理解至最大程度的道理称为致知。

⑤ 语出《礼记·大学》："致知在格物，物格而后知至。"蕃山对"格物致知"的理解与朱子、王阳明有不同之处。

也[1]。人性原本就是无限的。人即使处在这片天地之中也不会被放大，因此也可以说人的身体是天地之德，人心是神明之舍。在心脏的一片虚空之中，有独立存在之太极，或是说太极存在于腹中也无妨，心无内外之分乃原本就存在之理。

来书问曰：临终之际，心中所挂念之事十分要紧，确乎如此？

回书答曰：古人云"莫问方法，且看结果"。对待死亡时的心情与此同理，亦即视天地之造化为轮回，会产生轮回转世观念。正因为是缓缓死去，才会记住所留之念想，若是因为意外之事突然离世之人，无论如何也无法有自己的最后念想。而且，昼有所思，则夜有所梦，白日里想作恶于是犯下恶果，即使晚上想起好事却毫无行善之行为，晚上也不会做梦，如果一整天都没有真正地做善事，那么也无法梦到。所有人都对遵从此理毫无疑惑。睡醒了就起床，困了就睡觉，什么心事都不会有。生死即终身之昼夜，昼夜即今日之生死。生死之理就如昼夜之理，吾因常常能感觉到自己的死期，所以到了临终之际便应不会有离别之意，就如同不停添柴，但是火最终还是熄灭了一样，死是必然之结果。正因如此，我想，到我临终之际，会就如爬上床愉悦地睡去一样，并无任何念想，只有一颗清明之心。

来书问曰：知晓了昼夜之理，则生时之所念可否成为死后鬼神之际遇？

回书答曰：生来就具备五伦之道之人，即便死去也会配之以五

---

①"性即理也"，语出《中庸章句》朱熹注"天命之谓性，率性之谓道，修道之谓教"："命，犹令也。性，即理也。天以阴阳五行化生万物，气以成形，而理亦赋焉，犹命令也。于是人物之生，因各得其所赋之理，以为健顺五常之德，所谓性也。率，循也。道，犹路也。人物各循其性之自然，则其日用事物之间，莫不各有当行之路，是则所谓道也。修，品节之也。性道虽同，而气禀或异，故不能无过不及之差，圣人因人物之所当行者而品节之，以为法于天下，则谓之教，若礼、乐、刑、政之属是也。盖人之所以为人，道之所以为道，圣人之所以为教，原其所自，无一不本于天而备于我"。

行[1]之属性。原本就不该谈论其生死。在明界[2]存在五伦，在幽界[3]也存在五行。无论明界幽界，造物主早有安排。生，则说明有心，死，则说明无心。人之字中刻上心乃明白之理。

来书问曰：先生所述之舜之传说[4]与孟子书上所述有所不同，是何缘故？

回书答曰：您不知孟子以何语势撰写之故。孟子之语势不拘虚实，不过，无论舜之传说实情如何，孟子都解明了与故事的道理毫不违和的道德。不管尧舜之时如何贫穷质朴，能娶到天子的两个女儿[5]之人怎么会去修仓库、淘水井呢！我等贫贱之人被人杀害，才会无人制止、相帮。孟子书中大舜的这一传说不过是以类推之法，周密推测至细节，即“既有此果，当有此因”的无法争辩之论。至于“不告而娶”[6]之论，若在后世，有的父母十分轻率，不应允儿子娶妻，儿子若告而不得娶的话，则不告而娶亦可，因不告而娶乃小节，当立传宗接代这一人之大伦，是为大义。舜所要尊奉者并非有着七情六欲的生身父母，而是具备天理德性的天之父母，这一道理

---

① 五行学说是我国古代的取象比类学说，是将万事万物按照润下、炎上、曲直、从革、稼穑的性质归属到水火木金土五个项目中，与西方古代的地、水、火、风四元素学说有区别，是集哲学、占卜、算命、历法、中医学、社会学等诸多学于一身的理论。五行系指古人把宇宙万物划分为五种性质的事物，也即分成木、火、土、金、水五大类，并叫它们为“五行”。早见《尚书·洪范》记载：“五行：一曰水，二曰火，三曰木，四曰金，五曰土。水曰润下（滋润），火曰炎上（燃烧），木曰曲直（弯曲，舒张），金曰从革（成分致密，善分割），土爰稼穑（播种收获）。润下作咸，炎上作苦，曲直作酸，从革作辛，稼穑作甘。”这里不但将宇宙万物进行了分类，而且对每类的性质与特征都做了界定。后人根据对五行的认识，又创造了五行相生相克理论，这个理论主要在“五行生克”定律上面。

② 阳界，代表生。

③ 阴界，代表死。

④ 指蕃山在其《孝经外传》《或问》中所叙述的有关舜的故事。

⑤ “二女”，语出《孟子·万章上》：“万章问曰：‘舜往于田，号泣于旻天，何为其号泣也？’孟子曰：‘怨慕也。’ 万章曰：‘父母爱之，喜而不忘；父母恶之，劳而不怨。然则舜怨乎？’曰：‘长息问于公明高曰：“舜往于田，则吾既得闻命矣；号泣于旻天，于父母，则吾不知也。”公明高曰：“是非尔所知也。”夫公明高以孝子之心，为不若是恝，我竭力耕田，共为子职而已矣，父母之不我爱，于我何哉？帝使其子九男二女，百官牛羊仓廪备，以事舜于畎亩之中。天下之士多就之者，帝将胥天下而迁之焉。为不顺于父母，如穷人无所归。天下之士悦之，人之所欲也，而不足以解忧；好色，人之所欲，妻帝之二女，而不足以解忧；富，人之所欲，富有天下，而不足以解忧；贵，人之所欲，贵为天子，而不足以解忧。人悦之、好色、富贵，无足以解忧者，惟顺于父母，可以解忧。人少，则慕父母；知好色，则慕少艾；有妻子，则慕妻子；仕则慕君，不得于君则热中。大孝终身慕父母。五十而慕者，予于大舜见之矣。”文中“帝”指“尧帝”。

⑥ “不告而娶”，语出《孟子·万章上》：“诗云：‘娶妻如之何？必告父母。’信斯言也，宜莫如舜；舜之不告而娶，何也？”意为：不告知父母便娶妻。

直至孟子方才得以解明。瞽瞍[①]的本心乃告知父母则必娶。因乃天子之命，不能让人有所抱怨。尽管天子觉得此法不妥，但可能密诏于舜，若舜父不允娶妻，不如直接不告而娶。舜可能私下将尧的想法告知于其父。

来书问曰：大王[②]乃有仁义之人也，亦可说是贪财好色[③]之人也。此事又当如何看待?

回书答曰：此乃孟子之语势也。一国若无三年以上之积蓄，则国将不国。与为自己的后代而储蓄财产不同，大王储蓄财产是为了所有国人。将一个国家一年入库的物资四分，用其中的三份完成所有政务所需，剩余的一份用于军事和防备水灾旱灾。就像一年四季中，冬季就是用来储存物资一般，以防不时之需。积累三年而一年有余，积累九年则三年有余。将稻谷打成米制成干粮存放起来，过了很长时间再更换。如果能做到这样的话，就算别国想进攻挑起战事，本国内部也坚不可摧，无危险之虞。即使遇上水灾，也不会伤及人民，亦不会产生盗贼之乱。这是为了国人而好财，非为自己而贪财也。即使到了后世也能储存物资。如为了自己而储蓄财物，储存再多也无法解决饥荒问题。大明时期，少数民族鞑靼入侵中国，因为国家没有三年以上的储备，又遇上饥荒而盗贼四起，最终被鞑靼攻占。一个国家若无三年以上的储蓄则国将不国乃至理名言也。且大王施行王政的根本问题也并非大王是否好色。即使是好色之人，只要像大王在位时那样，明确婚姻之礼，遵循男大当婚女大当嫁之训亦无可厚非。男人三十娶妻，女人二十当嫁，此乃王道，尤为重要。如今即使齐宣王好美色，如果能如同大王一样，则于王道无碍也。

---

① 舜的父亲。

② 周文王的祖父。

③ 参见《孟子·梁惠王上》："曰：'王如善之，则何为不行？'王曰：'寡人有疾，寡人好货。'对曰：'昔者公刘好货；《诗》云："乃积乃仓，乃裹糇粮，于橐于囊。思戢用光。弓矢斯张，干戈戚扬，爰方启行。"故居者有积仓，行者有裹粮也，然后可以爰方启行。王如好货，与百姓同之，于王何有？'王曰：'寡人有疾，寡人好色。'"

来书问曰：我认同孝子爱日之道[①]，您如何看？

回书答曰：世间并没有孝子不爱自己之父母之理。父母使子女感到快乐之时，他们也会感到快乐，父母勤勤恳恳地劳作，孝子也会辛勤劳作。天地乃大父母焉，[②]君子与父母、天地之间没有隔阂。每个人的今日皆乃命中注定也，天道已经注定了如今的局面，即或让人们勤劳，或是享乐。因此没有人不珍惜与父母在一起的日子。平凡之人在出身低微、贫穷之际劳苦忧虑，在富贵之时安逸享乐，虚度光阴，不知珍惜美好时光，醉心于眼前之利而忘却长远之功，而君子在卑微贫寒之时勤勉好学，在富贵之时怜爱众人。日月流转，时光不息，而人的躯体却开始衰败，须臾之间与万物皆归于寂灭。轻视璧玉而爱惜光阴[③]之人，则忧心于岁月之流逝，时不我待。

来书问曰：可否说夺取天下只是句俗语？这句话似乎难以入耳。您是否以为待获得这一说法更为稳妥？

回书答曰：以德而统治天下称为获得，以武力主宰天下就是夺取。有王朝更迭就有武家人夺取政权。然而兵书有云："无取于民者，取民者也；无取于国者，取国者也；无取于天下者，取天下者也。无取民者，民利之；无取国者，国利之；无取天下者，天下利之。"[④]如此理解"夺取"一词之意方符合情理。

来书问曰：在此地，即便你依礼行事，但对方亦有无礼之人。如今才明白此地众人皆不守礼，我或沉默不语，或如他们一般笑笑了事。我该如何与他们交往呢？

回书答曰：乃无教、无仪礼之故也，其他地方也不在少数。穿甲胄的不行平民之礼，那是因为在军中穿甲胄而不用行礼。说是"自古，国家的规矩不适用于军中，军中的规矩不适用于国家。军

① "孝子爱日"，语出汉代扬雄著《法言·孝至》："事父母自知不足者，其舜乎？不可得而久者，事亲之谓也。孝子爱日。"谓珍惜与父母共处的岁月，能及时行孝。

② 参见张载《西铭》："乾称父，坤称母；予兹藐焉，乃混然中处。故天地之塞，吾其体；天地之帅，吾其性。民，吾同胞；物，吾与也"。

③ 语出《淮南子·原道训》："故圣人不贵尺之璧，而重寸之阴，时间得而易失也。"

④ 语出《六韬·武韬·发启》。

中的规矩用到国家中则民众道德即会荒废”[①]。吾从不拜此类无礼之人，因为他们都是与对方擦肩而过时才与人打招呼，对普通人也是如此。然国礼一乱，则人德必毁。治国之礼一乱，军令便不行，因此，传授治国之礼则要重视礼仪。

来书问曰：从家的东北角（鬼门）或供奉金神的方位走出屋子是禁忌，我认为此说没有丝毫道理。且看世间也有人打破了这一禁忌规则，也许做出决定的是一家之主，但其妻儿遭殃的却不在少数。故此，打破这一禁忌后，从不好的方面看，妻儿会因此丧命，此时责难一家之主和妻儿倒显得鬼也有心一样。不知此为何理?

回书答曰：日本因是福泽之地，故地广人多，但是却有很多人难以适应这一片土地。如果人们总是随心所欲地建屋、砍树，那么山林荒芜，人岂不是难以立足吗？因此，古代的神道中有一种避祸之法，即对着不吉利的方位，忍受着三年之内什么事也不做[②]。养育日本的山林、确保家财不散之事为大。古代虽没有忌讳之事，但自从制定了禁忌之法规后，这些就成了忌讳之事。犯法是不义之事，当对此施以处罚。更何况日本的神道之法是建立在日本这片风土之上的，若有冒犯就该被神处罚。神道之本乃义理也，既有义理，吾等便不应该随心所欲打破神道之规。怀恶念、施恶行者在神罚降临之时，若冒犯了金神、鬼门之方位便会遭遇灾害。多年来粗心大意之人，因小过而被判罪者亦不少。故古人云：若不惩罚有罪的恶人，那鬼就会代为惩罚。

来书略。

回书略。

心向内与心向外之道[③]很难用言语解释清楚，此乃心学之要旨。与心向内之师友探讨学问，便会忘我，只知心学向内；视心向外之

① 语出《礼记·曲礼上》：“古者，国容不入军，军容不入国。军容入国，则民德废；国容入军，则民德弱。”

② 八将神之一的大将军所在方位填满就不会有不好的事。

③ 心向内说明真的明白事物背后的意义，向外就只是单纯懂知识而已。

学者为师友，志向虽诚实，但心学向外。这可称为以心传心[①]。也有人对着书进行讨论和阐释，并无差异，但所学却难以用于国事、五伦以及世俗交往。体会不了人之心、拘泥于古人之法行事会有损失。此皆心向外之故。

完成当下应做之事即为人应遵循的正确之道，故亦为行善之一。仅把读书当作学问，而不履行义务，则将失却本心。

板垣信方[②]的丰功伟绩及在军事上的才能令人钦佩。以他的事迹为榜样就不会遭遇不测。普通且担任某个职务的武士，能司其职的话就不会在意君王之好坏。出身名门之臣子或是规谏，或是正其身、待其时，在谏言和隐退、洁身自好中等待时机。

有人叩拜与神主相似的牌位[③]。在世的父母剃去头发遁入空门，也是如此。作为僧人就不会不叩拜父母，若心存诚意叩拜神主也是如此。这都可以应时而行。

人易生隔阂，并不在于万物一体、天地一体之仁。以我之立场观人则意见肯定不一，那么逐渐就会产生隔阂。以他人之立场看待问题，则别人就会认为你这个人本性如此，便不会责难你。因为万物本就是一体的，如果连亲近感都失去了，那么五伦也就不存在了。天下之人皆如我一般，皆是相同之人，则很难建立一个家，不同之人聚在一起才算万事俱全。不同之人胜过相同之人，为此，我们应该感到欣慰。

存养[④]与省察[⑤]都需要实践的功夫。存养是静时存养，在沉静中

① 不靠文字传递内心想法。佛教用语。
② 武田信玄的左右手之一，因不守本分的越权行为受到讽刺而小心谨慎。
③ 儒教用来记录官位姓名的木牌。
④ 意识未动之前就养心。
⑤ 有意识之后要察觉自己内心的正邪。

省察，省察是在动中存养，[1]两者都是慎独后得到的。本心若是能理解天理，即为真正的快乐。

若我的尸体已成为亲人眼中的遗体，我不会草率地留下遗言，若用类推之法将义理明确到极致，则过于刨根问底了。太虚、天地、先祖、父母、自己、子孙一脉相传，子孙终究会成为别人之先祖，也会成为遗体，而不属于自己。生命生生不息，成为尸体之时，最终还是回归原本与黄土作伴。上古之人精于此道，后世之人则根据情义来处理遗体。处理父子、夫妻等人之遗体就会尽情而为。己身若留有后人，则由其根据时势、位置去处理遗体，无须留下遗言。或亦有未留下遗言则无法如愿之事例。

来书问曰：在下认为，古往今来，有无鬼神之说难有定论。先生以为如何呢？

回书答曰：圣人、神明之事我等凡人无法预测[2]。虽是浅显易懂之理，不是仍有许多人无法理解吗？愚者千虑，必有一得；智者千虑，必有一失。言论并不能无所不包。了解此道之人当用心去感悟。

---

① 存养和省察，语出王阳明《传习录》。“省察是有事时存养，存养是无事时省察”，儒家的一种修养方法，保存本心，培养善性，即“存心养性”。省察，指反省检查自己思想和行为中的不良倾向、毛病和习惯。在王阳明看来，“省察”和“存养”本质上是一回事，存养即省察。“省察”是在有事的时候的“存养”，曾子说“吾日三省吾身”，这“三省”指的是日常的待事接物，自我反省一下，惩前毖后；“存养”是无事的时候的“省察”，心中无事时，清除心中的私心杂念，心体明镜般透亮，廓然大公。无论是“省察”还是“存养”，都是内心发出的；都是保持天理落在心之本体上，都是保持良知充盈的状态，是没有任何分别的；都是时时保持心体不被贪瞋好恶攀附，保持中和之道。“省察”和“存养”基础是同一的，即便应用的条件各异，但是功夫却是一致的。

② 参见《易经·系辞上传》：“一阴一阳之谓道。继之者善也，成之者性也。仁者见之谓之仁，知者见之谓之知，百姓日用而不知，故君子之道鲜矣。显诸仁，藏诸用，鼓万物而不与圣人同忧，盛德大业至矣哉！富有之谓大业，日新之谓盛德。生生之谓易，成象之谓乾，效法之谓坤，极数知来之谓占，通变之谓事，阴阳不测之谓神。”

第四篇　君子与小人

来书问曰：古时，择他人之善而行之，集众人之智而用之，以此为大智。如今，择他人之善会被谴责为模仿别人，运用他人之智慧会被蔑视为愚蠢。而且即便偶尔听取他人之意见而用之，亦不会博得好名声，反而成为恶行。故此我们可看到古代所行之道已经很难适用于当今。我想请教您对于受用古代之道的看法。

回书答曰：以前，今川之书[①]是一剂有利于治病之良药，各地都会取而用之。正因为人人皆有自己之思想，强调自我，所以即使他们有善意，却还是会争论人们所说之事是否适用。圣人无常师[②]，择善为师。在古代，人们择善而用之且以此为智慧，立己而不从善者则为愚。积善成德，扬善者之名时，亦为择善而行之人。常与人争论者落不善之名时，则损己。无人赞扬不从善者。舜好问而好察迩言，隐恶而扬善。[③]天下之人皆以其为师，谓之大圣人。夏桀商纣妒人之智，视而不用，防人之善，视而不取，认为凭一己之智便足矣。然，遭古今天下之人谴责，称其为大恶之人也。如此，即便善恶分明，凡夫俗子[④]大多学习桀纣二人，少数学习大舜之德。力没想到竟是如此之状。此外，听信小人的奉承之言不会被视为善，小人不过想展示一下自己的小聪明罢了，看似好事，但若不因人情、时势而变，用之反而成为坏事。贤者不以己为中心、不谄媚，且贤者重其名，因此避免与人产生争执。若亲小人、远贤人，那凭什么能做好呢？燕王[⑤]模仿尧舜将帝位禅让给贤臣宰相子之而非子孙，此举却引起了国家动乱[⑥]。子之乃小人，他不察当时之人情、时势而受之，故导致了国家动乱。由此观之，小人之言焉能与人情、时势相符合哉？

---

① 今川了俊制的词。

② 语出《论语·子张》。唐代韩愈在《师说》中加以发挥："圣人无常师，孔子师郯子、苌弘、师襄、老聃。郯子之徒，其贤不及孔子。孔子曰：'三人行，则必有我师。'是故弟子不必不如师，师不必贤于弟子，闻道有先后，术业有专攻，如是而已。"

③ 出自《中庸》第六章。

④ 无法从世俗的习惯中脱离之人。

⑤ 燕王哙，战国时期燕国第三十八任国君。

⑥ 子之之乱：子之当国三年，把政治搞得很乱，百姓恐惧，燕太子平和燕将市商议攻杀子之，结果被子之打败，太子平、市被杀。

来书问曰：您乃以道学扬名天下之人。但所有初学道学之人遇到您这等博学之士，只通过文字、史籍等来了解您的传说、来历，此正是人们对您的存疑之处。

回书答曰：我本来并无学问。虽从字典中学习生字，从史书中探究典故亦可成事，但是，如此劳苦学习，作出学者模样，毫无益处也。所幸还有博识之人学习书外之道理。世人尊奉我为道学之先觉者，但我并无成为先觉者之道德，不过经常向人请教不了解的事情罢了，我完全不足以成为先觉者也。

来书问曰：前些日子参加了一个集会，因为没有想好要问什么就错过了机会，实为遗憾。

回书答曰：无疑问之故也。想要真正受用道学之人，在不懂得如何受用时便向他人请教、学习道，此即为问学也。应当在人伦日用方面用心，着手学习道，如此自然就会产生疑问。

来书问曰：听闻君子渴望成为贤者，即士希贤。然，有人即便其行为与古之贤者一样，亦难以与之匹敌，即使偶然学到了贤者之皮毛，但内心依旧与凡夫俗子无异，可以称为外表看似君子，内心却是小人之伪君子。不知此类人又当如何接受且运用道学？

回书答曰：在下最近考察了古贤者、君子的内心世界，看到了他们为自己而备之路，都写在了学堂宿舍的墙壁上，这对想要远离小人而成为君子之人能助一臂之力，因此，抄写如下，敬请观之。

君子应有如大山一样难以撼动的仁者之心[①]。因无欲求而内心永远处于宁静之中。[②]

仁者以太虚为心。心怀天地、万物、山水、河流。心怀春夏秋冬、幽明昼夜、风雷雨露霜雪，皆我行。顺境乃人生之阴阳，生死

① “仁者之心”，语出《论语・雍也》：“子曰：‘知者乐水，仁者乐山。知者动，仁者静。知者乐，仁者寿。’”

② 参见周濂溪《太极图说》：“圣人定之以中正仁义而主静，立人极焉。”周濂溪自注曰：“无欲故静。”孟子主张“养心莫善于寡欲”，而周濂溪对寡欲养心说不完全赞同。周濂溪曰：“予谓养心不止于寡焉而存耳，盖寡焉以至于无，无则诚立、明通。诚立，贤也；明通，圣也。是圣贤非性生，必养心而至之。”

乃昼夜之法则。勿执着于爱、勿执着于恨，与义共存、遵从道义则一生安稳①。

智者之心如永不停歇的流水，盈科而后进，放乎四海②。不喜先有意动再运用才智，而以无为之心应万事。顺应自然运行之理谓之无为。

智者以物观物、不以私心对待事物，因此君子周而不比③。小人以我观物，以私心看待事物，故曰比而不周。

君子心向内。慎独④，不患人之不己知⑤。君子与天地神明交往，人品如同光风霁月⑥。

内心清明便无杂念，故而好问；喜爱强者且同情弱者；不羡慕富贵，不歧视贫贱。富贵乃为人劳作而可居上位，贫贱乃生活简单而居下位。处于富贵之位而不为他人尽心劳作必招动乱，处于贫贱之位而不勤俭节约必定违规。安于富贵之位便要行富贵之事，安于贫贱之位便要行贫贱之事，⑦所有一切皆上天注定，我等无法改变。

有志者应师从伯夷，应脱去官服离开尘世，到高山流水之处洗涤自我，接纳众人时应学习柳下惠心胸宽广⑧。应做到天高任鸟飞，

---

①“与义共则安”，是从《论语·里仁》里面总结出来的。“子曰：‘君子之于天下也，无适也，无莫也，义之与比。’”“子曰：‘不仁者不可以久处约，不可以长处乐。仁者安仁，知者利仁。’”

②“盈科而后进，放乎四海”，语出《孟子·离娄下》：“孟子曰：‘原泉混混，不舍昼夜，盈科而后进，放乎四海。有本者如是，是之取尔。苟为无本，七八月之间雨集，沟浍皆盈；其涸也，可立而待也。故声闻过情，君子耻之。’”原意为：流水在前进的过程中，要填满每一个坑洼才能继续向前直至四海。比喻不图虚名，脚踏实地，稳扎稳打。

③“君子周而不比，小人比而不周”，语出《论语·为政》，意思是君子合群不勾结，小人勾结不合群。何晏《论语注疏》：“子曰：‘君子周而不比，小人比而不周。’”正义曰：“此章明君子、小人德行不同之事。忠信为周，阿党为比。言君子常行忠信，而不私相阿党，小人则反是。注曰：‘忠信为周。’”相反的，“比而不周”是指几个人亲密勾结，但却并无包容之心。

④ 语出《礼记·大学》：“此谓诚于中，形于外，故君子必慎其独也。”“慎独”是指在闲居独处无人监督之时，更须谨慎从事，自觉遵守各种道德准则。它是儒家的一个重要概念，是个人道德修养的最高境界。之所以要慎独，是因为《礼记·中庸》曰“天命之谓性，率性之谓道，修道之谓教。道也者，不可须臾离也，可离非道也。是故君子戒慎乎其所不睹，恐惧乎其所不闻。莫见乎隐，莫显乎微。故君子慎其独也”。

⑤“人之不己知”，语出《论语·学而》：“子曰：不患人之不己知，患不知人也。”

⑥ 形容人品高尚。

⑦“素富贵”，语出《中庸》十四章：“君子素其位而行，不愿乎其外。素富贵，行乎富贵；素贫贱，行乎贫贱；素夷狄，行乎夷狄；素患难，行乎患难。君子无入而不自得焉。在上位，不陵下；在下位，不援上；正己而不求于人则无怨。上不怨天，下不尤人。故君子居易以俟命，小人行险以徼幸。”素即安于现在的地位之意。

⑧ 参见王充《论衡·率性》：“闻伯夷之风者，贪夫廉而懦夫有立志；闻柳下惠之风者，薄夫敦而鄙夫宽。徒闻风名，犹或变节，况亲接形面相敦告乎？”

海阔任鱼跃般开阔。

你认为不错之人，神明却未必同感；你以为不好之人，上天看来未必如此。杀死罪孽轻微之男仆并不能得到整个天下。行不义岂能不乱乎？

小人只关注利益，内心阴暗。出入世俗难免急躁。

小人之心思向外，在人前小心翼翼，或内心充满私欲而空虚，或有妄想之念。

小人喜顺境厌逆境，贪生怕死，私欲多。小人视顺境为富贵、快乐，视逆境为贫贱灾难。

爱之欲其生，恶之欲其死。[①]小人希望自己所爱之人长寿，所恶之人立即死去，全然不知命为何物。

小人声誉高则无诚信，利欲熏心不知义。

小人羡慕、嫉妒比自己富贵之人，侮辱、躲避比自己贫贱之人。小人趋利，即使有才智技艺都比自己优秀之人，若无利益亦不会听之从之。把向别人请教当作耻辱，乃终身无知之人。

小人所做之事即使不符合真正义理，亦为得到世人之夸奖而为之。若做符合真正义理会被人们诽谤，小人便不为之。追名逐利者，谓小人也。所谓小人，追求物欲利欲而不知道义者也。

小人听到别人夸赞自己，即使是夸大其词，亦感愉悦；听到有人诽谤自己，若属实会感到吃惊，若不属实必会生气。小人善于掩盖自己之过，是非不分，不知悔改。即便世人皆知其人品，知其心术不正，其亦会自然隐藏，不欲人知。小人必有己之欲望，且防备、不接受他人之劝告。

小人看到他人之错就认为只有自己知道，总认为别人皆骄傲自大。

小人违背正道追求名誉，违背道义追求利益；君子不以阿谀奉承和手段来获取俸禄。普通人以欺骗他人来获取利益，谓之不义。

---

① 语出《论语·颜渊》："子张问崇德、辨惑，子曰：'主忠信，徙义，崇德也。爱之欲其生，恶之欲其死。既欲其生，又欲其死，是惑也。"诚不以富，亦祗以异。"'"主要说如何提高道德修养和如何辨别迷惑，孔子给出了八个字：忠信为主，唯义是从。《论语·学而》中就有子曰："君子不重则不威，学则不固。主忠信，无友不如己者。过则勿惮改。"可见儒家思想把"忠"作为人的道德品质中之第一要义。人的迷惑主要来自人的内心，来自一些相互矛盾的想法，但这又是人们无法根除的正常心理活动。

不义而富且贵，于我如浮云，[1]直至子孙灭绝亦不察焉。

小人只知有自己，不知有他人，只要自己有利可图，便全不会顾及是否会损害他人，近则身亡，远则家亡。小人骄傲自大且对自己的机灵甚为满意，此举乃愚蠢至极。

来书问曰：鄙人之志向在慢慢消退而没有察觉。自己之职责应该是积极鼓励自己之志向，但因性格柔弱之故难有长进。您是否认为鄙人志向不是来自诚恳?

回书答曰：您只发挥了气之力，所以即使用很强的气之力来鼓励自己，迅速长进，但若是没有道德之力，便难得助力而得德之益。气之力有时会衰微，而且若是不明白道理便容易受挫；若明白了道理，便能生出道德之力，而不需依靠性格。智、仁、勇[2]三者有共存之时，尊德性，道问学[3]，通过看重德性来求学，就可以明白这一点。若弄明白了智慧为何物，即便想放弃也自然会产生不绝之勇力。人之私欲所带来的烦扰都处于黑暗之处。弄明白了道理，则天理流行万物一体之仁便会显现出来。弄明白了智慧之内涵，即立下了诚恳之志向，此即自明诚也，而自诚明者，乃圣人也。若不能受用明智之功夫，只是希望能立下诚恳之志，就如同无舟而欲渡海一样。

---

① 语出《论语·述而》。

② “智（知）仁勇”，语出《中庸》第二十章：“天下之达道五，所以行之者三：曰君臣也、父子也、夫妇也、昆弟也、朋友之交也，五者，天下之达道也。知、仁、勇三者，天下之达德也，所以行之者，一也。或生而知之，或学而知之，或困而知之，及其知之，一也；或安而行之，或利而行之，或勉强而行之，及其成功，一也。子曰：‘好学近乎知，力行近乎仁，知耻近乎勇。知斯三者，则知所以修身；知所以修身，则知所以治人；知所以治人，则知所以治天下国家矣。’”《论语·子罕》有云：“知者不惑，仁者不忧，勇者不惧。”这三种品质称为“君子道者三”，认为是一个品行高尚的君子必须具备的三种美德。具备了这三种德性，便能提高周围人对你的信赖程度。

③ 尊德性道问学”，语出《中庸》：“君子尊德性而道问学。”意谓君子既要尊重与生俱有的善性，又要经由学习、存养发展善性。宋代理学家、心学家据此提出了各自不同的治学与教学路线。朱熹注《中庸》说：“尊德性，所以存心而极乎道体之大也。道问学，所以致知而尽乎道体之细也。”认为“尊德性”是“存心养性”，“道问学”是“格物穷理”，教人应以“道问学”为起点，上达“尊德性”，强调“下学”功夫。陆九渊则认为教人以“尊德性”为先，所谓“先立乎其大”，然后读书穷理。朱熹说：“大抵子思以来，教人之法，惟以尊德性道问学两事为用力之要。今子静（陆九渊）所说专是尊德性之事，而熹平日所论却是问学多了。”明代王阳明在《传习录上》中则认为“道问学即所以尊德性也……如今讲习讨论，下许多功夫，无非只是存此心，不失其德性而已”，强调两者之统一。

故而，大学之道以明德为先，亲民、至善皆在于笃行明德也。[①]

来书问曰：一直担心是否能成为优秀学者，因志向不坚定而易懈怠，虚度光阴，深感懊悔。

回书答曰：成为优秀学者亦无用处。武士如若想成为更好的武士，肯定昼夜担忧难以入眠。有些好人并无“优秀学者”之名号，但可称得上是真诚之人。真诚之人若成为公家之人，可视为好公家；若成为武士，可视为好武士；若成为町人，可视为好町人；若成为百姓，可视为好百姓。所谓“优秀学者”，其秉性、风格各异，想对其中的人褒奖一番，却发现其无学无识，反倒引人侧目，使人吃惊。究其原因，乃“优秀学者”外在装饰很多，去除外饰，实质却无特异之处。只有真情实意之人，才会像后凋之松柏[②]一样值得信赖。此乃武士之特别紧要之品格。

来书问曰：净土宗、日莲宗[③]等大乘学者不必遵守戒律，纵然作了恶，若是依赖弥陀传唱妙法，无疑亦能成佛，修善行之人属于杂行[④]之人，有人主张死后会下地狱。尤其是本愿寺宗同上。法然、日莲法师等的主张有不符合道理的内容，只是为了更好地宣扬自己之教义。如今这两教可以说皆有数百年之惯习。我开始疑惑宗教之产生缘由。

回书答曰：法然之制禁教示[⑤]曰：“应该停止在佛门之中以无戒行（遵照戒律修行）为口号的修行行为，停止淫邪饮酒食肉之事，偶尔有遵守戒律者，命名为杂行人，有信任佛陀本愿者，要劝说其勿作恶。戒律乃佛法之根本，虽各人修行之法形形色色，但皆要虔

① “大学之道，明德，亲民，至善”，语出《礼记·大学》：“大学之道，在明明德，在亲民，在止于至善。知止而后有定；定而后能静；静而后能安；安而后能虑；虑而后能得。物有本末，事有终始。知所先后，则近道矣。古之欲明明德于天下者，先治其国；欲治其国者，先齐其家；欲齐其家者，先修其身；欲修其身者，先正其心；欲正其心者，先诚其意；欲诚其意者，先致其知；致知在格物。”

② 参见《论语·子罕》：“岁寒然后知松柏之后凋也。”

③ 净土宗和日莲宗均属于大乘佛教。大乘佛教以佛为神并有不同的化身和无边的法力，宣扬神异，造出各种偶像加以崇拜。主张信徒可以作为居士，照常过家庭生活、经营，布施即可修功德，甚至只要诚心念佛，人人皆可成佛，最终就可以超脱轮回。

④ 净土宗中正行以外的各种修行方法。

⑤ 元久元年源空等联署的七条文。

诚遵守戒律，并专心于此。以此为据，善导和尚[①]才会对女人视而不见。此种品行要面对的是超越本律[②]制定的戒律。以持名念佛、净土往生为正业之人中不顺从净土宗教义者，终会失去如来佛祖之遗教，甚至会违背祖师所传达的善导。总之都会让我们无所依靠。”[③]日莲宗曰：“十七出家后，不带妻儿，不食肉。权宗[④]人，尚可然，况正法行人哉。”两个宗教如此，与末流僧人全然不同。法然僧人有学力且遵守戒律。日莲所写的不带妻儿尤其令人钦佩。若有妻儿便说有，不应该隐瞒。然，听闻成为出家之人，若无戒律非出家。如今连世间之和尚自己都以破戒无惭[⑤]为借口。若要过日子，不可动辄就开启批判之风。

来书问曰：我在思考思索、觉照[⑥]之差别。想请教您，它们不同之处何在。

回书答曰：古人常说，只有到劳心极力之程度才易至凿，此为思索。心之本然堵塞则至理不耀。技艺者是苦思冥想、劳心极力而成，可见世俗之人之辨识能力只能通过道理来判断。宽裕温厚之情浸润涵养而得本然之心，从中得出良知（明睿智慧），用之照亮整个世界[⑦]，此谓之觉照。因此，辨识能力自然显露出来而自己能体会理解，亦可说其技艺精湛能从容不迫且人品甚高，以至于在诗歌方面造诣颇高，此非其本意。且琐事能成其事，技艺若不知其能，可以说犹如镜前遮上了白布一样，无用。不知为不知，是知也[⑧]，真知在其中，唯有智者不惑也。

---

① 中国净土宗的集大成者。

② 在印度所成的戒律。

③ 原文为：“可停止，于念佛门，号无戒行，专劝淫酒食肉，适守律义者，名杂行人，凭弥陀本愿者，说恶恐造恶事。戒是佛法大地也。众行虽区，同专之。是以善导和尚，举目不见女人。此行状之赴，过本律制。净业之类，不顺之者，总失如来之遗教，别背祖师之旧迹。旁无据者矣。”出自《法然上人文钞・制诫篇二》（七条起请文）。

④ 无妻子，不食肉的二流其他宗教。

⑤ 打破戒律也不惭愧。

⑥ 觉悟的智慧通过无限地照亮这个世界所悟出的问题。

⑦ “虚灵”，语出王阳明《传习录・答顾东桥书》：“心者，身之主也，而心之虚灵明觉，即所谓本然之良知也。其虚灵明觉之良知应感而动者，谓之意。有知而后有意，无知则无意矣。知非意之体乎？意之所用必有其物，物即事也。如意用于事亲，即事亲为一物；意用于治民，即治民为一物；意用于读书，即读书为一物；意用于听讼，即听讼为一物。凡意之所用，无有无物者。有是意即有是物，无是意即无是物矣，物非意之用乎？”

⑧ 语出《论语・为政》：“子曰：‘由，诲女知之乎？知之为知之，不知为不知，是知也。’”

来书问曰：听闻圣人之言，无论哪国人、什么人皆适合。然如今，丧祭之礼很难做到时机、位置、地位三者都合适。窃以为三年之丧[①]，并无特别之处。在丧期身为学者的我想到做其他之事就可以去做，所以三年之丧名不符实。在丧期达成愿望之事十之一二。丧期过后其人得到的仅是丧期时一直沉浸在亲人离去之悲痛中而已。若据上述法则判定会导致虚伪，如此则罪人多矣。往昔若在自己国家奉行圣人之法者，国人悲痛曰："孔子其人就算是恶人又能坏到哪里去呢，不过是给别人制造麻烦，使人苦恼罢了。"当今世道也立儒教之法，若强行让人去做，那就不用取而代之。此时真成为虚伪之始、祸乱之端了。

回书答曰：即便圣人之言符合时、处、位，若不能很好地运用，结果反而不好。丧事是以死来告诫生者不要做损害自己之事，行丧极易乃浅显之理。若让病者、力弱者、薄情者等人如法炮制，那么父母之死就会伤害儿女之生[②]。近世以来人们普遍天生毅力薄弱，体质孱弱。不仅人如此，竹、木、金、石亦如此。就连竹木金石等无心之物也受到了天运之影响，更何况人乎？当世之人气虚体弱，薄情寡义，适合世人之定规五十日吃斋[③]。若毅力坚定且具学力、志向之人[④]，且想不穿孝服、仅心中哀悼来服丧，则不遵从五十日吃斋之定规也无不可。日本古法规定服丧者不可参拜神，若因此强迫让其担任上位之职的话，即便是学者，不少人也不能忍受矣。此非其人之罪，过错在于不知人情、时势变化罢了。所谓物极必反就是此道理，百年之后，人之毅力会增加，身体强壮，世俗风气也为之一变，人情温暖，道德之学兴起，以至到了盛世，我所云给别人添麻烦之事会变少，不会有薄情、诽谤他人者出现。至今仍有不重视真诚之学者，他们当中有人据法定是非。

虽说如此，当今正逢道德萌芽兴起之时，真诚消失，虚伪立世，吾心难忍。余至今也难脱世俗之情，因常向有识之士讨教之

① 语出《论语·阳货》："三年之丧，期已久矣。"居丧，或称丁忧，或称守丧、值丧，是人们为了表达对死者的哀悼之情而产生的一种习俗，涉及饮食、居处、哭泣、容体、言语、衣服、丧期等。

② "以死伤生"，语出《礼记·丧服四制》："三日而食，三月而沐，期而练，毁不灭性，不以死伤生也。"

③ 父母一年之中五十日吃斋，祖父母五十个月中三十日吃斋，兄弟姐妹三十个月之中二十日吃斋。

④ 只是心经历丧期。

故，所以未陷入世人的诽谤之中，而能置身事外。其他的学者因不愿讨教于有识之士，也无法对世人之诽谤视而不见，因为他们气虚体弱、薄情寡义，也不能根据法则行事。声望高者亡其身，声望低者与学共废，诚可惜也。故这世上有才能且有真实之情义之人，虽大多遵从圣人之道，若遇上大灾大难，他们是无法躲避的。他们言道："虽然不信这些东西，但表面上依照佛法树立宗旨，所以成为普通武士并不难。成为学者后，若不行其法便会被其所属学派谴责，蒙受本不应有之污名。行法之时，要注意自己的形象，若武士在司其职时无武士之状，实乃不忠也。道乃五伦之道也。尤其应学忠孝，但似乎并无忠孝之实。非不志于道也。"乃不得已而为之也。

如今，胸怀大志者身体强健、意志坚定、重情义，即使是要守三年孝期之人，若要为人师、人父、人兄教导弟子，自己亦必须行为端正，不惧世人眼光，不做人们难以为继之事。应谦虚好学、不耻下问与众人偕行。武将之道亦同此理。独身一人扬威立名乃独夫之勇也。为人武将者应根据军情随机应变，考虑到所有的可能再行动。尽管马快跑得快，也不能自己一人策马飞奔。不从众随俗之人能成为一流之学者而避免落俗。不能助天地自然造化培育万物，最终只能沦为小道，陷入与异端争是非之中。然世间道之不得行之因正在此处。不脱俗乃民之父母仅有之德。

来书问曰：有"非天子不作礼乐"[①]之说，兴儒教之丧祭是否当属于作礼？

回书答曰：古往今来，日本所用的礼乐、官位、乃至衣服之制都是当时遣唐使从唐朝带来之圣代遗法，此乃儒教之法。丧祭之事在古代便是神道之法，在中期转移至佛法，神道中断。社家[②]中虽留有少许神道之法，但普通人都常说神道之法很难运用了，故世人不知依靠之处。余从多年前就想根据神道之法来行丧祭之事，虽想用神道之法，但很难完美地将其做好，所以无可奈何。且儒法与佛

① 语出《中庸》第二十八章："子曰：'愚而好自用，贱而好自专，生乎今之世，反古之道。如此者，裁及其身者也。'非天子，不议礼，不制度，不考文。今天下车同轨，书同文，行同伦。虽有其位，苟无其德，不敢作礼乐焉；虽有其德，苟无其位，亦不敢作礼乐焉。子曰：'吾说夏礼，杞不足征也；吾学殷礼，有宋存焉；吾学周礼，今用之，吾从周。'"

② 神主之家。

法自古以来渐渐占据人们的内心，为人们所用。佛法最初源于释迦火葬，所有人都应火葬，但有贵人和社家之人大部分选择土葬却不剃头发，故又谓之儒法。在上代，因为共同使用神、儒、佛三教之法，东照神君①也是三教并而用之。而且在上代，武家当权时期，也在共用。如此又该如何行丧祭之事而作礼呢？因为神道之法中途就中断了，此事非司空见惯之事，故有人怀疑夏虫不可语冰②。古时日本也盛行学校教学，释奠③之祭④等如再度兴盛的话，在那时候应该并不常见。

来书问曰：《论语》中说行事需“主忠信”，我曾听闻儒家诸学说皆根据文义说理，但我认为这很难适用于如今之世道。

回书答曰：《大学》中所传达之诚意即要践行忠信。主忠信乃本体功夫也。诚意便是功夫本体⑤。主忠信即心之意念未发之时便要涵养诚意。诚意则是心之意念已发之时保留诚。诚者天道也，思诚

---

① 德川家康。

② 语出《庄子集释·外篇·秋水》：“北海若曰：井蛙不可以语于海者，拘于虚也；夏虫不可以语于冰者，笃于时也；曲士不可以语于道者，束于教也。”后遂以“夏虫语冰”比喻人囿于见闻，知识短浅。

③ 祭祀参拜孔子。

④ 奠礼是祭祀礼的一种，它是古代在学校设置酒食以奠祭先圣先师的一种典礼，后成为中国国家和社会祭祀孔子的一种公祭形式。

⑤ 朱熹的功夫本体论认为要体验和达至道德本体、本原，需要有一套修养的工夫或方法，为此他提出了“居敬穷理”。他着重强调了居敬穷理的涵养工夫，认为只有通过这层存养工夫，才能树立人之本，达到生命的净化和升华。《朱子语类》卷二十八曰“所谓功夫者，不过居敬穷理以修身也”。“居敬穷理”最直接的思想来源是程颐《二程遗书》卷十八提出的“涵养须用敬，进学则在致知”，前一句说了德性修养问题，所谓涵养，指涵养本心，即直接培养道德心性本原；后一句说了学问取得问题，致知，指省察事物之理。这是一种自我体验自我操持的修养方法。在这个问题上朱熹晚年大加发挥，在《与孙敬甫书》中说：“程夫子之言曰：涵养须用敬，进学在致知。此两言者，如车之两轮，如鸟之两翼，未有废其一而可行可飞者。”在他看来，德性修养与学问取得是相联系的，一项也不可偏废。人只有通过居敬涵养、存心养性，才能使其自身之心性光明纯洁，仁心仁性发辉朗照，从而做到“吾心湛然，天理粲然，无一分着力处，亦无一分不着力处”。

者人道也[1]。思诚之心真实，诚即主，只要心怀赤诚，诚也是真实存在的，这便是主忠信也。此外，儒学先贤之学说中有以真心为出发点谓之忠，是得自经验之理可信。窃以为这种解释非常有趣。

来书问曰：我虽知为父母服丧乃学者之大义，但却难以行之。虽然为父母服丧守孝，但全然感受不到行道之愉悦，对此我感觉有些羞愧。因为守孝而停止求学，又辜负了父母之恩，当如何做，甚是踌躇。

回书答曰：古人因为欲浅情深，俗事少，精力旺，无病无痛，故能守三年之孝。还有人认为三年不够，亦有人认为短暂服孝即可。后世之人，杂事诸多，为了满足一己之欲，心被众多俗事占据，加之薄情、气虚体弱，故而很难守三年之孝，即便想坚持也无法实现。古之中国尚且如此，更何况日本这样的小国了，人们的意志力脆弱、忍耐力软弱。即使圣人现世，如今之日本，是不会强制人们守三年之孝的。因为守孝之习俗传承下来不足千年，生于当世，即便有乐道、行法之志，因为精力不济很难作为。贤君继起，俗事渐少，人之欲望也逐渐降低，若此时重礼仪、立风俗蔚然成风，则不违风雨、时机，不失寒暑、节气；若万物生长旺盛，人便应该身强体壮、民风淳朴、人情浓厚也。然，不仅是服丧守孝之事，人各司其职，则万事皆顺。今世之世道，人们与爱子分别，独自一人孤独地生活五年、七年，患病之人未做过服丧之事。虽说哀伤之至，但这皆因为精力不济、意志力薄弱、无忍耐力之故。更何况哀伤淡薄之人，岂不更应该履行自己之义务乎？就算对死者有少许哀伤之情，在精力不济、体弱生病之时，为了养病，悲哀之情也会自然地冲淡。而且人之秉性各异，有与生俱来之厚情，但履行义

---

① 语出《孟子·离娄上》："诚者，天之道也；思诚者，人之道也。"同见《中庸》第二十章。《大学》曰："所谓诚其意者，毋自欺也，如恶恶臭，如好好色，此之谓自谦，故君子必慎其独也。""慎其独"即"诚其意"，而"诚意"功夫在于"毋自欺"，不自欺为"诚"。所以朱熹夫子说："诚者，圣人之本，物之始终，而命之道也。其动也，诚之通也，继之者善，万物之所资以始也；其静也，诚之复也，成之者性，万物各正其性命也。"诚，是从人处所映射出的天理，是人的本然状态。动，是诚之通，是诚的自然显现，所以为善。静，是诚的本然状态，无善无恶，是心之体，所以成之则为本性。《中庸》曰："自诚明，谓之性，自明诚，谓之教。"自诚明，大概就是静；自明诚，大概就是动。其实都是殊途同归，皆归于一。老子曰："反者道之动，弱者道之用。"自明诚，就是反者道之动。这是动的状态，是真动。憨山大师说："反者道之体也。谓道体虚无至静，为群动之主。世人只知动之为动，而不知动处即静。"

务异于他人，懂得礼法然而利欲熏心之人有之，仁爱、惠人且不爱惜钱财却疏于礼法之人亦有之；有勇武兼备者却不仁之人，亦有聪明伶俐、有才识但缺乏诚实之人。这些人沾沾自喜于与生俱来之秉性，不明白自己的不足之处，他们不但不能互相帮助，反而会互相争吵、互相为敌。

您虽是有勇气之人，好仁爱且利欲之心寡淡。仁与无欲、勇气三者在道德上而言是长处也。把不忍受形式上之礼法当作世俗之习惯，世人皆如是，此非您一人之罪。以一个方面之不足而废除三德[①]，上古时代就不该有，更何况是后世乎。您有德行，若出生在上古时代，必定是个重礼之人。而且在太古时代无形式上之礼法，大家皆专注于诚。伏羲、神农之时代无守孝三年之习俗，然而对死者悲伤之情是无限的，人们内心明亮坦荡且毫无掩饰。仁、无欲、勇三者产生于伏羲之世理应深受尊崇。想到以形式之礼法尽儒者之道，于是隐藏名利之心，此事在尧之时代是不被容许的。您若遇到诽谤照旧例做法之人，万不可让其废了天性之德。慎终追远，民德归厚矣[②]，尤其是人道注重之处更是如此。然，丧祭之事要谋划时机、位置、地位，要尽力做到心之诚。拘泥于形式上之礼法，强行做不能实现之事、为不能为之事，则必定会伤到根基。拘泥于旧例之儒者在当世之情形下，有功之事甚多，就像我一样也承蒙了恩泽；然，由于对心法不熟悉之故，又不知自己所抱有之感情而为之，终不符合日本之水土、不适应人情，虽然兴儒法，但终究还是打破了儒法而无人知晓。您虽未能遵循服三年服丧之法，但您内心至诚，同时将追远之祭当作该做之事来举行，已尽自己最大的诚意了。

来书问曰：服丧中，不让人吃鱼鸟，忌生食，与佛家流派非常相似。祭祀之礼用肉时，却不忌生。在下年轻无病之时，一年到头总是吃蔬菜喝水，近年来或许是老弱多病之故，五日不吃生鱼会导

---

① 上文的仁义、无欲、勇气。

② 谨慎地对待父母的去世，追念久远的祖先，自然会让百姓日趋敦厚老实了。（“慎终追远，民德归厚矣”语出《论语·学而》：“曾子曰：慎终追远，民德归厚矣。”“慎终追远”是对先人一生行为的哀思与深情追忆，“民德归厚”则是了解先人事业功勋并对其高风亮节、嘉言懿行的一种诚挚的缅怀。）

致气虚力乏，十日不吃则坏肚子。如此，别说三年之丧了，连三个月都无法坚持。不知这如何解释。

回书答曰：服丧时内心悲伤，感觉时间仿佛已停止，无心理会任何世事，连肉食等能使人食之愉悦之食物都不吃，只是吃点蔬菜维持生命罢了。不仅忌酒肉，也不吃除了五种辛味之蔬菜[①]之外的任何助长情欲、提神之食物。服丧期间忌讳有情欲，所以会封闭自己。不食蔬菜便无法饱腹，若无力气则依靠拐杖才能起居。没有喜怒之情。这般做法皆是让年轻力壮者暂且隔断生之乐也。年老复归童稚者可以仅着丧服，而可以喝酒吃肉。病人也是如此。食之不当作快乐，仅养生而已。气血旺盛且精力充沛之人，不仅要忌重口之食，即使吃蔬菜也不能吃到饱腹。夏不过凉、冬不过暖。穿衣不过于舒适，睡眠不过于安适。这是因为古人血液循环健康，筋骨强健，无疾病且精力充沛，所以那时之圣人会根据身体健康状况来制定法则。当世之人若依照此法行事，则灭生之祸近在咫尺尔。养生之时，易触发喜怒哀乐之情，易产生游乐之念头。吃平常之食物，穿平常之衣，安居于平常之处，不怒不笑不乐之事并非圣人、大贤者与生俱来之美德，皆是后天形成乎。因此，古人的服丧之礼必有法规，若无法规就无法履行自己之职责。当今之人，其法不能配其位，而且他们不立法则不能行。因此，既然随世俗而遵法则便不该有其他想法。世俗所定之法即五旬之忌也该如此，若为了不损害生者之元气，想着像服药一样，就应该常常服用干鱼。您虽上了年纪却才五十岁，所以不必活得如七十岁老人，也不必像正值壮年之年轻人一样。全凭您自己思考。

来书问曰：余闻三年之丧不符合当今之状况，但看到律僧[②]、行者又会觉得还是可以做到这件事，虽然在净土宗、日莲宗中不另立律法，但作为普通僧人，在守戒、服丧之时，住所、衣服乃至饮食都会有一些规定，种种规矩累加起来，甚至超过服丧三年了。此外还有心丧，即外表无变化，仅在心中悲伤。这比起确立服丧之规定更难以实现了。

---

① 韭菜、藠头、葱、萝卜、姜五种辣味蔬菜。

② 遵守戒律的僧人。

回书答曰：律僧、行者等人有履行守孝之义务。然，在后世被极乐之事所牵绊，且为了过日子，人皆认为应有所依靠才能成事矣。让今日之百姓体验律僧一日之食，余以为他们将会有良好之行为举止。和尚大多是贫穷者，但余以为不要硬认为他们劳苦。对于淫欲之戒，非律僧者如贫穷之奉公人（官员）大多无可奈何地履行自己之职责。在下也知道意志力坚定之时，以声誉来履行三年之丧之义务。所以无论如何您都应该有思想准备。古代之心丧就是身上不穿丧服，其做法程序皆遵守服丧之法。如今若大家都选择心丧，有如此之志者尤值得表扬，但这并非履行自己之义务。有志于大道者，得其应该履行服丧义务之道，把彼时之人不为之事等同于和光同尘①，如同将万年视作一日，立诚且行平安无事，则创业垂统②，与大众一起前行。不应只顾自己一人之名誉，行众人不为之事者，不可成为天下人之师；拘泥于形式之格法，自成一派，从而脱离世俗，则何时才能兴道也。后世，人们精力旺盛人情关怀浓厚之时，余所言的就会慢慢淡出人们视野，甚至也会出现诽谤者。此正是鄙人所希望的。仅囿于自己知道之想法中，若是以天为师、以神为友，不用守法履行义务就显得优秀，不通过和光同尘就可戒掉懒惰。不露锋芒，消解纷争，思诚则甚幸焉。

来书问曰：当今之世，精通武艺、略知权术者也为人师，其可与一郡之主、一国之君同坐，其中很多甚为无礼者。既为人师，岂有此理乎？

回书答曰：天下有达尊者三③，即道德、年龄、地位。在朝廷之上，人们衣冠整齐应按贵贱来分辨，应尊重有地位者；在乡里之

---

① “和其光，同其尘”简称“和光同尘”，语出老子《道德经》第五十六章：“知者不言，言者不知。塞其兑，闭其门；挫其锐，解其纷；和其光，同其尘；是谓玄同。故不可得而亲，不可得而疏；不可得而利，不可得而害；不可得而贵，不可得而贱，故为天下贵。”

② 语出《孟子·梁惠王下》：“君子创业垂统，为可继也。”

③ 语出《孟子·公孙丑下》：“景子曰：‘否，非此之谓也。《礼》曰：“父召无诺，君命召不俟驾。”固将朝也，闻王命而遂不果，宜与夫礼若不相似然。’曰：‘岂谓是与？曾子曰：“晋楚之富，不可及也；彼以其富，我以吾仁；彼以其爵，我以吾义；吾何慊乎哉！”夫岂不义而曾子言之，是或一道也。天下有达尊三：爵一，齿一，德一。朝廷莫如爵，乡党莫如齿，辅世长民莫如德。恶得有其一，以慢其二哉！故将大有为之君，必有不召之臣；欲有谋焉，则就之。其尊德乐道，不如是，不足与有为也。故汤之于伊尹，学焉而后臣之，故不劳而王；桓公之于管仲，学焉而后臣之，故不劳而霸。今天下地丑德齐，莫能相尚。无他，好臣其所教，而不好臣其所受教。汤之于伊尹，桓公之于管仲，则不敢召。管仲且犹不可召，而况不为管仲者乎！’”

平常交往中，应以孝悌来区分，应尊重年长者，应敬仰辅世长民有德之人。在弄明白解惑心法方面，尊德也。故，虽贵为古之王公贵族，但地位却堪比民间贤者。且若为某个武艺之师者，无自知之明，且只知一点技能，便将道德仁义理解为等同武艺，那就是一件不幸之事了。贵人也有犯错之时。有德者以礼招徕，武艺者以俸禄招聘，自然无争执矣。

来书问曰：在这世间，试刀之人的子孙已断绝。因罪而被斩之人，即便我不杀之，别人亦会杀之。古代有这样一个故事——抖落竹子上之雪花，这句话是与下命令的人有关还是与抖落人有关？从道理上而言，实难理解。

回书答曰：正因为世间此种勾当甚多，做砍人头之事，其心不仁矣，其不仁之心必遭天罚。我等已经见过至少两个试刀之人绝后。若为普通之武士，即使不被杀头，也不会有谁强迫之。正因为喜欢显示自己之才能，故不听命于主人，也不托于朋友。不仅如此，有经常杀别人者，也有罪轻者被杀，或是犯错者被杀。而且通过试刀，可改变新刀之锻造之法，因为当时仅做杀人之样子，所以到后世所起之作用很小了。古代也像现在一样，虽不做试刀之行为，但人们把用好铁锻造之刀，传至今日之古刀奉为至宝矣。

来书问曰：下学而上达之义①，上知天文地理下晓鸡毛蒜皮，道理虽是相通，但却难以受用。

回书答曰：《易经》曰："形而上者谓之道，形而下者谓之器。"②此话中之"上下"含义是清楚的，总之有形之物皆为器也，是故也谓之五伦也。父子、君臣、夫妇、兄弟、朋友之交乃形而

---

① "下学上达"，语出《论语·宪问》："子曰：'不怨天，不尤人，下学而上达。'"

② 语出《易经·系辞上传》："形而上者谓之道，形而下者谓之器，化而裁之谓之变，推而行之谓之通，举而错之天下之民，谓之事业。"意思是大道无形，故曰形而上，器用之物为有形，是为形而下。"形而上"，中国古代哲学术语，指无形的东西；"形而下"指由道派生出来的具体事物。"形而上"与"形而下"这一对范畴在中国哲学史上有过长期的争论，常被各家用来表述抽象和具体、本质和现象、本源和派生物等。"形而上"与"形而下"本质就是"道器问题"，而"道器问题"则是儒家一个重要的命题。"道器问题"很关键的是讲求实践精神，朱熹提出了"博学—积累—贯通—推类"的格物致知模式，博学为积累做了准备，积累达到一定程度，就会贯通而得到一普遍原理，用得到的这个普遍原理类推就可以知道那些未知的事物之理。经过这样一个步骤就可以达到格物致知。

下，谓之器也。父慈子孝，父子亲近乃形而上，谓之道也。故在五伦之交往中，行道成德乃下学而上达矣。穷理尽性至命①，便属于下学而上达。不以五伦为本，空谈穷理尽性，便是异学②之悟，即使是高见但因其也是虚见之故，所以无法完成道德修养之功，其所悟必不真诚。是因为没有弄明白人道之意，故不知造化为何物；是因为没能辨别出造化乃神奇之天理，故只能看见世间轮回而感到迷惑。不下学而上达，上达亦不可得矣。

来书问曰：最近在《四书蒙引》③上看到了“君子不重则不威”这一章。君子乃对学者之称谓，为学能成君子之道，故学者可谓之君子。称在位之君子也当同理。古时，人上之人皆有道德，故在位之人可谓之君子。重或不重在于性情，性情天生平和安静不轻浮者，身上必然有不被别人侮辱之处，故有威严。为学之道也如此，善于吸收、运用则掌握的知识就越牢固。性情不稳且浮躁者易受到侮辱则无威严。必须彻底了解为学之道，为此，学者必须有庄重威严之性格和人品，犹如田地要有土地神保佑一样重要。然，若播下之种非良种，则不会得到土地神之庇护，也不会取得好的效果。主忠信乃播撒之良种也。不与不责骂己之人为友，犯了错应不怕改正，即如勤勤恳恳从事农耕一样欣然改正。

回书答曰：这章所表达之义很难使人信服，虽然听起来很简单。在我看来诚在内心谓之忠，以诚行事谓之信。中心成忠，天理自然之诚虽在心里，却空空如也，此所谓未发之中也。以人言为信，那么人所言皆应真实也，虚假之物是为私欲乃为其害焉。忠乃德之本也，信乃业之始也，人乃身之主也，故可曰以忠信为主。以志同道合之好友为友，以一面之交之友为朋，此乃择人而非弃也。也应把不责备己之人作为一面之交之友以礼相待。亲小人，将其当作志同道合之友只会损德，君子之过④如每日吃饭一样频繁，立即改正错误便会受人尊重，由此善莫大焉。此乃凡夫俗子至君子之路也。性情沉稳且平和威严者，但内心无道德之本——诚，加之顾忌

① 究尽道理，人性复合天道之悟的境位。
② 此处的异学似指佛教。
③ 明代理学家蔡清著。此书虽为科举而作，但体认真切，阐发之深，多有宋人讲经讲学之遗风。
④ 语出《论语·子张》：“子贡曰：君子之过也，如日月之食焉；过也，人皆见之；更也，人皆仰之。”

改正错误，即使有一时之威且重，最终因没有恐惧之事，其结果也会为世人所知。性情非常懦弱且近乎轻浮者，但以忠信为主，积极改过，若向善，便可除去轻浮之烦恼，复归天然清明之本性，人皆称之为善，故有诚则不惧耻。由此威则重，学则坚矣。君子以庄重固学，以威严辟外邪，乃文武之道也。对人恭敬且行为端正难道不是庄重吗？生死贫富之中，不动其心，不夺其志，难道就不是威严吗？重和威并不取决于气质之轻重。以不责备已之人为友并亲近之，安居于凡夫俗子之位，乃人之常态也。以贤为师，以善为友，积极改过，向义则日新成德[①]也。只不过学者之忧在不重。不重者因其内心无主也，它不靠与生俱来的静和动。心里有主视为重，心里有主之时必然有威，故一个家里有无作主之人一看便知矣。

来书问曰：读经书时，大多常常从开始、中间、结尾三个部分来理解，这样容易疲惫劳累。我能否在一本经书之中找到要点？

回书答曰：想弄懂从开始到最后的每一句经文，旨在解释经书，所以劳心劳力，非受用之本意矣。想要得到要点而忽视其他，也有弊端。吟诗怡情，涵养道德[②]，并非只靠诗。道理乃吾心也。儒教经典，用以解吾心之道理也，故读儒教经典所获之乐便能知晓吾心之道理矣[③]。吾心之道理无穷，勿满足于书中之一章之要点，且勿求甚解，若求甚解，以儒家经典为本就有失去吾心之弊，当以吾心之定位和学问之进展为本，且受用之关键在于据时而变。故，吾心知其受用之要即可。应无限扩张、涵养道德，积累日新之功[④]，改变自己之气质。

再来书问曰：所谓无限扩张涵养道德，不知应该读多少书？

回书答曰：吾所言之广泛是指认同、接受无极之理，不要将内

---

①“日新成德”也称“日新其德”，语出《易经》：“《象》曰：‘大畜，刚健笃实辉光，日新其德，刚上而尚贤。能止健，大正也。不家食吉，养贤也。利涉大川，应乎天也。’”

②语出《近思录·致知》：“‘兴于《诗》’者，吟咏情性，涵畅道德之中而歆动之，有‘吾与点’之气象。”

③源于《陆象山语录》卷上：“学苟知本，六经皆我注脚。”《宋史·陆九渊传》：“或劝九渊著书，曰：‘六经注我，我注六经。’”

④源于《礼记·大学》第二章：“汤之盘铭曰：‘苟日新，日日新，又日新。’康诰曰：‘作新民。’诗曰：‘周虽旧邦，其命惟新。’是故君子无所不用其极。”

心局限于一本典籍上。古代典籍还很少之时，反而圣贤甚多。据您的内心看来，《孝经》《大学》《中庸》这些儒家经典不够，加上《论语》《孟子》也不足，再加上五经[1]仍然不够。将这些儒家典籍含义解释至七到八成有所遗留也无妨。道德涵养关键不在儒家经典中，而在吾等心中。得其要义之时则天下无疑，得其大意之时便是天下人无疑之际。故儒家经典表达了何意并非关键。

来书问曰：道本大也，然不知何为大道。

回书答曰：世间谓之道者乃小道也，言小道之人少了，便有了大道之名。所谓大道者乃大同也[2]。应与世俗共进，不该一枝独秀；应与众人同行，不该与众不同。若他人做坏事，不让自己看见就行，不该责难诽谤他人。若有需行善之事，则应自己一人完成，不该让别人做。三军之将[3]同士兵共进退，不逞独夫之勇，若见众人服从号令之氛围，便可一马当先前行。即使自己有气力，也不做违背众人之事。世间之道，不必言，自然是小道矣。

以下来信、回信略。

以端着装满水之容器为例，知人心之危，不生气、不陷入欲望之中，不失去人之良知，如前文一样，那应该能很好地受用。然而并不必常存此念，因常怀有此念者，则虽善也会阻塞灵明。因为根本精神立于真实之上，且常者无心，若有什么事发生一定是良知在起作用。天下无人不爱生命，人们都看重自己之身并视其为根本，故即使不中止其想法，当面临危险之处，也必定会谨慎行事的。

对事物有疑问时，如若自己尽了心、动了脑筋且下了功夫解开

① “五经”指的是《诗经》《尚书》《礼记》《周易》《春秋》，这五部书是我国保存至今的最古老的文献，也是我国古代儒家的主要经典。《诗》又称《诗经》，是我国最早的一部诗集。《书》也叫作《书经》或《尚书》，是我国最早的一部文集。《易》也叫作《易经》或《周易》，是我国最早的占卜用书。《礼》也叫作《仪礼》《士礼》或《礼经》，是春秋、战国时期的部分礼仪制度的汇编。《春秋》也叫作《春秋经》，是我国最早的一部编年体历史著作。

② “大道乃大同”，语出《礼记·礼运》：“大道之行也，天下为公。选贤与能，讲信修睦。故人不独亲其亲，不独子其子。使老有所终，壮有所用，幼有所长。矜寡孤独废疾者，皆有所养。男有分，女有归。货恶其弃于地也，不必藏于己。力恶其不出于身也，不必为己。是故谋闭而不兴，盗窃乱贼而不作。故外户而不闭。是谓大同。”

③ 军队的统帅。

疑惑，便能体会到愉悦之情。人与生俱来就各有其性格，解除了疑问心中便无烦恼，精神上也无障碍。若您体会到此种益处，便容易做到。鄙人年轻时，独自在乡下求学，独自一人领悟圣言，漫步于山野之际心中也想着圣言，口中念着，虽然难以理解其意，但猛然间感悟道理就会甚感愉悦。人生不就如此吗？不去用心体会自悟，仅想解决事物之惑，则不知烦恼何以消除。

消除心中之妄念私欲，虽然要下真功夫，但靠这个去掉的只不过是凡夫俗子之根性罢了，意欲之妄皆是凡心之疑惑矣。凡心乃意念私欲之源泉，不探究其本源，仅抑制末端最终无功矣。抛弃自我、站在他人之立场来观察、反省自己是君子还是小人，这对除去内心之私欲大体上是好的，世人之人品大多如小人。若避免普通人所处的小人之位，亲近有人品之君子，如同忘却由凡夫俗子之根性所产生之妄念一样，便能先于他人远离心里之妄念私欲。解明种种困惑则心之品位提升，从而脱离普通人之本性而达君子之位，此为入德。

从初学开始德之力就难以企及吧，这一点我完全知道。从真实无妄[①]之诚萌生而行事便是德之力。真实无妄之诚是在明确了道理之后诞生的。虽说町人比武士更加怯弱，但其见利而好之之心乃真实无妄之诚，他们能忍受得住生活之挫折、披星戴月不辞辛劳，能不顾危难迎面而上，这一点比武士强。君子，见道好德之心乃真实无妄之诚，所以也如町人一样不畏难。在此之前，不强制自己去努力承担义务，便无法获得德之力。

---

① “真实无妄”，朱熹《中庸章句》注“诚者，天之道也；诚之者，人之道也。诚者，不勉而中，不思而得，从容中道，圣人也。诚之者，择善而固执之者也”曰：“诚者，真实无妄之谓，天理之本然也。诚之者，未能真实无妄，而欲其真实无妄之谓，人事之当然也。圣人之德，浑然天理，真实无妄，不待思勉而从容中道，则亦天之道也。未至于圣，则不能无人欲之私，而其为德不能皆实。故未能不思而得，则必择善，然后可以明善；未能不勉而中，则必固执，然后可以诚身，此则所谓人之道也。”。“诚”是儒家思想的核心概念之一，儒家认为，“诚”是“天道”或“天理”的本质，是万物得以存在的根据。同时，“诚”也是道德的本原和基础，一切道德的行为必须建立在内心真实无妄之上，否则便是虚妄。故《孟子·离娄上》有云：“诚者，天之道也，思诚者，人之道也。至诚而不动者，未之有也；不诚，未有能动者也。”

孔子十有五而志于学[①]，到七十岁还在做这件事，对研习圣学之他人而言，“志学”在于以学道入德为志，心向内而慎独。三十而立指心志坚定，应能成就文武之德才独立于世。四十而不惑指不靠佑护等外力而使心处于不动之位且不被诱惑[②]。五十而知天命指顺从天道，左右命运之事乃帮助上天造化之贤者才能做。不怨天，不尤人[③]。根据一年季节天气之变化，穿小袖[④]、浴衣[⑤]一样，与好恶无关。六十而耳顺，大而化之之谓圣[⑥]。这虽然有些许不知深浅、不太成熟，但在生而知之之圣人中这种情况是没有变化的。孔子之志乃有志于学，不像我，吾多半三十而立，犹如磁石指针指南北极一样，只有义理之念。立指天、地、人同时而立。不惑指为学者就不该被天地万物诱惑。贤人已经超越了心不动之位，因为生死、顺逆一致，处于富贵、贫贱、夷狄[⑦]、患难之中，无论何种情况都会泰然处之而无他念。知天命之“知”是指支配权之“知”之意，是把天命当作吾之天命也，吾随阴阳五行进退，吾之运势也应随吾进退，虽不知有“生死有命富贵在天”[⑧]等说法。耳顺指竭力做到精深细微

---

① 语出《论语·为政》：“子曰：吾十有五而志于学，三十而立，四十而不惑，五十而知天命，六十而耳顺，七十而从心所欲，不逾矩。”

② “心不动”，语出《孟子·公孙丑上》：“公孙丑问曰：‘夫子加齐之卿相，得行道焉，虽由此霸王不异矣。如此，则动心否乎？’孟子曰：‘否。我四十不动心。’曰：‘若是，则夫子过孟贲远矣。’曰：‘是不难，告子先我不动心。’曰：‘不动心有道乎？’曰：‘有。北宫黝之养勇也：不肤挠，不目逃；思以一毫挫于人，若挞之于市朝；不受于褐宽博，亦不受于万乘之君；视刺万乘之君，若刺褐夫。无严诸侯。恶声至，必反之。孟施舍之所养勇也，曰：“视不胜犹胜也。量敌而后进，虑胜而后会，是畏三军者也。舍岂能为必胜哉？能无惧而已矣。”孟施舍似曾子，北宫黝似子夏。夫二子之勇，未知其孰贤。然而孟施舍守约也。昔者曾子谓子让子襄曰：“子好勇乎？吾尝闻大勇于夫子矣：自反而不缩，虽褐宽博，吾不惴焉；自反而缩，虽千万人吾往矣。”孟施舍之守气，又不如曾子之守约也。’曰：‘敢问夫子之动心，与告子之不动心，可得闻与？’‘告子曰：“不得于言，勿求于心；不得于心，勿求于气。”不得于心，勿求于气，可；不得于言，勿求于心，不可。夫志，气之帅也；气，体之充也。夫志至焉，气次焉。故曰：“持其志，无暴其气。”’‘既曰“志至焉，气次焉”，又曰“持其志，无暴其气”者，何也？’曰：‘志壹则动气，气壹则动志也。今夫蹶者趋者，是气也，而反动其心。’”

③ 语出《论语·宪问》：“子曰：‘莫我知也夫！’子贡曰：‘何为其莫知子也？’子曰：‘不怨天，不尤人。下学而上达，知我者其天乎！’”

④ 冬天穿的和服。

⑤ 夏天穿的和服。

⑥ 原指大行其道，使天下化之。后形容做事情不够谨慎，疏忽大意。语出《孟子·尽心下》：“可欲之谓善，有诸己之谓信，充实之谓美，充实而有光辉之谓大，大而化之之谓圣，圣而不可知之之谓神。”

⑦ 古称东方部族为夷，北方部族为狄。

⑧ 语出《论语·颜渊》：“司马牛忧曰：‘人皆有兄弟，我独亡！’子夏曰：‘商闻之矣：“死生有命，富贵在天。”君子敬而无失，与人恭而有礼；四海之内，皆兄弟也。君子何患乎无兄弟也？’”

处。五十而知天命，以至广大之处，便可用言语来解惑。六十而耳顺，不看语言文书了，可从容应道矣。人之身体容貌乃天生也①，应据形顺位。以耳通口、鼻、眼四体，神明贯穿全身首先是耳矣，极尽五音、十二律②的细微之处也靠耳矣。七十而从心所欲不逾矩，乃道器一贯③、义理和意欲一致、天道流行邪念私心全无，开口即为规，踏足则为法，处其中矣。

曾子“三省吾身”④，当为初学时之事。正因为于人伦日用中如此地笃实受用，曾子很快成为大贤，为众人所知。忠乃尽己也，为自己之事谁都会尽心尽力，为他人之事就不会如此，因我与他人之间有隔阂而无仁义也，故当至仁而受用。所谓朋友，即共奉真实无妄之天道为父母的兄弟，故思其成而相交，为信也。当常反省自己是否表里如一、始终如一。不能受用所受之道理，乃学者之通病也。当自省是否将师友间问学所得实践于日常生活，是否真正受用了道理。

勿正、勿忘、勿助长⑤指对于要发生之事先不要有所预期，但也不能置之不理，也不要助长它，就像百姓从事农活、工匠做手艺活一样，不慌不急、不懈怠、心里要想着但不要助长。做该做之事，自己用心体会就行。入德指行善积德。读儒家经典，研习弓马礼乐，改正自己不好之处，闻过则喜，有五伦之道等，皆是行善。憎不义、耻于恶皆备于我，便是与生俱来之自然性情——良知。这样之人所为之事皆善事，则众人皆做此等善事焉。

---

①“形色，天性也”，语出《孟子·尽心上》：“孟子曰：‘形色，天性也；惟圣人，然后可以践形。’”

② 黄钟大吕等十二音律。

③ 形而上之道和形而下之器浑然一体。

④ 语出《论语·学而》：“曾子曰：‘吾日三省吾身：为人谋而不忠乎？与朋友交而不信乎？传不习乎？’”

⑤ 语出《孟子·公孙丑上》：“（公孙丑问曰：）‘敢问夫子恶乎长？’曰：‘我知言，我善养吾浩然之气。’‘敢问何谓浩然之气？’曰：‘难言也。其为气也，至大至刚，以直养而无害，则塞于天地之间。其为气也，配义与道；无是，馁也。是集义所生者，非义袭而取之也。行有不慊于心，则馁矣。我故曰，告子未尝知义，以其外之也。必有事焉而勿正，心勿忘，勿助长也。无若宋人然。宋人有闵其苗之不长而揠之者，芒芒然归。谓其人曰：“今日病矣，予助苗长矣。”其子趋而往视之，苗则槁矣。天下之不助苗长者寡矣。以为无益而舍之者，不耘苗者也；助之长者，揠苗者也。非徒无益，而又害之。’”

克己复礼[1]指天理与人欲不可并立。礼乃理也，己乃私欲也。克己之处即天理也，即天下在我心。尤其是普通人之私欲、学者之私欲、贤人之私欲，高低深浅各有不同，大多数都如您信中所言。三月不违仁[2]之语应该出现在克己复礼之后。一年四季，每三个月轮转一次，三个月不违仁，即一年不违仁。尽管一年之中不违仁，但做到不违仁仍需努力。化而为圣之时，则不违仁不再需要刻意努力，因无邪念、无私欲而达圣人之境也。

① 语出《论语·颜渊》："颜渊问仁。子曰：'克己复礼为仁。一日克己复礼，天下归仁焉。为人由己，而由人乎哉？'"

② 语出《论语·雍也》："子曰：'回也其心三月不违仁，其余则日月至焉而已矣。'"

第五篇 “时·处·位”序论

来书问曰：时下之日本，尚无同姓不婚之定规[1]，因而按一般习俗，堂表兄弟姐妹之间乃准许通婚。然而近年来，有人听闻同姓不婚之说，便开始遵守这一礼规。知晓礼规，确乎重要。若无视这一思想之觉醒，仍遵循旧俗准许同姓之间通婚，则甚为遗憾。况且，若堂表兄弟姐妹之间准许通婚，则势必出现娶叔母、侄女为妻之事。长此以往，必近乎禽兽也。故当顺应时势，遵循儒家之定规，广布礼仪法则，严禁同姓通婚也。

回书答曰：确为我所盼之事也。然而似您一般提倡此法者，大约仅有一、二十人，而格法之学者[2]，亦不过二、三十人。仅凭所熟识、有交往之数人，尚不足以知晓天下不计其数之世俗人情也。不思虑时与势之关系，便不知应时至势转之事。现今，天下众人虽有与圣人相同之性德[3]，然而不闻圣人之学、无论贵贱皆随波逐流于衰世之习俗久矣。然，缘何不及修习礼仪？

古之圣人，自伏羲氏始，承续至今，有远有近。伏羲至神农，历经一万七千七百八十七年，神农至黄帝五百一十九年，黄帝有熊氏在位百年。此三者称为三皇[4]。

黄帝之子少昊金天氏，在位八十四年；黄帝之孙颛顼高阳氏，在位七十八年；少昊之孙帝喾高辛氏，在位七十年而崩；帝喾子挚继位后因德望不佳，在位九年即被废黜，天下百姓尊帝挚之弟放勋为帝，即尧帝，尧帝陶唐氏在位一百年；舜帝有虞氏在位四十八年。此五人即为五帝，共计三百八十九年。禹、汤、武称为三王，禹至汤四百三十九年，汤至武王六百四十四年。[5]自伏羲氏时起，学

---

[1] 即“同姓不婚之法”，规定同姓同族之间不可通婚。此法自中国周朝时开始施行。“同姓不婚”之说源自《左传·僖公二十三年》：“叔詹谏曰：‘臣闻天之所启，人弗及也。晋公子有三焉，天其或者将建诸，君其礼焉。男女同姓，其生不蕃。晋公子，姬出也，而至于今，一也。离外之患，而天不靖晋国，殆将启之，二也。有三士足以上人而从之，三也。晋、郑同侪，其过子弟，固将礼焉，况天之所启乎？’”另《礼记·郊特牲》中亦有“娶异姓女子为妻”之记载，为《小学》所引用。日本近世著名儒学者山崎闇斋（1618—1682）在其《大和小学》中也对这一立场表示赞同。

[2] 指墨守成规，不知随人情、时代而变通的学者。参照了原文头注。

[3] 这里的性德指众生于本性所足具之先天能力。参照了原文头注。

[4] 钱穆《中国通史》中谓三皇为天皇、地皇、人皇，或指燧人氏、伏羲氏及神农氏。五帝一说为黄帝、尧、舜、禹、汤。

[5] 国内各史书、史料中对各帝在位年数记载有不相一致之处，此处蕃山所说年数为其中一说。

问已然萌发，但此时尚无礼仪、法度。神农氏继位后仅以耕作、医术等养民之务为要。黄帝时期出现礼乐之器，亦可略见书写文章，但尚无婚丧嫁娶之定规。五帝时期，基本礼仪、法度大致已成，且简单易行，其内容不悖于一般人情，遵循以德化劝善，符合人之天性之原则。经夏、商至周朝，文明之气运达至极盛，器物、饮食极为丰富，发展至前所未有之太平盛世，无所不备。这一时期，为避免世人欲望泛滥、耽于享乐而制定了诸多防范之礼仪，所定内容细致、严格。综上可知，一切礼法皆随时、处、位之变迁而定。

当今之世，论器物之丰、人之骄奢，恐已超过周朝之盛世，然民众不习礼仪之现状，却与伏羲之时相同。伏羲时期之民众，虽不习礼仪，但质朴淳厚，欲念淡薄，不计利害，而今人却欲念深重，唯计利害。此风习形成于世间不过百年，却已根深蒂固。若骤然抑制其弊，速防其害，则道不可行也。因教导当今之世人即如同引导幼童，需启其童蒙，待其智开。世间通行之做法，是先授以学问而待其萌发礼学之心。三至五岁之孩童已微现"义"之发端[①]，且萌发了羞耻之心，心智亦已开启，遂生辨别美、恶之意识，但尚不能分辨义与不义，亦不知何为是非善恶。六至八岁之孩童产生谦让之心，故而圣人于此时令孩童入小学受教，但并非强制施行，乃遵循幼儿之天性及适当学龄而为。五六百年之后的当今之世俗，正如同五六岁儿童之时，当先以学校教育开启其辨别是非善恶之智，劝勉其知羞耻之义。待几十、几百年之后出现君子，则可由其兴立礼法。伏羲、神农之德行不逊于周公、孔子，而周公、孔子之智识亦非胜于伏羲、神农，皆乃与其时代相合宜之行也。诚然，不合于时代者为劣，合于时代者为优。三皇、五帝、三王、周公、孔子皆知时势，在施行合乎时代之礼法方面具有同等智慧，于德行方面，可说三皇、五帝更胜一筹。天地开，人道现，方可行合于其时之礼法，故三皇、五帝之时不立同姓不婚之规，须待周朝而确立。

现今之学者强制不合时宜之礼法，因其与人情、时势相悖，故虽偶有兴道之萌芽，然而归根结底仍是舍本逐末，最终本末俱失。如此不知顺应时势，必将为后世所耻笑也。教授学童之要，非"我

---

① 语出《孟子·公孙丑上》："恻隐之心，仁之端也；羞恶之心，义之端也；辞让之心，礼之端也；是非之心，智之端也。"

求童蒙”，乃“童蒙求我”[①]。现有师者教授十五岁以下学童约百人，其中有一两名才华出众者童蒙已开，即使希冀确立培养人才之方法，但为师者若有智识，则不应仅为此少许才子而施行不适合于大多数童子之教育方法。智识早启者，应使其更加内省、修炼内在之德，以作示范；众童子应随其才识增长而开智，进而萌发成才之志，学习成人之道。如此，有才之人则不会为才华所牵绊，亦不会为学识所阻滞，而得以具备真正之德行。对一般学童，尤其应重视教导其“自明诚”[②]。

若为师者偏爱有才之人，强求其他童子所不能，则被偏爱之才子将自视甚高而自傲，为才多识寡所害，最终成为不幸之人。其他童子见此则会倦学厌道，不愿再于学校受教。若其君主、师者逝去，时代迁移，其迹则不存。当今，与己志向相同之人和其他恪守礼法者，即视为天下之才子。然此辈之中可望施行圣人之礼法者，则若九牛之一毛也[③]。现今天下世俗，无论贵贱，皆不知圣学之道理，更何况考虑施行道法于世间，即使其中有意欲学习礼法者，其百名童蒙之中亦不过一二。即便世俗中有人希望学者推行礼法，有智识之学者亦不当应允，更何况一般世俗人中并无有此愿者。另一方面，世俗之人虽不修习学问、未施行礼法，但其中却有天性品德良善之人，其品行甚至高于以求道为己任之学者。时下之学者仅学识丰富，论及品行则不及先天德性良好之人。学者中亦有修习世人尚不知晓之道学，欲推行世间尚未施行之礼法者，但未清除多代积习之弊，难免受制于其害。尽管学者意气风发，轻视世人，但事实上却有不如世间常人之处。因其毁誉、利害之名利欲念深重，即使存在理应纠正之弊端，亦难以坦诚面对。天性良知良能[④]之世人对学者此等缺陷察之入微，心下极为鄙视。不仅如此，有学者亦试图照搬不合乎我国时、处、位之礼法以用，此既不适合我国千百年来之风俗，亦违背我国神道王法之教义，只是作为唐风学者流派之一，

---

① 语出《易经·蒙卦》：“蒙：亨。匪我求童蒙，童蒙求我。初筮告，再三渎，渎则不告。利贞。”
② 语出《中庸》第二十一章：“自诚明，谓之性；自明诚，谓之教。诚则明矣；明则诚矣。”
③ 语出《汉书·司马迁传》：“假令仆伏法受诛，若九牛亡一毛，与蝼蚁何异？”
④ 语出《孟子·尽心上》：“人之所不学而能者，其良能也；所不虑而知者，其良知也。孩提之童无不知爱其亲者，及其长也，无不知敬其兄也。亲亲，仁也；敬长，义也；无他，达之天下也。”

徒然模仿其行为而已。其与槙雄[1]之僧人持戒、禅宗坐禅别无两样，因与世俗相离，遂成为独行其道之法，仅与异说论争而已。若说当在何等时势下施行道法，当如同慈父与幼儿一同玩耍，在幼儿不知不觉中引导其向善之心，使其随着知性之不断开启而长大成人一般。

圣人和众随俗，“鲁人猎较，孔子亦猎较”[2]，即以与众人同行为大道。当行善时则与众人同行善，时未至时则与众人同愚昧。故此，学者不离世俗，道法不离世人。待德化至极，大道当行之时则与世人共行道法。众人有心向善，则不会出现违背道理之人。

昔日，尧舜时代之民众未有“三百礼仪”[3]，亦未施行“三千威仪”[4]，未兴立各类礼法，然而却浑然融合完备了礼仪之基本，无论何家之人，皆堪称可获封侯资格之善人，世间风俗淳厚朴素、真实无妄，纵然是周朝礼仪完备时之士民，亦有所不及也。若问周朝为何不学上古至善之治，此乃与时代相关，即文明过程中德性之衰落，乃无可奈何之事。尧、舜、周公，皆为大圣人也，皆为时势所造就。今人学尧、舜，虽然有所不及，但却可成就近乎真诚纯朴之风气；而今人学周公，不仅远不能及，而且产生诸多浅薄虚伪之人。如孟子所言，以尧、舜为师则无过也。不仅如此，今之学者，虽然主张效法周朝同姓不婚之忌，却完全不得其法。从足利尊氏[5]时代末期至织田信长[6]家族、丰臣秀吉[7]家族掌权之时，长达一百年间天下武士之姓氏杂乱无章，即使偶有编撰家谱者，亦因缺少证据而无法传续，只能依靠文字记载而判断其所属姓氏。自遥远的战国时代（1467—1600）至今，已更迭多代，大型家谱在此过程中已然消失殆尽。此外，本无姓氏者，则随心所欲自行称姓；有姓氏者，亦有随己所好任意改变姓氏者，以至于发生同族者却不同姓之现象。世人之中姓氏谱系确实者，可说千人中仅有十人。而且，其中尚有

---

① 槙尾：槙尾西明寺。该寺由弘法大师创建，位于京都市右京区。
② 语出《孟子·万章下》：“孔子之仕于鲁也，鲁人猎较，孔子亦猎较。”汉代赵岐注释说：“猎较者，田猎相较夺禽兽，得之以祭，时俗所尚，以为吉祥。孔子不违而从之，所以小同于世也。”后因以表示“和众随俗”之意。
③ 语出《礼记·中庸》，指恒常不变的礼仪总纲有三百条之多。此处用以指数目繁多的礼法。
④ 语出《礼记·中庸》，原文为“威仪三千”，指礼仪实行细目有三千多条。
⑤ 足利尊氏（1305—1358），日本室町时代（1336—1573）幕府第一代将军。
⑥ 织田信长（1534—1582），日本战国三杰之一，安土时代（1568—1582）掌握日本实权的武将。
⑦ 丰臣秀吉（1536—1598），日本战国三杰之一，桃山时代（1582—1600）掌握日本实权的武将，官及关白、太政大臣。

收养外孙为养子、立姊妹之子为继承人者，此类人不觉间便改称了姓氏。因此可说，十人中有七八人之姓氏难以确定。公家朝臣之姓氏，虽说自古承袭，其家谱亦似乎明确，然而其中亦有如藤氏家收源氏为养子之事，故而其姓氏仍有不切实之嫌。就目前所知同氏之人而言，即使以同姓为忌，仍然不及周朝以前的五服之忌[①]，故在现今形势下此规难以确立。可以断言，即便不立此规，百人之中同姓嫁娶者也不过一二。事实亦是如此，世人多顺应时势、处境而为，并未施行此规。然若完全不取同姓不婚之规而要依循时势、处境而为，为何不选择适合我国时、处、位之中道？当知若采用不完善之法规，必将违背民意，阻碍践行大同之道[②]之惠泽也。

礼法之兴立当循序渐进，其间若有强行之举，必有损于大道，故切不可以伏羲、神农、黄帝三位大圣亦不曾禁忌之事为忌。若强施连圣明的三皇亦不曾施行之法规，此后必会将违背此法规者斥为不义、违反礼仪，此即如同指责先圣之非，须当谨慎而为。然而，因时势随人情、时代而变化，则后世之礼法并非违背古时之法。当今之时，人情不见增进，尚未至时势变换之时，不知因何要以伏羲、神农、黄帝、尧、舜、禹为非而以周朝为是？如前所述，即便欲行周朝之法，然现实却无可施行之处。将来，若贤良君主相继出现，则可通过赐姓区分各族，待数代之后时势到来，则可确定五服之忌，施行五服之内禁婚之规。此即周朝以前诸位圣人所采取之古法，渐进之法如是也。天下初始之时并非如此，天地开辟，由气化而生者，以天地为父母，彼此为兄弟。自男女有别后始有父子、兄弟。由此而生者或为兄弟，或为夫妇。然而，万物不具备明德之性[③]，而人则具有德性，父子有亲、君臣有义、夫妇有别，故此父子不共妻[④]、近亲不婚娶。人与鸟兽之不同，即以此为本，自原始生活时代，人们野外穴居时已知男女有别之道理。上古之圣人，正是根据人之所具有的这一明觉之智慧而制定了兄妹不可结为夫妇之礼

---

① 五服之忌：指五服血亲之内禁忌通婚之规定。所谓“五服”，即中国礼治中为死去的亲属服丧的制度，古时丧服按与死者关系的亲疏分为五种，指高祖父、曾祖父、祖父、父亲、自身五代，后用于表示五代血亲。

② “大同之道”意为“可与民众同行之大道”。

③ 原文为“明德”，出自《大学》首句：“大学之道，在明明德，在亲民，在止于至善。”明德，光明之德。

④ 参见《礼记·曲礼》：“夫惟禽兽无礼，父子聚麀。”

法。待民智逐步开启，以兄弟姊妹婚配为耻之觉悟渐明，便成为礼俗而传布天下。其后，叔伯与侄女、姑舅母与外甥之间亦逐渐不再婚娶。继后之圣人，即基于民众此种灵妙明觉之认识而确立了叔伯与侄女、姑舅母与外甥之间不可结为夫妇之礼法，如此更体现出兄弟、叔侄之间血缘天伦之亲切、长幼之礼弥深之关系，而堂表兄弟则近乎外人，长幼之礼亦如朋友之交相互礼让。故而，上古时期亲戚之间并无远近之分，及后世之圣人，兴立五服之秩序，无论君子抑或百姓，其恩泽均可惠及后世五代。正因如此，父系五代之堂兄弟姐妹均在五服之内。父系一方之亲情关系日益加深，男女有别之礼不断明确，于是便确立了五服之内不相婚娶之礼法。母系中之表兄弟姐妹虽为近亲，但不在五服之内，故而依旧可以通婚。父系姐妹之子虽姓氏不同，但因血缘关系较近，故被列为五服之内，不可通婚。非堂兄弟姐妹者，即便是同姓，亦不在五服之内，故不忌通婚。此礼法自上古时即已详细制定、意义明确，自末世[①]起礼法内容变得简明而完备。在日本，后世若相继涌现圣主贤君，此礼法当可得以完善至极。然今时今日，虽有圣贤之君，但此法却尚未确立。

我国不思虑是否有血亲关系，准许同姓通婚之现象确乎实情，但若回顾古来之做法，便知并非如此。日本远古之神代时期，兄妹亦可结为夫妇。其后伴随文明之发展，虽未兴立同姓不婚之法，却自然而然懂得了人类不同于鸟兽之道理，忌讳兄妹、伯侄、姨甥近亲通婚。如今，有利欲熏心者，为避免家财落入他人之手，竟招纳亲兄弟为婿，实乃悖逆人道，形同禽兽，令人不齿也。即便未立礼法与礼教，但因人心特有之灵慧，可使文明与时而至，渐久而自觉近亲不宜婚配。如前所述，表兄弟姊妹等同于外人，但因礼法尚未确定，故而无论父系亲属抑或母系亲属之间的通婚，均未禁止。此种风俗于世间已历经数千年，于道义无害也，即便上古之圣神，于其时亦未曾禁忌。拘泥于礼法而不知时代变迁、不知晓大道者，视古时兄妹、伯侄间通婚为大错，认为其时之圣神不可信，

---

① 此段落论述的是中国礼法的发展，“末世”一语从前后文看是“后世”之意，但不知蕃山确指哪一时期。有人称日本平安时代（794—1192）中期为末法之世，此时期相当于唐朝后期。

然却以周朝历经百世[①]行同姓不婚之礼法为是，以为其时之圣贤方可信赖。然而，当知先圣未必逊于后圣，太古之民未必愚于末世之民；后圣未必优于先圣，末世之民未必智于太古之民。因礼法应合乎时代，按照其时代相应之道义而行之。制定礼法，其后又违背礼法是为不义，日本神代、王代、武家时代，皆无同姓禁婚之礼法，未立此礼法，则不能视堂表兄妹通婚为不义。后世若兴立了此礼法，则堂表兄妹通婚即为不义。即使没有礼法，堂表兄妹等近亲之间亦会自然而然产生通婚之忌，是为“无法之法”。文明时代来临，其文明之风即会浸染人心。上古之时，人之德性深厚而文智未开，末代德性衰落而文智蒙发。亦即是说，二者各有短长，正因文智未开而得以保持深厚之德性。上古时期之人诚实不欺，彼此间无利害之争，因而为君子者至诚纯厚，为庶人者质朴诚实，而后世之人则只是为其时尚无礼法所困惑。然此既非其世之非、亦非其民之罪。时下之学者，利益得失之心深重，难绝伪饰，尚不及古时之常民。末代之君子多好骄奢、利欲熏心，庶人则多奸诈相欺，互相阿谀、虚与委蛇。现在尚无暇顾及确立礼法，更何况法虽出于道，却非道之本身。当下之欲兴大道者，当优先推行学校教育，使人人知晓固有之道德、明白固有之道理。虽有人期待实施礼法，但却受到抑制而未能施行。人当专念于诚而至无欲之境，如此则易于礼仪法度之施行。礼法现今虽受抑制，但后世必能得以完备。难以确立者，诚也；难以到达之境界者，无欲也。周朝虽礼法盛行，但骄奢与俭约交杂，而人欲存焉，博学多识而成就诸事者甚多，而其若无“诚”，周公、孔子焉何予以赞同？

---

① 参见《礼记・大传》：“庶子不祭，明其宗也。庶子不得为长子三年，不继祖也。别子为祖，继别为宗，继祢者为小宗。有百世不迁之宗，有五世则迁之宗。百世不迁者，别子之后也；宗其继别子者，百世不迁者也。宗其继高祖者，五世则迁者也。尊祖故敬宗。”

第二卷

心法图解

第一篇　天道[1]

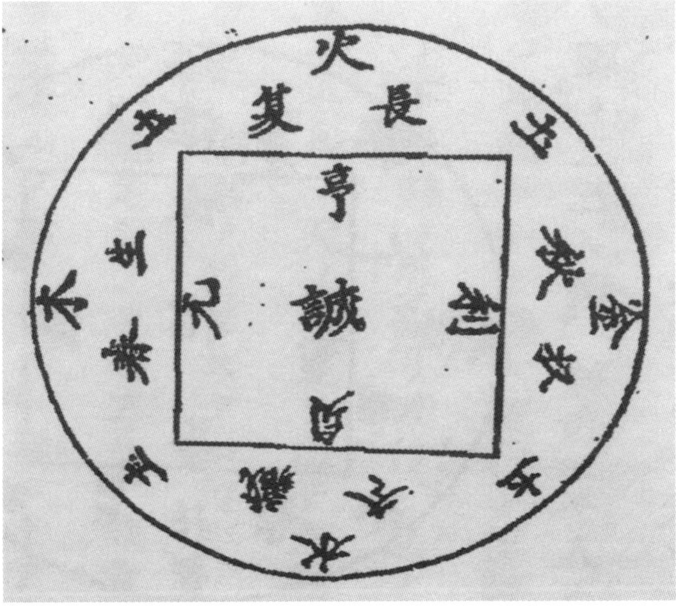

埋[2]者，寂然不动之象也；气[3]者，流动之象也。上图之□内者为“理”，□外〇内者为“气”。太虚者，即理气之浑融。天道，至诚无息[4]也。故而将“诚”字置于正中。诚者，天之道也。[5]诚之一理中又自然具有元、亨、利、贞[6]四大道理，此称为天之四德。四德亦各为一理而成各方之神，于天地开辟、成象成形后，则木位于东方，木气之神为元，故而置于图中左侧。火位于南方，火气之神为亨，故而置于上侧。金位于西方，金气之神为利，因而位置于右

① 指天地自然之理法。

② 原文中标为“□”，因熊泽蕃山之师中江藤树曾以这一符号表示与“气”相对的“理”，故蕃山效法之用以表示“理”。

③ 原文中标记为“〇”，也是效法中江藤树用以表示“气”。

④ 语出《中庸》第二十六章：“故至诚无息，不息则久，久则征，征则悠远，悠远则博厚，博厚则高明。博厚，所以载物也；高明，所以覆物也；悠久，所以成物也。博厚配地，高明配天，悠久无疆。如此者，不见而章，不动而变，无为而成。”

⑤ 语出《孟子·离娄上》第十二章：“孟子曰：‘居下位而不获于上，民不可得而治也。获于上有道：不信于友，弗获于上矣。信于友有道：事亲弗悦，弗信于友矣。悦亲有道：反身不诚，不悦于亲矣。诚身有道：不明乎善，不诚其身矣。是故，诚者，天之道也；思诚者，人之道也。至诚而不动者，未之有也；不诚，未有能动者也。’”《中庸》第二十章：“诚者，天之道也。诚之者，人之道也。诚者，不勉而中不思而得：从容中道，圣人也。诚之者，择善而固执之者也。”

⑥ 此四字出自《周易》第一卦：“乾，元，亨，利，贞。”

侧。水位于北方，水气之神为贞，因而置于下侧。感于元之理而木气流动，万物萌生，是为春。感于亨之理而火气流动，万物生长，是为夏。感于利之理而金气流动，万物收获，是为秋。感于贞之理而水气流动，万物藏纳，是为冬。土位于中央，土之气即为神之诚也。然而，因土适用于四季，故四角皆标示为土。其相生之序为木、火、土、金、水。因火为土之母，所以土以西南为主位。如此而形成天地鬼神之造化，是为无尽藏纳之道理。

第二篇 人道①

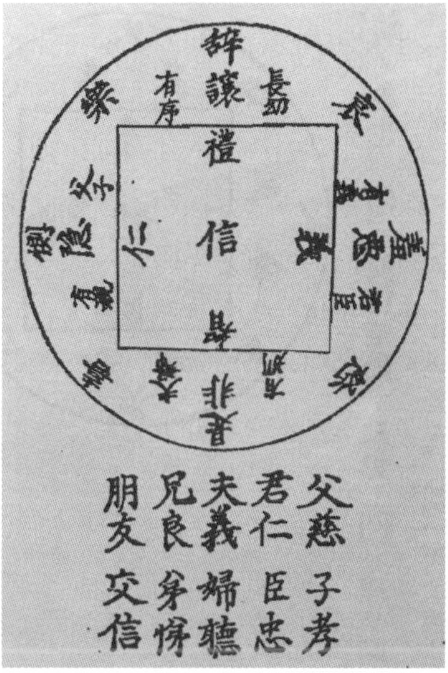

唯此无极之理、二五之精②，二者妙合而成之人，方具明德。此谓之“性”。性中自有仁、义、礼、智、信之道理。具天之元谓之仁，具天之亨谓之礼，具天之利谓之义，具天之贞谓之智，具天之至诚无息之真则谓之信。此即如同一水流，因流域不同而有不同之河名。仁、义、礼、智、信，乃天理处于未发之中③也，故而示之于□内。喜、怒、哀、乐，乃气之灵觉④也，故而示之于〇中。恻隐、羞恶、辞让、是非，虽为仁、义、礼、智之端，但感于气而形之于声色，故而示之于〇中。

仁，为天之元德，乃生命之原理。其本体虽无声无味，但感通天下万物，而生慈爱恻隐之心。若无慈爱之心，则天下、国家一日不能存立也。此即天之元德，如同春之萌生万物也。无论何等愚夫

① 指以天道为楷模的人伦之法理。

② 源自周敦颐《太极图说》：“五行之生也，各一其性。无极之真，二五之精，妙合而凝。乾道成男，坤道成女。二气交感，化生万物。万物生生而变化无穷焉。”

③ 指仁、义、礼、智、信作为寂然不动而未发之中无所偏倚之性，具于自我心中。

④ 指喜、怒、哀、乐作为已发之情，具有流动于人心中之气的灵妙作用。

愚妇，见孺子落井，皆会生出恻隐怜悯之心[①]，奔至援救也。此时此刻，救人者既无期冀孩童父母感恩之心，亦未考虑若不施救会被斥责为不仁，更未考虑与孩童之父母是否相识。此恻隐之心并非受人教习而知，乃天理驱动之本能，自身亦不曾察觉，故而谓之为仁之端也。

礼，为天理之亨德，乃布行天下之至高之神，感通天下万物而可成恭敬辞让之心。确定上下之分、明确贵贱之别，各居其位，各安其品，彼此不相争相凌，则天下太平也。天下太平则万物具备，即如时至夏日万物繁茂生长。人行至神圣之宫社，则恭敬之心油然而生，路过主君之御殿，即使主君不在，亦会生尊敬之心，即便是目不识丁之贫贱男女，若客人到访亦会有好生招待之心，无论饭食点心，皆将量多、好吃之食物让与客人，将量少、粗劣之食物留予自己。故此，恭敬辞让之心是为礼之端也。

义，为天理之利德，具有神武之勇。感通天下万物而可判断善恶正邪。即如在秋天，或果实成熟，或黄叶飘落，虚实一目了然。若有羞恶之心，心有恶意时便感觉羞愧，对人有不义之举时便憎恶自己。有此种羞耻之心者，常能改过向善，亦易于达至贤人君子之地位。即便是毫无学识之粗野之人，亦有能死得其所者，即有为解主君危难而牺牲性命、名传后世者。其之所以如此，正是因有此羞恶之心也。故此，羞恶之心为义之端也。

智，为天理之贞德，乃心之神明也。以其空明而妙众理[②]，感通天下万物而成判断是非善恶之明鉴。正如冬之藏纳可令天气清明，而为明年春夏秋万物孕育生长之本。智之本体，并无是非善恶之分，因其空无一物乃虚明神灵，故而可显万事万物之形，可知万事万物之情也。恰如镜子虚明无一物，才得以映照出物体之形状。然而镜子只是虚明却无神灵，因此只能映照物体之形状，而智则有神明，故能驾驭天下万事、成就万物。但是，除镜子以外无物可比拟智之象，因而古往今来皆以镜为喻也。总而言之，此等比喻只能体现其特性之一面，无法诠喻智当中之无穷神灵。镜子之上即便放置

① 源自王守仁《传习录》："知是心之本体，心自然会知。见父自然知孝，见兄自然知弟，见孺子入井自然知恻隐，此便是良知，不假外求。"

② 语出朱子《大学或问》："若夫知则心之神明，妙众理而宰万物者也。"

一把扇子，若不将其移开则镜子便不能映照其他之物。智亦然，在其空明无一物之时可完好映照万事，而单纯积累知识之时，则不会产生应照自然之智慧。智者乃依循天理，自然而然行事者，故而智者治理天下、处理国事则简单易行，事无难事，犹如水之顺势而流也。“智”无是非之分，而物则有是非之分，人身则有善恶之别，明白此理即为智。因此，是非之心乃智之端也。

信，乃至诚无息之天理，仁、义、礼、智皆存信也。故而四端皆真实无妄也。即如天道曰元、亨、利、贞而不言诚，四时皆为土用也。诚乃天之道，诚之者乃人之道也。因此，置“信”于口之中央。

仁、义、礼、智亦为微妙无方之神理，同于水、火、木、金、土之神，因此按照天地之方位置于口之中。四端又与四时相配，喜、怒、哀、乐亦是模仿天时，皆置于口之四角。喜者，春之色也；哀者，秋之声也；乐者，夏之象也；怒者，冬之气也。喜者兼爱，哀者兼惧，怒者兼恶，乐者兼欲。心正之时，则七情六欲得以节制，因而，圣人之喜、怒、哀、乐合于四时。诸如文王一怒率兵讨敌而安天下之民[①]，则犹如冬之强寒而兆来岁丰年。

此外，天人合一图中尚有五典十义[②]，即天有五行，人有五伦。五行之神者，即元、亨、利、贞、诚也；五伦之真者，即仁、义、礼、智、信也。故此，父子之亲即为仁、君臣之义即为义、夫妇之别即为智、长幼之序即为礼、朋友之信即为信也。父母疼爱子女，将其养育成人即为慈；子女尊敬父母，使父母生活安定即为孝；主君体恤臣民，施行政教，使其各得其利、各得所乐，安定生活即为仁；臣子舍身忘我侍奉主君，一心一意极尽其诚即为忠；丈夫爱惜妻子，悉心教导其安心于夫家即为义；妻子听从丈夫，遵守妇道，如地无二天，夫外无天，唯丈夫之命是从，不做丝毫违背丈夫之事即为听。兄弟乃天伦之亲，同气同亲，犹如连枝。天下众兄弟地位相同之时，则以出生顺序为长幼之序，并且，亲生兄弟有骨肉恩

---

① 语出《孟子·梁惠王下》：“《诗》云：‘王赫斯怒，爰整其旅，以遏徂莒，以笃周祜，以对于天下。’此文王之勇也。文王一怒而安天下之民。”

② 此处天道图中的“五典”指父子有亲，君臣有义，夫妇有别，长幼有序，朋友有信；“十义”指父慈、子孝、君仁、臣忠、夫义、妇听、兄良、弟悌、朋友、交信。原《礼记·礼运》中所说“十义”为父慈、子孝、兄良、弟悌、夫义、妇听、长惠、幼顺、君仁、臣忠。

情，故兄代父教导、爱育弟妹即为良；弟视兄如父而恭敬奉从即为悌；朋友以真实无妄之天道为父母，即是异姓同气之兄弟，故以真诚之心相交即为信之道也。

天之元、亨、利、贞与人之仁、义、礼、智，乃名异而体同也。天之五行与人之五伦，乃形异而气同也。天地遵循元、亨、利、贞之理而运行于四时之际，则天地在其位而生育万物；人遵循仁、义、礼、智之性而明五伦之时，则家齐、国治、天下太平也。父母生子，犹如春生，故置位于图中左侧。兄弟长幼相序，犹如夏长，故置位于图中上侧。君臣立至极之标准乃大义也，君臣相合则国治、天下太平，有助于化育天地、成就事物，因其如同秋之结实，故置位于右侧。夫妇乃人伦之始，天地开[1]而后有男女，有男女而后有夫妇，有夫妇而后有父子、兄弟、友朋、君臣，是故五伦皆含于夫妇之内也，因其犹如天之冬藏，因此置其位于下侧。朋友配于五行即为土，土无定位，故置位于外侧。

① 其意取自《易经·序卦传》："有天地，然后有万物；有万物，然后有男女；有男女，然后有夫妇；有夫妇，然后有父子；有父子然后有君臣；有君臣，然后有上下；有上下，然后礼仪有所错。"

第三篇　心法[1]

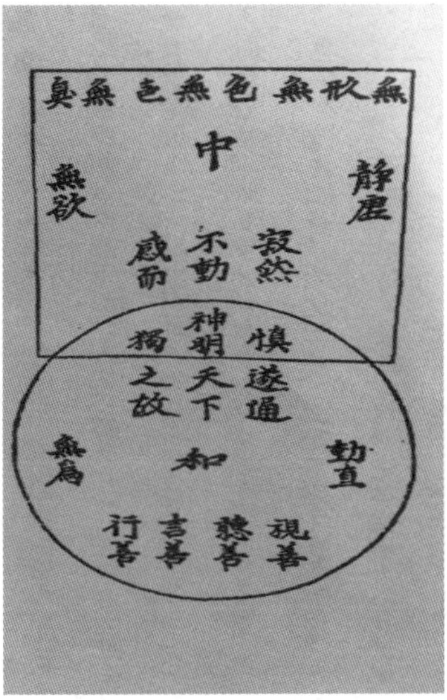

心法图中，“中”位于□之正中，乃因“中”为天下之大本。[2]上有无形、无色、无声、无臭[3]，谓未发之本然。静虚、无欲[4]，中之德也。寂然不动而感之者，中之神理也，故皆置位于□之内。神明位于□与○重合处，因智乃心之神明，虽本为寂然不动之理，却是五德[5]中之先感者也。天下万事无不为其掌控、无不为其映照，故而置位于动而不显之有无之间，处于无声、无臭之本然状态而令人无从施为。然而其实乃受圣人之教、学者问学穷理之入德之门也。故此，置心之神明于□与○之重合处，明示慎独为心法之要。○之内写入“和”及“动直”“无为”“遂通天下之故”，即表示发而

---

① 天道乃天地自然之规范，人道乃基于天道之人之规范，此处的“心法”指蕃山以理与气的关联来阐释正确的人心为何，下一节的“俗心”阐释错误的人心为何。心法图中，□中的“无形无色、无声无臭、静虚、无欲、寂然不动感而”等皆为心的“理”之体现，○中的“和、遂通天下之故、动直、无为、视善、听善、言善、行善”等皆为心的“气”之体现。而□与○重合之处蕃山以之为“神明、慎独”，认为它是心法之要点。

② 与下文的“和”同出自《中庸》第一章：喜、怒、哀、乐之未发，谓之中。发而皆中节，谓之和。中也者，天下之大本也。和也者，天下之达道也。致中和，天地位焉，万物育焉。”

③ 语出《诗经・大雅・文王》：“上天之载，无声无臭。”

④“静虚而动直，无欲而无为”，语出周敦颐《通书・圣学第二十》：“‘圣可学乎？’曰：‘可。’曰：‘有要乎？’曰：‘有。’请闻焉，曰：‘一为要。一者，无欲也。无欲则静虚动直。静虚则明，明则通；动直则公，公则溥。明通公溥，庶矣乎！’”

⑤ 指仁、义、礼、智（知）、信。

皆中节之义也。寂然不动，则立感应之本，感而遂通天下之故也。[①] 静虚而动直，无欲而无为。所谓无为，并非任何事皆不为之，即若无欲无我，不得已而顺应天理而行，则即使终日忙碌亦可谓之无为。即使是同一个“利”字，利贞之利与利欲之利，亦如黑白二色判然有别也，若合乎天德，则利物即为道也，凡夫俗子为己谋利则谓之欲也。夏朝大禹为治洪水，外出八年，三过家门而不入，[②]是为无为之极也。〇中下之“视善、听善、言善、行善”，是因人乃动物，故以其行示其性。不行善便不能积德，而所谓善者并非行事，游于六艺[③]亦为行善也，为今日当为之事皆为善也。

① 语出《易经·系辞上传》：“《易》无思也，无为也，寂然不动，感而遂通天下之故。非天下之至神，其孰能与于此。”
② 此典故出于《孟子·滕文公上》：“禹疏九河，瀹济漯而注诸海，决汝汉，排淮泗而注之江，然后中国可得而食也。当是时也，禹八年于外，三过其门而不入，虽欲耕，得乎？”
③ 指礼、乐、射、御、书、数。

第四篇　俗心[①]

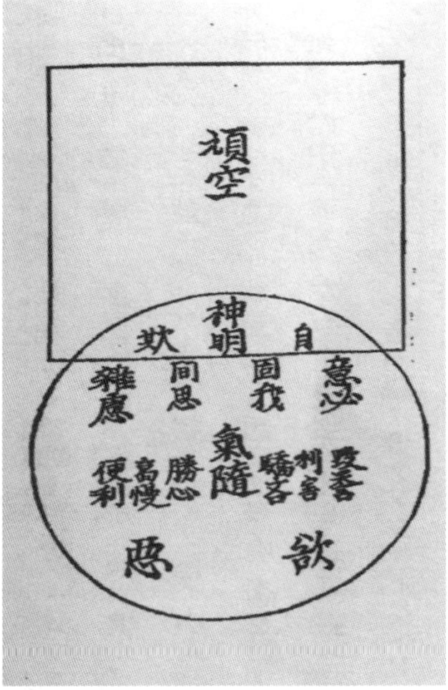

俗心图亦以□与○相重合之形示之。此方、圆之形之所以与上一篇君子心法图相同，乃因生而为人者，无论圣人抑或凡夫俗子，其天性并无不同，皆知善恶，存神明也。人皆厌憎不义之行为，耻于种种恶行，此即为良知也。然而，慎独与自欺之间，常常一念之差，便谬以千里也。前者可誉为君子，后者则称为小人。然而，凡夫俗子若能专心自省、解惑、慎独，改过向善，则亦可成为君子。因此，神明所在之处亦与君子心法图一般，位于□与○重合之处。小人常自欺而纵私欲，是故即便其心之本体空虚，亦非真正之空明，故以“顽空” 示之于□之中。思虑涌动之时，乃妄也，故而以意必、固我、闲思、杂虑示之于○中。下图中间之十二字所示乃俗心之常态兹举其要。骄者常毁谤吝者，吝者亦常毁谤骄者，然二者皆为私欲所缚而不自知也。更甚者则堕入私欲、恶念二者皆有之沼泽。因此，欲、恶示于○中之下方。

---

① 凡夫俗子之心的怀持模式。

第五篇　悟道

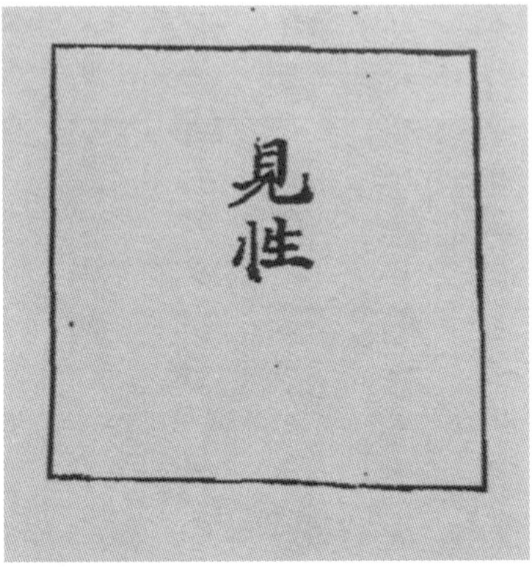

□脱逸于○之外，独居高处，此即悟道也。所谓悟道，仅在于识见高深而无实用也。□、○即理、气也，理与气共存不离，如若分离，则□不成实理，○亦不为真气。□中所书“见性”二字，虽为异端[①]所用之语，但其寂然不动、无欲、无为之见性之义，则与前述心法之见解一致。□者，乃无之至极也，圣学中，穷极此“无”之理，因而无惑。然而，异学虽亦有“无”之说，却并不追问之，因此其所悟之处实为其所惑也。故而，异端之学者不见造化之神理，而将天地视为轮回。

因此，儒学中言天道，以之为要，然而，天地之道为何物，皆惑也。佛学曰出太虚、离阴阳，然太虚外无太虚，并无可去之处，亦无轮回，并无可离去之地。仅以□显示寂然不动、无欲、无为，而太虚、阴阳则未有所示，佛学以见无迹之“真”为佛性，以至不生不灭，以此为成佛，其可谓出离生死，即离开阴阳活泼之气，则不再重生，无子孙后代。然而天地之造化无尽藏纳，亦从“无”之中育出。生者不逝，去者不归，未有轮回，此非为不生不灭，乃无始无终是也。□中上下既无形、象、声、臭，亦无应灭之事，故可称为不生不灭。

---

① 此处的异端、异学指佛教。

第六篇 禽兽

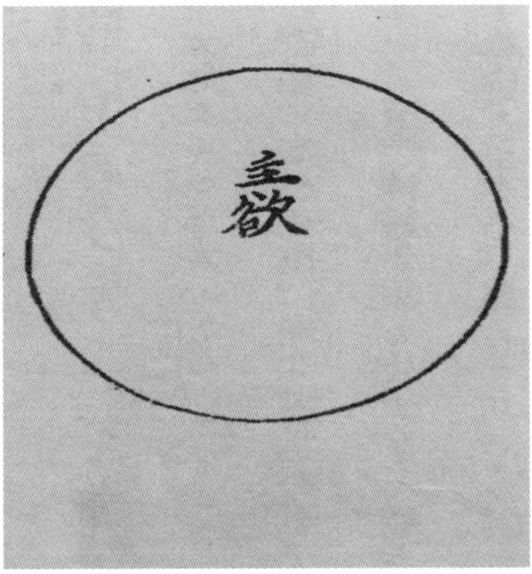

禽兽之心法图，无□，仅以○示之。禽兽之心徒具肉体形气之欲，故而○中示之以“主欲”二字。禽兽不具理性之知觉，徒然虚生而浪死，不知生为何物，死后腐朽而已。因而，所谓禽兽，即○与□相分离。即便两者不相分开，亦会因□之中浑浊而黑暗，难见理之灵觉。故而，□即便存在，亦等同于无。

或问：大雁长幼有序，排列成行，并无混乱，此似乎与□所示之理性有相似之处。

答曰：大雁乃多受火气而生之禽类，火气之神即为礼也，故而其行列有序不乱。然而，并非知礼、依礼而行也。故而大雁之其他所行亦与禽类无二也。人者，若知礼却不依礼而行，则禽兽不如也。因而，诗者常云：“人而无礼，胡不遄死？”[①]所谓人者，无欲乃其固有之本性，如若明知无欲之理却依然为私欲之心所驱，则无异于禽兽也。禽兽生而为禽兽，非罪也；而人者，本应具乎人性，若近于禽兽，则为大耻也。

① 语出《诗经·鄘风·相鼠》：“相鼠有皮，人而无仪！人而无仪，不死何为？相鼠有齿，人而无止！人而无止，不死何俟？相鼠有体，人而无礼！人而无礼，胡不遄死？”

或问：心乃灵觉之所在，人、物皆具灵觉，心之虚灵知觉[1]为一体，然理、气之知觉却分为两者，何也？

答曰：灵觉之本乃理也。理之灵觉极清明、极迅疾，因而可称之为感应，但难以称之为知觉。理达至极致者则为神灵也。圣人，乃人之清明神性灵觉之具现者也；凡人，乃尚未开智之圣人也。禽兽、鱼虫、草木气息混浊，偏重于气之性质，因此灵觉迟钝，最终仅具气之灵觉，而无理之灵觉；人则具备完整之灵觉，因而知生死，生死无二。兽类则不知生、不知死，死则迹灭。兽类，其气性之知觉深切，故只知死之悲也。禽类之知觉弱于兽类，即使因疼痛而哀鸣，亦无惧死之心。然而大鸟则近于兽。至于鱼类，有感觉而无知觉，其中之大鱼或有鸟兽般之知觉。另者，此处所言之知觉乃感性之知觉，异于理性之知觉也。草木无感性，只有质性之生气。或可渐成淡薄之知觉，虽然其并无理、气二者之知觉，但却可见人与动物二者知觉之差别。

---

①可参见朱熹在《中庸章句序》中对“心之虚灵知觉”的解释：“盖尝论之：心之虚灵知觉，一而已矣，而以为有人心、道心之异者，则以其或生于形气之私，或原于性命之正，而所以为知觉者不同，是以或危殆而不安，或微妙而难见耳。然人莫不有是形，故虽上智不能无人心，亦莫不有是性，故虽下愚不能无道心。二者杂于方寸之间，而不知所以治之，则危者愈危，微者愈微，而天理之公卒无以胜夫人欲之私矣。精则察夫二者之间而不杂也，一则守其本心之正而不离也。从事于斯，无少闲断，必使道心常为一身之主，而人心每听命焉，则危者安、微者著，而动静云为自无过不及之差矣。”

第三卷

始物解

此篇是熊泽蕃山对《易经·系辞下传》第二章器物中所记创世内容的解释，即文明起源论。

一、近取自身，远取万物

《周易》云：“古者包牺氏之王天下也，仰则观象于天，俯则观法于地，观鸟兽之文与地之宜，近取诸身，远取诸物。于是始作八卦，以通神明之德，以类万物之情。”①

伏羲以天地为父母，助天地之造化，承继于天而为天下之王，神圣也。自伏羲始，天地开辟而圣人之名传布。伏羲之前，亦有许多具备圣德之人，但皆无教化他人之心。总之，人无惑则智不明，无不孝子则无孝子之美名，无不忠之臣则无忠臣之美名，故而，伏羲之前圣人混同于众人而不为人知。伏羲之时，天地开辟而人数渐增，物欲萌发，人心困惑，伏羲悲其不幸而欲教化之，故此，以天地为师，观天上日、月、星、辰之象，察地上风、雷、水、火之时，以合宜之法顺应春、夏、秋、冬之时令；察知山泽感应气之神妙变化，发觉鸟兽羽毛之色调所现天理自然之规律，因而得知天地至诚无息之感应，近取我身，远取万物，由此始作八卦。见此八卦之象者，深察则通天地神明之德，细观则万物之理皆备其中。此前未有文字、书籍，此八卦即为文字、经书之首也。反复以八相叠而成六十四卦，由此天地万物之理皆备。古人观此六十四卦，以磨炼心志、修身、治国、平天下。治、乱皆可由此卦知晓。

二、制物取益

《周易》曰：“作结绳而为网罟，以佃以渔，盖取诸《离》。”②

取葛麻、丝蔓制线作绳，结而为网，于山野中可猎捕鸟兽，于河海中可捕捉鱼类，教之于众人，取于 ☲（离）卦之象也。离者，丽也，以离为目，以其德为丽，即网目相连，物结于其上之义也。

① 语出《易经·系辞下传》。
② 语出《易经·系辞下传》。

三、损上益下，施行“益”道

《周易》曰：“包牺氏没，神农氏作，斲①木为耜，揉木为耒②，耒耨之利，以教天下，盖取诸《益》。”③

伏羲至神农时代，共计一万七千七百八十七年，其中可知女娲氏至无怀氏十五代，其余不详，此或因唯有德之君方得以名传后世。神农氏采伐树木，削其端为锄头，弯其干为锄柄，以之除草、翻土、播种，将耕种之法传授于众人，此取于䷩（益）卦之象也。震、巽之二卦，皆属土，益之象也，风、雷相和，其势愈烈。

耒耜互为助力、耕耘土地之情形亦如益卦之象。耜，上端受力，下端松土，如风起雷动也。上起下动乃益之德也。见雷风汇聚，云消雨落，便知晓制作农具，授以农耕之法，此以耒耜之使用为始也。天下之大益，莫过于农耕也，其本，耒耜也，益之义也。故而，天施雨露，地生万物，天地之道，与时偕行。天、地、人之间，益者，乃耕作之业也，故曰民为国之本。古人伐木以制犁锄，后世则加之以人力。其后，木之用逐渐减少，仅犁柄采用木制，犁头则锻炼金属制之。此䷩（益）卦明现国家与天下太平，为政长治久安之道理。☰（乾）卦三阳损一为☴（巽）卦，☷（坤）卦三阴增一阳为☳（震）卦，此风、雷二卦组合，明现利于天下仁政之气象也，即损上益下也。

或问：损上益下，何故?

答曰：若君主骄奢而百姓贫苦则治乱国亡，害莫大焉；若君主俭朴而百姓富足则国治、天下太平，益之大莫过于此也。

或问：君主仅一人而百姓众多，因而君主之财富不足以救助天下；且无论任何朝代，百姓总难以遵从俭约之习。圣人如何施以良政，厉行俭约之法?

答曰：即所谓仁者不富④也。圣贤之君，成之于名，而非成之于财用富足，因其财富不足于施救百姓。而只有不以财富施救，方能施行损上益下之政也。君主无欲，不聚敛财物，则财物自然流向下

---

① 同“斫”，用刀斧等砍、削。

② 耜、耒均为古代农具，形状分别似现在的锹、木叉。

③ 语出《易经·系辞下传》。

④ 语出《孟子·滕文公上》：“为富不仁矣，为仁不富矣。”

民，下民之心则自然向君主聚拢，敬服于君主。人心之归服，此为大益，无出其右者也。若不如此施行，则非损上益下也。无欲，且以无饰为朴实，此为上古之风俗。如此，不治而可得太平之世也。此时，顺应时令，五谷丰收，盛如水火之势。因此，民无不仁者，亦未有不及君主者。人人无欲且知足，所到之处，既无祸乱，亦无盗贼。心法、治道皆以无欲为先，无欲则心静而灵明生。仁、义、礼、智、信之性，皆合乎自然也。然而，君主中知此心法并施行者甚少，而于民众，亦不可使知之①。唯有施以政法令百姓不知不觉间而至无欲。但及至后世，文明昌达，创制了文字，而文字近于饰品，此时器物亦极为丰富。而人之行为过于矫饰时，则欲望萌发，骄奢日重。至此，唯有礼法可免骄奢之弊，阻欲心之萌。礼法者，称之为“式”也，此礼之式（礼法仪式）需合乎“时·处·位”，不察此“时·处·位”者，则不可以语之也。圣人之治世以来，凡不合于“时·处·位”之礼法，皆无法阻塞奢欲之源，无合乎“时·处·位”之式者，则不能抑奢侈、行俭约，此恰如谚语所云，只手难遮大海也。

或问：何谓合乎“时·处·位”之礼仪？

答曰：我不在其位，此时亦非我时，虽知却不能言也。②

或问：如若现今施行简朴无欲之风俗，于农人而言当不为难事。然而于数以万计的从事工、商业者而言，无论男女抑或其家人皆会陷于穷困，因为工商只有依靠世人豪奢、矫饰之生活方得以维持。故而，纵然是古时之良俗，但若致使众多百姓陷于贫困，安能称之为仁政乎？

答曰：正因如此，合乎“时·处·位”方为至善之道，不会使任何人陷于贫困。

或问：若依此理，岂非若君主不积累极多财富，则无法推行良俗乎？

答曰：仁者损上益下，是故不求富、不求安身之财。行益卦之道，则天下财用之路宽广而财富增多。所谓财富，并非指金银财宝。金银多时，反而天下贫困。所谓真正之财富，是指五谷、薪

① 参考《论语·泰伯》：“民可使由之，不可使知之。”

② 此时熊泽蕃山已经隐退，并被幕府怀疑，他既无权制定礼法，其时也并非能够谈论此礼法的时机。

柴、木材、麻、棉等民生日用之物也。施行益之道十年，必五谷有余。依循四时运行之理[①]，无论官俸高低皆将一年之财富一分为四，三分用，一分存，如此则合乎天道之春生、夏长、秋实、冬藏之四时造化，可积蓄来岁之阳气生长力。若能如此，九年可结余三年之用度，三十年可储积十年之用度，以备不时之需。无论遭逢何等大旱、狂风、洪水、火灾，民不至于陷入饥荒，即使有夷狄来犯之难，亦不担心军用之匮乏。因财富乃为天下人而积累，故财富盛多亦非为一人之富。因而君子清净其心，小人乐其所乐，人人别无他求，而达成益之道也。

或问：古时，担任奉行[②]之官员，其所获金银超越诸侯，此时天下百姓富裕。而当奉行获取不到金银时，天下百姓反而陷入贫困。既然如此，是否可认为官方无欲反而民穷，官方有欲方可民富乎？

答曰：未确立礼法之时，奉行官员存私欲、敛取钱财，与无私欲、不敛财相比，前者更为益事。之所以如此，是因为民众即使向其敬奉财物，亦往往并非巨财，奉行官员若不接受反而令其为难。然而若有求于奉行而设宴款待，拜求非奉行所能为之事，则需花费大量金钱，有时较之奉行贪欲之索取要高出十倍百倍。加之酬谢中间为之斡旋者等须面面俱到，故所需贿赂之花费亦比奉行一人索取要多出十倍百倍。是故，若此般骄奢日久，则各国士民之膏泽必将尽为奉行一处所聚敛，而天下陷于贫困也。

吾曾在京城售卖大原、八濑之薪柴，故得以悟出此理。八濑、大原山内是一处好地，民家甚少，此山薪柴之售卖仅限于今日出川附近，西至室町街[③]一带，尚可卖些时日也。况且官府并非仅依赖此处之薪柴，而是亦购买用高濑舟[④]从伏见运来之木材，所以此山之树未被大量采伐。因此，从古至今，八濑、大原之薪柴得以持续出售。若是八濑、大原山里民家众多，又往京城大量售卖，则数十年内山上树木即会伐尽，以致无木可售。故而君主即使无欲，天下亦会迅速衰落灭亡，其因在于君主之居城过大，骄奢过久，会快速耗尽各地之财富。此非益之道，乃䷖（剥）卦之象也。若将天下之

① 指春生、夏长、秋实、冬藏。
② 镰仓、室町时代的幕府阁僚。
③ 京都市街道名称。
④ 浅底货船。

财富剥夺殆尽，自身之财富亦消耗无几，则四海皆陷于贫困也。通常而言，似无欲为佳，然若不明天道，反而不如存私欲而节制。若都城狭小、道路不便，即使君主存有私欲而聚敛财富，只要其无大恶，则较之骄奢无欲更可持久矣。

四、君主明道，世人平乐

《周易》曰："日中为市，致天下之民，聚天下之货，交易而退，各得其所。盖取诸《噬嗑》。"①

圣人见天下众民，有有余者，有不足者，养生之道并非周备也。见䷔（噬嗑）卦之象，口中有物，上下咬合，则生味而助养生息。又见卦之德为上明下动。依此卦象，于各国、各地正午设市，聚民众于此，使物品从有者之处向无者之处流动，各自得以助养生息。有五谷者无鱼，有鱼者无五谷，故，经由交易各尽其用。务农者无暇制作锄头镰刀，制作锄头镰刀者不能兼顾耕作。②故，农人以五谷、铁匠以农具相互交易而各得其所。万物皆如是。若农人、工匠无暇亲自来交易，则由商人收购货物，而使其互通有无。䷔上离下震。离者，明也，即日中。震者，动也，取市场之意。上明下动，乃噬嗑之义也。另者，上明下动乃有道之世之气象也。若君主有道而明察世事，则即便不予以推动，天下民众亦会为善；即便不训诫民众，民众亦不会作恶。之所以如此，是因民众心中皆深知君主喜好仁、义、礼、智、信之美德，而厌恶不仁、不义、不礼、不智、不信之恶德。况且若无黑暗之所，恶便无处可藏也。盗贼喜欢黑夜，不义之人亦喜爱夜晚，即如狐、狸、蚊子、鼠类总是昼伏夜出一般。若天道晦暗，则会出现诸种小人、恶人。因而，圣主贤君理政，无所劳心之事，其所为只为明道而身居君主之位而已。正如日月高悬于天，世人得其所而成其用一般。所谓下动，即人人各勤其所作而动，并非忙乱之动也。人者，之所以能有所为，即在于有此心也。若君主清明，则世人便真实、无伪饰、不谄媚，不好名

① 语出《易经・系辞下传》。

② 参考《孟子・滕文公上》中的分工论："以粟易械器者，不为厉陶冶；陶冶亦以其械器易粟者，岂为厉农夫哉？且许子何不为陶冶，舍皆取诸其宫中而用之？何为纷纷然与百工交易？何许子之不惮烦？"

利、不图便宜。是故世人日夜之所行皆为善事。因不为无用之俗事，故而宁静平乐。所谓为善，即人人为当为之事而不为名利所纠缠。如此，天下则不治而太平也。此即为噬嗑之道也。

五、合宜之时，垂裳而治

《周易》曰："神农氏没，黄帝、尧、舜氏作。通其变，使民不倦。神而化之，使民宜之。易穷则变，变则通，通则久。是以'自天祐之，吉无不利'。黄帝、尧、舜垂衣裳而天下治。盖取诸《乾》《坤》。"①

神农至黄帝五百余年，黄帝至尧、舜又三百余年。纵观古今，大致五百年一大变，三百年一小变，其变通若不合时宜，则会令民众厌倦，由此而发生种种恶行，风俗亦日趋混乱。黄帝、尧、舜之时与伏羲、神农之时，皆是天下人情、时势大变之时，然而因其通变而合乎时、位②，故而民众乐于为善，毫无厌倦。天、地、人之间能一以贯之而万古不易者，唯有"诚"也，而人与人之间自古至今恒常不变者，乃五典十义也。③而其礼仪、法度，则非一成不变，而是遵循"时·处·位"而变通。所谓神德化人，即圣人所过之处，世人为其精神之神妙所感化，因感于圣人之神德，即使未加以胁迫，世人亦惧之；未予以奖赏，世人亦愿遵循之，正如日月之光自然照临、流转，世人惧而爱之，于不知不觉间日趋向善。若依照易之理察之，则即便万事达至穷极而难行难为之时，亦必可变通也。圣明之君主，与时势共进而变通，施行可行、可为、易知、易从之政教。世间穷极之时，事物繁多，不胜其累，将其变通，使其合宜，是为易简之善也。④易简则治世长久也。易简即天地之德，乃君主作为民之父母当行之道也。如此则可得天神福佑，获赐吉利，民亦皆

---

① 语出《易经·系辞下传》。
② 熊泽蕃山的《系辞下传解》中有"若合乎时处位"字样，因此本文此处可能漏掉了"处"字。
③ 五典的说法最早见于《尚书·尧典》中的"慎徽五典"，即要以五种美德教导臣民。根据《左传》的解释，"五典"就是"父义母慈兄友弟恭子孝"。时至孔子发展为"君君、臣臣、父父、子子"，增加了君臣关系。最后孟子将人与人之间伦理关系的道德和行为准则整理概括为"父子有亲、君臣有义、夫妇有别、长幼有序、朋友有信"（《孟子·滕文公上》），即"五伦十义"。
④ 易之三义指变易、不易、易简。变通属于变易，万古不变是不易。

可各利其利。黄帝、尧、舜三圣头戴王冠、身着十二章纹①衣服，日日面南而坐，奏琴瑟以为乐。如此，君王尽其心，惠于下，小人尽其力，从于上，君王如头，臣如手足，诸侯如弟，民如子。此无为而治，乃德治之极致也。天不言而四时行，地不语而百物生。②天气下降，地气上升，和也。天气不降，地气不升，则四时不行、百物不生。而上意下达，详知人情、时变而普惠世人，正是取之于天气下降之象，乃乾之道也。若下民之心归服于上而无违逆者，则天下万事无不达成者也，此取之于地气上升之象，乃坤之道也。临下以简，御众以宽，③此取之于乾坤易简之德也。日本古代之王朝亦曾施行易简之政。仲哀天皇、应神天皇④自任将军，率军征伐至九州，以甲胄为枕，以山野为居，深知易简之理也。即使边远之山民亦敬重天子，常思奉之，一旦获稀罕之物，便思进京进献于天子。昔日有欲将负日之暄献于君主之典故⑤，虽说可笑，但王化之致的确令人感叹不已。正如天之气下降，一草一木无不受其造化之惠泽，深山之贫贱百姓亦会感化于王德之仁政。上视下如子，下奉上如父母。所谓仁政，并非赏赐物品于众人也。民凿井而饮，耕田而食，帝德之恩惠，何也？⑥信之政也。天下无道之时，耕者不得食，织者不得衣，而不耕不织、不惠于民者却丰衣足食。若天下之人皆耕而食，织而衣，工商业者以买卖为生，则尽管不得闲暇，却不会慌张匆忙，虽然贫穷，却不缺少衣食，此即为政道之大德也。君主宅心仁厚，视民如子，无欲而恭俭，则无事不成也。如尧帝，虽为四海之

① 帝王的服饰上绣有各种寓意吉祥、色彩艳丽的纹饰图案。如：龙纹、凤纹、蝙蝠纹、富贵牡丹纹、十二章纹、吉祥八宝纹、五彩云纹等等。十二章纹包括日、月、星辰、山、龙、华虫、宗彝、藻、火、粉米、黼、黻。

② 语出《论语·阳货》：“子曰：‘予欲无言。’子贡曰：‘子如不言，则小子何述焉？’子曰：‘天何言哉？四时行焉，百物生焉，天何言哉？’”《孟子·万章上》中也有“天不言”之语：“万章曰：‘尧以天下与舜，有诸？’孟子曰：‘否。天子不能以天下与人。’‘然则舜有天下也，孰与之？’曰：‘天与之。’‘天与之者，谆谆然命之乎？’曰：‘否。天不言，以行与事示之而已矣。’”

③ 语出《尚书·大禹谟》：“皋陶曰：‘帝德罔愆，临下以简，御众以宽；罚弗及嗣，赏延于世。宥过无大，刑故无小；罪疑惟轻，功疑惟重；与其杀不辜，宁失不经；好生之德，洽于民心，兹用不犯于有司。’”

④ 参见太安万侣：《古事记》，周作人译，上海人民出版社 2015 年 8 月版；小岛宪之、直木孝次郎、西宫一民译：《日本书纪》，（日本）小学馆 2007 年 9 月版。

⑤ 此典故出自《列子·杨朱》：“昔者宋国有田夫，常衣缊黂，仅以过冬。暨春东作，自曝于日，不知天下之有广厦隩室，绵纩狐貉。顾谓其妻曰：‘负日之暄，人莫知者。以献吾君，将有重赏。’”

⑥ 出自先秦的《击壤歌》：“日出而作，日入而息。凿井而饮，耕田而食。帝力于我何有哉！”

主，然却茅茨不剪，采椽不斫[1]，柱不涂色，以原木造房，仅以茅草覆之，此即极佳之教导也。日本古代亦曾如是，天照神皇之御宫[2]即是以茅草覆顶。及至后世，奈良仿造唐土[3]秦始皇施行恶政之所咸阳宫[4]建造了平安宫，实为大错也。王威之衰落，理所当然也。

或问：天子子民众多，若视民如子而惠之，天子岂有闲暇抚琴鼓瑟玩乐乎？

答曰：因时而异也。大禹治水之时，娶亲仅四日便受诏离家，巡视天下八年，[3]八年间三过家门而不入。[6]禹之子出生，呱呱而泣，禹亦未入家门探之，仿若非亲子一般。八年时间，不可谓不久也。即便只是离家一两年，经过家门，入内休息三五日亦理所当然。虽说不能在家停留，但入门探望妻儿之安否亦在情理当中。然其时天下洪水泛滥，禹为众多子民流离失所而忧心忡忡，将其视如自己家人孩子之流浪，故心中根本无暇考虑回家探望之事。大禹八年间无论冬夏皆跋涉于水中，其手足生出茧子，皮肤亦皲裂不堪。其时，岂能有余暇弹琴鼓瑟欤！其后，其疏河入海，使人民安居、五谷丰登，世人皆得其乐。然而，此时民心尚未安定，故大禹又巡视各地、派遣官员、安置官吏，朝夕为助民之事殚精竭虑。是时，人民各为洪水之事而无暇耕种，因忙于诸事而不能安心奉养父母、照顾妻子。故而其时诸种恶事频发，各类虚伪不断涌现，风俗败坏，难以对抗洪水之难。洪水，身之忧也；风俗，心之忧也。欲救人民于灾难，使其生活丰裕，则须先行紧要之事，委用良善之人担任各级官吏，予以善教。而后，天子便可无为而治，以弹琴鼓瑟为乐，大事化小，小事化了，禁止严苛之命令而待世人各归其位，如此则可天下太平，不论贵贱与上下，皆有富裕也。

观天，有日、月、星、辰之四象，其因昼夜、四时运转而生万

---

① 源于《韩非子·五蠹》："尧之王天下也，茅茨不翦，采椽不斫。"意为以茅草盖屋而不修饰，采用栎木或柞木做椽而不砍削。用以形容住房质朴简陋。

② 指祭祀日本神话中天照大神的神社——伊势神宫。

③ 日本古代称中国为唐、唐土。

④ 即阿房宫。

③ 源自《尚书·皋陶谟》："予娶涂山，辛壬癸甲。启呱呱而泣，予弗子，惟荒度土功。"

⑥ 源自《孟子·滕文公上》："当尧之时，天下犹未平，洪水横流，泛滥于天下，草木畅茂，禽兽繁殖，五谷不登，禽兽逼人，兽蹄鸟迹之道，交于中国。尧独忧之，举舜而敷治焉。舜使益掌火，益烈山泽而焚之，禽兽逃匿。禹疏九河，瀹济、漯而注诸海；决汝汉，排淮、泗而注之江。然后中国可得而食也。当是时也，禹八年于外，三过其门而不入，虽欲耕，得乎？"

物；观地，有水、火、土、石之四灵，其因雨、露、霜、雪、风、雷时至而育万物。天上日、月、星、辰高悬，地上水、火、土、石接连，此乃衣裳下垂之象也。黄帝、尧、舜垂裳无为而天下治，即其合乎天地之德之故也。以其为生而生者，必享生之喜乐，而不以正道而行乐，则必成邪恶之乐也。道法不行之时，世人之行乐，大多会使人或心志迷乱，或短命患病，或任性妄为，或失却财物，或骄奢吝啬，或家破人亡，甚或有以损人虐下为乐者，此为凡俗之乐也。此乐乃欲之所好，故状似喜乐，实乃神魂迷失而心灵晦暗也。甚或适得其反，非但不能享乐，反而铸成大苦。圣人知人性之弊，故无为而治天下，待人民可得喜乐之时，则仿照天地之韵制作雅乐，于正当之处演奏欣赏。而人民则皆受雅乐感化而喜爱之，或吹弹丝竹作乐，或载以歌舞伴之，雅乐之曲调平淡，既不会使人耽于其趣，亦不容易令人厌倦。此乐既可助高深者修德，亦可令浅薄者不觉间体味真乐，乃良风美俗也。概而言之，非君子者，不知君子之真乐也。君子不乐则国家不富、天下不治，故有“乐只君子，民之父母”①之说也，亦即古人云“有德则乐，乐则能久”②。诗云：“乐只君子，邦家之基也。”即天下之人因以天子之乐为之乐而喜也。然而及至后世，天子之乐却导致下民之贫困，此即出于道德与出于私欲之区别也。若无雅乐，则世人之心必耽于俗乐。天子、诸侯、公卿、大夫若喜爱俗乐，则人之私欲必然日盛而生骄奢之风，致使士贫民穷。世人皆好俗乐，则会致使人心不正，风俗亦将败坏，终至陷入乱世。生而正直之君子因忌讳于此，不听俗乐，亦不听来历不明之雅乐。然而其虽品行、道义高尚，但却无和顺之情；事事皆严令禁止，即俗语所说“束手束脚，不得动弹”，导致诸人精神过度紧张，甚或患病者、心情抑郁者增多。武士、平民无不心生厌倦，期待改朝换代而抒发郁闷之心情。而若后继之君不再持续前代严苛禁制，诸人亦因厌倦至极而奋勇而起，则上下皆可一扫郁

---

① 语出《诗经·小雅·南山有台》：“南山有台，北山有莱。乐只君子，邦家之基。乐只君子，万寿无期。南山有桑，北山有杨。乐只君子，邦家之光。乐只君子，万寿无疆。南山有杞，北山有李。乐只君子，民之父母。乐只君子，德音不已。南山有栲，北山有杻。乐只君子，遐不眉寿。乐只君子，德音是茂。南山有枸，北山有楰。乐只君子，遐不黄耇。乐只君子，保艾尔后。”

② 语出《左传·襄公二十四年》：“夫令名，德之舆也。德，国家之基也。有基无坏，无亦是务乎！有德则乐，乐则能久。”

闷之气，大大缓和紧张气氛。此行为之所以合宜，乃因禁令严厉，缺乏和善之气而不兼礼乐之故也。而雅乐则含蕴清风、和顺之气，君上喜好雅乐则宽厚有容，下民喜好雅乐则欲念消减，君臣、夫妇、兄弟、朋友之间即能彼此和乐。下民或乘兴与众人同奏丝竹，或独自弹奏安静欣赏，如此则恭俭有度，不起骄奢之心，五伦亦和睦也。正因如此，黄帝、尧、舜可垂裳无为而天下治也，其时之礼法亦不如后世之繁琐。《说命》亦曰："礼烦，则乱。"[①]礼者，恭俭，而以简易、和顺为吉也。太古道法不备之时，因未有礼仪、法度之约束，贵贱皆不知自己所为之劳苦。而学问者，虽知礼之形式却不知礼之本质，可谓只知视形式之法度为不变之礼法。是故，世人皆以为于世俗中确立儒道之礼乃极难之事。当今之世，若能施行合乎"时·处·位"之真正礼法，则上下、贵贱皆可身心安定，心广体胖[②]也。即便未有俭约之训诫，民众亦可形成淳厚之风俗，长久持续也。

六、制舟作楫，致远天下

《周易》曰："刳木为舟，剡木为楫，舟楫之利以济不通。致远以利天下，盖取诸《涣》。"[③]

涣卦中，巽木在坎水之上。又巽为风，木浮于水上，风起而行，可至车、马不能及之处。圣人因此雕木为舟，削木为楫，令舟行于水上，且帆、橹皆备于舟上。白天开立市场，可交易货物，舟船可通行于河川、湖泊、海岸，从而将货物运输到步行、车马所不能到达之处，使物品互通有无。最为重要者乃将教化与天道传布至遥远之地。

---

① 语出《说命》："礼烦则乱，事神则难。"
② 语出《礼记·大学》："曾子曰：'十目所视，十手所指，其严乎。'富润屋，德润身，心广体胖。故君子必诚其意。"
③ 语出《易经·系辞下传》。

七、服牛乘马，引重致远

《周易》曰：“服牛乘马，引重致远，以利天下。盖取诸《随》。”①

上古时期，牛尚未穿鼻，马亦未配备笼套、马鞭、辔头，故无法驾驭，至圣人时代方以牛载重物，人乘马远行，皆依循牛马之天然本性，发挥其作用也。䷐（随）卦呈上悦下动之象。人乘牛马，牛马劳动而人十分安逸，此即下动上悦。另，☳刚，☱柔也，刚来而下柔，即䷐也，牛马力大，但听从于人、为人所用，正是刚中柔下之义。后世圣人察随卦之象，解其义、施行之而利天下，其知人乃万物之灵，即使较人强壮之物亦会顺从于人。制作舟楫，人可随植物之材质而行于河川；服牛乘马，人可随动物之本性而行于道路。牛之本性为顺从，故驾之；马之本性为健壮，故乘之。牛亦可乘之，马亦可驾之，然前之所述乃其最佳之用也。牛、马皆可行至远处，以利天下。

八、闭户锁门，以防暴徒

《周易》曰：“重门击柝，以待暴客。盖取诸《豫》。”②

予者，防备之义也。得用舟车马牛之利，则天下道路开通可行，人民皆可得其所、获其益而欢心喜悦。所谓豫，即在喜悦欢乐之时防备也。人在喜悦欢乐之时易生懒惰之心，懒惰之念起则怠于防备，无防备则灾难至。加之道路四通八达，偏僻之地不知礼仪者，亦或暴徒等，难免会不期而至。因而，设立重重门户，夜晚敲梆巡更，加以防备，方可无忧。门者，用以防外来之暴徒；梆者，用以警戒内在之懈怠。在上代，门户仅用以遮风避雨，并无锁门闭户者，直至如今之世方有闭户锁门之事。䷁（坤）卦中，中间连通，状如大路。䷏（豫）卦之内卦（下面）外有一阳横在其中，为门户闭锁，庭内安静之象也。另，外卦（上面）之二阴乃重门之象，其下之一阳可喻为击梆。外卦乃震也。震，动也。一阳处于内

① 语出《易经·系辞下传》。
② 语出《易经·系辞下传》。

外之间，击梆以警戒之义也。雷起地动，乃春回夏暖、人心喜悦之时予以警戒之道理也。为君者在昌平之世亦不懈于严整武备，即同于此理也。

九、制臼造杵，以济万民

《周易》曰：“断木为杵，掘地为臼，臼杵之利，万民以济，盖取诸《小过》。”①

上古时期，人稀少而五谷栽种亦少。多以采摘果实、捕猎鱼类为生。随人口增多，五谷栽种亦相应增多。其时，粮食栽种无相应农具，因而民之所用多费气力，不懂生活之道也。圣人欲制造五谷脱皮剥壳之工具，于是观䷽（小过）卦之象，上动下止，了上动之震，木也；下止之艮，土也。震木于上而动，艮土在下而止。杵臼，舂米之象也。于是，掘地使其坚固，继而种植五谷，并以断木松动土壤，使谷物之籽粒破壳而出，万民遂得生活之利也。耒耜出，耕作始；臼杵现，稻壳脱。及至后世，雕木为臼，后又以泥制臼，及后又制作石磨臼，用以脱去谷壳、稻壳。谷物逐渐增多，人口亦不断增加，故需谋求可供人速用之方法，遂出现炒米、蒸米等去壳、去糠之方法，与现今相差无几。以臼捣之，即可食之，上古时期臼杵之形状大抵如此。军中之所谓收田，即割取稻谷而食用之法亦是如此。以草席裹米，洒以水，覆土，火烤，蒸而食之。这便是上古未有锅釜时期之做法。所谓小过，即小有越过者也，所谓小，喻义为阴也，中间之二阳为有，上下则皆为阴，阴多即称之为小有越过。阴者为小人，阳者为君子。若小人数量不多，则难以成产食养生之道。其理在于，只有各处小人众多，方可耕作食物而养君子。此处之小人，乃指庶人也；而君子，则是指身居王位之有德之人。

十、背离致用，文武相济

《周易》曰：“弦木为弧，剡木为矢，弧矢之利，以威天下，

① 语出《易经·系辞下传》。

盖取诸《睽》。”[①]

睽乃乖离之象也，乖离者可以威服之。弓乃武器之始也。所谓䷥（睽）卦之象，上为离火，下为泽水，火动而上，水动而下，此为乖离不和之象也。然而，其中亦蕴含致乖离为用之道理，即制作弓箭，弯木引弦以之为弓，又削尖木枝，使其锋利，附上箭尾，以之为箭。因弯木为体，直弦为用，即体用相乖离之理也。另，欲令箭射出，即需将弓拉向自身，此亦即乖离以致用也。木弯弦直，弓立箭横，然而力不施向弯曲之木，而是反向而张。弓箭之外形、弓箭之使用皆以乖离而致用也。设重门、夜巡更，可防小贼、暴徒。然而对于大贼，诸如东夷、南蛮、西戎、北狄等来犯、欲乱中国者，或者对于欲谋叛乱之诸侯，若无弓箭之备则难以防范。然而虽有弓箭等兵器却无威严，亦不足以令反叛者惧怕，故而当充实武器，操练武艺，严律武备，树立威严，如此方可令周边国家见之而心生惧意，不敢来犯。即“虽有文事，必在武备”[②]也。所谓文事，即施行仁政，安抚士民，礼乐制度亦在其中；武备则护卫国家之稳固，以确保文事之盛美也，犹如今时举行祭神大典需要实行道路戒严一般。圣人兼备德、仁、爱，亦具有神武之威。文武之业，恰如车之两轮，两者兼备则可行稳致远，而使天下之人敬畏且爱戴之。夷、蛮、戎、狄亦慕其仁政、惧其威武而归服之，此即所谓四海一家、中国一人是也。另，禽兽中多有身大、力壮于人之动物，若无兵器，则时有禽兽入室而犯，而要驱赶、威吓野兽，弓箭乃最适用者也。初时，弓、箭皆木制，是因木制之弓箭便于使用，木材亦充足之故。万事万物，初期皆质朴也。以乖离而致用者，非唯弓箭也。睽，乖离之义也。天地相异，但其所为之事相同；男女不同，但其志向相通。即上火下泽之睽也。君子，形同而实异也。君子同俗人往来，形同与俗人之交，而心却异于俗人也，正如同睽卦之火、泽同体，但本性相异也。

---

① 语出《易经·系辞下传》。

② 语出《春秋穀梁传·定公十年》。

十一、建造大屋，以防风雨

《周易》曰：“上古穴居而野处。后世圣人，易之以宫室。上栋下宇，以待风雨。盖取诸《大壮》。”[1]

上代时期，人无屋室，冬居洞穴。在山南向阳之处垒石覆土，中空为洞，状如土冢，日本上古之洞穴如是也。可见上古时期人们血气之康健、气力之强壮。一般而言，虽说冷雨会流入土冢，但最初并非定居其中，只是外观仿如穴居而已。夏居野外，于草地铺以茅草而居。将长形柴木围于四周，上部连接，抽去中间之柴木留空，顶上覆以茅草等而居，如同今日之稻仓、鸡窝，此即上古时代之茅屋。一休禅师[2]所引和歌“撷而结之为茅屋，拆而散之归本原”[3]，可说即是听闻上古之事而作。居住于山中者，冬天居于崖壁近处之岩洞，其布置形同今日之岩屋；夏天则于树上择一结实之处，铺上竹木，盖住顶部，状如鸟巢，居于其中。上古之人，因不病不患，故即便穴居亦可抵御湿气，野外巢居身体亦可抵抗风雨之害。而其后随着人于世间自由行动，其气血逐渐变弱，病患产生，而穴居则切感湿气深重，居于野外亦无法抵御风雨。是故其时之圣人想要建造民众居住之所，观大壮䷡卦象，尽管上卦雷震雨落同行，然而乾卦安然于下，上卦双阴并排分开，下有一阳护之。此处，一阳模以屋脊而高扬，上卦之两阴模以屋顶而并列下覆也，乾之三阳，牢固立于下方，犹如柱子。圣人由此始建宫屋之制。此卦象中，人居之所宽大而壮观，与禽兽殊异，即大壮之义也。

十二、何谓厚葬

《周易》曰：“古之葬者，厚衣之以薪，葬之中野。不封不树，丧期无数。后世圣人，易之以棺椁。盖取诸《大过》。”[4]

---

① 语出《易经・系辞下传》。

② 一休宗纯（1394—1481），日本室町时代（1336—1573）禅宗临济宗的名僧，同时也是诗人、书法家和画家。

③ 语出一休禅师禅语中所引慈圆（1155—1225，镰仓初期天台宗僧人，著名歌人，著有《愚管抄》、家集《拾玉集》等）之和歌。

④ 语出《易经・系辞下传》。

上古时期之丧葬，没有棺椁，亦不建造墓穴、不植树、不立碑，亦不居丧。人死则运至野外人迹不至之处，覆盖层层柴薪，不久尸体即腐化入土，无迹可寻。如同精气为物、游魂为变之理，[①]即人死后唯循之常理，乃魂气回归天上，魄体归于尘土。离别哀痛之苦，亦唯有寄予哀悼之情也。生死亦依循阴阳、昼夜交替之道，此乃自然天理，无可憎恨，唯死别令人悲伤耳。其哀情之厚薄亦因人而异。上古时期，人心无伪饰，唯尽吾心之诚意而已，故此亦无固定之丧期。事死如事生之本意[②]并非指对待尸骸。我有我之精与神，父、母亲有父、母亲之精与神，精与神离去之时，身体则如损坏之旧屋，因此，此精与神在生之界即指人，在死之界即指鬼神。君子心中之人与鬼、生界与死界一以贯之，并无隔阂，是故，事死如事生也。我身若死，躯壳投入深谷亦可，庄子亦说，我死后投至野外，以天地为棺椁，此皆因身怀君子之心之故也。然而于上古时期，人既然生之时无房屋，则当死后亦无棺椁；至于后世，因人生之时居住房屋，故死后则入土为安。此虽为理之常情，然而孝子心中不忍。因人死后唯剩一具尸骸，但其乃自己迄今一直所侍父母之身体，实难草率对待，既然生前有居室，则死后亦当有棺木。事生之心如是也。为已死去之身穿衣服，制作棺椁，以厚葬为奉终，是乃孝子之心深厚莫过于“大过”之义也。另，观䷛（大过）卦之象，泽上木下，☱为木，又为入，泽为土，木入土之义也。观此而作棺椁。另☴为悦，将父母之尸骸装入棺木，归之于尘土，孝子方能心安愉悦之义也。

或问：“南轩张氏曰，君子不以天下俭其亲。于此而过无害也。丹阳都氏曰，臼杵棺椁，所以使民养生送死无憾。所以依于人者过厚也。然赡养不足以当大事，故取小过之义也。安葬足以当大事，故取大过之义焉。”[③]如是，“大过”即尽力周全以厚葬父母之义也。董永卖身终生为人之奴而厚葬其父，正是“不以天下而俭其

① 语出《易经·系辞上传》：“精气为物，游魂为变。”

② 语出《礼记·祭义》：“文王之祭也：事死者如事生，思死者如不欲生，忌日必哀，称讳如见亲。祀之忠也，如见亲之所爱，如欲色然；其文王与？”

③ 南轩张氏指南宋著名理学家和教育家、湖湘学派集大成者张栻，丹阳都氏指南宋著名易学家都洁。此处张都二氏之说引自胡广明（万历时期）编纂、林罗山（日本江户时代初期）训点的《周会魁校正易经大全》。

亲”之事也。由此足见厚葬其亲是何等大事。

答曰：书籍多为陈述见解应时而作。信书中之言者，耗费精力多而得益甚少，正所谓“尽信书，则不如无书”①也。况且，书中虽均为圣人之言，但亦有互不相同之处，彼此固执己见之时，甚至有相互责难、相互争辩者。然其共同之处在于仁义。丧葬多依据家庭财力而行。父母在世时，其饮食、衣服、居室、用物等皆按财富多寡量力而行，为何唯有安葬不可依此例而行呢？此乃观小过、大过二卦之重合而取卦象之故也。小、大之区别不在于字面。故孔子亦哀于礼法中诚意之逐渐淡薄说道：“礼，与其奢而周备，宁可俭而有敬；丧，与其周备，宁可哀戚。”②君子不因天下之大事而俭约其父母之用度，亦含有此种意味，即“舜之父做了违法之事，舜如同丢弃草履般舍弃天下，背父亲逃走”③。为了父母能轻易舍弃天下，更何况其他身外之物。然而，此并非说为赡养、安葬父母，可不顾家财几何、家业破败、家人生活困苦，亦非说可以不管祭祀能否为继。古人，既有侍奉父母之亡灵者，亦有侍奉在生父母者。董永之至孝，凡人难及。普通人年幼时听从父母，成人后则爱妻子、求财宝，侍君则求官位俸禄。其心中较之考虑朋友间之声誉，更注重追求种种名利，而思念父母之心日渐淡薄。于是，无论奉养还是安葬父母，爱敬与声誉皆交杂其间。然而，董永为更好地侍奉父母而不娶妻。父母在世时，董永倾尽所有而奉养，父母去世时，董永卖身而安葬，其全身心皆奉于父母，毫无私念，此非常人可为之至孝也。故此，其至诚令神仙感动，赐其仙女为妻，嘉奖其志。④然而其所为仅局限于对生身之父母。故而，如若贫穷则按贫穷之力安葬，方可令父母愉悦。卖身葬父业已超过应尽之本分。为葬父而卖身，

---

① 语出《孟子·尽心下》：“尽信《书》，则不如无《书》。吾于《武成》，取二三策而已矣。仁人无敌于天下，以至仁伐至不仁，而何其血之流杵也。”

② 语出《论语·八佾》：“林放问礼之本，子曰：‘大哉问！礼，与其奢也，宁俭；丧，与其易也，宁戚。’”

③ 此典故出自《孟子·尽心上》。舜的父亲瞽瞍杀了人，舜为使父亲免于受罚，舜舍弃天下，背着父亲逃走。

④ 此典故出自《搜神记·董永与织女》：“汉董永，千乘人。少偏孤，与父居。肆力田亩，鹿车载自随。父亡，无以葬，乃自卖为奴，以供丧事。主人知其贤，与钱一万，遣之。永行三年丧毕，欲还主人，供其奴职。道逢一妇人曰：‘愿为子妻。’遂与之俱。主人谓永曰：‘以钱与君矣。’永曰：‘蒙君之惠，父丧收藏。永虽小人，必欲服勤致力，以报厚德。’主曰：‘妇人何能？’永曰：‘能织。’主曰：‘必尔者，但令君妇为我织缣百匹。’于是永妻为主人家织，十日而毕。女出门，谓永曰：‘我，天之织女也。缘君至孝，天帝令我助君偿债耳。’语毕，凌空而去，不知所在。”

可视为平素为奉养父母已将祖传之田地、家产等悉皆用尽，若父母在天之灵知晓此事，必定十分悲痛。故而此做法仅仅可取悦有此念之父母而已，皆未明了所谓厚葬之含义及其所处之时也。

古人始作棺木之时，山林甚多，就近砍伐，锯开树木，制成木箱，将死者放入其中，无需繁琐礼仪。之所以称其为厚葬，乃因从前皆采取素朴简单之法，只是将死者直接埋葬于土中，归于尘土，相对而言，装入木箱埋葬即可称为厚葬。父母毕竟已为鬼魂，尸骸犹如以前居住之旧屋，弃之不管亦可，但因要留有父母所居之遗迹，故而装入棺木埋葬，此即是彼时之厚葬之义也。后世之人不考虑古人之心情及其所处时代，渐而用心良苦加以诸多修饰，甚至以为只有做成超过限度、力难承受之丧事，方可称为厚葬，实乃大错特错也。另，所谓“养生者不足以当大事，惟送死可以当大事”[1]之说，其所指并非厚葬。凡夫俗子之心只关注眼前有形之物，不知无形之理，故对父母死后之无形魂魄极为懈怠。面对在生之父母，极少有疏忽懈怠者。大多数人能善待赡养父母，是因其天性良善，虽然稍有过人之处，但却难担当大事，故其至诚之德尚未得以显现。父母亡，则侍奉父母之神魂，既诚且敬，惟能对人界鬼界一以贯之者，方可谓之君子也。如是，天下、国家大事可倚赖、托付之。三日、三月、一年、三年之服丧，皆为侍奉鬼神也。父母之精神、身体离去，不能再见父母之容颜、倾听父母之声音，故而悲伤，然而实则死生无二也，故而，父母在生之时事之以礼，身亡之时对其鬼神亦事之以礼。以为过分使用财力安葬父母即为厚葬，却不知合于“时·处·位”之至善之法，实乃愚者也。愚者能当大事乎。孔子亦曰：“夫礼，为可传也，为可继也。”[2]而今日学者所谓之厚葬者，非但不可传于后世，且不可为子孙承继，因若不变通，民众将厌倦礼法，即便其哀伤所含少许之诚意，亦会因丧事难以周备而减弱乃至淡薄。此与孔子“丧，与其易也，宁戚”之圣言完全相悖，因只知其末不知其本也。后终致西戎佛法传入而中国原有之道式微，其因亦在于泥古也。

---

① 语出《孟子·离娄下》。“养生”即是赡养父母，“送死”即是按照礼节为父母操办丧事。

② 语出《礼记·檀弓上》：“弁人有其母死而孺子泣者，孔子曰：‘哀则哀矣，而难为继也。夫礼，为可传也，为可继也。故哭踊有节。’”

十三、上泽下惠

《周易》曰："上古结绳而治，后世圣人易之以书契，百官以治，万民以察，盖取诸《夬》。"[①]

上古时人心淳朴，行事简略，故天下、国家之政事均采用大事以大绳结为规、小事以小绳结为矩之方式推行。至后世，风俗渐淡，事物渐繁，甚而频现欺诈之事，遂使结绳治事之法再难推进。观䷪（夬）卦，则显现君子之道生而小人之道亡之卦象，此为明决之义也。于是圣人创制文字，区分善恶邪正；制造符节，端正真伪。如此，小人之邪曲无处藏身而去之。书，即文字；契，即印章类。此二者为文明之始也。君子观恩泽上升于天之象，即施福禄于地。上有恩泽之时，必润泽于下。恩泽施于下，则必使仁者富而成为国、郡之主。泽升于天，象征可为民之父母之仁者上升至君位，乃恩泽施于下之象也。水虽向下流动，然上升于天后则必泽于下也，此时必为小人所阻，故此卦有明决之义，寓意明正邪曲、决然去除之。

---

① 语出《易经·系辞下传》。

第四卷

论义

原著中为「议论」，是「论说义理」之意，即以儒教古典为主而论说宋明学乃至佛老学之「义理」，故译者将其译为「论义」。

第一篇　孝治天下

一

知友问曰：《论语》多教以“仁”，《大学》则多授以“知”，何也？

答曰：《论语》乃由圣人所亲授，故当以“仁”为主。仁乃德之本也。而《大学》则为圣人已逝、后圣难继之时由后人测知先学而授，故而以“知”为主。智[①]乃德之神明，先见之性也，是为仁、义、礼、智、信五德性中之首现者也。凡解惑、明人伦道理之书，均以“知”为主宰，视其为自反[②]慎独之本体。圣人不在时，问学者当以《大学》为入德之门，[③]以《论语》为入德之堂奥。

二

知友问曰：闻先生将《易》与《孝经》相提并论。然《易》玄妙深远、广博高明，而《孝经》则是童子就学的启蒙之书。这不能不令人感到疑惑。

答曰：《孟子》有曰：“言近而指远者，善言也。”[④]《孝经》之类是也。《易》乃循天地阴阳之道而定之道德，其语势幽深玄远；《孝经》言人伦、授道德，故而其语势平易近人。因此，善读《易》者，若取于近旁事物而解，则不觉其用语幽远；然善学《孝经》者，虽阅读浅近之语，却不会错过其幽深玄远之意旨，浅近与幽深至中和，则天地有序、万物生育。如此至大之功、神之能事，皆在《孝经》中也。《孝经》不必一字一句处处留意，只要关注其特别值得留意之处，便可得知其大体，而《易》则含有当然之大义，句句皆有深奥无穷之道理。总而言之，《易》当近观之而学，《孝经》当远观之而学也。之所以如此，是由于《易》所论为天道，当近而合乎人道；而《孝经》所述为人道，当与天道遥遥相

① 智，同知。
② 反躬自省。
③ 语出《大学章句》：“子程子曰：‘《大学》，孔氏之遗书，而初学入德之门也。’于今可见古人为学次第者，独赖此篇之存，而《论》《孟》次之。学者必由是而学焉，则庶乎其不差矣。”
④ 语出《孟子·尽心下》：“言近而指远者，善言也；守约而施博者，善道也。君子之言也，不下带而道存焉。君子之守，修其身而天下平。人病舍其田而芸人之田。所求于人者重，而所以自任者轻。”

合也。

正如程子所云，“易因爻象论变化，因变化论神，因神论人，因人论德行。大体通论易道，而终于默而成之，不言而信，存乎德行。”[①]是故可说，《易》归根结底其目的在于成就人之德行，而人之德行，莫大于孝也。

三

知友问曰：何为孝之心法？

答曰：孝于天地未分之前即已产生，乃太虚之神道。天、地、人、万物，皆生于孝，春夏秋冬、风雷雨露，无不在于孝之中。仁、义、礼、智、信乃孝之条理，五典十义为孝之时势，其含蓄之神理即为孝。孝非以言语而名之，乃取象形而谓之，即“孝”字由“老”“子”二字拼合而成，于天地未开之太虚之时，理为老，气为子。天地开辟后，则天为老，地为子；乾坤为老，六子[②]为子；日为老，月为子。“易”字乃合日、月二字而成也。日月与老子，二者含义同一也。《易》与《孝经》道理相同，别无隔阂。即山为老，川为子；中国为老，东夷、南蛮、西戎、北狄为子；君为老，臣为子；夫为老，妇为子。感通于德性之中，则仁为老，爱为子。以此理观之，若无孝理，则万事万物不生也。自我心中有此神理而取用之，即为爱敬也。由上视之，老夫提携幼子之本体，乃有爱之象也。由下视之，幼子仰承老夫提携之本体，乃有敬之象也。普天之下，爱其父母之心人皆有之，无憎恨其亲者也；敬其父母之心天下人亦皆有之，无轻慢其亲者也。将一心之爱敬尽奉于父母，则可令天地同根、万物一体之本性得以清明。有朝一日私欲灭而天理存，则天理虽大却不居于心外，私欲虽小却不存于心内，此即可谓仁之初萌也。义为孝之勇，礼为孝之节，智为孝之神，信为孝之实也。孩提之时，孝之理始出于对父母之爱，如鲜花初绽其花蕾；及其年岁增长，幼子心中则生尊亲之敬，如花朵散发之清香。[③]此爱

① 语出《河南程氏外书·大全集拾遗》。

② 易经中，乾为父，坤为母，震为长男，巽为长女，坎为中男，离为中女，艮为少男，兑为少女。后六卦为六子。

③ 参见《孟子·尽心上》：“人之所不学而能者，其良能也；所不虑而知者，其良知也。孩提之童，无不知爱其亲者；及其长也，无不知敬其兄也。亲亲，仁也；敬长，义也。无他，达之天下也。”

敬之德，因最初体现于对父母之感情，故不可改变其作为天地万物本体之名，而将侍亲之道称为孝。用以侍母，体现为爱而存敬；用以侍父，体现为爱敬并行并存。于子而言，父之爱显于外在用事，而敬则藏伏于内，此即父之慈之谓也。父之慈与子之孝相合，则谓之父子有亲也。此孝德用以侍奉君主，则敬显于外，爱藏于内；用以对待臣子，则君主之爱敬皆藏伏于内，以备威严而施仁政。君之仁与臣之忠相合，即谓君臣有义也。夫于妻子，因爱而敬之；妻于夫，则因敬而爱之。夫之和义与妻之贞顺相合，即所谓夫妇有别也。然而如此之事并非刻意而为，乃心之神妙自然变化使然，其中原本即有天理自然之法则。事兄如事父，爱弟如爱子，兄惠弟悌，长幼有序也。朋友乃以真实无妄之天道为共同父母之人，彼此亦为兄弟，非诚者即非友也，故谓朋友有信也。天下诸人，皆面对其子则为父，面对其父则为子；于君前则称臣，于家臣面前则称君，即虽同为一人，但面对不同之人则称呼各异。此亦说明，虽然人之本心存乎一德，但因“位”之不同而神奇变化，其义无穷也。

四

某学士问曰：诸如颜子“不二过”[①]之事，非大贤者难以为之，当如何习得此道?

答曰：于甲身犯错之事绝不再犯错于乙身，此确乃后世之学者望尘莫及之道也。颜子身为亚圣[②]，确乎事事如此。吾亦曾有此般经历，即一旦犯有意想不到之过错，即大力反省悔过，而知其非之后，便不再犯同样之过错。自己今日得以受益，全赖“不二过”之工夫，而此工夫则是由他人窃听而来。可谓无心离道是为过，有意藏过则为恶也，即无意间心中一念离道称之为过，而一知过则当毫不迟疑快速克服之，犹如以熊熊燃烧之炉融化零星冰雪，使其不能存于火焰之上，以火气消融也。即便察知少许离道之念亦当消除之，否则必会再次犯过。而“二过”则近乎恶也。我等俗人于污浊气质未变、尚未开悟而脱离凡俗庸人境界之时，基于凡俗心境之闲

① “不犯同样错误”之意。语出《论语·雍也》：“有颜回者好学，不迁怒，不贰过。不幸短命死矣，今也则亡，未闻好学者也。”

② 指仅次于圣人的大贤者。

思杂念即会一次次萌发，昼夜不停。然而在百次萌发之中，若能一念独知之处[①]得以明悟即速除之，则可知而后用无穷也。此亦可称为“不远而复”[②]也。

或问：圣学之心法，无外乎于此。若能不断受用如此之工夫，是否便可最终企及君子之位？

答曰：此即是尊德性之工夫也。然若仅仅止于一念独知之处，而不穷究心存疑惑事物之根理，则仍难脱离今日常人之境。正因如此，前述之工夫不能精进，而后即会渐渐厌倦。唯穷理解惑而开悟真正之智慧，方可脱离今日凡俗之境界。如此日夜所生闲思杂念之妄，则可每次去除十分、二十分，使种种虚妄皆隐于黑暗之处。犹如太阳东升，活动于夜间之狐、狸、蚊、虫等皆不知所终，踪迹全无也。若以一步行侍从为例，以其步行者之身可体悟民风之卑俗，若其有进取之心，则只要稍事辛苦，便可以摆脱旧日习俗。若其职位高升得以乘马而行，则会不知不觉间无视平民之风俗。因而，经常反躬自省自身之人品，即可深知自身之平凡；时常穷理解惑，便可不断受益于心法，渐而提高原有之境界，最终得进德之门而达及君子之地位。此亦可称为气质之变化。

或问：所谓“不迁怒”，是指即便生气亦不迁怒于他人。然平常人生气，则整日怒火不消。而颜回之怒，乃在于其事之不义与恶逆，而非对人，故此其怒不迁于人，只是犹如明镜映照美善与丑恶，而照过之后便无踪迹也。

答曰：事情本当如此。诚然，仅是不迁怒，尚难为今日所受用，因其仅仅学得圣贤者之皮毛也。无论今日我等俗人抑或圣人，皆会发怒，例如听历史故事，无论是谁，当听到故事中长田谋害义朝，杀害镰田[③]之时，皆会心生憎恨，怒从心起，若身在当场必恨不得一刀将其斩杀。又或是在今时，遇到不义、违背道德之事，人们

---

① “一念独知之处”意为在“人所不知而己所独知”之一念萌发之处。王阳明《传习录》中指“吾心良知处”，如江右弟子黄直记载说：“……工夫到诚意始有着落处。然诚意之本又在于致知也。所谓‘人虽不知而己所独知’者。此正是吾心良知处。”

② 所行不远，既而复归之意。源于《易经·系辞下传》：“子曰：‘颜氏之子，其殆庶几乎！有不善未尝不知，知之未尝复行也。《易》曰：‘不远复，无只悔，元吉。’’”

③《平家物语》下中的故事。长田指长田忠治，是平安末期武将源义朝（1123—1160）的家奴，他在源义朝被平清盛打败而逃亡途中，不仅杀死了其主人源义朝，而且杀死了自己的女婿、源义朝的心腹家臣镰田正清，被称为日本源平时代最不忠不义之人。

亦会生出憎恨之心。此种愤怒乃基于人之理性，不掺杂任何私欲，因此只是怒气之膨胀、刚烈，不仅无欲望之高涨，而且内心较之平常更为清明。此种情形之下，即便是吾等平常之人，其心亦近似于圣人，此即为不迁怒也。圣人者，即便生活于今世，亦不会掺杂私欲，因其应对万事皆发自于理性，故而内心清明也。我等对他人之事能保持清明，但对关乎自身之事却会掺杂私欲，故而即便愤怒出于情理之中，却因怒火旺盛、内心纠结而致使心情黯然，进而情绪焦灼、紧张，语无伦次，待心境平复之时则后悔不已。此即为迁怒。所谓“文王一怒而安天下之民”[①]者，是说圣人从不发怒，若圣人一旦发怒，则天理存，人欲灭，善人现，恶人退。如雷动雨落，震慑恶人而灭其叛逆之心胆。不仅对发怒之事，即便对悲哀之事，吾等亦时而近乎圣人也。无论是千百年前之事，亦无论汉朝之事抑或大和国之事，只要听闻哀伤之事或至极之理，便会流泪不止。此情感发乎于万物一体之心和真实无妄、恻隐之情，但对于本心之灵台却毫无损益。平常人之心反而平素更无恶念妄想，常近乎善，是因其不掺杂私欲也。

五

学友问曰：格物致知之心法，于古籍五经中没有记载，圣人孔子之语录中亦不见踪迹。莫非此心法乃子思所初创？

答曰：易经六十四卦皆有合乎卦象之格致心法，其阐述简易明了、连贯通畅易懂，最早出自尧传于舜之执中心法[②]。孔子传授于颜回之“非礼勿视，非礼勿听，非礼勿言，非礼勿动”[③]，皆格物致知之意也。曾子将孔子一以贯之之思想概言之，曰“忠恕”二字，子思又将孔子、曾子所传授之思想述为一章经，此即格物致知也。

或问：将视、听、言、动四者曰为思之要领，何也？

答曰：曰四时而不言土用，曰元、亨、利、贞而不言诚，曰仁、义、礼、智而不言信，即与四要素相应而不可分者则不言，而

---

① 此典故出自《孟子·梁惠王下》：“《诗》云：‘王赫斯怒，爰整其旅，以遏徂莒，以笃周祜，以对于天下。’此文王之勇也。文王一怒而安天下之民。”

② 语出《论语·尧曰》：“尧曰：‘咨！尔舜，天之历数在尔躬，允执其中。四海困穷，天禄永终。’”舜也告诫禹，要他“允执厥中”，意指言行不偏不倚，符合中正之道。

③ 语出《论语·颜渊》。

是置其于内。视、听、言、动四者，不以思为主则无以言。颜子身为亚圣，不需格思，而中等资质以下者问学，思及善则行善，思及恶则向恶。若心中所思、身体所行皆存善无恶，即为善人，此为超脱凡俗境界之始，由此方可向信、美、大、圣、神之境界精进。①颜子已至大人之境。至此境，则其灵台（心灵）不仅不会有恶念来往，亦不会有善念来往，无以格思。然而确有所谓“三月不违仁”②之说，因春夏秋冬皆以三个月而相易，故此处所谓“三月”，是为全年之事也，历经岁月，终不违仁。然而，所谓“三月不违仁”，其间既有短暂闪现善念迹象之时，亦有与不思不为、寂然不动而感通天道万物之圣人之心毫不相及者。然若如此，则善念之闪现亦不过如一片浮云飘过太虚。因此，于常人而言值得一提之善，在颜子视域中则并非在于其外在，而是认为其善念须臾不止，即便离去亦不远即返。

或问：心之本为仁，而呈现于外者却为视、听、言、动等末端之事，何也?

答曰：颜子之高明广博与圣人别无两样，此乃早已为众人所知之事。由常人达至圣人者，务本最为紧要。而仁与天地万物一体，无迹可寻，唯末端之事，有迹可循，因而，只能诉诸末端之事也。颜子问治国之法，孔子答曰：“用夏朝之历法，乘殷朝之车辇，戴周朝之冠冕。”由此可知此道理也。③

或问：先生之论与王阳明之注解观点相似，然朱子与王子之格致之观相差甚大，有如黑白之别。何也?

答曰：鄙人既不学朱子，亦不学阳明，仅学于古代之圣人。朱、王之学问皆承继道统而来，二者在此点上并无不同。其言说据时而发，其真意与时代恰如符与节之吻合。朱、王之见解亦非相差甚大。朱子为匡正时弊而重视穷理解惑，但并非轻视“自反”“慎独”之工夫；王子亦因虑及时弊而重视自反慎独之工夫，但亦非不重穷理之学问也。鄙人内求自反慎独之功夫，之所以能得以受益有

① 参见《孟子・尽心下》：“可欲之谓善，有诸己之谓信。充实之谓美，充实而有光辉之谓大，大而化之之谓圣，圣而不可知之之谓神。乐正子，二之中，四之下也。”

② 语出《论语・雍也》：“回也其心三月不违仁，其余则日月至焉而已矣。”

③ 典出《论语・卫灵公》：“颜渊问为邦，子曰：‘行夏之时，乘殷之辂，服周之冕，乐则《韶》《舞》；放郑声，远佞人。郑声淫，佞人殆。’”

所成，正是因受阳明之致良知之启发也，而解惑之心得则来自朱子之穷理之学。朱与王身处时代不同，其学者之惑殊异。易地而处亦然。曰穷理而空谈万事万物之道理，则会使人皆陷于困惑。然而，学者若对心存疑惑之事穷追其理，则其即为初学之法也。心中若能领会其意旨，明了此前不能辨明之事，则即便面对千万事物，亦能不为之所惑。异学[①]需尽终生之力方能得悟，而圣学则不费力劳心，于游乐之中即可悟得。

六

学友问曰：同为圣贤者，亦皆有孝行，为何仅大舜、文王、曾子、闵子列为孝子？

答曰："岁寒，然后知松柏之后凋也。"[②]平安无事之时，圣贤之善行并无特别之处。圣人之孝道与人无病之时同理，平素亦十分平常，此种情形之下，与凡夫俗子所见之孝行亦难以区分。明者眼中之善恶，判若黑白之事，若非大不孝、大恶人，即如同观看夏季之翠峰，无论其是夏树还是冬树，皆毫无区别地视为青山。然而在事逢大难或大变之时，凡夫俗子与君子便会大不同。能列入孝子之圣贤者，皆为事逢变故时有不寻常之表现者。

或问：人之所为以行孝最为重要，然而亦有孝行不逊于圣贤而品格却不及圣贤者，何也？

答曰：因气质之美也。虽尚未得见大道、不知入德之学，但气质多受木之精气而生，而木气之神则为仁[③]，故其气质慈孝恳切，一般可称为恭谨行孝者。若木气恻隐慈孝之气质越益浓厚，又或者其他气质[④]越益淡薄，唯以孝行是举，则会使国家治理中无用之才增多。诚然，若有人得遇圣贤之师，受用心法，则又与普通人不同，不仅各项入德之功皆可速进，且可使其他不足之处增益。曾子即如是也。昔时，曾子为父亲清除瓜田杂草，误将瓜苗铲断，其父曾皙怒而以大棒杖之，曾子痛而晕倒在地。其父性格古怪，抛下曾子独自归去。不久曾子醒来，虑及父亲担心自己，便到父亲跟前跪

① 此处的异学似指朱子学、阳明学。
② 语出《论语・子罕》。
③ "木气之神为仁"之说，源于将木、火、金、水相对于仁、义、礼、智解释。
④ 指火气恭敬辞让、金气羞恶邪正、水气是非善恶等气质。

倒，说："儿子不敬，请父亲用力责罚。"回到家中，曾子弹琴、咏诗，使其父心安，不担忧自己。闻者皆感动流泪。孔子之门人听闻此事，甚是高兴，即告之孔子。孔子说："非吾同道之人，勿使其入门。"门人惊问其故，孔子答曰："吾等教人行孝须以大舜为师。舜于其父以小棒殴打之时，见棒来即躲。其父持大木棒追打之时，便远远逃离，以免其父犯下杀人之罪。再说曾子，其幸而苏醒，若就此身亡，其父曾皙即难免杀子之罪。门人告知于曾子说："为何见大棒还不速速逃之，真是太愚蠢了。"于是曾子跑来谢罪。曾子天生存有孝心，然而其性格则有鲁钝木讷之处，[①]若能从师于圣贤，受用心法，则愚鲁亦可变得聪明，柔弱亦可变得刚强，[②]其鲁钝木讷之身亦可焕然一新，以至位列大贤。如此则天下万事皆无悖于圣人之道也。

七

知友问曰：何为《孝经》之大纲?

答曰：《孝经》之心法，乃正心修身、安于天命之分、人人按其所处之位而行道者也。天之生民，有物有则，天子之富贵，亦自有天子之规则。公、侯、伯、子、男各有其规；卿、大夫、士各有其道；农、工、商各有其务，其行事有大小之别，但孝之心法却无分别，犹如大河之水随所流之处而成形；又如各方为便于田地用水而修筑水渠之水，一旦入渠则随渠之形状而流。水就低而流，不舍昼夜。[③]外温而内明之性不变，是为君子之象也。小人之心法，则外照而内昏也。数落他人之非而不改己之不善，即犹如灯下之黑，浑然不觉。若天下人皆内明而知不足，外温而不咎人非；深知天下之人皆有胜己之处，则如孝[④]之象，可彼此相助而天下太平也。孔子之时已现异端兴起之萌芽。孔门学者皆有祖传产业，大多如日本在乡武士，享有祖上传承之田地。所谓学，即志于正心修身而学也；出仕者，亦即致用于国者也。无既不出仕，亦无祖产，唯以解说道学

① 参见《论语·先进》："柴也愚，参也鲁，师也辟，由也喭。"

② 语出《中庸》第十二章："果能此道矣，虽愚必明，虽柔必强。"

③ 参见《孟子·离娄下》："原泉混混，不舍昼夜，盈科而后进，放乎四海。有本者如是，是之取尔。苟为无本，七、八月之间雨集，沟浍皆盈，其涸也，可立而待也。故声闻过情，君子耻之。"

④ 老与子两个字相依而成孝字。

为生者。然而，与尧、舜、三王盛世之时不同，不知何时已形成不依照五等人伦[①]之势。孔子生不逢时，于是周游天下，乃古往今来未曾有之风俗也。圣人应时势变化而动，则后世之人便模仿圣人而行，如此一变再变，便在五伦之外出现了以道学建家置业之行为，且渐而成势。孔子亦曾多方任职，即便小官也尽职不怠。至孟子之时，其方被推崇为先师，受到各方招待。自此既无官禄亦无产业，德行亦随之衰败。然而孟子则为大贤也，其承继孔子而立，并顺应天运变化而行，无任何可挑剔之处。然而至后世之人，无孟子之德而习孟子之学风，竟以讲道为谋生之业，即便无私欲之秽而行道，但行道之人脱离五等人伦却能称之为“道者”，则说明五等之人业已偏离天道。最终，道学渐而成为饰物，无法为天下、国家所用。自此之后，于人伦秩序外出现诸多讲道渡世之人，如道者、佛者，终日以彼此争论为业。正因察觉到此种倾向，孔子提出了“五等之孝”[②]。“五等之孝”是为万年道学之鉴也，违背此鉴者，非尧、舜之徒也。

或问：“五等之孝”仅关涉少数事务，即使在古代亦有不足以为用之时，不知当如何认识?

答曰：《孝经》大纲虽仅有五等 ，然而各个等级中分类甚多，唯天子只有一人。而今日之日本，天子之外又立一人[③]。诸侯虽同为一等，然而其中又分为公、侯、伯、子、男五品。另又有附庸之小国。日本亦如此名类不同，品级有异。四五十万石以上者为公、侯，三十万石左右者为伯，十五万石左右者为子、男，十五万石以下者为诸侯国之附庸小国，此为诸侯等级内部之分类。而所谓卿大夫一等，则与其德行、职务之规则相同，无论大小高低皆为同类。其内部之品级，天子朝中之公卿、大夫当中，公卿等同于公、侯，而大夫等同于伯，元士等同于子、男。诸侯门下之卿大夫虽较为低微，但身为人臣，亦要传达主君之命，处理国政。因而，天子之老臣、诸侯之家老[④]皆称之为大臣、老臣，于德行、职务上并无分别。

① 五等人伦指天子、诸侯、卿大夫、士、庶人五个阶层的人。

② 在《孝经》中，根据当时社会的情形，分别规定了天子、诸侯、卿大夫、士、庶人五个阶层的人所当行之孝。

③ 指江户幕府的将军。

④ 指武家的重臣，负责主宰大名家政，统率家中诸人。

一国之中，诸侯身为国君没有职务，而有人君之德行，其身为天子之臣，天子亦以客礼待之。时下之日本，担任迎送大名至江户参觐之责的老中之所以被作为御使厚待，[①]便是出于此理。日本过去之王朝，正因未虑及古代与中世时势之变化而推行此礼法，方才失去天下。由此可见，稍许违背圣人之规，则其天下便不能长久。

士之等级内部之品名虽多如牛毛，但于德行之要求则无不同。番头以及独立谋生之一流人士为上士，物头、与头、组付等千石以上者为中士，千石以下者为下士。[②]所司代[③]为武官，相当于中国《周礼》中列为秋官司寇之属官的士师。代官[④]相当于中世农村之“守护代”或“地头代”，拥有兵士，履行上士之职。然而，于今日之日本，因兵与农分离，代官成为下士或庶人之官员。江户、大阪之町奉行位同中士，然而其威势重于今日之上士。各诸侯国之町奉行多出身于下士，亦有中士兼任者。各类之物奉行[⑤]大多出身于下士，其中甚至有级别更低的庶民之小官。中小姓之中既有身份显贵者，亦有地位低微者，属于下士。下级武士则等同于庶民官员。读书人、医生等出身于町镇者，亦为庶人官员。町之医生为庶人，属于工商类。祢宜[⑥]等亦属于庶人官员。另外，神职之中亦有高官。天文、音乐、医学等可以一代一代承继家业，因数代用心钻研，更精于其道，唯家业世袭会妨碍他人从事该业。然而，亦有普通人以自学而得其道且传授于家人者。然而对于道学，除史官、读书人以外，旁人很难成为其中之专家。因此，人们普遍学习五等人伦，并在各自事业中受益。

人，幼而学，壮而行，老而教，[⑦]古今相同也。道由何人传

---

① 江户时代，幕府规定大名要定期轮流到江户参觐，居住一年或半年时间，然后返回自己领地，称为“参觐交代”，是德川幕府控制各大名的一种制度。老中是幕府级别最高的官职。

② 番头、物头、与头、组付等都是江户幕府的官职名称。番头主要负责将军外出时的警卫、城里的巡逻等；物头、与头统领弓箭队、铁炮队等；组付是副物头、副与头。

③ 所司代，江户时代设置于京都，负责监察皇宫、公家、西部地区诸侯国大名，并处理朝廷、幕府直辖地等诉讼。

④ 江户时代的“代官”，多指幕府直辖地郡官之属下，亦指各藩国郡官之下的地方官。

⑤ 指负责船舶、学校、神社寺院等的下级官员。

⑥ 神社里的神官。

⑦ 语出《孟子·梁惠王下》：“孟子见齐宣王，曰：‘为巨室，则必使工师求大木。工师得大木，则王喜，以为能胜其任也。匠人斲而小之，则王怒，以为不胜其任矣。夫人幼而学之，壮而欲行之。王曰：“姑舍女所学而从我”，则何如？今有璞玉于此，虽万镒，必使玉人雕琢之。至于治国家，则曰：“姑舍女所学而从我”，则何以异于教玉人雕琢玉哉？’”

授，本无定规，如父为子师等。其后上令设大学、小学之官职，始命师者授人以学。于是自此不见自行研究学问之人，亦再无授学之世袭之家。所谓士，虽身份低微，但德行深厚，则其位可上可下，上者可为天子、诸侯、公卿、大夫之师，下者可教导、管理工、商业者；才华出众者可成为诸侯、公卿，才华稍逊者则可为庶人；才德兼备却隐居如庶人一般生活者则为处士。担大道、志大者为士，此为公卿、诸侯之根本，士贤则公卿、诸侯亦礼下敬之。德行、年龄、地位为天下三至尊。朝廷之上有上下尊卑之礼节，以地位为尊，寻常交往以“年龄”为尊，辅助君王、治理百姓者以“德行”为尊。公、侯敬士以“贤”，士敬公、侯以“地位”，乃互敬之意也。诚然，亦有因志同、知心，而不计尊卑之时。世人之不知“道”者，忘其根本，一旦富贵则易骄奢，轻慢士人。因而，才德兼备者隐而不出，中等阶层以下者悲观失望，渐而颓废，于是天下难出良士也。

至于庶人阶层，则以农者为本，工商辅助农业。工者，不仅仅指工匠，亦包括诸如冶铁匠、银匠、漆匠、小手艺人等各种手工业者。商者则指商人，其或于居住之地行商，或周转于各诸侯国，将货物从产地售往他处，即不以手工作业而以赚取金钱度日者皆为商人。人最初从事之业乃农业也。农事中之能者，并非特意选出，而是能商议诸事，能对上级指示予以协调者。是故，能者之职能在于聚合众人做好农务。而为裁断惣[①]之事务而选出的有能者，即为最初之士者。该法普及各处后，各个惣中士众商议选出的首领，即诸侯。诸侯中又有更具才干者，其德行传布四方，众人所虑不周之处，其皆能提出道理，因而众人聚集而来受其统领，尊其为天子。进而于士人之中确立公、卿、大夫之官职，于农业中出现了工、商业，由此天下万事皆备，配以天地之五行，形成五伦五等之秩序。

八

学友问曰：常言以孝可治天下，然若以孟宗[②]等至孝之人为天

---

① 指负责全村事务的自治组织。

② 孟宗（218—271），本名孟仁，字恭武，江夏鄂城（今湖北孝昌县）人。三国时期吴国大臣，《二十四孝》之一“哭竹生笋”主人公。

子，是否即可成尧舜之世？

答曰：孟宗等少数孝子之孝心皆乃天生之佳质，尚未明天理之学，能以此侍奉其亲，乃出于父母血缘亲情也。即便能做到雪中求笋，亦非出自侍奉天道父母之孝心。即使大舜，亦不会如此行孝。而只有侍奉天道之父母后，才能以孝治天下。唯尽其心、明其性时，方可真正懂得侍奉父母之道，正所谓“爱敬尽于事亲，而德教加于百姓，刑于四海”①也。如此，则天下人皆可成为正人君子。天下皆为正人君子之时，则天下之人心情愉悦，皆可爱敬侍奉其父母也，先祖、天地、太虚亦皆可感受其愉悦之心。直至此时，天地之气始达太和，凤凰、麒麟皆于此太和之气中诞生，神龙、灵龟亦现于海中。风调雨顺，五谷丰登，草木茂盛，生生不息，鸟兽鱼虫皆遂其所生，凶山之魑魅魍魉化为吉神，蛇蝎随龙而行，虎狼遁入深山，若其现身必有弓箭御之；天下沉积、滞留之魂魄皆销声匿迹，恶果、邪气无处可依，皆消亡殆尽；天灾、地妖无处可生，人为之祸乱亦无因可起；外不受邪气侵袭，内不为七情所困，疾病不生。大舜以孝而知天下之至德之化，即是如此。我等虽渴慕中国如此之民风，但尚不及也。即使消息闭塞、道路不通之东夷、西戎、南蛮、北狄等国，直至此时亦无不期望尧舜平安无事。由此可知，尧舜乃人伦之至也。如此至极之治，唯以孝方可达成也。尧舜之道丰实、高迈，不辩即明也。其他异学与之相比，如同大鹏身侧之蝉与鷦鷯，不可同日而语也。《孝经》有四段教诲，犹如天有四时。第一段为条理；第二段为至极之工夫，合于春夏之道也；第三段为勤思不怠修得心法；第四段为说变，合于秋冬之义也。

九

或问：他国之中，无论何人取得天下，皆可自称为王，而在日本，天子血统一脉相承，他人即便取得天下，亦向天子称臣，而作为将军统治国家，是何道理？

答曰：中夏是天地之中国，位于四海之中。南有六国，西有七国，北有八国，东有九国，此谓之四海。南方之国取虫之义，称为蛮；西方之国取犬之义，称为戎；北方之国取兽之义，称为狄；东

① 语出《孝经·天子章》。

方之国取人之义，称为夷，为四海之中之良国也。九夷之内，朝鲜、琉球、日本为佳，此三国之内，又以日本为最。因此中夏之外，四海之内未有优于日本之国也，此缘于天照皇、神武帝之御德也。大荒时期，日本人近乎禽兽，因而天照皇以其神圣之德，据国人之灵质予以教导，人道始明也。天照皇非地上之凡人，天统由其直系子孙神武帝等承继。从其氏姓传承系谱而言，其他王孙成为普通人之后，其姓氏则异于国津神之血统。是故，天照皇之其他子孙一旦成为普通之人，则不可再继承天统，而形同于凡人。所以即便其取得天下，亦不能得到帝王之封号。若不身负三种神器而继承天国之皇位，不仅天照皇不应许，且为天威所不容。天皇万世一系为日本特例，他国所未有，但于日本而言则为必然之理也。

或问：如前述之理由，当由帝王掌管天下，然而，为何会让权于武家?

答曰：失去谦让之德，以致失却权威之故也。昔时日本唯有一国，尚无今日之国、郡及大名，自都城派遣代官担任各国之国守，即农兵。其后王德衰落，各诸侯国出现众多任性妄为不服从王命者，而被派去征伐之人则开始治理其国，其子孙亦自然而然成为国主。因各个诸侯国中功绩卓著之大名受到轻视、折辱，没有官位者被称为“凡人”，官位低下者被称为“地下”，所以大名心中对王城心怀不满，并不期待成为帝王之臣子。其时，武家望族中若有能担当一国之大任者，则众人奉其为主君并追随之，更感于其以士人之礼相待。此即王者之威为武臣所夺之根本原因也。君臣分为武家、公家本不合于理，古时并无此例也。此亦因骄奢所致。

或问：自武家取得天下已五百余年，其间天道改命之事六、七[①]，然而每一代政权皆甚为短暂，何故?

答曰：此亦失却谦让之德之故也。每一代政权初期，官员之间近乎朋友，因此士人皆遵守礼仪礼规。然待其财富逐年增多，骄奢之心渐长，将军之士便如同古时之公家，视各诸侯国之士为下人，甚者将领主大名亦视为将军之家臣，令其家臣诸士没有尊严。此即令人愤怒之因也。将军家臣威风凛凛，以骄横跋扈为荣耀，只知以势压人。然而，天道忌盈，月满则亏，稍有破绽，诸士人则趁机发

① 指源氏、平氏、北条、建武中兴、足利、织田、丰臣、德川。

愤，不愿再向将军称臣，惜知晓前车之覆后车之鉴[①]者甚少。

或问：现今之公家俸禄低微，但官位却很高，待人极其傲慢无礼。此亦因不改昔日之弊，未吸取前车之鉴乎？

答曰：非也。彼时是因骄奢而失去权势，其权威已成过去之事。时下之公家只空有其位，可特意显示其尊严，若现今对人表示谦恭，则公家即将覆亡矣。过去有权势之时，与人谦让为佳，而现今则可显示其地位毫不卑微，尽力获得武家之尊敬，即为其礼节也。

或问：不知是否可有天下重归公家之时？

答曰：天下很难再复归公家。即使武家将天下让与公家，公家亦难以为继。昔时武家尚有担忧，而今对公家已毫无忌惮，之所以将公家置于尊贵之位而尊敬，既是为了日本国，亦是为了将军家得到天道之助力。

或问：所谓为了日本国，是何道理？天助之义，何也？

答曰：唐国[②]称赞日本为君子之国，因除唐国外，东西南北四海之内皆无日本这般敦行礼乐之道之国，此乃皇室之功劳也。自清盛、赖朝以来，武人成为掌权者，其中武勇高强者得天下。武者刚强、勇猛，近乎野蛮人。而待武家之天下久治，武士渐居高位，则其骄奢心起，性格变得柔弱，唯心中尚有几分勇猛之气，而武勇之本领已经衰退。大多武士之心境亦随之萎靡。而当其衰落之时，则亦有野蛮人出而夺得天下，野蛮之人虽夺得国主位，但其本质实则与农夫相差无几。因此，若政权在二三百年间多次更替而无公家复位，必然导致与天竺南蛮之野蛮状态无异。然而正因皇室之存在，天下一旦平定，将军必定谒见天皇，诸大名亦随之前往，一同朝见，众人见到宫中束带衣冠之礼仪，始知人有人之定规；耳听宫中管弦之乐，遂生愿天下太平之意。无论其仪表还是仪态，均使人反观自身而自惭形秽。于是知晓若不施行礼法则难以治理国家之理。故而，得天下之粗野之人，即应为知天下之人，必须推崇古礼，敬慕古乐，尊崇皇室，将君臣之义广布天下。天下之人见此，即便其无权无势，亦奉之为日本之主，而只有被尊崇、被谦恭奉之为君者，方为真正有道之君也。如此则各个得国、郡而不思尽忠者，抑

---

① 参见《说苑・善说》："周书曰：'前车覆，后车戒。'"

② 指中国。

或包藏祸心者，亦会幡然变计，愿成为将军旗下之世臣，于是乎，天下迅速得以太平。若无天皇之存在，何以有此德行？是故，为日本之一统而尊奉公家也。今川良俊[①]云："若不知文道，则终究难成武道。"良俊生于武家时代，文武双全者。世上之兵乱犹如人身之病患，邪气重时，无药则不能克制；邪气去除之时则元气虚弱，若不施以人参、白术等灵丹妙药，则无法康复。战国时代，往往以武勇之较量而取得一国，然而，敌已去，诸侯国势衰，战国时代所留创伤至今未愈，若不将养民生，则国家难以长久矣。正如病后需进补人参，敌去而休养民生乃文武之道也。如同克制病患需用以人参为主之烈药，战国时代之大将若无仁义之德则无以克制本国之衰势。太田道灌[②]最初乃一名粗俗之武者，整日驱马试剑，无所事事。某日，太田出去猎鹰捕鸟，为接近鸟儿，到农家借用蓑衣。农户家男主人进山，仅其妻在家。其妻折了一枝棣棠放在道灌面前即折返，并无多言。道灌于是到其他农家借蓑衣。夜晚归来与众人闲话，言及在猎场所遇之事，其中一位来自京都的和歌诗人说道："莫非此女有什么来历，是流落到民间的小姐？若是寻常女子，丈夫穿着蓑衣出门了，她恐怕会直言相告，而此女却折棣棠花枝作答。"古歌云："千朵万朵花儿开，唯有棣棠花未绽，岂不怪哉。"其时道灌年方二十，不禁拍手惊叫："真叫人羞愧难当啊！吾居国、郡之高位，然却不如一个普通女子。古人言：士当兼文武二道。而我等即如同捕兽猎人穿上锦衣，便置身高位者也。"此后，道灌开始研究学问，成为当时武将中罕有的精通文墨者，其诗歌自不待言，亦学习经传，世间知其学问者甚多。

或问：天下必归还于王者，源于何理？是否因其原本即是日本之主，故当复归于本。

答曰：朝代更替，有承继天下者，亦必有天之所废者。[③]然而，王者是天神之子孙，非地上之凡人，尤其在日本，其所建之功德广大无边。因而，其即便不掌管天下之大权，亦可以品性温和而居于皇位，无论何时皆为日本之主。武家纵然具有天威，但欲自立为王

---

① 室町时代武将。

② 太田道灌（1432—1486），室町时代后期的武将。

③ 参见《孟子·万章上》："继世以有天下，天之所废，必若桀纣者也，故益、伊尹、周公不有天下。"

则难矣。而作为臣子以摄政之心统治天下，则易达成心愿。终究，并非任何身份之人皆可为王。另者，即使武家将政权归还公家并侍奉之，公家之政权亦难以为继。如后醍醐天皇时期，因公家已疏于日本之人情，不知顺应时势之变，故失而复得之天下又再度失去。现今公家更加疏于世事，即使政权复归于手，得到武家之侍奉，不久亦会出现叛乱之逆贼而危及根本。然若武家之人登上帝位，取得天子之天下，则当无武家与公家之区别也。如此则只有一可遵循之道，即如同建造房屋，首先需要打好地基，将军家要出一贤君，至少需要准备三十余年。若相信末代之法而奉行之，则不需大名作为人质，亦可五百年内天下太平、物丰人寿。然而，将军家后世之中很难再出现上述可称为贤君之人。

或问：永禄[①]、天正[②]时期，在皇室公家极其困窘之时，丰臣秀吉为天皇大造宫殿，使公家得到极好待遇，此事是否可称为特例。

答曰：听闻战国时期，若无人尽心辅佐，则国君之统治朝夕难保，而不侍奉一位主君亦难以成事。秀吉对天皇之尊奉有些特别，并非因明道而行，亦非为了皇室和日本，因而一旦松懈，反而会造成公家之衰落。现今之公家尚未执掌天下之政道，亦不需要扩大宫殿之规模，因空虚无实，又有失分寸，故火灾频发，终使宫中之灵物灭绝殆尽。有道之人侍奉君主，尊奉皇室之皇位，体现于不中断古时之礼乐，赐司掌神乐之人以领地，亦赐宫中节日庆典之乐师诸人以领地，使诸事切实有序进行。而宫殿、各种陈设保持朴素，确保礼仪之施行，如此即可在皇室中确立“正”与“实”，使骄奢不生，亦无火灾之忧。公家之人衣冠束带之时彬彬有礼，平常之行合乎身份待遇，毫不骄奢，给予公家能安身立命之领地，则公家安居其所，无祸乱而治久。公家与大名结亲亦是公家衰落之源，私下结亲易生骄奢，且大名不善礼乐。他们若生有子嗣，因夫家身份低微，长男即会亲近、模仿母系之亲戚。而母系之人亦会变得野蛮而喜好恶俗之礼，只知随俗淫乐，因而其子不久亦会沉溺于淫乐。此即公家衰落之始也。要移风易俗，礼乐最佳，如此则公家之风俗不久即可转变，避免堕入卑俗，此即目前之状况。公家若能移风易

①1558—1570 年的正亲町天皇时代。
②1573—1592 年的后阳成天皇时代。

俗，众臣自会侍于帝王之侧听旨。之所以保留天皇于国有益，是因若不实行古代礼乐，则与民俗不符，其内容便无依存之处，而为了避免危及神统，不可与民俗相同。由此而论，秀吉不循礼法而奢俸天皇乃其祸之始也。若不能出现新的帝王、将军，则日本危矣。神统若断绝，神国亦难以为继。战国之后，人道何在？人道若不行礼乐，岂不近乎禽兽。倘若如此，则战乱永无休止矣。即使有短暂的太平之世，然而没有礼法则人心晦暗，终将为天主教所取代。待到此时，则已天地破灭也。所幸天运尚如中天之日，天道乃至善也。故有道之人决不言世无善人，唯一心思愿之。

第二篇　正心、诚意与致知

十

知友曰：我常夜不能寐，因而心神倦怠，食不知味。或许是感染了风邪，各种疾病便乘虚而入？心情郁闷，不知何故也。

答曰：夜不能寐所致，但更缘于思虑过甚，消耗精神。不论天下何思何虑[①]，只需遵循义理行事即可。智者行其所无事也。[②]万事不由我，皆以天理而动也。所谓“以天理而动”，即无好无恶，顺天而为、应天而行，无休无止。普通人有私欲，不能相机而动，故思虑过甚。天下万物皆备于我，何须追求，何必烦恼？未有比心更重大者，圣人、凡人皆如是。即使天下可与之，命却不能改换。因而，比天下更重要者，乃我身也。若生将失去义理，而死可保全名声，则宁死而不偷生也。[③]故此，义重于命也。

或问：因悔心迫切而费心劳神，总难释怀。但若无后悔之心，则不能改过，不知当如何受用心法？

答曰：悔，避凶趋吉之径也。然而，过于懊悔却是过错无法改正之根源。无论你我，曾有之过失现已了无痕迹，只要心境转变，即使想起过去之失误，亦不会后悔，仿佛看待与己无关之事。而之所以想到曾有之过便感到羞愧，乃因过错之根仍潜藏于心，一旦身处同样处境，则会自然触发。况且，若不知保守精神，即如同无可以守护养气之至宝，更无法受用其益也。若问为何不以少许毁誉而使灵心受损？是因面对大义，即使家国天下，亦可弃之如敝履，因而君子有灵明觉照而无思索。普通人之思虑虽有别于君子，然而一旦达到灵明觉悟之境界，即会明晓道理。即使他人不知，只要我心有不善之念，则会感到有愧于德。即使我之过错为人所知而受到指责，我心清明而改正过错，既然如今已再无二过，又有何可悔矣！悔乃改过之手段，改正之后若仍留滞于心，反而徒增烦恼。

---

① 语出《易经·系辞下传》：“子曰：‘天下何思何虑？天下同归而殊途，一致而百虑。’”
② 语出《孟子·离娄下》：“禹之行水也，行其所无事也。如智者亦行其所无事，则智亦大矣。”
③ 参见《孟子·告子上》：“孟子曰：‘鱼，我所欲也；熊掌，亦我所欲也。二者不可得兼，舍鱼而取熊掌者也。生，亦我所欲也；义，亦我所欲也。二者不可得兼，舍生而取义者也。’”

十一

知友问曰：志之主体当以何而立？

答曰：仁义在身，取用不尽。当以憎恶不义，怀有耻恶之心为主体。“磨而不磷，涅而不缁”①，须臾不可忘也。唯此灵明，本据于天而不朽。然不知受用心法之人，则如同我心虽有灵明但却不能为我所用。

或问：外求于人，是因志向不坚、虚妄否？不知如何将心法用于自我修身之工夫？

答曰：当以天地间唯有己身，以天为师，以神为友，便再无依赖他人之心。至此，则内心坚定而不为外物所夺，待人温和而不求全责备。

十二

知友问曰：听闻现今之好德、行道者，如同伏羲时代之无为自然而治。然而我等于放纵不羁中修习，不注重端正站行坐卧之仪态，则难以积蓄心力。故而是否可怀疑其方法有谬误之处？

答曰：若知方法存于汝等自身，便不会以为其有误。端正仪态之修习需要气力，老年病弱之人难以做到。故此修习之关键在于一念独知。起卧虽然看似小事，然而有些病老体衰之人，疲倦则休憩，有气力则起身继续修习，从不间断。亦有人在别人看来总是早起晚睡，努力去做力所难及之事，然而却懒于修习独知。而欲要正心、修身、齐家、治国，当首先立心之本体之诚。气力强者多修习亦不为过，气力弱者只少量修习亦不为不及。立诚若能合乎“时·处·位”，则皆如伏羲时代之民也。

十三

知友问曰：礼者，有当始于大处之说，亦有始于饮食之说，②不知孰是孰非？

答曰：天尊地卑为礼之始，是为无言之教也。男女皆遵循此

① 语出《论语·阳货》：“佛肸召，子欲往。子路曰：‘昔者由也闻诸夫子曰：“亲于其身为不善者，君子不入也。”佛肸以中牟畔，子之往也，如之何？’子曰：‘然，有是言也。不曰坚乎，磨而不磷；不曰白乎，涅而不缁。吾岂匏瓜也哉？焉能系而不食？’”

② 参见《礼记·礼运》：“夫礼之初，始诸饮食。”

礼，父子、君臣亦以此为准则。此乃本于天命所与之本性也。然而，气质偏于浑浊者则其神灵之光暗淡易消。饮食、男女皆为人之大欲，[①]若无礼法之约束则会出现争斗。其礼法依人所固有之天理予以教导，从而饮食要据义而求，定时而食，且当多让少取。男女须待媒妁之言而行完婚之礼，方可结为夫妇。即便结为夫妻，亦当犹如宾主，主次有别。先王首当自明其德，以身作则，万事齐之以礼，如此则人人固有之天性得以激发，备受鼓舞，有耻且格也。[②]

十四

学者问曰：所谓即物穷其理[③]，是谓穷尽各种事物而知其理之意否？

答曰：正是。所谓万事万物之道理，无论如何用心体会，亦不知其意。以吾之见，物即事也，事为物之用，物为事之体，二者不可分也。有五伦之物，则有五伦之事，五伦之物为君臣、父子、夫妇、兄弟、朋友，五伦之事为五典十义。以五伦之物穷尽五典十义之理，得以心领神会且身体力行者，即为格物致知也。知即理也。如今之所谓穷理，皆在纸上，依照书面之文字或讲解或空谈议论，此并非即物穷理，即便可称为以文会友，亦未达至以友辅仁[④]。所谓辅仁，乃指于父子之亲、君臣之义、夫妇之别、长幼之序、朋友之信等各种关系中，损其有余，补其不足，彼此告知过错而相互辅助。然而现今之学者闻过不喜，厌恶以诚相告之人，如此便失去“即物穷理”之实。因此，即便得以穷尽天下万事万物之理而博识多闻，又有何益?

或问：天下之物，莫不有理，惟于理有未穷，故其知有不尽

---

① 语出《礼记·礼运》：“饮食男女，人之大欲存焉。死亡贫苦，人之大恶存焉。故欲恶者，心之大端也。人藏其心，不可测度也，美恶皆在其心不见其色也，欲一以穷之，舍礼何以哉？”

② 语出《论语·为政》：“道之以政，齐之以刑，民免而无耻。道之以德，齐之以礼，有耻且格。”

③ 中国宋明理学中的认识论观点，指接触事物而穷究其理。源于《礼记·大学》的“致知在格物”。程颢、程颐认为格物便是穷理。朱熹说：“所谓致知在格物者，言欲致吾之知，在即物而穷其理也。”主张接触事物而穷尽其理。又认为理派生万物，天下万物又体现着理，有一事物便有一理。因而，穷理便是穷究事事物物中的理，从而体认本体之理。陆九渊认为穷理在于明心，王夫之也谈即物穷理，他所说“即物”是指对客观事物的考察，“穷理”是指对事物规律的认识。

④ 语出《论语·颜渊》：“曾子曰：‘君子以文会友，以友辅仁。’”

也。[①]而天下之物，未必可穷极于五伦。若如君之所言，则如文理未明矣。

答曰：天下诸理之要者，是齐家、治国、平天下。其中各事，皆需天赋之才智。君主察其天赋之才智，任命合适之职，臣子亦是尽天赋之才者也。从中挑选勤于修身、待人宽厚、知敏行笃之人，令其掌管教职，即如日本古时之淳和院、奖学院[②]中之师者；挑选熟识山川地理之人，使其管理山川湖泽；选拔深悟植物生长规律之人，命其管理农事，即如今日之郡代[③]；挑选多谋善断、赏罚有信者担任士师[④]之职，即如今日之所司代；挑选精通音律之理者，令其担任乐师；而善恶分明、直言不讳之人，则命其担任谏议大夫[⑤]；能进则尽忠、退则补过、知天下政道之损益之人，令其担任纳言[⑥]，以宣君言、纳下言；挑选通阴阳鬼神之道、晓人情时变之人，令其作为冢宰[⑦]，管理百官。天下事物繁多，理无穷尽。上述兹列二三事例。一人无法穷理，唯有合力共谋，方能知天下，为天下之事。不知为不知，知之为知之，即使自身不知之事亦不犹疑，亦不羡他人之所知。自己即便事成亦不自满，功成名就亦不自傲。如同耳、目、手、足各尽其用，而归一心之妙也。天生万物，地养万物，如日月轮转而照明，四时交替而运行。万物生成为一也。又及，对于天下万事，不论心之所感抑或身之所交，初学者皆会有疑惑之处，而此疑惑乃正心修身之残渣污尘，好学之人不需劳心即可明辨。欲穷尽天下之理虽然十分不易，然而若知本末、先后，则并非难事。

十五

学友问曰：阮嗣宗[⑧]曾言勿非议他人之过。真乃善人也。大舜即

① 语出朱熹《仪礼经传通解》卷一六："盖人心之灵莫不有知，而天下之物莫不有理；惟于理有未穷，故其知有不尽也。"

② 平安时期创立的贵族的学问所。

③ 江户时代幕府直辖地的地方长官。

④ 刑官。

⑤ 谏官。

⑥ 职掌承上启下、传宣上命、受纳奏言的官员。

⑦ 太宰。

⑧ 阮籍（210—263），竹林七贤之一。

由此得以大成也。与人为善，[1]隐恶扬善，则恶自然消失，善可大成也。始而惟信人之善矣。然而，孟子说："能言距杨墨过者，圣人之徒也。"[2]纵使是凡人，亦当隐其恶而扬其善。而杨、墨虽有不及，未能秉持中庸之道，但亦是出类拔萃之人。不知为何当好其善而不隐其恶？

答曰：圣人与凡人本性相同。然而天赋予人之命分却有多寡厚薄。明知己之命分，顺天命而为者乃圣人之徒也。而无天命所与之大任者，常默默无闻、天分不佳，当以阮嗣宗所言"勿非议他人之过"为师，进而清明心术，即如炼金得以无瑕，成精纯之正色。心思之所在，惟专于天理，如此便无人欲之烦恼，可谓圣人也。圣人之所以为圣人，其关键即在于此。天分之厚重者，即要承负天命，须辨正邪、明善恶，将其或书以纸笔，或述以言论。然而，并不同于好论人非、妄议是非之小人。之所以议论天命，是因如若不言，则不能救助世人也。孟子之时代，上无尧帝般之圣主，下无舜帝般之神德。此亦是知天分之义也。

十六

老友问曰：您老已是名闻天下之人，悟道学问精深，儒、佛之学者亦皆受教于您。然而您却只是问人以事，从不教人以道理。为何总是请神道者、俗儒、诗人、书法家、僧人等前来为师，或者让人去他处拜师学习？如此恐会遭人非难，说您道德之大本尚有未穷尽之处。

曰：鄙人仅有虚名而已，岂可以徒有虚名为博闻多识而承人师之大任？若知识浅陋之人可做无知者之师，则诸如鄙人等，亦可凭借虚名而勉强为师者矣。然强为人师者，受损甚多也。无论何时，惟有为人弟子，方可受益良多。言可至于道德，故而若为人师，则虚明之本然心性难存。言可至于诗歌之游艺，故而若为人弟子，则

---

① 语出《孟子·公孙丑上》："孟子曰：'子路，人告之以有过，则喜。禹闻善言，则拜。大舜有大焉，善与人同，舍己从人，乐取于人以为善。自耕稼、陶、渔以至为帝，无非取于人者。取诸人以为善，是与人为善者也，故君子莫大乎与人为善。'"杨墨是指主张为我主义的杨朱和主张兼爱主义的墨翟。此二人所处的时代晚于孔子而早于孟子。

② 语出《孟子·滕文公下》："《诗》云：'戎狄是膺，荆舒是惩，则莫我敢承。'无父无君，是周公所膺也。我亦欲正人心，息邪说，距诐行，放淫辞，以承三圣者。岂好辩哉？予不得已也。能言距杨墨者，圣人之徒也。"

不会失却“温恭自虚”[①]之真性。而鄙人学问尚未成也。即便是童谣之中，亦有可学之知识，更何况神、儒、佛、歌、书法家之处。鄙人与普通人无异，仅知人之大本所在、不惑而已。自信而不好为人师，为人谦下而以弟子自居，唯有如此方可稍及古人。千金之裘，非一狐之腋；大厦之材，非一山之木；太平盛世之功，非赖一人之谋而成也。古人云，守护天下者，若只知天下万事万物皆备于我，不知天下众人之知皆可为我所用，不善于不耻下问而用他人之智慧，则为古今所不齿也。驱动耳、目、口、鼻、手、足之功能而行事者，心也。明君、良相知天下人皆异于我之道理，具有举贤用能以治国平天下之德行。万物皆要生长，能聚万物而成春者，天也。圣人之所以能成为圣人，在于集众之大成也。古往今来并非缺少有才干之人，而是无能招贤纳士之人。所谓招贤纳士，即好不耻下问、善于发挥他人之才智者也。先于天下之知者，乃天下才智之统帅也。先于已知者，则可教以知晓已不如人也。

十七

知友问曰：因学风未开，昔日具有佳质之人尚未得入圣学之门。据闻，四书五经已传入我国，人人皆可研读。若置此圣明之书而不顾，不知书中诸番道理，岂可称之为聪明？

答曰：此等圣明之书至今已流传千百年、历经多人[②]之手阐释。尤其近年来，宋朝、明朝之书大量传入，我等生于如此圣明之时代，不需辛劳即可获得知识，心安理得地受教。此等典籍乃中国之国书，文字练达。然孔孟之后曾中断千年，至宋、明以后方逐渐为世人所知。五谷者，种之美者也；苟为不熟时，不如荑稗。[③]圣人之道学，更是如此，若不成熟尚不如佛学。圣学于日本微见曙色之时，乃佛学兴盛、如日中天之时。

① 语出《管子・弟子职》：“先生施教，弟子是则，温恭自虚，所受是极。”

② 指明经博士清原、中原家的诸人。

③ 语出《孟子・告子上》：“五谷者，种之美者也；苟为不熟，不如荑稗。夫仁亦在乎熟之而已矣。”

十八

知友问曰：《大学》中内容有先后之序，其最要者为何？

答曰：正心[1]也。欲正其心者，先诚其意，诚意之工夫，乃致知格物也。欲治国、平天下者，先齐其家，其家齐则天下平也。有家才成国，有国方为天下。齐家之本乃身，身之主乃心也，心正则家齐、国治、天下平。

或问：大学真正之工夫为何？

答曰：诚意也。是也，大学之传即以“诚意”为首。致知格物乃诚意之工夫也。岂会别有格致之传。此事从古本《大学》以“所谓”[2]二字为开端观之即可明了。

十九

知友问曰：孔子之四绝中有“毋意”[3]，然所谓诚意，何也？

答曰：所谓“毋意”，乃圣人之行也。意，即心中浮动无常之好恶之念也，亦谓之闲思杂虑。圣人者，无此念也。学者若欲以无为坐禅而至“毋意”，则会落入异学[4]之流。心本空无一物，而欲观其空，恰如图上观图，毫无意义。心本无意也。欲以无为而至本心，谬也。诚者，去除意念之工夫也。至诚之时，则自然而至毋意之境。意念浮动无常而自欺者，其灵智之心藏有晦暗，致使智慧之光无所照明之处。因而，即便想将知之灵慧致于心之全体，但依然无法达至空明之境。消除闲思杂虑，去除所生之欲望，使心境无善无恶而至空之本体，此工夫虽能很快产生作用，然而却像疟疾之间歇日，或垃圾沉淀于水才变清澈，不会长久。如此，人之气质亦不会改变。天下之事物，吾心当悟明与不明，于实际处用工夫。天下之国家是物，五伦亦是物。对天下之万事万物，吾心若有所惑，乃因知之不明也。尤其是有知善恶之良知，却知善而不为善、知恶而不去恶，此非真正之知也。然而，此亦难以谓之为非良知也。因其

---

① 参见《大学》：“古之欲明明德于天下者，先治其国。欲治其国者，先齐其家。欲齐其家者，先修其身。欲修其身者，先正其心。欲正其心者，先诚其意。欲诚其意者，先致其知。致知在格物。物格而后知至，知至而后意诚，意诚而后心正，心正而后身修，身修而后家齐，家齐而后国治，国治而后天下平。”

② 在王阳明提倡的古本《大学》中，是以“所谓‘诚其意者……’”开始的。

③ 语出《论语·子罕》：“子绝四：毋意、毋必、毋固、毋我。”

④ 指佛教。

此时尚未尽穷理之功，未达至穷尽义理而精义入神之妙境。①士者，之所以不为偷盗之事，乃因已穷理尽性、入神妙之境。如此之人，又可居于众人之上也。知者清明则无闲思杂虑，此同于圣人之毋意也。

或问：如此则近乎朱子之学也。而王阳明之以物为五事②之说，岂非简易乎？

答曰：五事亦为物也。离开天下之事物则无五事矣，离开五事则无天下。所谓五事之非礼③，亦是发自我知所晦暗不明之处。若我心神妙清明，岂有五事之非礼。当即平息五事之非礼，谓之自反慎独。最终克制五事之非礼，谓之穷理。其实质相同也。

或问：致知是否乃慎独之工夫？

答曰：慎独之工夫乃诚意也，不自欺者即慎独也。致知惟以成圣人为目的也，其工夫全在格物。格物为下学，致知为上达④。若知得道之大意，则遇到尚未穷尽之理，抑或尚未知晓之事，其心亦毫无困惑，即如镜子未映之物与所映之物之间并无分别一般。即便是极为重要之事，在圣学之穷理中亦非难事。然而若不至精义入神之妙境，则无以致用。既知其人意，又勤学而知之，⑤则可至精义神妙之境也。而入德之功若不深厚，则非圣学之至善也。

二十

知友问曰：所谓一旦豁然贯通，是否与异学悟道之法极其相似？

答曰：若粗略观之，其与悟道确有相似之处，在以意迎合以及自我心法之受用方面，亦无不同之处。吾心并未欲要穷尽天下事物之理，只是在修身之余修习学问，而在辨明心中有所不通或者困惑

---

① 语出《易经·系辞下传》：“精义入神，以致用也。”
② 五事即耳、目、口、鼻四肢。
③ 关于非礼的含义可参考《传习录》：“先生曰：‘“美色令人目盲，美声令人耳聋，美味令人口爽，驰骋田猎令人发狂”，这都是害汝耳目口鼻四肢的，岂得是为汝耳目口鼻四肢？若为着耳目口鼻四肢时，便须思量耳如何听，目如何视，口如何言，四肢如何动；必须非礼勿视听言动，方才成得个耳目口鼻四肢，这个才是为着耳目口鼻四肢……”即非礼勿视、非礼勿听、非礼勿言、非礼勿动。
④ 参见《论语·宪问》：“不怨天，不尤人。下学而上达。知我者其天乎！”
⑤ 语出《中庸》第二十章：“或生而知之，或学而知之，或困而知之，及其知之，一也；或安而行之，或利而行之，或勉强而行之，及其成功，一也。”

之事的过程中，逐渐领会了道之大意。其后，对天下之理再无困惑，且不一味依赖儒、佛之学。即便是天下学者来访，亦无心与之谈论当如何如何。即便对圣学所知未及至善，但若能知晓大意，则可称为贯通矣。

或问：如此看来，先生之学问亦不逊于程朱矣。

答曰：非也。程朱具有刚强、仁厚、明敏之气质，知此大意即为贤人也。而鄙人之气质柔弱、轻薄、鲁钝，虽偶尔能领会大意，然却不时有害于气质。吾修习入德之功时日尚浅，尚难以超越常人，有“人一能之者，己需百之”[①]之差距。即使是刚强、明敏之人，在知其大意后，亦不可止步于此。

或问：先生所得之大意，是否与曾点[②]所悟之大意相同？

答曰：此亦有高低深浅之别也。虽粗略观之吾二人大致相似，然于气质而言则有诸多不同。但入德之后，则无气质之烦矣。

二十一

知友问曰：现今若采用先王之道，于忠、质、文[③]三者中，当取何者？

答曰：此非鄙人所知也。如若圣贤在世，当择“忠”也。

问曰：当今是否可认为“文过则近乎于质”？

答曰：现今骄奢之风气，非文也。质，亦为文之基也。惟忠是为诚也。诚立，则伪去也。所谓骄奢与矫饰，多为伪矣。消除此习气后，方可趋于质也，再经时变，或可使文再现。

或问：如若有贤君出现，是否可改变“善恶邪正”不显之现状？

答曰：据理而言，即便有贤君出现，亦无法改变。当顺应人情，根据时、处予以改变。初行大道者，不可先施行礼法。伏羲氏无冠无裳、无宫殿，亦无礼仪法度，然而其作为神圣却无可挑剔。

---

① 意为：他人一次即可学通的，我则需要花百次之功夫方能学通。语出《中庸》：“有弗学，学之弗能，弗措也。有弗问，问之弗知，弗措也。有弗思，思之弗得，弗措也。有弗辨，辨之弗明，弗措也。有弗行，行之弗笃，弗措也。人一能之，己百之。人十能之，己千之。”

② 曾点，曾子的父亲曾皙。

③ 指诚实、质朴、文采。

二十二

知友问曰：圣贤亦静坐乎？

答曰：静坐也。孔子闲居之时，申申如也，夭夭如也。[1]心无主则魂必散，故主忠信，此亦谓之诚意也。人欲之妄易生闲思杂虑，伪也。意诚之时，主忠信，天理运转而毫无凝滞，故而呼吸时，其气息由头部流转至脚后跟，[2]身体放松，神情闲适，此乃静坐之最佳之状。心有虚妄之时，其气息只能到达喉间。心诚之时，气则从丹田而出也，养生之术亦在于此，因此养生家有调息之法。内立主，则精神不散，以精神护心而气血通畅，此即初学之状态。

二十三

知友问曰：跳毫不相关之舞蹈祈雨，即便降雨，是否亦是自然本将降下之雨？

答曰：然也。世间之人求雨，并非以为天神可采纳其祈求，亦非以此表示其行为之善恶，而是希冀天神感于民众之气质而降雨。从耕种、收割到脱壳成米，民众之辛苦、诸事之花费罄竹难书。不仅如此，遭遇天干地旱亦要祈雨。吾听闻奈良县三轮町因干旱而向大明神求雨，为举办祈雨之跳舞仪式，三十余乡所用花费多达两千两。各诸侯国不仅无视民众年复一年之辛苦劳作，而且其知行主[3]亦从不给予干旱祈雨以丝毫帮助。然而一到粮食收割，便会跑来强取豪夺。而民众与统治者之间力量悬殊，毫无反抗之力，只能无比痛恨统治者残酷无情。昔日，求晴祈雨皆由当地之奉行、代官、国郡负责，而今变成惟有百姓关心之事，则只知祈雨，而不知祈晴之义。但若长期降雨，则田中之农作物就要腐烂，致使其劳而无益，虚度时日。

或问：若由贤明者祈雨，该当如何？

答曰：祈雨而降雨之道理不同于音乐。天正时期天下大旱，诸寺社竭尽全力求雨，但雨却未降下。当时之圣旨中写道：“乐，体

---

① 语出《论语·述而》：“子之燕居，申申如也，夭夭如也。”

② 语出《庄子·大宗师》：“古之真人，其寝不梦，其觉无忧，其食不甘，其息深深。圣人之息以踵，众人之息以喉。”

③ 从幕府将军或大名那里得到土地赏赐的家臣。

现五行精神，有五音，对应一年之十二个月而有十二律，有四时土用之曲调。音乐感应于天地神明，其调准确而快速。般涉调乃冬之曲调，水之调也，吹奏此调则催生天地间之水气。而此音律持续之时，虽可形成水之声，然若火之气过旺，水气为其所抑则难以形成，故须将般涉调之青海波调至双调而演奏。双调乃春之曲调，木气之音也。木为火之母、水之子也。水与火虽然彼此相克，然而却是木之母、金之子也。而木中含水，故火气可自行转弱而雨降，因而须于大原野之神前[①]奏乐也。”

或问：若是如此，即便不去神前而在各自家中吹奏，亦可祈得雨乎？

答曰：非也。若不将其进呈于天之神，则不会求得降雨。此外，据说使用双调青海波祈雨亦是模仿古时之做法。任何祈雨仪式中都会吹奏双调青海波，此与将音乐用于求雨之道理别无二致。仲夏祈雨亦使用音乐。[②]

二十四

知友问曰：我路见命仆人拿着弓箭去野外之人，当如何视之？

答曰曰：武士之别名，亦有“持弓者”之称，何以不自己持弓？仆人一手提草鞋又一手持弓，实为不敬。武器中以弓箭为尊，弓可竖挎于背，不可直接手持。古时，大将军亦不会让他人代为持弓，公家之大将、中将、少将等武官弓箭从不离身。有名弓箭手，即便是远距离射箭，亦可准确测定与靶心之距离，气定神凝、手腕不抖。然而若在山野中偶然遇敌而射，则会意外出现失误。这并非弓箭手之耻辱，而是无备所致也。在古代，即便有随从跟在身边，亦会自持弓箭，即使遇见树叶，亦会仔细观察、测定距离、放箭。若未射中，则观其周围、重测距离。如此反复练习，便可准确测定距离而箭无虚发。所谓箭不虚发，即每射必中也。武士生来即学习骑马射箭，否则非为武士。不能学以致用亦非学之本意也。

或问：现今武士虽不擅长骑马射箭，但皆得以立身。习练射箭

---

① 京都府乙训郡大原野神社的神前。

② 语出《诗经·小雅》：“以我齐明，与我牺羊，以社以方。我田既臧，农夫之庆。琴瑟击鼓，以御田祖。以祈甘雨，以介我稷黍，以穀我士女。”

如此之难，恐无人再好此技也。昔日弁庆[1]等英雄，皆凭借刀、枪之本领而取得武勇之誉。是否如此？

答曰：弁庆并非不会射箭，其所擅长者乃刀也。身为武士者，首先当通晓武艺之整体精神。现今却以为只要能手握长枪逞一时之勇即可，不知此乃唯时运而已。须知只会逞一时之武勇者，乃野蛮之武士也。惟有承蒙国恩而从容不迫尽忠职守、用心修炼多种才艺，方可报答圣恩之万一。如此虽然不能轻松自得，但却可以致用。若身为武官而不尽其职，则当反躬自问有无良知，我心究竟是善还是恶。若心有良知，即便是为他人之事，亦能死得其所，女人亦可舍生取义，文人亦能杀身成仁。即使弓箭手只有一人，有时亦能御敌数百人。天下武士若仅专注于长枪，则日本之弓箭便将衰弱矣。《太平记》[2]之中亦曾出现此种征兆，促使楠木正成出面褒扬弓箭手、奖掖习射。是故，今日若有有志之士，则不必担忧不出名将。

二十五

知友问曰：适才，您对命仆人持弓者之告诫，甚为有理。现今武士之仆从，亦难见到背弓带箭者。因为地位低下之仆人若背弓带箭，则会被视为煞有介事。如此以往，近乎不再习箭，当如何是好？

答曰：适才吾之所言，是说武士当注重行尊敬弓箭之大义之道。诚如而今，家家相连、房屋鳞次栉比，邻人近在咫尺，背弓带箭毫无用处，反而惹人眼目。而若仆从一人持箭则不可说为过。因此事亦应依据时、处、位而定。若其怀有尊敬弓箭之诚心，则不会让仆人为己携带用于替换的草鞋、木屐，而是自己穿在脚上，出门时令仆从净手而带弓箭，或以纸包裹而带，当有诸多办法解决。弓箭乃八幡太神宫里用以附体之神器，乃武神[3]之魂之居所。若明晓尊信之诚，则即便处于现下之时、所，武士自己背弓带箭亦不会引人注目。世界因吾心之诚而存在，吾即世界也。

---

① 弁庆（？—1189），平安末期（镰仓初期）之僧人，原在比叡山西塔修行，称为武藏坊，武艺高强。后侍于源义经，跟随义经逃亡奥州。其在安宅关、衣川会战中勇猛善战的事迹，被后人广为传颂。

② 日本南北朝时代的军记物语。据传为小岛法师所著，经多次修改，于1371年成书。作者站在南朝立场上，描写了自后醍醐天皇实施讨幕计划后长达50年的南北朝内乱。

③ 八幡神，也称作八幡大菩萨，是日本自古以来的弓箭之神，也是源氏一族的守护神，镰仓时代以后也被当作武神。

二十六

知友问曰：丰臣秀吉背道而行，然而天下迅速落入其手，何也？

答曰：秀吉公当初并无恶行也。其劝浓州[①]宇留马之城主大泽次郎左卫门尉拥护信长公，与自己同道。然而信长公担心大泽性格刚勇，或易叛变，欲寻机杀之。秀吉苦苦相劝而信长公不予采纳。于是，秀吉回到家中唤来大泽，说："主君怀疑你不可靠，你胁持我为人质赶快逃跑吧。"大泽虽然刚强，但却是缺少义气之人，他拔出腰刀，横在秀吉之胸口，以秀吉为人质连夜逃脱。据说此后，无论敌方友方，皆知秀吉之仁义，信任其为人。不强求他人为盟友，不违背信义，危急之时不顾生命危险而做对方之人质，非常人所能及也。正因秀吉如此仁义，才能迅速取得天下。其后之所以会做不义、无道之事，乃因其凡俗之心不知"道"也。天下太平之后，秀吉谨言慎行之心开始懈怠，且尽情享受、为所欲为，终致祸乱也。唐玄宗初时亦曾试图复兴尧舜之治世，甚至为孝经作序，而后来却沉迷于情色。正因如此，圣人亦有"人心惟危"之说。

二十七

学人问曰：供奉菅原道真[②]的北野天满宫被视为圣庙，圣贤本当不生怨怒之心，而传说菅原之怨魂却作祟于藤原氏等人，如此脾性火爆、执念深重之人，何以被供奉为神？

答曰：此为传说之误也。其实并无菅原道真怨魂作祟之事。菅原在其流放地作诗云："去年今夜侍清凉，秋思诗篇独断肠。恩赐御衣今在此，捧持每日拜余香。"吟诵此诗，仿佛见到菅原，其忠心之深令人不胜感慨。由此可见菅原道真毫无怨怼之心。然而，世间确有孝子之怨、忠臣之怨，只是不为常人所知也。譬如《小弁》之诗，即为孝子之怨也。[③]古人亦云，世间有非孝子之心则不可知之义也。菅原道真之怨亦是忠臣之怨，其心非忠臣则不可知也。所谓化作雷霆作祟者，并非菅原之魂灵，乃天道感应忠臣之诚而谴责朝

---

① 现在的日本岐阜县南部。

② 菅原道真（845—903），日本平安时代中期的公卿，学者。生于世代学者之家，长于汉诗，曾被天皇重用，后被贬谪，死于贬所。其死后，京都出现很多异象，传说是道真的怨灵作祟。

③《诗经·小雅》中的《小弁》说是周幽王放逐的太子宜臼，或是尹吉甫儿子伯奇受父虐待而作，诗中抒发了遭受父母抛弃，而内心忧愤哀怨的情感。

廷也。即如天降大风疾雷，以显周公之忠。[1]

或问：据说菅原亡灵曾至比睿山，拜请从前的文学师尊不要阻挠自己报仇，其师不予承允，便怒而吐出口中之石榴，引发大火，烧毁了角门，一直烧至门后。此与先生所言似乎不符。

答曰：此与空海和守敏之事有类似之处。[2]空海和守敏相争斗法，守敏捉取全日本之龙神并关入极小之水瓶，于是天下大旱；空海则从北天竺无热地请来一位不从守敏之龙神，使其降下大雨。而真相是，春雨、五月梅雨皆乃因气候变化而降落之雨也。六、七月则罕见因气候变化而降雨，仅能以雷阵雨滋养田地草木。所谓雷阵雨，即山泽通于气而生成之云雨也。是故，绕郡避村之山神之气所及之处极为有限。龙神所布之雨乃为雨之变化，非常少见，其所及范围有限，难以广布也。因不知降雨之原理，故不知此乃雨之变化，而以为雨皆是龙神所布。由此可知空海与守敏两僧求雨乃伪术也。干旱或降雨，皆为自然之变化，而将其认作两位僧人法力所致，实乃附会之说。因民间逢干旱之年便跳舞祈雨，亦偶有天降甘露之时，故以为空海之祈祷亦能降雨。据说守敏与空海互相斗法，为求得神佛以法力降雨，双方以佛法所驱之箭矢在空中鸣叫不止。

阅览空海所著之书籍，可发现其中既包含佛学，亦有儒学之内容。如此之空海不可能有孤高邪念。况且，奉信神佛者原本即憎恶孤高邪念者，岂会有阵垒分明对战之事。过誉空海，则不知其曾被视为恶人；过誉菅原，则不知惜乎忠臣亦曾被中伤之事也。其时之僧人亦会称其为梦中之事。若仅以被烧角门为证据，则无法知晓其为何被烧。即如同遇水深流急会将水流驱向两边而行也。当知此乃以一盖全、不足以为信之事也。有人曾目睹以幻术在无水处变出水，然而此水并非真正之水。在真正深水之中，只可行以船，不可行以车，反之则有悖于理也。因而可说，空海之真正佛法亦无奇特之处。所谓真正佛法，即道理也。无道理之事即为邪法。出现少许混浊之水看似很深，但若判断其可勉强渡过，则当行船而渡。正因将天怒而降疾雷视为菅原之魂灵作祟，故而才有邀请比睿山僧人进

---

① 典出《尚书·金縢》：周武王死后，周公摄政，镇压了武王的弟弟管叔、蔡叔等的叛乱。武王子成王因受流言影响，怀疑周公的忠诚，于是“天大雷电以风，禾尽偃，大木斯拔，邦人大恐”。

② 空海（774—835）是东寺的僧人，守敏是西寺的僧人，两人于天长元年三月在神泉苑通过求雨来斗法。

行祷告之事。

或问：世间很多佛经被认为是天神菅原道真之手迹，既然其博学于佛学，又为何被供奉于儒教之圣庙?

答曰：其时世间儒、佛尚未分开。不论儒佛，只要博闻多识，即视之为学问者。只观其德业而知其为圣者，或知其为佛者也。菅原公恪守五伦之正道，所作所为皆为天下太平之政道也。从其聪慧非常、能为他人所不能之事观之，无疑当奉于圣庙也。菅原道真之聪慧的确无人可比，极为深奥之书籍亦能点注。在被视为菅原道真之手迹的书中，有诸多伪书。即便在被称为空海所著之经书中，亦有很多无法确认者。昔时一犬吠空，今日万犬吠声①，吠声者不知其理，即会信以为真矣。

二十八

知友问曰：子路穿着破衣烂衫与衣着华丽之人站在一起亦不觉得羞愧，以此而得美誉。然而，五六十年以前，家境贫穷者亦皆喜欢装点门面，即便家有负债亦作若无其事之态、趾高气扬，以示作为男子汉或武士之气概。如今家境优裕者亦作贫穷之态，无负债之人亦称身有负债。在家中穿戴华美之服饰，而外出则穿破旧之衣服。此种做法不可授其子路之美誉，因其乃古今风俗变迁也。当今，借债者受益多，无债者受损多。吾有一友，家境虽不宽裕，但亦无负债，其只需稍作积蓄便可成为富有之人，然而他乐善好施，经常扶危救困，周济穷人，因而无法成为富人。然而，因其没有负债，即被世俗指责为吝啬，称其家有余裕。此人勤俭持家、做事规规矩矩，岂能因其不乱花费而被称为吝啬？我所认识者之中亦有负债者。此人既非清心寡欲之人，亦非随意挥霍钱财之人，更非因救助他人而致使自己贫穷之人。较之昔日无负债之时，更加不愿帮助患难之人、不顾穷人之贫困、不救饥寒之百姓、无视亲友之落魄、颐指气使虐待下人，尽行卑劣不仁之事而不守礼仪。然而仅凭其负有外债，便被视为聪明之人，不被人毁谤憎恨。如此以往，前述那位没有举债、好施乐善、遵守礼仪之人亦会逐渐心寒消沉，持续多年的谨慎行事之心亦会松懈，转而像他人一样去借债。举债后则可

① 语出王符《潜夫论·贤难》：“谚曰：‘一犬吠形，百犬吠声。’”

免受嘲讽憎恨，心情亦可得轻松。但若世人皆以为只有如此才可受益，则世间挥霍钱财之人将日趋多矣。

答曰：正因如此，当敬重子路之勇也。若非大勇坚忍之人，则难以摆脱世俗无道者之毁谤而独立于世，更难以真正成就仁善之事。不知仁兄可曾听闻狂言《柿头陀》之故事[①]？头陀明明不会鸣叫，而有人令其鸣叫，其即鸣叫；明明不会飞翔，可有人令其飞，其即飞。如此只在意他人之褒贬、好恶，是为无自我之主见者也。

二十九

知友问曰：您曾注解六艺，有人指责您将“御”作马术解，“御”乃驾车之术，非同于日本之骑术也。

答曰：即使是初学者，亦无不知“御”乃驾车之法也。而在日本，所谓六艺者，其“御”则指乘马。且，易经中亦有“服牛乘马”之说。初始之马术即骑马之术，而车乃后世文道完备以后所出现之制度。中国所谓“五胡乱华以来，惟知鞍马为便利。虽万乘之尊，犹执鞭上马”[②]中之“上马”，即日本今日之骑马。物必有盛衰，驾车之法行于盛世也。即所谓：“古人乘车，车中不内顾，不亲指，不远视。行则鸣环佩，在车则闻和鸾，式则视马尾。自然有个君子大人气象”[③]。此为礼法兴盛期之君子行为，依照此礼法行事者方能称之为“大人”，则舜身为农夫耕种之时便不能称为圣人。为何伊尹在有莘山野耕田之时，傅说在做工匠之时，[④]皆为粗俗之模样？是因物之始，皆质朴也。兴盛时文道已备，衰落时则万事从简。物始与物衰，虽其事业各有不同，但物至盛则必衰也。而若物衰，则又近乎物始。后世难以重现古代车战之法，只能恢复上古之服牛乘马。因而，今日所言之六艺，其中之御者，即骑马也。在日

---

① 该狂言的大概内容是：一个头陀在山中修行，立志做到腾云驾雾、羽化飞升。但修行多日无果，饥渴难忍，去偷树上的柿子，被柿子树主人发现。柿子树主人说树上有鸟，让鸟叫，他就叫，说树上有鹰，让鹰飞，他就飞，结果他从树上掉了下来。

② 引自《河南程氏遗书》。

③ 引自《河南程氏遗书》。早见于《论语·乡党》中：“升车，必正立，执绥。车中，不内顾，不疾言，不亲指。”

④ 伊尹（前 1649—前 1550），姒姓，伊氏，名挚，生于莘国（一说山东曹县，一说河南洛阳）。夏末商初政治家、思想家，商朝开国元勋、道家学派创始人之一、中华厨祖。傅说（约前 1335—前 1246），殷商时期卓越的政治家、军事家、思想家及建筑科学家。

本，义经、义贞、正成[1]之马战即如上代之车战。若擅长车战，则大为有利，可于野外快速搭建城郭、兵营。若车战之术拙劣，则不如骑马。日本之马战，擅长者则会取胜，而不擅骑者则很难取胜。因而，近世出现了刀剑步兵，而马兵较少。义经曾选拔擅刀剑、精骑术的十二精骑，于四面数万敌军阵中横冲直撞，而得以克敌制胜。新田义贞、楠木正成亦皆学义经之榜样，义贞曾率十六人对敌、正成曾率二十一人对敌。其后亦出现了许多勇猛善战之良将。此二将皆匹敌千军，为破阵杀敌而拼死一生。源平之战[2]中，平家一方出战的恶千兵卫景清、越中的次郎兵卫等，皆是一夫可抵千军的骁勇大将。他们带领二十一名勇士攻开寨门，跃马上前，而骑着高头大马的熊谷父子，则因慑于其威名，不敢趋前与之对战。此即恐惧与之冲突也。日本之武道亦有盛有衰，而今则远不如昔也。

三十

知友问曰：著述至理之言，若以假名书写，则不会为世人所重视。有文化之人更是对其不屑一顾。然若将假名文改为汉文，则又与唐人之书无以区别。而知德之人用假名所写之书，如若由不知德之人改为汉文，则其所示之精神便逊于假名之文也。虽然如此，但汉文在蕴含人的思想方面却胜过假名文章，不知是否如此。

答曰：此关乎道也。道乃无声无臭之存在，难以一念思及也。所思难以诉诸语言，语言亦难尽皆诉诸文字。汉文中所蕴含之深奥道理，假名文字难以体现。然而，作为学者，若忘记圣经贤传乃吾心之注解这一道理，而于心之外阅读经传，则经传成为本，而吾心成为末也。因而，若只欣赏经传文字之高深，仅在口上述说其中之道理，则将失却己心。文之奥义亦成为口耳之学[3]，不能致用于齐家、治国。此事久矣，其已非正心、修身之实学也。若假名文字能迅捷阐明道理而解人心之惑、通人情时变、促人内省，致用于齐家、治国，则对于其时代益处良多。有此体悟之后再读圣经，则圣

---

① 源义经（1159—1189），日本传奇英雄，平安时代末期的名将。新田义贞（1301—1338），幼名小太郎，正式名为源义贞，为镰仓幕府末期到南北朝时期之名将。楠木正成（1294—1336），幼名多闻丸，明治时代后被尊称为大楠公，为镰仓幕府末期到南北朝时期著名武将。

② 指《源平盛衰记》《平家物语》中描写的一之谷之战。

③ 指肤浅的学问。

经中之文理皆可内省，从而始得心法也。方可真正具有如见圣人之余味也。假名之书并非圣经，亦不及贤传。并且，假名文字亦无法陈述奥义。“文”字读作“ふみ（FUMI）”，亦是“ふくむ（fukumu，包含）”之义，省略了“ふくむ”之“く”，则读作“ふみ”，而“み”与“む”五音相通也。和语中如此例者甚多。和文之书中亦曾论述道理，但假名文字难以蕴含深刻道理，故须连缀为三十一字咏歌而将精神蕴含其中。此乃吾国风之妙也。即便作为大和语的假名文字之书亦可体现此精神，为何其中不能蕴含道理？因我国人从一开始，即视汉书为深奥，视和书为肤浅，认为无有可取代汉文之和书，故使和文中之精神变得虚幻而被埋没。其实，即便是汉土之人，亦有很多只玩味经传之文理而不知“道”之人，如此则无法受益于书中蕴含之心法。此外，亦有因热衷于求真而做修身之学问者，然而大多却陷入形式格法而不知心法。如若是此等之人所著之汉书，则不足以视之为汉书。即便和文之书不含神妙，但若知德而不驰于文字、见道而不陷入形式格法，而是从事所谓实学，则相信实学者便皆可趋向真实。古往今来，天下为文者不计其数，而践行实学者却甚少。其内心虽然诚实，但因不知心法，故未能使道学致用于日常，此事久矣。和文书写之内容，亦能令人日用受益。只要能致用于齐家、治国，则不可轻视。明晓此道理再读经传，则书皆可成为吾心之注解，可知吾心与书二者孰先孰后、孰本孰末也。

三十一

知友问曰：圣人柳下惠之“和”，其中是否亦有“清”之气质？

答曰：有清之气质。但清之气质存在于其天生无为所成之“和”之中。其身处粗鲁、邋遢之乡下人中，亦是“尔为尔，我为我，尔焉能浼我哉”[1]。此即身处污泥而不染之圣也。所谓“清”者，莫过于此也。

---

① 语出《孟子·万章下》：“柳下惠不羞污君，不辞小官，进不隐贤，必以其道，遗佚而不怨，阨穷而不悯。与乡人处，由由然不忍去也。‘尔为尔，我为我，虽袒裼裸裎于我侧，尔焉能浼我哉？’故闻柳下惠之风者，鄙夫宽，薄夫敦。”又《孟子·公孙丑上》云：“柳下惠不羞污君，不卑小官；进不隐贤，必以其道；遗佚而不怨，阨穷而不悯。故曰：‘尔为尔，我为我，虽袒裼裸裎于我侧，尔焉能浼我哉？’故由由然与之偕而不自失焉，援而止之而止。援而止之而止者，是亦不屑去已。”

问曰：如此说来，则伯夷、叔齐亦当有“和”之气质。

答曰：有“和”之气质。然其天生“清”之气质更多也。因其无欲无我、不与人争并非“和”之气质。从《孟子》中视“推恶恶之心”为嫌恶乡下人观之，自会认为伯夷是过于清高之人。[①]孟子对伯夷心灵深处之清虽然观察入微，但此并非伯夷一如既往之行为。

三十二

知友问曰：无论天下、国、家，皆不可能一直平安无事。居于朝堂之人而无所为，则难得天下之治。人活于世间皆当做事，何以有无为之说?

答曰：世人将为人所驯服、供人驱使之马，称之为无为之马，此言深有道理。驱使马者，人也；驱使人者，天也。而人不掺杂私念，循理而为，即无为也。无论事之多少、安静抑或行动，若于当出世、辛劳之时却悠闲度日，则非无为也；若在当隐居、独善其身之时却现身入世，则亦非无为也。因两者皆是以名利为主而发于私心之行也，即如同牵马出厩而马却要挣脱嚼子、不肯出厩，或牵马回厩而其却乱蹦乱跳不肯入厩一般。此类马谓之怪马，非无为之马也。人亦当遵循自然天理，或辛劳，或修养。期间不掺杂私心，即无为也。为君者，当依循时、处、位，于无事之处行自然而然之事，使天下清明，国家安宁，此即所谓无为而治也。

三十三

知友问曰：君之论述和讲解非常中肯、诚切，道理详尽，然若其心术不正或躬行掺杂名利之欲，又该当如何?

答曰：修习心法，并不在于学问之粗、精，而在于心之所向是否有异。心向内求者，则一言即可极尽精微。而心向外求者，则纵然千言万语诚切讲论，亦只停留于言论，难入精微。心本为凡人之心，何以不除名利之欲哉!

问曰：心当如何向内而求?

---

① 语出《孟子·公孙丑上》：“伯夷，非其君不事，非其友不友。不立於恶人之朝，不与恶人言。立於恶人之朝，与恶人言，如以朝衣朝冠坐于涂炭。推恶恶之心，思与乡人立，其冠不正，望望然去之，若将浼焉。是故诸侯虽有善其辞命而至者，不受也。不受也者，是亦不屑就已。”

答曰：此难以言明也。吾等之心，初时皆可求于内。此观察其他求学者之心即可明了。向求于心内者问学，则求学者之心自然趋于内求；向求于心外者问学，则求学者之心自然趋向外求，浑然不知自己热切求学之心已随讲学之法向外而去也。此即以意会意，无法言传者也。

第三篇 仁者心中无己

三十四

知友叹道：想必后世不会再行儒教之道吧？

答曰：吾等出生于此偏远小国，学习儒教之道德方可不堕入佛教。穷尽生死一贯、贫富一致之理，于天地万物无惑，人生之幸事莫过于此。理之普遍性无大小之分，吾心同太虚一致，吾于天地中，受万物供养。只要心善无恶，生于当世，乃尧、舜帝之子民也。有万物一体之仁便会同情他人之不幸，然又不能为同情而同情。他人之命，不可知也。

三十五

老友问曰：日本为武国，何以称仁国乎？

答曰：盖因仁国所以武，仁者必勇也。北狄为勇国也，然不仁且近乎禽兽，勇者未必仁也[①]。夫仁者，人也[②]，心有德也。慈爱恻隐为人之常情，无欲无为乃人之根本。天之心遍布万物，故无心也。万物与仁为一体，故无欲。动以公，故无为也。仁者之乐山也，亦即仿仁者之心若山也，无欲故静。智者之乐水也，亦即仿智者之心若水也。水源深则流得远，深邃而宽厚也。智者行平安无事之所，流水内明外暗，大智若愚也。流水因泥土而混浊，但最终会澄清，诚不被掩饰也。知者不惑，勇者不惧，仁者不忧。[③]知以至明，勇以至义德，仁以至生机，故仁者寿。[④]

三十六

知友问曰：以前汉朝崇尚黄老之道[⑤]，行清静无为之学。然而，用之于佛教亦有益处乎？

答曰：阴阳调和实际上在于节约。孔子曰：约即俭约[⑥]，以约

---

① 语出《论语·宪问》："子曰：'有德者必有言，有言者不必有德。仁者必有勇，勇者不必有仁。'"
② 语出《论语·学而》："有子曰：'其为人也孝弟，而好犯上者，鲜矣；不好犯上，而好作乱者，未之有也。君子务本，本立而道生。孝弟也者，其为仁之本与！'"
③ 语出《论语·子罕》："子曰：'知者不惑，仁者不忧，勇者不惧。'"
④ 语出《论语·雍也》："子曰：'知者乐水，仁者乐山；知者动，仁者静；知者乐，仁者寿。'"
⑤ 战国时期主流道家学派，黄老之道尚阳与老庄尚阴相对。
⑥ 语出《论语·里仁》："子曰：'以约失之者，鲜矣。'"

失之者，鲜矣。本人也是黄老之道的学者。清静无欲，重本不重名利，皆圣贤之人。老子曰：为学日益，为道日损。①此道乃天理也，学而习之则明。循天理而习之，明人伦之时，人欲日渐消损。常习此道之者，能够大事化小，小事化了，多化为俭，奢化为俭，此乃皆日渐消损之义。损之又损以致吾心与太虚成为一体。是故无事可想，无事可做。所想之事有条理，即无所想。所做之事皆有礼，即无所做。仅仅人欲未尽，故思考失去文理而成妄念，行为违背礼义而至骄吝。

再问曰：俭约一事要如何做才可至阴阳调和？若想阴阳调和需风雨顺应民意乎？

答曰：俭约之本乃无欲也。上无欲则动乱少，安享平安无事者不重财，不重财便不能汇聚钱财，钱财则散尽天下，民众也自然不当成宝贝，不把钱财当成宝贝便没有相争之事。挖井喝水，耕田吃饭，民众生活如同年年生长的五谷一样平常，人亦不会不仁，夜不闭户也不会有盗贼。如此，刑罚便无用武之地，无为而天下治也，此为礼乐之本也，正是学校本应教授之事——孝、悌、忠、信。故俭约之义无微不至也。

三十七

朋友问曰：我识得一人，好文学。像很多武士一样无刚毅之气质，专心致志于文书，好安静。此即为一名学者独特之特征？

答曰：不刚毅而安静是理所当然之好事。然而，只专事文书之事者，做公卿、史儒或者出家会很好，而处于武士之高位自然有其职责。孔子也只专心于读书。因为是士大夫，故文武并用，射御之道皆明。若喜爱文道而不擅长或厌恶武艺，这种不擅长或厌恶若是与生俱有，则不要紧。公卿之家需要血统纯正，故可于文学家、书记官或虽为武家但不需武艺的奉公等官员中择其一。哪怕从事农、工、商业亦可，当辞去武士之职。即便普通武士，非文武兼备者亦不能居其位，居其位而不履行职责，则武士精神不能施展。从其业而不尽其职者难以称为好人，唯顺乎天性而安其身。吾友之中人品

---

① 语出老子《道德经》第四十八章："为学日益，为道日损，损之又损，以至于无为，无为而无不为。取天下常以无事，及其有事，不足以取天下。"

好者，吾常举其为武士之楷模。此人有勇力、精于武艺，能胜任纳言、大臣等要职，实为武士中稀有之士也；内心纯洁、品行高尚，诸武士中之一流人物也；好道遵德而毫不懈怠，平和而好静者也。

三十八

知友问曰：虽不失敬，但亦无任何心思，此情形甚多，先生以为如何？

答曰：无任何心思才是人心常态。曰敬，戒慎、恐惧为心之要，非心中时时持敬也。敬乃心之德也，须臾不能离。吾等可以心之关键指向、位置之差异来区分君子与小人。心向外者，仅在他人面前保持谨慎，内心并无羞耻感，为凡夫俗子也。君子视心之关键于内，以天地神明为师友，未在他人面前，亦即一念独知之处也保持警戒、恐惧，谓之慎独。时时内藏羞耻之心之人，无论任何时候，皆会远离自己内心每一个不好之念头。敬无大小之别，敬只是一而已，敬只有存乎于内还是存乎于外之别，此乃正是区分君子与小人之处也。

三十九

知友问曰：夫仁者，己欲立而立人，己欲达而达人①，是为何意？

答曰：仁者心中无己。即是说普通人立身，为了一己之利，不顾及对别人的损害，只为达成自己的欲望，只知有自己，不知有他人。若如此，即便得到幸福却也会失去民心。君子立身以万物一体，道器一贯，以达到道。因此君子得志时便兼济天下；君子生不逢时、不得志时，便独善其身。但其立人与达人之道，浑然兼备。国家、天下之困穷乃君子先困穷、不大之故也。

再问曰：能近取譬②为何意？

再答曰：据《中庸》记载，子曰：道不远人，人之为道而远人，不可以为道。③诗曰：伐柯伐柯，其则不远，执柯以伐柯，睨而视之，犹以为远。故君子以人治人，改而止，忠恕违道不远。施

---

① 语出《论语·雍也》：“子贡曰：‘如有博施于民而能济众，何如？可谓仁乎？’子曰：‘何事于仁，必也圣乎！尧舜其犹病诸！夫仁者，己欲立而立人，己欲达而达人。能近取譬，可谓仁之方也已。’”

② 语出《论语·雍也》：“能近取譬，可谓仁之方也已。”

③ 语出《礼记·中庸》：“子曰：‘道不远人，人之为道而远人，不可以为道。’”

诸己而不愿，亦勿施于人。好比在我们手里的斧柄，一抬眼就看到了。如同我们要做一把斧柄，则样板、标准就在我们心里，在我们手上；推己及人，从心出发，便所差无几。然而做人与此尚有很大差别，忠恕之道与此相比更接近。以人治人为二人同治，心中的天理为天下一贯。自己喜欢的义理其他人也喜欢，厌恶的不义之处别人也厌恶。忠于中心，中是天下的根本，天理自然的真叫做中。仁心是为常怀宽恕。因此将天理一源之理推及于人，甚至推及中日关系也大抵相同。中日之间交往伴随的学习之心、私心、私欲，这些情感即便交织兄弟之情，两国之争也会使人忧虑。因此根据这譬喻来解释忠恕之道时，仁者更重要。

四十

知友问曰：攻乎异端，斯害也已[①]。孔圣人的时代还没有道家，佛家的学者，为何称为异端邪说？

答曰：六艺[②]亦为异端。通学六艺有益，专攻一艺则有害。一艺是指道的微小的影子。修习道德而游于艺之人方为君子。听过圣贤传授的心法，达到我道之外。追术者，以小道自溺[③]。一味追求单纯的技艺、技术之人，是无法到达道的层面的。如果专门钻研于义理的一端，都是有害的。小艺者可以，但对于士君子来说则有大害。在文学领域，想要达到经传之上亦如此。夫大道，乃明五典十义，修身正心，不越五个等级的人伦的道理也。佛者远离五伦，道者不拘泥于五等。无论哪一种都能看到道的影子，因此称为异端。孔孟之后的儒者又被称为异端，则如同出五等之外。

---

① 语出《论语·为政》：“子曰：‘攻乎异端，斯害也已。”对于这句话表达的内容，大致有这样几种解释：1. 解释为“如果钻研异端邪说，那么危害就大了”。朱熹等人执这种观点。原文为：“范氏曰：攻，专治也，故治木石金玉之工曰攻。异端，非圣人之道，而别为一端，如杨、墨是也。其率天下，至于无父无君，专治而欲精之，为害甚矣。程子曰：佛氏之言，比之杨、墨，尤为近理，所以其为害尤甚。”2. 解释为“批判不正确的言论，祸害就可以消灭”。杨伯峻等人执这种观点。3. 解释为“攻击与自己观点不一致的言论，这样很危险”。

② 六艺指六种技能：礼、乐、射、御、书、数。中国周朝的贵族教育体系，开始于公元前 1046 年的周王朝，周王官学要求学生掌握的六种基本才能：礼、乐、射、御、书、数。出自《周礼·保氏》：“养国子以道，乃教之六艺：一曰五礼，二曰六乐，三曰五射，四曰五御，五曰六书，六曰九数。”

③ 语出《养生论》：“夫悠悠者既以未效不求，而求者以不专丧业，偏恃者以不兼无功，追术者以小道自溺，凡若此类，故欲之者万无一能成也。”

四十一

知友问曰：君子不怨天、不尤人[1]。然而，诗经又说怨心，何故？

答曰：不怨天、不尤人，指富贵贫贱，喜怒哀乐之，顺逆皆为命，不能怪罪于别人。君子素其位而行，不愿乎其外，独善其身。诗经所说怨心，指有和光同尘的心。人应该同朋友一起，不应和禽兽、木头、石头一起，根据众人爱敬的“德”来作诗吟唱。该恨则恨，当讽则讽。无论生活中的朴素语言，还是诗经中的诗句，言之者无罪，闻之者足戒。以清静明白的心与世事共进退，此所谓吟诗作赋。而心又是神明不能知的，随地而变，此自然之妙也。

四十二

知友问曰：听闻藤树门下的学徒读了《太上感应篇》[2]，又参与群体的诵经，世人嘲笑之，真有此事吗？

答曰：确有此事。费尽心思地学习，初始就如同刚学骑马一样会经常跌落。没有圣贤之师传授心法，中江氏最初亦费尽心思。心法之受用之道乃取而用之。两件事情都可以从好的角度来看，志的奇特之处就是诵经群体的威仪，凡学习过往的错误都一一记下，这就是感应篇。如若从这个方面考虑，是有用的经历。即捻纸以反省一天的过错，亦为行善。从一开始就费尽心思学习，只要志不偏，就不会后悔。因此，三经[3]最初的威仪亦有此理。圣贤在祭祀神时，有礼有义。

四十三

知友问曰：敬鬼神而远之[4]，何意？

答曰：知鬼神之德时当怀厚重礼敬之心，身洁心纯。神不接受非礼，应以义礼之心来祭祀。且应以正直之心，真实之情来祈祷，达到诚敬便自然远之。凡人只知鬼神之名、不知鬼神之德，因此更应该身着盛装，以清净之心来对待鬼神。

---

① 语出《论语·宪问》：“子曰：‘莫我知也夫！’子贡曰：“何为其莫知子也？’子曰：‘不怨天，不尤人。下学而上达，知我者其天乎！’”

②《太上感应篇》为道教经典，内容主要是劝人遵守道德规范，时刻止恶修善、自利利他。

③ 原著者解释为《孝经》《小学》《大学》。

④ 语出《论语·雍也》：“樊迟问知，子曰：务民之义，敬鬼神而远之，可谓知矣。”

复问曰：非其鬼而祭之，谄也。是为何意？

复答曰：无义且随意劝请的宫社中，祭祀的大多非应当祭祀之鬼。隐瞒私欲的人们，不是以真实正直的心尊奉神明的德，一边说着神明很奇怪，一边又随意祭祀神明来祈福，这就是谄媚。

再问曰：神罚和神助，确有其事乎？

再答曰：确有其事。但是正神的罚与助不同于邪神的罚与助，神明的德是不可预测的，因此所见到的并不一定是常规之事。伊势太神宫因有神明常驻之故，能感应人们的心愿，并且帮助其实现。神明无迹，却能感应。孔子被困于匡时，匡人欲杀之，此时狂风大作，于是匡人吓得且辞且退，此即为天道助也。异端的神通力多为方便说，也有可能是邪神的幻术，正神通常不这么做。

四十四

学者问曰：我国人夜深时不去聚会而是静坐讨论，是否有益呢？

答曰：君子无欲以静，行、住、坐、卧皆静。何以为静？心思，专于义理之时，皆为义理。何以为义理？譬如夜晚的聚会，只能在主人家，客人在主人家，而客人的家人亦会待其回家，不休不眠。夏天驱赶蚊虫，冬日抵御严寒，若十人聚，则辛苦十家人。聚会不只是搞乱阴阳昼夜之轮替休息，还有别的害处。比如：白天聚会时常吃东西，夜晚聚会也不时地吃东西，害人破财，苦恼者甚众，聚会遂成为麻烦和负担。学者和不做学问的人不同，佛教的信徒，离五伦出五等，亦有不同。居五伦行五等，应该白天工作夜晚休息。天下不教之事久矣，寻先学之道，解惑以求心术。夜晚依然寻道，可谓朝闻道，夕可死①。

四十五

学者问曰：前几天，吾友听了格致的心法，感受深切，表现出极大的热情，特为此而来。

答曰：前些日子，本人感受到心法的受用，发于格致。今日，吾心空空如也，不知所到之处。应人心，不同于感知我心。吾既有

---

① 语出《论语·里仁》：子曰：“‘朝闻道，夕死可矣。’”

表现出至善[1]的时候，也有表现出慎独的时候，皆为自然。汝若能体验，定会深切体会。

四十六

学者问曰：静坐无事，多杂虑，而温和、慈爱、恭敬、惺惺之本心难存。妄念常去而复返，总是难除。

答曰：温和、慈爱、恭敬、惺惺皆人之精神状态。温和、慈爱、恭敬、惺惺的精神状态，发而适中且有节度即为中和，这八个字无法表达之处即为大本，称为中。无所想之事，无所做之事，寂然不动以感通也。先学所言的这八个字，是为了初学之人受用。阻止人的精神状态，成为本心，如阻止影子而成形也。又从伏羲氏到孔孟，都提倡静坐。君子有事无事常静坐，心无欲则常静。静坐是自然的无为，先学会让心浮气躁的人静坐。明德可谓心的太阳，在明德的时候，应无百戒千慎之所，只存自然无心之敬。

四十七

学者问曰：家父讨厌学术。吾一友云：违背父亲意愿的人很少，学问亦应当遵守孝悌之道，不应违抗父亲之意而从事学问。心中若懂得义与不义之道理，那么从事学问与否当合乎时宜。正如另一友所言，为父者不喜学术乃不辨事理也。听闻侍奉大道之父母乃大孝，故因此而违背生身父母亦无关是非也。大孝者，莫过于学道而成善人也。即便与生身父亲断绝父子关系，亦非我之不义，不必为此痛苦。另，生而为人，若不追求学问而虚掷时光，将甚为可惜。此两友之解释取何解，令人踌躇，十人中六人会觉得后者更为顺耳，不过总有些令人寝食难安。不知先生之意如何？

答曰：我取前者之解。舜奉于大道之父母，不顺其生身父母之意，乃其父母为大恶人，做坏事。你的父亲并无恶名，只是一个普通人。你的内在，虽有些许学问的装饰，却亦是普通人。而且，你的父亲有随机应变的人情往来之知识，而你没有。你想以学术之事来胜过父亲，学术于你有害而无益也。虽说聊胜于小人之粗鲁作恶，但君子之心中所想与行动为一也。心正则行正，心和则行和，

---

① 语出《礼记·大学》：“大学之道，在明明德，在亲民，在止于至善。”

而汝之心同行动已一分为二也。

学者之交有和，而世人之交无和也，古礼已疏也。亲人、知友离散，唯趣好相同之人昼夜相聚，旁观其状似党徒，实则难以分辨。观察汝之行为，虽生于武士之家，却不勤练武艺，亦不习弓马战术。于君不忠，于家不孝，于友不信，此乃父之所厌恶至极之处也。理在乃父，不在你，若断绝父子关系，则又为不孝。还谈何人伦，学何圣学！后一种见解，近似于“弃恩入无为，真实报恩者”， 名为圣学，实为佛学。佛学远离人伦，别有立法之处。因其轻视人道，视圣学为非，故而有别于儒学也。立足人道为圣学者，而实质与佛法相同，则似是而非，圣道之罪人也。汝之离五伦、出五等之行为当否？立足五伦，学五典十义；身为武士，遵循五等阶位，则可迅速弃虚取实。当遵循乃父之意，勿要再与人妄议父亲之非，且勤练武艺、振兴家业。舍弃求学之虚名，端正自己的行为，则亲人、知友皆为你所教化，乃父亦会明了学术之益处。于家中专心读书，又有谁会来谴责你。亲友之交亦会讨论学问，有暇则习文，以文会友，汝父绝不会阻拦妨碍你。学友中亦会有更多武士，共同习练武术、切磋武艺。若不行武士之举，远离五伦之亲，空掷岁月，当否？徒为他人之笑柄也。正因父爱深厚，故而会有断绝父子关系之举也。

四十八

知友问曰：吾今为官，无暇受用心术。是否应辞去官职，静心向学，以达成志向？

答曰：我还从未听闻习圣贤之学必须辞官方能达成。圣贤之学，不应是有了闲暇再去修为，且学成之后，所学亦应运用于实践。辞官来受用心术，有何道理呢？难道想成为一个无业游民吗？余听闻现在学者的风气，品性相合的人时常聚集，不分昼夜玩要，品评议论，以此为学问。

如果一个人没有（事业），长此以往，便会慢慢地安于享乐。如此之人若能达成一两次辞官向学的心愿，无论身心还是头脑，皆可能成为异端，难以真正受学。壮年或健康之人，如若没有事业，就难以生活；年迈或多病之人，没有妻子在身边照顾，恐怕亦难以生活。近比江州有一个富农，田地良多，将村中一名武士招至家中，帮其种地。每日日晒雨淋，朝夕挥舞锄头在田间耕作，还干一些捆米袋子等的杂活，毫无一丝空闲。待其坐下，哈欠连天，一字不吐，如此这样，岂能达成学问，成为“士”呢？如今之学者，多爱因变就利，达成志向之后，便会感叹这个田夫可能会后悔。如今之年轻人，多会认为与其做无用的奉公，不如在壮年之时辞去官职，达成文武之道。这样的想法，其实就是重复那个田夫的行为。朱子说人在8岁到30岁之间，应该专心于道艺。就算是学佛之人，为了进行学问上的修行，也要学以致用，一日也不会安闲，更何况是学习人道呢？

四十九

朋友问曰：以前有多变的人，现今已无，何故？

答曰：人与万物都要时常向好变化，现今亦多变。人们喜欢多变的事物，无论人还是万物都是多变的。人心是有灵的，人们最爱的是现在没有的东西和不会生长出来的东西。以前山茶花不也就红白两色，但根据人的喜好不同有百花争艳，人们近年又喜欢五月花，于是，又出现了好多花。人亦如此，由于变化，善人、贤者都出现了。您的变化理应会更加优秀。

五十

朋友问曰：人们厌恶的人总是命长，而人们喜欢的人却总是命短，这是为何？

答曰：因为好人偶尔有短命者，方才觉得可惜，坏人因为坏，故嫌其命长，就如同灵草名木一样；坏人神气无灵，无灵的恶人无病，有长寿的道理，就如同无名的杂草一样，此乃生来就带有的气质。有的恶人，连幕府的大法都违背，这样的人必然会受惩罚。鸣叫的回音反应都很快速，吉凶的报应也如此。

五十一

知友问曰：即便是悟道修行的高僧，面对他人责难佛法，亦会显露愤怒之色；同样，心学者遇到有人责难儒学，亦会露出不满的神情。那么，即便他人有所冒犯，亦不予计较，此种心境是否方为高乎？

答曰：无论何道、何学，都各有其风格。有风格便非大道也。吾不知佛学，而圣学乃人道也，非为一己之私。责难圣学，即非难自身也。何必为非一人之私之大道而怀有一己之私之不满！他人责备自己的过错当省察，他人责备大道则当默然不语。当默然不语却不能做到，乃心不正也。君子不言于己、于人无益之语也。

五十二

知友问曰：不读书的人，有志向也能够成为善人。对于年纪大的人来说，钻研学问非必为之事，甚是遗憾。

答曰：壮年的人，不以善、信、美、大、圣、神[①]为志，且不以此为耻，就不可能拥有至诚无息的天真。上了年纪的人的遗憾也是如此。通晓此为人之道后，人神之生死疑虑皆无大喜大悲，此可谓“朝闻道，夕可死”也。在此之后若能每天进步一点，您也就成为了好人。只要达到了信、美的地步，必会生生不息，万事皆无怨恨了。

五十二

知友问曰：有人说异端就是空，是无。那么，只有圣学才是实吗?

答曰：空即实。形色都有的东西是不常有的，不常有的事物非真实。形色都没有的事物是常有的，常有的东西就是实。异学[②]现在还没有到达穷尽无的境界，圣学已经到达了穷尽无的境界。上天的东西既无声音也无气味，因此好人内心平静，不形于色，有福降临不会过分高兴，飞来横祸也不过分忧虑。这样的人，呼吸的气息，从头到脚，平静绵长。异学所说之有未必真的有，所说之无也未必真的无。内心仅有义理而无私欲的人，如同未生；只知私欲不懂义理之人如同禽兽。有私欲是人心真正的开心，欲随义而行即是道。琵琶、筝之类的东西有形却虚空，装上琴弦才得其用，此为道。天地万物的有无离不开道，因此有形的东西最终都归于无，无中的神谓之性命，跟随性命而行称为道，所谓有无的只是自然的形体也。

---

① 语出《孟子·尽心下》：“可欲之谓善，有诸己之谓信，充实之谓美，充实而有光辉之谓大，大而化之之谓圣，圣而不可知之之谓神。”

② 此段提及的“异学”指老庄之学。

君子不说无，说无形无色，无声无味。

五十四

知友问曰：在书信问答卷中，您曾谈及先王为防止人们过度悲伤而制定了服丧之礼，我对此难以理解。从前，闵子服了三年丧礼，去拜见孔子，孔子给他一把琴，闵子边弹边唱，甚是悲伤，抑制住自己的眼泪说丧亲之悲尚未消尽，但先王制定的礼制，三年之期已到，不能超越它。子夏结束三年服丧之后，也去拜见孔子，孔子给他一把琴，子夏边拉边唱，甚是和乐，说丧亲之悲虽已消尽，但也遵循了先王之礼，服满三年。如此，孔子都称赞他们为君子①。请问先王制定之礼制，真这么难以超越吗？

答曰：余从上古开天辟地说起。先王继承天意，立下至极之标准。后人应以诚为本，以义务为本，还是应遵循自然或遵守规定的礼法，唯以诚为本？以诚为本，即为顺应自然，遵循时间则为尽义务，应制定礼法。不超越先王之礼乃立诚也，顺应自然之理而不做作也，这是制定礼法之始。出生于后世感情淡薄者，服丧时虽不到古人规定的三年之丧但至少尽职了。中古时代的薄情者胜过如今的重情者。世间之事少皆因寡欲也。后世多事而心累，多欲而情薄。孔子在世之时，普通人中服满三年之丧者甚少，即便是孔子门下之七十二贤人未服满三年之丧者亦不少。三年之丧中，早上要行祥记之礼，子路嘲笑晚上唱歌之人，孔子听闻后，让弟子由去训斥子路。三年的服丧期很长，察世上之习俗、人情变化之势，可知不得已之处也。让人从事难以完成之事，并以之作为圣人之礼，乃教人作假也。难道不是承天立极，以诚实、质朴为本，礼在后乎？以当今之人情、精力，不该有日本王朝时代服丧之法吗？稍不行道则难立服丧之法。欲做超过世俗之事则在于人们各自之性格和学习能力。如行道，不能循唐土之法，应符合日本风土而制定服丧之法。

再问：闵子结束服丧三年，悲伤之情未尽，被视为君子；像子夏一样勤勤恳恳服丧三年者亦被视为君子。对子贡之疑惑，孔子之

---

① 语出《孔子家语·六本》："子夏三年之丧毕，见于孔子。子曰：'与之琴。'使之弦。侃侃而乐，作而曰：'先王制礼，不敢不及。'子曰：'君子也！'闵子三年之丧毕，见于孔子。子曰：'与之琴。'使之弦。切切而悲，作而曰：'先王制礼，弗敢过也。'子曰：'君子也！'子贡曰：'闵子哀未尽，夫子曰君子也；子夏哀已尽，又曰君子也。二者殊情，而俱曰君子，赐也惑，敢问之。'"

回答虽大体上能通，但高低含义亦有别。

答曰：闵子天赋、学识俱佳，未刻意努力而能有所成；子夏未有天赋，但凭借刻苦学习亦有所成。若子夏具备闵子的天资，则优于闵子；而闵子若具备子夏之天资，则不及子夏。观世人可知，聪明者笃行不足，笃实者欠缺才智。颜子与闵子虽有不同，但皆具天赋，且努力钻研圣学，最终成为大贤人。知不明则行不善，智者不学则愚不肖。但愚不肖者若能蒙受圣主贤君之德化，亦能成为善人。此即谓之“民可使由之，不可使知之”也。[1]

① 语出《论语·泰伯》：“民可使由之，不可使知之。”

第四篇　主敬与慎独

五十五

知友问曰：主敬[①]由于无法受用，故动辄轻易离开本心。敬存在之时，如神清气爽般。然，有时感觉生动、活泼之心被一物所阻碍，心情为之郁结。或为顽空[②]，或充满闲思杂虑，这可否称为放心[③]，即无法自觉，快速回归本心？

答曰：敬乃天、地、人三极中重要的修身方法也，天道运行不止，日月轮回，寒暑变换，化生万物之处皆为敬也。地之山泽通气流水不止[④]，造作风雷云雨之物皆为敬。天地无欲也，故敬无片刻停留之时，不可须臾无敬，否则天地万物运行规则崩溃也。故曰，敬乃天生固有之德性也，非外物附加矣。赞美尧帝之德，称为“钦明、文思”[⑤]，钦为敬也。《易经》曰：“天行健，君子以自强不息”[⑥]。敬之受用之法，再无匹及其深切之物。敬存在于心之本体中，乃性之德行也。故，圣人无私（欲）心，敬存。自诚明谓之性也[⑦]，故称之为钦明。思皆为文，无闲思杂虑。无事之时，心空空如也，如宇宙般幽深玄远，宽广坦荡神明不测。入眠之时乃专注于静，如同那埋没于灰中之熊熊火焰般；隆冬蓄积地中阳气，睡觉不像死尸一样挺着。[⑧]到了晚上则卧床休息，故时时为敬也。天地之大德曰生，[⑨]人之本然谓仁，据天地之法自强而生生不息，生机勃勃永

---

① 关于“敬”，《河南程氏遗书》卷十八：“涵养须用敬，进学则在致知。”《朱子语类》卷二十八：“所谓功夫者，不过居敬穷理以修身也。”

② 关于“顽空”一词的意思，参见第二卷《心法图解》的第四篇《俗心》。

③ 这里的“放心”，语出《孟子·告子上》：“曰：‘仁，人心也；义，人路也。舍其路而弗由，放其心而不知求，哀哉！人有鸡犬放，则知求之；有放心而不知求。学问之道无他，求其放心而已矣。’”

④ 语出《易经·说卦传》：“天地定位，山泽通气，雷风相薄，水火不相射，八卦相错，数往者顺，知来者逆，易八卦相错变化，理备与往则顺而知之，于来则逆而数之。”

⑤ 语出《尚书·尧典》：“曰若稽古，帝尧曰放勋，钦明文思安安。允恭克让，光被四表，格于上下。克明俊德，以亲九族。九族既睦，平章百姓。百姓昭明，协和万邦，黎民於变时雍。”

⑥ 语出《易经》：“（乾卦）象曰：‘天行健，君子以自强不息’；（坤卦）象曰：‘地势坤，君子以厚德载物。’”

⑦ 语出《中庸》第二十一章：“自诚明，谓之性；自明诚，谓之教。诚则明矣，明则诚矣。”

⑧ 语出《论语·乡党》：“寝不尸，居不容。”意思是说（孔子）睡觉不像死尸一样挺着，平日家居也不像做客或接待客人时那样庄重严肃。

⑨ 语出《易经·系辞下传》：“天地之大德曰生，圣人之大宝曰位。”

不停歇，敬也。夫孝天之经也，地之义也，民之行也[1]。经、义、行，三位一体也。其生生不息处之景象皆为敬，即本体，即功夫。

问曰：当如何着手进行修身养性（主敬）？

答曰："自己要不断反省，并在独处中谨慎不苟，自觉控制欲望——坚守慎独，此着手进行主敬之功夫也。常人据昧不知敬，明白事理则自然为敬，如临深渊、如履薄冰之时[2]，身体落入明白事理之故，必谨慎也。多欲利害，损害天真，陷入长生不老之真身，过深渊薄冰。视、听、言、动、思，均遵天理之时，则心宽体胖[3]，谨记天理、人欲之苦乐，以戒慎恐惧，发生命之活力，获天真之悦，谓之自明诚。有事、无事都应存养省察，不丢失本心，称之为敬。不苦恼于秉性，不依靠阳气。私心杂念由意、必、固、我之欲而生，虚无境界最初由去物欲而发，其迹广阔无比。懈怠于存养省察之功，则不知私欲产生之处。私欲起而本心失，且欲望之火难以熄灭，无法复归明净之本心，如此则为不敬也。思主敬善辩惑，则事理自明，精于心法顿悟精妙细微之处。

五十六

知友问曰：当今学者论及养子，认为其乃不义之事。然而，或家系断绝，或让家人流落在外，都十分可怜。这正如同世间厌学者甚多，即便是圣人之法，在心中也难以容纳。

答曰：大君之册封国、郡，同理也。以一人治国、郡，非以国、郡给予一人，仅乐其身也。先君之后来者，不能靠一个人来养其国。有用或没用，一般来说治国是国君、郡主之职责。国、郡若无主，则必生动乱而不能保全生命。如今，家亦是如此。如无子孙后代，可从兄弟姊妹众多、尚未成家之人中选择能够担任职务者为养子，给予官禄，让其养育全家老少。正如同当上诸侯，接受官禄，就要赡养其国的男女老少一样。若为同姓，则即刻行祭祀之

---

① 语出《孝经·三才》："曾子曰：'甚哉，孝之大也！'子曰：'夫孝，天之经也，地之义也，民之行也。天地之经，而民是则之。则天之明，因地之利，以顺天下。是以其教不肃而成，其政不严而治。先王见教之可以化民也，是故先之以博爱，而民莫遗其亲，陈之德义，而民兴行。先之以敬让，而民不争；导之以礼乐，而民和睦；示之以好恶，而民知禁。'"

② 语出《诗经·小雅·小旻》："战战兢兢，如临深渊，如履薄冰。"

③ 语出《礼记·大学》："富润屋，德润身，心广体胖。"

礼。若为他姓，往往求之同姓，让其成为我之后担任职务之人。若无有才能之同姓后继者，则以我之力，不立祭祀之礼。源、平、藤、橘等之姓实为广泛，详寻之则非同姓不可。将同姓之人收为养子乃古法也。中国周代之人，虽说百世行同姓不婚之法，弘扬同姓之亲，故而不作为继承人。若无同姓，他姓也可。人皆天地之子孙，皆为同姓。后来区别后裔，是为了明人伦，尊礼法，远禽兽也。而且，守大节，乃君子之义也。取小节，乃小人之事也。小人取小节，远离禽兽，君子守大节，乃异于小人也。主持国家政事，若以小人之人情风俗为根本，不久便为人情世故所忧，未能实现大道。故圣人治国理政三年有成①，才能治理国家。养子赘婿等，现如今乃成日本之民俗，安于人情之处也。君子者，不诋毁人之非，必当顶天立地。天下之风俗习惯，非居于下位者之职。即使见之于明君圣上，不应即刻立法，应以德化使百姓服从，逐渐转变。

问曰：子路，奉孔子之命，驱逐射弓之人时②，羞辱其养子之事，您怎么看？

答曰：此乃圣贤之所为。孟子曰：仲尼不为已甚者③，道理就是道理，在大庭广众之下，做羞辱人之举，实为不仁也，现如今日本，也有不少之人，何况孔门弟子乎？《孔子家语》有后人附会之处，不可全信。当世，各流派之学者，不能免除凡夫俗子之好胜之心，不驱净利欲之根。以不仁而当作本领，混淆视听，见古人之足迹而不知融会贯通。对自己有利之时，或守礼法；或违背自己民族固有的风俗习惯，诽谤常人不取之君子之大义，欲让平常女子恪守贞女之节操，华而不实、徒有其表而欲兴道。远离虚假之风时则内心恐惧，靠近虚假之风时则轻视他人。即使有猛虎之态，着羊皮，而轻视同道，即便和光同尘，终作化为尘土。此乃远之则敬仰，近之则耻。君子之学，以忠信主。六艺曰“应时中”④。

---

① 语出《论语·子路》：“子曰：‘苟有用我者，期月而已可也，三年有成。’”

② 语出《孔子家语·观乡射》：“孔子观于乡射，喟然叹曰：‘射之以礼乐也，何以射？何以听？循声而发，而不失正鹄者，其唯贤者乎？若夫不肖之人，则将安能以求饮？’”

③ 语出《孟子·离娄下》：“孟子曰：‘仲尼不为已甚者。’”

④ 语出《中庸》第二章：“仲尼曰：‘君子中庸；小人反中庸。君子之中庸也，君子而时中。小人之［反］中庸也，小人而无忌惮也。’”

五十七

友人问曰：据中江藤树之学风，而知晓天下皆行道。儒佛两教共瞩则为大功。

答曰：虽有些益处，但弊端甚多。不明确地辨别经传，则不知道之大意。以一管之见为正确，然后立异见，称为圣学，如此则不能产生指导愚笨之人者。在中江藤树之前，未曾听说此弊，世间之学者虽也有清醒者，但尚未见好德之人，满足于浅显之学之人非一二。

五十八

学者问曰：有人说，区分“有无”[①]不在于“有”。道体之中存在“有、无、中道”，儒学为道体之有的一面。教授有形之实体而行之故也，尤其是介乎“无与中”之间的自然之灵妙。老子以“无”为本体，介乎“有、中”。佛教云，阐明“有”，阐明“无”，阐明“中道”，非在“中”。毕竟，以“中”为本，介乎“无、有”之间。此说甚为严肃。

答曰：儒学，虽说今日在形色之上，形体之根本为“无”[②]。非顽无，乃无形体状貌之道也。其无乃神明不测也，其大无外，其小无内。东，西，南，北，上，下，中七方皆无，乃虚灵不昧者也[③]，是为道体也，故谓之中。有体之主乃“无”，“无”之德乃为中也，有物有则。形色乃天性也，唯圣人然后可践行。

又曰：三千大世界[④]一说，乃天地之外有无量之世界，又仅以天、地、人立道成教，此种说法似乎狭隘。

再曰：仍离不开区分形色。此乃以物之大使人惊恐者也。道无大小。天地之外或天地之内，皆为大同。且言太虚者，比三千大世

---

① 把有无割裂开来机械地加以论证之法。

② 并非什么也没有，也不是有无相对的无，而是以有形之体为根据而成的无形之道。

③ 语出朱熹《大学章句》：“明德者，人之所得乎天，而虚灵不昧，以具众理而应万事者也。但为气禀所拘，人欲所蔽，则有时而昏。然其本体之明，则有未尝息者。故学者当因其所发而遂明之，以复其初也。”对此，王阳明更直接说“明德即是天理”，天理就是“道”，也可以是“性”。

④ 三千大千世界，是佛教的宇宙观。三千大千世界即大千世界，因为三个千连乘，所以叫三千大千世界。佛教说一日月照四天下，覆六欲天、初禅天，为一“小世界”；一千个小世界覆一二禅天，为一“小千世界”；一千个小千世界覆一三禅天，为一“中千世界”；一千个中千世界覆一四禅天，为一“大千世界”。一大千世界有小、中、大三种“千世界”，故称三千大千世界。

界大。言太虚者为道体也。道之外，无太虚也。

五十九

知友问曰：君子与小人相对之时，心与行成两立，人前、独居或内外有别。欲将二者化为一体之时，如同心明气楹，虽说为亲密朋友，但感觉有隔阂之态。若有隔阂之心，即使告之善，却听不进去。若和而成之一体，则我之劝诫当能听入耳中，然而我心将变得松懈，不再切实，如此一来当如何受用心法?

答曰：君子与小人，人前与独居，虽因时、因事、因人而有界限，但这并非受用心法的方法。当不立此四种界限，而以一念独知来践行慎独。《大学》中慎独之独字下应附“知”字。古之言语简易也，言独，便自然有独知之心。若理解为“独自”，则因并未言及人前之事，便成了人身之独处，慎成了形式，拘泥于此则心无主；若理解为“独（知）”，则已蕴含知之意。

六十

友人问曰：君与亲，汝之心中何者为重?

答曰：以时中为重。君子不说君主与亲人孰轻孰重。如，跟随君主赴军营，父母妻子儿女为敌所擒获，改变日常君臣之义，不该成为敌国之臣。此时，与父母妻子儿女一族相比，重君主之一人，则为不妥，乃重之以义也。父母之本心安之于亡，耻之于生。虽说父母之形消亡了，但生命未亡。又为父者，若将遭意外之灾而死，身为子者，虽接受高官厚禄侍君，此时，抛弃高官厚禄带领父亲隐藏起来。此时，与君主相比，重父母，也为不妥，乃重之以仁也，非仅仅为君或父母也。虽说五常之性，以仁为主，义、礼、智、信为宾者，或以信为主，仁、义、礼、智为宾者。《论语》曰：“以仁为主，则孝悌不为宾”。抛弃高官厚禄，若有助于父母之时，则帮助父母乃为君之真心之悦。不顾家而侍君之时，则侍君乃为父母之真心之悦。一方高兴，另一方悲伤才可以说轻重。循道之时，则双方皆悦。君主之迷惑与父母之迷惑，如失酒气之常心，不值一提。

六十一

友人问曰：绝后之家生善人，衰败之国贤臣出，原因为何？

答曰：有此理也。天道之仁也。家道中落乃罪恶累累所致也，到最后，善人出，修道德而消积恶，复兴子孙后代，乃其使命也。虽善有善报、恶有恶报，若无胜恶之道德，最终也会家道败落。贤臣举荐于将衰之国，冥冥之中已显征兆，据此有思贤之心。欲改变天道之衰败而赐之以贤臣，仅择善而用善，不立应天命之道德则最终走向灭亡。此乃《大学》所云“见贤而不能举、虽举不能用”之谓也①。

六十二

友人问曰：在我国，有闻先生之名而立志于道，祈愿能来此学习者。您以为如何？

答曰：古歌曰：“弃世又是人间，别有一番情趣，别有一番山村。”若其欲来此求学问，无论从哪一方面来说，应当从心里欢迎这一应当之趣事。若来此地，其不会是独身求学者。在其内心有好学术之处，便不知除此之外的任何道理。吾所学，若只如现在一般，那人们便不会知晓我是谁。吾因以前犯了错故得此名。有钟爱此等僻事②者，人道非罕见之事。故来此学习者定会停留于此。

六十三

知友问曰：对您所说之事表示理解、赞扬者甚少，反而不知您真意、对您诽谤者居多。学圣人之道虽不在求功名，但难道不应为取得好名声打牢基础③吗？然，反而被诽谤又为何？

答曰：得他人之赞使我劳累，诽谤反而使我安心。我为患者且体弱气虚，很难做到使我难劳累，但却能使我安心，故诽谤于我乃助力。知我意而赞扬者，略有德却非吾之亲近者，可能是与我秉性相似者。若万人中只有一位相识者，则吾之劳累甚大。诽谤者，替代吾感受吾之疾苦。吾至今都未被众多诽谤者所夸赞过而活到现在

---

① 语出《礼记·大学》第十章：“见贤而不能举，举而不能先，命也；见不善而不能退，退而不能远，过也。”

② 不合常理的事，错误的事。

③ 得高名的基础。

这么长，且这难道不会损害道德吗？诽谤能纠正吾之过错、抑制浮躁之气修身养性。故此，我并不讨厌倾听；赞扬则增加吾之过失，让我心生浮躁之气而削弱吾之勇气，故非吾欲闻之。

又问：然，您的高名沦为不善之名，且您会背负更多东西。意想不到之恶名落在您头上，岂非您道德上之瑕疵吗？

答曰：背负未知之恶名损害自己的名誉，乃当下毫无根据之刁难。即使真的发生这样的事，就连圣人①都被当做阳虎②被围困过，吾又何以为惧。大德者有大难，且他们都能迅速渡过此等困难。如吾一般违背道德者，少数人有被刁难扣上恶名。因不能避免凡人之天性，故渡过此难关也会变慢。然，若吾心中为空，即使反复说也不会受影响。

六十四

知友问曰：不偏不倚无过无不及③。尧帝执中之心法仅如此般乎④？

答曰：不偏不倚处于未发状态。处于未发状态即此心至虚却无半分偏倚之处，故称为中⑤。无过不及处于已发状态。以此心应万变，并非不能说不是处于中，故无过不及。中也者，天下之大本也。中也者，天地人之根本也，义也。不向他处求，且无凌驾于此上之"中"之解释。"中"亦称内，内乃物之主也。禁中而奉内亦为此义也。心亦称内，故中也者，心之别名也，心也者，身之主也⑥。所谓心若空则难以下手，提出心之德行而命名为"中"。夫中也者无思亦无为也，可谓寂然不动感而遂通天下之故也⑦。

---

① 指孔子。

② 鲁国权力之人，匡城人曾经将孔子误认为是阳虎。

③ 语出《论语·雍也》："中庸之为德也，其至矣乎！民鲜久矣。"朱熹《中庸章句》："子程子曰：'不偏之谓中，不易之谓庸。中者天下之正道，庸者天下之定理。'""中庸者，不偏不倚，无过不及，而平常之理，乃天命所当然，精微之极致也。"

④ 执中之学，出自《大学章句》。

⑤ 中立，不偏不倚之意。

⑥ 朱书插入：心若身主也。

⑦ 语出《易经·系辞上传》："《易》无思也，无为也，寂然不动，感而遂通天下之故。非天下之至神，其孰能与于此。"

六十五

知友问曰：今世之幼子，似乎大多有技能和才智。以前，不闻窗外事之优秀者甚多。然，世人皆逐渐流失其技能、才智，此难解之事也。

答曰：的确如此。生长于水田中之稻穗大凡都成了晚稻才会被当作实际收获的粮食。如今孩子们的聪慧之处就在于他们像早熟之稻穗一样，像大人一样聪慧地实际收获的粮食甚少。而且，凡人聪明之处就在于，大多数时候都愚钝。侍童以红面长爪般模样出现在大庭广众之中，是因明白了有所知，故心才有所耻。存在于人身上最宝贵的东西乃羞耻之心。明羞耻之心者，做学问可达君子之位，即使是没文化，人品向来也是优秀的，从军则为武艺高强之勇士。对从前之侍童而言，因长爪者众多，故已成为听从成人、有用处者。如今之侍童，不会使人害怕，即使在大庭广众之下也能言善变，其行为礼貌举止规范。因此，长大成人，择为有用之人者甚少。人之父母者，因不知其德，原本有羞耻之心的孩了因被人威胁而失去羞耻之心，夸赞、喜爱无羞耻之心的孩子，大概会导致越来越多人被夸赞。故贤才日渐衰落，骄奢、吝啬之风日渐滋生。呜呼！何等悲哀。

六十六

知友问曰：人总有可言论之事。治大国，若烹小鲜，不故意做作就好，若将锅里小鱼翻来覆去倒腾，那么弄碎它就不好了，无论做任何事按照它本来的状况去做就好，若明知此理还要逼着去做，反而会坏事。“抑制乱世的发展”这样的句子后面会接“仅希望有善事发生”这样的名句。甚为有趣。

答曰：确实如此。如同不翻来覆去倒腾而烹煮小鱼一样，法制、刑法之下不能玩花样，涵养德性能长久端正人心、美化风俗，乃智者之事也。若无德只按自己喜好行事，脱离人情世故、不合时、所、位，只会造成更大之坏事。不用药不需几天病就能痊愈，而用庸医之药治病反而可能更麻烦。然而，也不能这样单方面认为只要不翻来覆去地折腾就行，治理国家绝非这般易事，否则，就谁都能治国、平天下了。比起尽早用药并进行灸疗而治愈之病人来说，那些因用药不好而置之不顾之病人，随时间流逝，导致病重至死也是意料中之事。如此，国家、天下也有乱之征兆，一旦见到罪恶之源，宜早做准备断绝其源头，若能逢凶化吉，对国家而言才是一件真正平安无事、长治久安之事。夫主将者应具备仁义、威严，修身养德也。故纪纲不弛，以俭、礼、时行事，不吝啬、奢侈。故人心正、风俗美也。

六十七

知友问曰：君子敬以直内，义以方外①，圣人也用主敬功夫吗?

答曰：慎独②之时，抬头不愧于天，低头不羞于人，此乃直内也。对于任何事物喜欢与否只是遵循道义行事，此岂非方外乎。

六十八

知友问曰：夬卦③上六④之一阴，无地位权势，九五⑤，处阳刚之位有权势。夬卦去⑥中有危险之处。然，无利就发动战争，有利之事就去做⑦，的确是在警示我们：对于功利之徒，人们都会远离他们，此乃理也。若智者无德，便达不成其所想。

答曰：正是这样。刚而用刚，成一柔⑧之微。做出决断应不难。然，刚而用刚已为过度，不是宽仁。故此，做出决断后治化不大。不至于天地位移化育万物。是故，尧舜二帝之神武而举天下之兵诛灭三苗⑨，哪有什么危险呢。若刚而用刚，做出决断虽不至于导致轻

---

① 语出《易经·坤·文言》："君子敬以直内，义以方外，敬义立，而德不孤。"

② 朱子对《大学》中之慎独注曰"独者，人所不知而己所独知之地也"，言"欲自修者，知为善以去其恶，则当实用其力而禁止其自欺，使其恶恶则如恶恶臭，好善则如好好色，皆务决去，而求必得之，以自快足于己，不可徒苟且以徇外而为人也。然其实与不实，盖有他人所不及知而己独知之者，故必谨之于此，以审其几焉。"而对《中庸》中之"慎独"则注曰："隐，暗处也，微，细事也。独者，人所不知而己所独知之地也。言幽暗之中，细微之事，迹虽未形，而几则已动，人虽不知而己独知之，则是天下之事无有着见明显而过于此者，是以君子既常戒惧，而于此尤加谨焉，所以遏人欲于将萌，而不使其滋长于隐微之中，以至离道之远也。"

③ 夬卦有五个阳爻，一个阴爻，是强大之阳，将阴切断的形象，所以称作夬卦。这一卦，也是"消息卦"，代表三月。

④ 最上边的阴爻。

⑤ 从下往上数第五个阳爻。

⑥ 夬卦意味着决断之意，故说为决去。

⑦ 语出《易经》："夬，扬于王庭。孚号，有厉。告自邑，不利即戎。利有攸往。"

⑧ 指上六一阴爻，恶人势力变小。

⑨ 中国古代湖南、湖北、江西地区居住的蛮族。

易毁灭。然而，因未能让其心服，故只好让军队返回，修文德最终会招其而至，以兵用武力并不能使其心服。此卦之刚，决定了柔，矫健而人悦，做出决断而生和谐者也。君子击退小人，并非断绝与其来往而灭亡之，应用和睦相处而导之教之痛改前非。小人之道消失之时不用做出决断也不会存在此类问题。

六十九

知友问曰：许由[①]不应尧帝之召，子陵[②]辞三公之职[③]，古往今来均以之为贤。天下无道之时隐于山林乃常情也，帝尧二帝乃圣人也，光武帝乃贤君也，为何不应召？此外成就世间贤者之处，乃看重弃富贵游山水尊清心者。不辞大舜而出又何谓？仅听闻乃圣贤中风流不羁之人的玩笑而已，[④]不知其理也？

答曰：大舜应尧之召而出，受天禄，乃《易经》所言“大畜不家食吉”[⑤]也。心中积累道德学术，遇圣王贤君之时，有礼而应召，出而受天禄，故不家食吉也。吉并非俗话所云祸福凶吉之吉，而是吉善之义。心中积累学问道德，等时机一到便可发挥作用，救天下之艰险，成天下之吉善。道体其大无外，其小无内，天地之大也只是道德之一物。如此道理积蓄在人心中，便为大畜。圣主、贤相之治国理政，利天下之利，乐天下之乐。故，所谓利并非利欲之利也。利欲之利，因其有利己之心，就不该成为吉。圣贤之利，若利于物，便是天德。圣人之心如四海一家，如国中之一人。吾身负天下之利之德，因时而进者，如因雨露惠泽而生一样挖掘潜在之才能，又有什么样之心呢？许由、子陵皆为出类拔萃者且远离凡心，心之清明之处与圣人无异。许由、子陵发现自我之时，因无应为朝廷所用之才之故，加之当时皆为平民百姓之故，独自享受自己之道，他们是因风流不羁而辞官否。就算有才智本领，风流不羁者能领悟要点，乃心胸宽广、德高贤明者。以尧作征收租税之地方官

---

① 尧时代的隐者。

② 严子陵，后汉光武帝时的隐者。

③ 政府最高要职。

④ 圣贤中狂者的身份。

⑤ 意不在家里吃饭，而是处世为国家效力。大畜卦为《易经》第二十六卦，本卦是异卦相叠（乾下艮上）。内卦为乾，乾为天，外卦为艮，艮为山。太阳光照耀山中，像国家养贤，光耀朝廷，贤人养德，津润本身。所以卦名曰大畜。指有大的收获、大的积蓄之意。

员，使天下太平，游玩于山水田舍之间，是何等之乐耳。您所想者是不让其成为别人的征收租税之地方官员吗？双胞胎之心应有两个部分。

再问：大畜卦云："天至大，要如何才包存于山中呢？"

答曰：道因天而大。人身体中所藏者，乃山天之象也。

七十

学友问曰：听闻进不隐贤[①]，因其无利欲之心，即使没有为其备礼也能与贵人讲明吗?

答曰：《易经》咸卦[②]乃男下而女上也。男上而女下则男女尊卑之礼才正确，尊卑不同，可谓娶女而吉[③]，男居于女下乃阳先于阴之义也，乃迎亲之道理也。君先立贤居下而治天下，男子先立而夫妇和谐。贤者虽居下，无先于臣以道得上位之义。女虽随男者，若不以男子之礼而求之，则无前往之路。咸卦到如今尚未成为一对夫妇之先例也。故此男下而女上。《易经》恒卦[④]已造就夫妇，故此男上而女下。古时虽称为天子但却是以贤士为宾客。宾客先于君以礼招待君主，至今也尚未使其成为臣子。见其才德而共天位[⑤]，士亦能同受天禄时便成君臣。《易经》卦爻[⑥]，五为君位，五之上置九、六[⑦]，象征将贤士当做宾客也。蛊卦上九曰"不事王侯，高尚其事。观之六四云，观国之光，利用宾于王"。古时，若有贤德之人，人君便会以其为宾客敬重之。故，谓士进王朝称其为宾也。若不如此便不会成事。

七十一

问曰：遯九五云，嘉遯，贞吉也[⑧]。九五乃君位也。遯并非指

① 语出《孟子·公孙丑上》和《孟子·万章下》："柳下惠不羞污君，不卑小官；进不隐贤，必以其道；遗佚而不怨，厄穷而不悯。"

② 咸之卦意味着男女的感应，是还没成为夫妇前的事。

③ 咸卦的卦辞中写道：若能娶到得卦者便是吉。

④ 上卦乃长男，下卦乃长女。

⑤ 语出《孟子·万章下》："弗与共天位也，弗与治天职也，弗与食天禄也。士之尊贤者也，非王公之尊贤也。"

⑥《易经》中的六十四卦的象征。

⑦ 在象征君主的五爻上放置阳爻九或阴爻六，表示将贤者视为宾客尊重之。

⑧ 遯卦中的九五指阳爻刚毅的君王，九五的爻辞表达的意思是因美事而逃离俗世，因贞正而吉。

君，当如何？

答曰：大舜虽拥有天下却未将其分享给别人①，此乃至遯也。

又问：好遯，君子吉也，小人否②所表达的是什么呢？

答曰：君子见义而遯之。当遯义之时便好遯。伯夷让国于兄弟而遯于海，且行君臣之义饥饿于首阳山中。小人难存于世间，因便利而好遯，或是仁爱之心浅薄，见人之非，便骄傲自大遂好遯。以此，小人否也。

再问：不行道而乱天下，该遯去什么国家呢？

答曰：隐蔽知慧、隐藏德行，做凡夫俗子之业遯于市井之中，这应当是遯尾避开灾难者③。晋之渊明④可谓隐于酒。事实是不溺于酒，只是其一生表面看是以饮酒而派不上用场之形象存在于世人眼中，直至死去。无所遯之处而出逃者，大多数会贫贱之名作为隐居处。

七十二

知友问曰：古人云“谋从众，则合天心”⑤，世俗之心，流俗之弊、后来之风习甚多。顺从此说法虽合天心却无法记住。

答曰：从众者定有至当处。说到谋略时，便明白了并未跟从无天理之社会习俗者。

七十三

友人问曰：仁者必有勇，勇者未必有仁⑥。的确存在有勇武之誉却无仁义者。北狄得弓马便不惧死，也有背离人伦之处。同时也存在仁爱却无勇者。听闻有勇气之时，必有疑问。

答曰：骄奢者，有仁心。仁闻虽无胆怯⑦，但最终容易沦为不仁之流，亦有失去勇气者。日本乃仁国也。故从古代开始勇者居多。

---

① 语出《论语・泰伯》：“巍巍乎，舜禹之有天下也，而不与焉。”

② 遯九四的爻辞。近臣强毅，当踏义而逃之时便决然而逃。

③ 逃走以避免灾难。

④ 晋代陶渊明，隐者。

⑤ 语出《汉书・郊祀志下》：“臣闻广谋从众，则合乎天心。”

⑥ 语出《论语・宪问》：“子曰：‘有德者必有言，有言者不必有德。仁者必有勇，勇者不必有仁。’”朱熹集注：“有德者，和顺积中，英华发外。能言者，或便佞口给而已。仁者，心无私累，见义必为。勇者，或血气之强而已。尹氏曰‘有德者必有言，徒能言者未必有德也。仁者志必勇，徒能勇者未必有仁也。’”

⑦ 有爱人之心，这样的评判，并非没有实施仁政的勇气。

应神天皇将日本弓矢神供奉于八幡宫。那个时代，所有近臣都武艺过人，勇气可嘉。然，其君臣之子孙们武艺渐衰，若有不测之事发生时只能命令下级官员[①]。因此，受平清盛统领之五位地方之受领[②]以武功出人头地，官至太相国之职[③]，最终夺取天下。如此靠武力取胜之平氏也在经历了短短二十年后便武艺衰落，轻而易举地灭于木曾义仲、源义经之手。源氏起家于关东，讨伐歼灭京都平氏，不久后，在北条家取得政权之前，关东地区之武者刚毅武勇，上方地区武者变柔弱后虽被侮辱轻视，楠木正成却崛起于上方柔弱武者中，势力弱小却击败了关东大多武者，当世之人皆将其视为鬼神。然，王代、武家不能始终如一，非东西强弱之差异。开始之初，因有质朴之风而受民众爱戴，故有武艺高超之美誉，此乃仁者，并非有勇也。其后，因骄奢淫乐而无用武之地，不受其子民爱戴。最后逐渐成为恶习，向人民征收高额年贡，只会想着如何奴役其子民，完全不知应体恤他们。其奢华无度且失去武艺，片刻间国家便灭亡了。

又问：义经、正成[④]之军法，何者高明？

答曰：可以说正成学习义经之军法。此心取于义经顺应其时、处、位者。楠木之时与今日之时，社会之形势已大为改变。仅发挥正成之高明处并模仿其踪迹而无将领之本领，且不知胜负之利者，必大败也。

复问：甲州流[⑤]、越后流[⑥]、信州流[⑦]等说法，您又如何看？

答曰：三家之中优秀将领乃景虎也。能干之人居于信州、甲州之中。然，近代军法均采用交战时双方激烈争夺之方式进行。知琐事也应当是好事。义经、正成、义贞之后便无大规模会战。此乃武道衰败之缘由也。

再问：如今之时、处、位，又指什么？

答曰：将领有本事知胜负之利害者，思考古今时变应当能想出来，而非顺口一说。

---

① 清凉殿中不允许上殿之人与堂上相对。

② 地方的国守。

③ 太政大臣。

④ 楠木正成，镰仓幕府末期到南北朝时期著名武将。

⑤ 信玄的军法。

⑥ 谦信的军法。

⑦ 起源于信浓守护小笠原贞宗。

七十四

友人问曰：君子应大受不该小受，[①]又做何解？

答曰：顺应大体[②]者为大人也，顺应小体[③]者为小人[④]也。君子即大人也。有天下、国家之道重视德性之时就使用君子之才。无国家、天下之道治标不治本之际就不应该使用君子之才。才也分大小。潜入小渔网中之小鱼，应养在鱼盆中。鲤鱼当放于池中，吞舟之大鱼应游玩于深不可测之大海中。将鲤鱼放于鱼盆中则会蹦到盆外从而无法生存。将吞舟之大鱼放于鱼池中，反而受蝼蛄和蚂蚁所困。故，德才兼备之人，应效力于国家，为国扫除困难、解救天下大患。大材小用之时，便会被小人妨碍，小材大用之时，不仅鼎折足[⑤]，可能还会成为祸乱之源。

七十五

知友问曰：非礼，勿视听言动之义[⑥]，您认为如何？

答曰：礼乃天理也。尽人欲之私则天理流行[⑦]，视为非礼，谓之勿视、勿听、勿言、勿动也。

又问曰：应当将言与动看作是自己发出的。视、听是针对别人的。不立于恶人之朝[⑧]，若不采取如无视对方这样的激烈行为，就无法避免与对方打交道。

答曰：可谓逐鹿者不见山。因一心在鹿上，只能见山也如同没看见一样。已心，专注于天理，虽能见闻非礼却若不见不闻一样也。尧舜二帝之有天下亦不与焉[⑨]。更何况外来者乎？

---

① 语出《论语·卫灵公》："子曰：'君子不可小知而可大受也，小人不可大受而可小知也。'"
② 本心。
③ 人欲。
④ 语出《孟子·告子上》："公都子问曰：'钧是人也，或为大人，或为小人，何也？'"孟子曰：'从其大体为大人，从其小体为小人。'"
⑤ 语出《易经·鼎卦》："鼎折足，覆公𫗧，其形渥，凶。"
⑥ 语出《论语·颜渊》："颜渊问仁。子曰：'克己复礼为仁。一日克己复礼，天下归仁焉。为仁由己，而由人乎哉？'颜渊曰：'请问其目。'子曰：'非礼勿视，非礼勿听，非礼勿言，非礼勿动。'颜渊曰：'回虽不敏，请事斯语矣。'"
⑦ 一己之欲消失，逐渐流行正确天然的道理。
⑧ 语出《孟子·公孙丑上》："孟子曰：'伯夷非其君不事，非其友不友，不立于恶人之朝，不与恶人言；立于恶人之朝，与恶人言，如以朝衣朝冠，坐于涂炭。'"
⑨ 语出《论语·泰伯》："巍巍乎，舜禹之有天下也而不与焉！"

七十六

学友问曰：通俗地讲心学，在替换这一方面上并非平常之学。此外，亦有人认为心学的心字是新。圣人之学亦可称为心学也，说到日新盛德[①]，无论处于哪个阶段只要精通义理，便可以说是好事。

答曰：学乃学、道乃道。儒道也好，心学也好，在其上加了一些名字之后便会出现反常之处。道乃天地神明之道也。太虚、天地、汉唐、日本同为一体不分为二。学仅仅就是学。虽离开心后便无做学问的样子，但世间学者，见解不同，有向外求心者，故此若不加上心这个字，虽不至于无道理，但会导致德有所衰也。

七十七

知友问曰：慎独，是指独居之时也要像在大庭广众一样端正行事吗？一张一弛，如同文武之道也[②]。大庭广众和独居之时都相同，极受束缚则难以实现。

答曰：大庭广众有大庭广众之规则，独居有独居之规则，不能混为一谈。而且，慎独者慎独知之心也[③]。古代之语法简单易懂，很多例子都是以一个字表达两个字之含义。庸寓于中，知寓于独。独知之处并无大庭广众、独居之分。虽说在大庭广众，我心独思之事，别人更不会知道。谨慎对待吾心独知之处时，便不存在外在之束缚。思无邪[④]，无自欺，诚也[⑤]皆为慎独之意。心上若一念发动，善必自知，恶必自知，乃知也。知乃心之神明，本无善恶。故能照出善恶。就如口中失五味[⑥]便要常辨别五味，眼中失五色[⑦]便要分辨五色，耳失五音便要听五音一样。故此，谨慎要以独知为主人公，

---

① 语出《易经·系辞上传》：“显诸仁，藏诸用，鼓万物而不与圣人同忧，盛德大业至矣哉！富有之谓大业，日新之谓盛德。生生之谓易，成象之谓乾，效法之谓坤，极数知来之谓占，通变之谓事，阴阳不测之谓神。”

② 弓上的弦拉开又恢复就像劳苦和休息、严与宽一样。

③ 人自己明白别人所不知道的自己，故一举一动都应谨慎。

④ 语出《论语·为政》：“子曰：‘《诗》三百，一言以蔽之，曰“思无邪”。’”

⑤ 语出《礼记·大学》：“所谓诚其意者，毋自欺也。如恶恶臭，如好好色，此之谓自谦。故君子必慎其独也。”

⑥ 酸甜苦辣咸。

⑦ 青红黄白玄。

此乃尊德性[1]之义也。夫思乃心之官也[2]。然，天理发自自然之心，依人欲之思者，乃邪思也。用独知照于天理和人欲，无私欲之思谓之无邪也，此乃慎独之意也。慎独知不自欺之时乃意诚也。如此之时则心宽体胖[3]。浩然之气，滞存于天地之间。万物皆备于吾身。天地太虚在于己身。

七十八

知友问曰：箕子[4]不为周武王臣子，而将《洪范》[5]传给武王，为何？

答曰：《洪范》，乃上天赋予禹王的。殷纣王，罪孽深重沦为独夫[6]。故，上天又以天下赋予武王。《洪范》乃圣主治天下之大法也，应传于能达上天之天下者，而不该因自己之悔恨而荒废之。平氏战败时怀抱三种神器投海，此为无道之举，乃天下之憾事也。箕子，并非周之臣，东渡朝鲜，不非议周朝之是非。因其乃殷之世臣，故立其一身之义也。

问：周武王访箕子之时，武王屈身就于箕子，并向其请教治国之策，想招纳箕子事周，但武王知道箕子有殷臣之志而无事周朝之心，乃作罢。后将其封于朝鲜，遂其为臣之志也。这实际上是忠恕[7]之道吗？

答曰：正是，武王顺从箕子之志，未有违背，此即是发扬为君之道。从普通人的角度观之，若屈从于骄傲自大之私心，不会拓展

---

① 珍视天赐的德行。

② 语出《孟子·告子上》："心之官则思，思则得之，不思则不得也。"

③ 语出《礼记·大学》："富润屋，德润身，心广体胖。"

④ 箕子，名胥余，殷商末期人，是文丁的儿子，帝乙的弟弟，纣王的叔父，官太师，封于箕，在商周政权交替与历史大动荡的时代中，因其道之不得行，其志之不得遂，"违衰殷之运，走之朝鲜"，建立朝鲜，其流风遗韵，至今犹存。箕子与微子、比干，在殷商末年齐名，并称"殷末三仁"，在孔子《论语·微子》中曰："微子去之，箕子为之奴，比干谏而死。孔子曰：'殷有三仁焉。'"武王灭商后，找到箕子并向箕子询问殷商灭亡的原因，箕子不说话，因为他不愿意讲自己故国的坏话。武王就向他询问怎样顺应天命来治理国家。箕子于是便将夏禹传下的《洪范九畴》陈述给武王听，史称箕子明夷。武王听后，十分钦佩，就想请箕子出山治理国事，重用箕子。但箕子早对微子说过："商其沦丧，我罔为臣仆（殷商如果灭亡了，我不会作新王朝的臣仆）。"（《尚书·微子》）他不愿做周的顺民，因此不肯再出山，武王无奈而走。

⑤《洪范》是夏禹提出的治理国家必须遵循的 9 条大法。据说是周武王十三年（前 1122）灭殷后，殷遗臣箕子与周武王论述天人关系时提到的。

⑥ 残暴无道、众叛亲离的统治者。

⑦ 仁道。

重视贤者之天理。箕子也沦为独夫之奴，而不是天子之臣，天子来到世间便要拓展天理。武王为天子，对被独夫囚禁之人以厚礼相待，享受自己之天理也。这一事实才是最重要的。

七十九

知友问曰：有汤流放桀之说法。[①] 臣子讨伐君王之名，若不是汤圣德有瑕疵，而又有何耻？

答曰：非也。汤之圣德，如同尧帝、舜帝，桀感到羞耻且所做之恶数不胜数。然而也不该沦落至被流放。德不及尧、舜二帝，其羞耻之心寡，作恶之事甚多，承天命而成独夫使其受天罚，乃汤之德可耻之处也。

又问：听闻武王亦有同样之事，却不言其德中之耻，此又为何？

答曰：武王，虽其德中有羞耻之心，但其离汤之鉴不远[②]，所以不言其耻也。文王也并未到需要伐纣之地步。武王之德不及文王，导致纣王无恶不作者即是德之耻也。

八十

知友问曰：虽然从前既有得博学之儒之名誉者，但却未兴道。藤树先生虽未闻其博学，但却开创了圣学兴起之先河，此当如何视之？

答曰：此即可谓万里[③]之海不能饮一夫，三尺之泉足止三军之渴也[④]。

八十一

友人问曰：人皆专于外界传闻。君子亦有此心乎？

答曰：有之也。然君子之外界传闻并未缺乏义理也，而小人则不耻于外界传闻缺乏义理之事，只是喜欢显露其外的样子。此乃幼

---

① 语出《尚书·商书》："汤归自夏，至于大坰，仲虺作诰。成汤放桀于南巢，惟有惭德。曰：'予恐来世以台为口实。'"

② 其反省之心不及汤王。

③ 实际上是百里。

④ 语出《尉缭子·治本》："今说者曰：'百里之海，不能饮一夫；三尺之泉，足止三军渴。'臣谓：'欲生于无度，邪生于无禁。太上神化，其次因物，其下在于无夺民时，无损民财。夫禁必以武而成，赏必以文而成。'"

童幼女之外界传闻也。如，认为有贫贱的亲戚乃不好之传闻，且对此不加反省，便会有我本出身名门，身份不低微之传闻。从君子之角度观之，便是无仁无义，外界传闻会因此变得不好。鬼常常对富贵之家怒目而视，这样无指望之事，也会招致人们之愤恨。先祖有言“积善之家必有余庆”[1]而富贵。亲戚皆先祖之子孙也。应当先帮助贫贱者。若有不接受者，应诚恳地告诉别人。微小之帮助于贫贱者而言有很大之利益，他们因此会高兴。人被感动鬼神也来相助。君子虽非思外界传闻者，但没有比这更好的外界传闻了。

八十二

学友问曰：程子云“人严肃庄重之时学问亦牢固”。然，如我等天生不威严庄重之人便不能入德乎？

答曰：将安静之形态说成威严庄重并非得当。心之本体原始活泼生生不息，是太虚无形，如同不断流动的水一样，不停之处乃常情。威严庄重居于其中。虽然山之本体是静止的，但无法停止草木之生长。山、泽通气而泉水出，流动居于静中，故严肃庄重并不是根据动静来定的。心定无欲之时自然严肃庄重也。

八十三

学友问曰：有“学而立志”之说，您以为如何？

答曰：志乃立于义理。无以人不知而违背道义者，此乃学之始也。

八十四

知友问曰：前几日，若说人们作诗联句[2]，可行也。昨日，倾尽毕生之力于五七言律诗之上，如同拥有价值连城之宝玉却投之于麻雀一般，您又以为如何？

答曰：社会上，不知行善者，不如下下围棋之类的游戏，强于干坏事[3]，更何况作诗联句乎。昨日之人当行善也。然，成为一个联句诗作者而失去其志，岂不可惜哉？

① 语出《易经·坤卦》：“积善之家，必有余庆，积不善之家，必有余殃。”
② 多人聚在一起，每人作一句诗，然后把这些诗连起来成一篇完整的诗。
③ 语出《论语·阳货》：“子曰：‘饱食终日，无所用心，难矣哉！不有博弈者乎？为之犹贤乎己！’”

八十五

旧友问曰：我遇到不按常理行事者，常常发怒，有何应对之法？

答曰：周子云“巧者凶，拙者吉”[①]。处世之智慧近乎巧，此乃凶也。吾子拙于此乃吉也。又曰：“巧者贼，拙者德。”[②]无处世之智慧者近乎德也。吾子却弃德，转而羡慕贼人，在下对此深感疑惑。

又问：有德之人生不逢时而守愚，乱世之中最重要的当为保全天生之德性。古之圣贤，达人情时变，岂能称之为拙者。

答曰：能达人情时变乃有德之才也。天生有才之人若不明道，陷入名声利害之中便会知晓处世之智慧。若不谙世事，则不晓人情时变。有德之才并非皆有才。即便无才但有德也是明真知也。知己知人，人之才亦如己之才。顺天则平安无事。无欲故静也。[③]

再问：然，当今处世之智慧不会取代有道而为世人所用乎？

答曰：在德治之时代，可以说尚无子路之勇、子贡之辩用武之地。更何况如今之处世之智慧哉？

八十六

旧友问曰：您曾告知旧友，言尊驾常立岩墙之下[④]，不顺乎天命将会身亡。不知此言何意？

答曰：对人称“尊驾”乃无礼也。且胸中有怒火之气。此既已将自己置于亡身之危墙之下矣。尽管迄今得以幸运避开，但若此后依旧如此无礼待人，便可能招致兵刃相见。无论胜负均为“犬死”[⑤]也。

又问：与人吵架，因血气方刚发怒杀人而致使自己切腹自杀，是否可称之为“犬死”？

---

① 语出周濂溪《拙赋》：“或谓予曰：‘人谓子拙。’予曰：‘巧，窃所耻也，且患世多巧也。’喜而赋之曰：巧者言，拙者默；巧者劳，拙者逸；巧者贼，拙者德；巧者凶，拙者吉。呜呼！天下拙，刑政彻，上安下顺，风清弊绝。”

② 语出周濂溪《拙赋》。

③ 语出周濂溪《太极图说》：“圣人定之以中正仁义而主静，立人极焉。”周濂溪自注曰：“无欲故静。”

④ 语出《孟子·尽心上》：“孟子曰：‘莫非命也，顺受其正；是故知命者不立乎岩墙之下。尽其道而死者，正命也；桎梏死者，非正命也。’”

⑤ 无谓丧命、徒然丧命、枉死之意。

答曰：如此看来，您到现在还未理解“犬死”之理。如若因腹中怒火燃烧，即如同狂犬般互咬，即称之为“犬死”也。即便是获胜一方，亦难以不称之为“犬”也。古人亦有云，在争吵之中多数是有道理的一方胜。您无礼且心中有怒气，常常积累一些无理行为，注定不会胜利。夫武士乃君之干城[①]，具备自卫[②]之用，其受禄而积累私欲之火而死，乃不义也。常无礼便无人道。战场之上的死者难道没有怒火？仅仅是有该死之义之故而死也。君子之义死，乃尽理尽礼，为义而必然之死也。”

八十七

告旧友云：您在外具有好人之名，但却谦逊彬彬有礼。与亲戚朋友有音信、往来等该做之事，遇到别人该如何应对等皆得心应手，可谓好人也。然，家人、族人却认为您乃恶人也。此凶德，经数年便可能连外人也知晓。因有这一怨恨之心病，善行易变成凶德。您的旧友与您正好相反，虽不为外人夸赞，但家人、族人认为他乃好人也。他外表虽然凶恶，但因有一德，故恶行易变成吉也。外面观之乃日常举止行为，从里面观之乃心。举止行为虽不好但心好乃天道鬼神之福所也。旧友日日向吉，您却日日入凶。

八十八

学友问曰：至儒佛之辩，因不精通佛学，故曰其不知佛也。若要明吾道，当学佛学否？

答曰：因与其争论而学乃误谬也。而且，爱好儒佛之辩视为道非其缘也。《孟子·滕文公上》有云：“江汉以濯之。秋阳以暴之。皓皓乎不可尚。”[③]因不知玉之宝贵，所以可以说不该以石扰乱其真。即使胜于习佛学之佛者，若使其不对，可谓其不知佛也。若其知佛，则吾子不能为佛者。即使佛者中有广知儒学者，若非其道，不精通用心这一点，则不能发现天理也。当今，儒者、尽力学佛学

---

① 干城，语出《诗经·周南·兔罝》：“肃肃兔罝，椓之丁丁。赳赳武夫，公侯干城。肃肃兔罝，施于中逵。赳赳武夫，公侯好仇。肃肃兔罝，施于中林。赳赳武夫，公侯腹心。”

② 并非为了攻击，而是为了自卫。

③ 语出《孟子·滕文公上》：“他日，子夏、子张、子游以有若似圣人，欲以所事孔子事之。强曾子。曾子曰：‘不可。江汉以濯之，秋阳以暴之，皜皜乎不可尚已。’”

也同样如此。若自己无疑惑可也，便不应与人讲明。吾，即使不让学习佛学，见吾之形体相貌和平时行为便可知吾心。因吾子之故，暂且不说之。佛学，虽流派诸多，与天台宗、禅宗一样出色。天台宗高妙[①]。佛学有细节胜于禅学。然，吾心存有疑惑。禅宗虽无学问[②]，但近乎立于心法故得其要点。禅宗虽似乎无疑惑，实际上还是充满困惑。

又问：疑惑之处，该当如何？

答曰：佛学有死畏[③]。故此其言不尽。虽领悟禅学，因畏死而求感悟。圣学之徒，以生死为昼夜。若长此以往则定无所畏，故不言死。

再问：您如何看待佛教之剃发修行[④]？

答曰：心、印迹[⑤]如形、影，不该将其分开。佛学剃发弃人伦，乃畏惧轮回也。无天道轮回，所谓轮回其实存有不明之处。以前，有见鬼物者，佛学谓此乃眼病[⑥]也。即使后来没有人见到过，传播开来了就害怕是传播眼病。所见之夜里披着衣服的白石，乃兽也，气绝者乃传播中所云之兽也，也有人认为所乘之物为狐狸。以前，释迦见轮回，乃心病[⑦]也。后世之佛教信徒，传此心病故认为存在轮回。且有白石夜衣之狐，使其更加坚信此事。故均祈愿通过出家避免轮回。真正想出家之人，若不知无轮回之理，不该一日都停留在出家之事上。偶尔有通儒学对轮回持有疑惑之和尚者，或为过日子，或被其家名誉所牵绊，虽学力微小，自然而然也能见正果。

八十九

学者问曰：自从心学兴起，儒学也面向现实，许多儒者之思也发生了改变。不仅儒道，近年禅学也受心学影响，承受其教变得越来越好。儒学日渐衰微，禅学越来越壮大。然，心学乃禅学之先

① 兼备理论和悟道，非常出色和详细。
② 禅宗注重学习觉悟，不注重学问。
③ 佛学中五怖畏，又作五恐怖、五怖、五畏。即不活畏、恶名畏、死畏、恶道畏、大众威德畏。
④ 形体相貌和平时之行为。
⑤ 迹乃跡，心与行跡。
⑥ 指凭感觉分辨善恶的能力。
⑦ 指凭心分辨善恶的能力。

河。[①]有毫无顾虑斥责别人者，当如何视之？

答曰：不应如此。社会渐渐文明，隋唐时代，宗派众多，宋代以后以禅宗为主的佛教盛行[②]，其他流派逐渐衰微，唯余禅学。日本后来亦如此。那时之人因简易行事而生活简单。因无像一向宗[③]一样简易的立法，归于此者甚多。净土宗、日莲宗[④]后来都完全未习简易之理因而未能广泛流传。近年来顺应世界文明，信地狱、极乐等说法之人甚少。可能或逐渐有之。禅宗不教复杂之事，只教简易之事，而且其所教之顿悟之法，与后生之地狱全无关系。此乃文明之时也。今日之禅宗乃以愚夫愚妇淫乐之事为欲，谓之妙。此乃欲望之心，违背了祖师达摩之教义[⑤]。若无此事定会越来越繁盛，超越其他宗派。

又问：您所学，因不忌惮任何事物而顺应他人之志，故广传于当今天下，可叹也。

答曰：非也。速成之物不坚也，突然间传播之物无法长久也。农民于九、十月洒下麦种，种子仅生长些许，便会被严寒抑制、被霜雪埋没，由此若根埋得深，逢春雨便生长，四月结果实，乃五谷丰登也。吾之为道亦如此，若抑制麦子的是严寒、霜雪，后世还会兴起吗？仅仅是羞愧于无其德也。怨恨达摩之佛心广泛传播而使其受毒害者，其死之后而道在后世独自昌盛也。虽称其为异学但有其德矣。

九十

知友问曰：若儒道兴起，佛法是否会灭亡？

答曰：兴道者乃君子也。君子不该以力成就物之兴废。若我道兴起，佛法亦会回归过去，走向好的方向，和尚应该也变少了。可叹之事乃若佛者无道而盛，据盛必衰之天理，又逢乱世岂不是有大半佛者要亡吗？身处乱世之中，衰亡之事多为凄惨之事。然，法也

---

① 榜样的意思。

② 隋唐时期三论、天台、华严、法相、律、净土、真言、禅等各宗派都存在，但宋代以后就以禅宗为主流了。

③ 净土真宗的俗称。

④ 日本宗教。

⑤ 达摩所传达的精神。

应从乱世开始变好。

又问：儒法中有一年一度忌日时吃斋饭之习俗。每月吃斋是否来自佛法？

答曰：佛法也说无本之事也。过去因出家之礼节好，故成为和尚者甚少，对一年一度之吃斋习俗，僧人之斋米是足够的。到了后世，佛法成为过日子之物，因佛法荒废、破戒等苦修，故和尚甚多斋米也不够。有人说每月想起父母应该是好事，但没想起也没关系。正是父母死亡之时的光阴才有终生之丧，此乃所谓“君子有终生之丧，忌日之谓”①。那时若没有吃斋，便无每月吃斋之理。故君子不用也。然，不使其祭祀祖先者可随俗也。

复问：有人曰此祭祀一年才一次，可敷衍而过，您以为如何？

答曰：忌日乃终生之丧，父母死亡之日，如同忌日必哀，体会到父母临终时的哀思②，一年四季之祭乃吉礼也。孝子之心不会让父母死去，如同事死者如事生。然，若将其当做神来祭拜，洁身吃斋把吾身亦作为神明之道理也。神若屡屡被侮辱的话，以前洁身吃斋之祭祀乃春、秋、忌日举行三次。到了后世才变成一年四季中举行五次。此外备有五节句③、朔望④之拜，不祭也不让其洁身吃斋。只是与去父母生时之地祭拜一样。准备君王的赏赐之物或是来自远处的珍贵之物，亦或尝新之物，或告假外出，如同告知归来之事，渐入子女之心。一年一度的忌日以外皆为吉礼也。此乃神道之义也。每月若为忌日便非时。吉凶之相交杂，近于侮辱神道，非礼也，是故君子不用也。生，事之以礼；死，葬之以礼，祭之以礼⑤乃义也。

再问：出家以交换斋米，不知当如何视之？

答曰：住持依赖俗人而居。不养来自家家户户之人，又岂有他法？

---

① 语出《礼记·祭义》：“齐三日，乃见其所为齐者。祭之日，入室，僾然必有见乎其位；周还出户，肃然必有闻乎其容声；出户而听，忾然必有闻乎其叹息之声。是故先王之孝也，色不忘乎目，声不绝乎耳，心志嗜欲不忘乎心。致爱则存，致悫则著。著、存不忘乎心，夫安得不敬乎？君子生则敬养，死则敬享，思终身弗辱也。君子有终身之丧，忌日之谓也。忌日不用，非不祥也……”

② 语出《礼记·祭义》：“文王之祭也，事死者如事生，思死者如不欲生，忌日必哀，称讳如见亲，祀之忠也。如见亲之所爱，如欲色然，其文王与？”

③ 阴历中的五个节供，正月七日，三月三日，五月五日，七月七日，九月九日。

④ 阴历各月初一、十五。

⑤ 语出《论语·为政》：“孟懿子问孝，子曰：‘无违。’樊迟御，子告之曰：‘孟孙问孝于我，我对曰无违。’樊迟曰：‘何谓也？’子曰：‘生，事之以礼；死，葬之以礼，祭之以礼。’”

九十一

知友问曰：当今武士之长处在于嗜好弓马兵法，昼夜习之。然其武艺在现今生活中无以为用，只用于紧急情况。兵器乃凶器也。然而武士又不属于无业游民，不知为何？

答曰：日本乃小国，金银甚多。虽对北方少数民族女真族（也包括鞑靼民族）所建立之清朝保持戒备之心[①]，但在武勇之国中没有优势。武士嗜好武艺若为国之警戒牢固，很难说其为无业游民。若为武士却不嗜好武艺武道，反而成为无业游民。

又问：吉利支丹[②]变革也是为了防御异国之敌。不需要武艺，而采取屈人之心之谋略，此做法容易否？

答曰：确实如此，因北狄为外患故容易统治。吉利支丹乃内患[③]难以统治。生此内患之根本，乃在于人心之迷茫和庶人之贫困也。应斩断解开疑惑与贫困之根源。根据佛法之《后生之劝导》云，若有人据此制定胜于佛法之法并加以引导的话，佛法便是吉利支丹之前辈也。即便中夏[④]颁布禁教之令，仍然不能阻挡宗教之传播[⑤]，圣贤之国迷惑当微也。

再问：然而，若日本儒教壮大，吉利支丹可会亡乎？

答曰：虽有其理，但当今之儒道皆无儒宗。异议众多，流派林立，各说各话。无论任何一种儒学皆难以适用本国风土，难以符合当今之时代。吉利支丹灭亡之前，应该还会有其他危害存在。

---

① 对北狄女真族的警戒。
② 日本战国时代、江户时代乃至明治初期对日本天主教徒的称呼。
③ 内心的病。
④ 中国。
⑤ 明末的基督教传道在古代中国是成功的，但后来康熙帝就下令禁止传教了。

第五篇　治国之要在于人才

九十二

知友问曰：孟子乃贤明之人，虽在道德方面有不及圣人之处，但学问已达至极[①]。故称道德仁义乃万世之师，圣人亦恕仍未改之。正如您依孟子所言："伯夷隘，柳下惠不恭。隘与不恭，君子不由也。"[②]若你动辄以伯夷为师，学柳下惠，为何不以主张中庸之道的孔子为榜样？[③]

答曰：孟子乃天下万岁之师，故而以倡导中庸之道为人生目标，谓之清、和。常人可只追求清廉洁白或是只追求万物和谐，但为大师者则有弊端，故称君子不由。吾等亦以达中庸之道为目标，此乃最终归属之地。然，吾等尚未摆脱凡人之情，仅言学问之至极，于心仍为不忍也，吾非可为后世之师。纵免一日之凡情而得君子之心，亦可为终身之悦。以君子之心进取，以比自己有才能之人为师为友，不断学习前进。吾等会嫉妒他人之才，如同伯夷器量之小，常视为心之师。人当与人交往而不能只与飞禽鸟兽共处[④]。故而最好学习下柳下惠与众人打交道的技巧，广交众徒。孟子为后世论述了要达中庸之道非易事之理。吾等一生中不断为自己积攒德行。古人以有品行之人为师，以为人师不断磨炼心智。前辈如同医生，吾只是寻求能够治疗疾病之人。事到如今也在寻求中庸之道。

九十三

知友问曰：子路为曾子所敬畏之人，亦可谓百世之师也。[⑤]然因卫国之乱而亡[⑥]。人可以死去，但不可为实行霸权政治之君主而死。由此观之，孔门之贤者也有不足。

---

① 朱子在集注序说中引用的程子的话。至处指圣极之处，神圣的地方。
② 语出《孟子・公孙丑上》："孟子曰："伯夷隘，柳下惠不恭。隘与不恭，君子不由也。"
③《孟子・万章下》："伯夷，圣之清者也；伊尹，圣之任者也；柳下惠，圣之和者也；孔子，圣之时者也。孔子之谓集大成。集大成也者，金声而玉振之也。金声也者，始条理也；玉振之也者，终条理也。始条理者，智之事也；终条理者，圣之事也。智，譬则巧也；圣，譬则力也。由射于百步之外也，其至，尔力也；其中，非尔力也。"
④ 语出《论语・微子》："鸟兽不可与同群，吾非斯人之徒与而谁与？"
⑤ 子路是孔子门下首屈一指的勇士。朱熹《孟子集注・公孙丑章句上》注"孟子曰：'子路，人告之以有过则喜'"时引用程子语："子路，人告之以有过则喜，亦可谓百世之师矣。"
⑥ 子路因为道义卷入卫国内乱之中而死。《史记・仲尼弟子列传》中记载。

答曰：子路，人告之有过，则喜。听到别人给自己指出过错就高兴[①]。乐于知道自己的过错并不断改正，此乃可当万岁之师，亦是人情难成之所。以吾为始志于仁义之学，不杀无罪之人而得天下，诚也。思义而不惜一命，愿听己过正如因病求医。有被他人指出过错内心不乐但不言于口者，故而，不乐于听闻他人指出己之过错多为不知者，此乃天下之通病。更有甚者，听闻自己过错后会雷霆大怒，没有像好色那样好德之人[②]也正能证明于此。子路是重贤者轻女色之人[③]，后世在道学上也出现了很多名人，但都不及子路之闻过则喜。侍奉卫国确实是子路之过错，过于轻率，但未竟之事吾等应尽力为之。见君有难而无逃避之心，子路武艺高强而讲究道义。后世之勇者却没有像子路一样恪守道义之人。子路之行为皆为难事、过错少亦。

九十四

知友问曰：舜帝善与人同、舍己从人，是值得尊敬之人。世上凡人甚多，即使为贤，其德行相加也不及舜帝的十分之一。相比舜帝之善行，凡人的善行略显微少。德有大小，善亦如此。舍大善行小善，此为何？

答曰：舜帝的内心如同晴空万里的蓝天不拘泥于一事，心如明镜一般映射万物。心中无恶无善，无大善亦无小善。人若有善，正如在镜中映射出一朵鲜花，无人不好其美。因为原本镜中没有鲜花，故而能清晰地映射出鲜花。舜帝心中无善，故而能接受他人之善，容许他人之善，应时、处、位取而用之，也用于治国理政。他人观之，舜之大德乃取常人之小善而用之，如无我舍己而从人。故而舍己之大善从人之小善，此非视为小善也。舜帝之心中原本非有一小善，若无可取之处而行善之时，此善乃从胸中发出，对人为小善而益处少。舜之取天下之小善而成大者，于国、于天下有益焉。

---

① 语出《孟子·公孙丑上》：“子路，人告之以有过，则喜。禹闻善言，则拜。大舜有大焉，善与人同，舍己从人，乐取于人以为善。自耕、稼、陶、渔以至为帝，无非取于人者。取诸人以为善，是与人为善者也。故君子莫大乎与人为善。”

② 语出《论语·子罕》：“子曰：吾未见好德如好色者也。”

③ 语出《论语·学而》为：“子夏曰：‘贤贤易色；事父母能竭其力；事君能致其身；与朋友交，言而有信。虽曰未学，吾必谓之学矣。’”

如有一块未经打磨之玉石，不识货者以为它只是块石头，打磨师取之打磨后便成为一块玉石。行善便如同没有打磨的玉石一般，经过不断地打磨和积累才能汇聚成大善，大善者取天下人之智慧而用之成其大也。

九十五

知友问曰：孟子劝齐宣王施仁政[①]。正如杨龟山[②]之说朱子也取而用之，“齐宣王天质朴实，好勇、好货、好色、好世俗之乐，未有隐藏，以直告之。夸下海口却欺瞒他人，如此则难入尧舜之道”，此言极是。然您认为不可入道，何也？

答曰：孟子以羊代牛[③]为例劝说齐宣王施仁政。齐宣王看到牛被杀时的哀号与悲伤遂起了仁爱之心，用羊替换了牛，但却没有见到羊被杀的场景。言齐宣王之为善，见牛而未见羊，以小换大，为仁心也。孟子在崇[④]初次拜见了齐宣王，孟子萌生离去之意，乃齐宣王为好货好色而不知廉耻之故也。以忏悔为善乃戎狄之风，戎人不知仁义，恐惧轮回而执着之，故忏悔前恶而希望归于涅槃。此于佛学尚可，于儒学则不可为。儒学中知仁义者具羞耻之心，羞耻之心因悔悟而痛改前非从而向善。憎恨私欲之心言而不语非隐瞒也，实乃存羞耻之心耳。虽未忏悔但改过自新，以此为善者看似果断，但其忏悔仅限于当场，终将不会痛改前非而向善。正如谚语所云：钝刀难切骨。佛者，忏悔而痛改前非入道者乃因轮回之故也。正如小人因恐惧刑罚而不作恶也。幼子耻于在众人前表达，脸赤者随成人而长才德，均必有所长。不认生，敢于在众人面前伶牙俐齿者，虽见之伶俐，然成人后无才德，为平庸者甚众。此乃羞耻之心厚薄之故也。幼时不知耻者正如成人之后之齐宣王，可成平民，不可为士君子。宣王非“天质朴实，未有隐藏以告之”，此乃另一类型也。未在其位而大言不惭、欺骗他人虽未行恶事，有私欲而欲隐藏，伪

① 出自《孟子·公孙丑》。

② 程子门下的弟子杨时（1053—1135），字中立，号龟山。

③ 齐宣王看见有人牵牛走过，将要杀牛以祭钟，王说：‘放了它，我不忍心看他哆嗦的样子，它没有罪过却要进屠场。’那人说废除祭钟吗？王说：‘怎么能废呢？用只羊代替它。’老百姓以为齐王是吝啬，但孟子认为齐王是仁爱，看见了牛而没有看见羊。君子对于禽兽，见过它活着，就不忍看它死去。听过它的声音，就不忍吃它的肉。所以君子离厨房远远的。”

④ 地名。孟子与齐宣王初次见面的地方。

装成有仁爱之心实则骄奢淫靡者，岂能入尧舜之道乎？此乃不值一提也。

九十六

知友问曰：治国、平天下之关键是什么？

答曰：得人才是治国平天下之关键。[1]孟子曾经论述过这一观点。分人以财谓之惠，世人称为仁德，接受者便会满心欢喜；教人以善谓之忠，世人嫉妒之诽谤之，受教者不悦，乃至恼怒者有之。施人金银钱财是小恩惠，因之使受之者悦便是大恩惠了。教人善道为忠，因惠而大焉，然受教者十之八九皆不悦，甚至遭世俗之诽谤。治国、平天下如何才能得人才乎？虽说人人皆想治国平天下，但不知治国平天下之根本已断绝，不究其本为不仁。见民若保赤子之仁慈之心无，是故以天下与人易，为天下得人难。若孩子身处水火之中，不救之，吾等便会寝不安席，食不甘味。当有孩子凭一己之力不能脱于水火之难，有人有救助之法，即便此人是多年之仇敌，吾等也会亲往恳切求助，更何况贤者非仇敌，只是怨恨隔阂而已。故尧为不得舜为己忧，舜为不得禹为己忧。故得一人之君子可解万民之苦也。[2]

问曰：若当今无官吏，如何选才？

答曰：访遍同阶层选才是难能可贵的。万物盛衰天意在，富贵无常。位高禄厚之人的子孙可能家境衰败，故而难以出现贤才。有些人不知积善之家必有余庆[3]，在家境垂败之时振兴家业，出身贫寒之家而有才德之人被称为光宗耀祖。因而古时有选贤于野之说。

问曰：有人身份地位卑微，德行如君子一般，有垂怜天下之心。为何不让此等之人为官？

答曰：所谓不在其位，不谋其政。不在其位[4]，便没有身在其位之心。舜帝当初为庶人之时仅做庶人之事，并没有治理天下之心。

---

① 语出《孟子·滕文公上》：“尧以不得舜为己忧，舜以不得禹、皋陶为己忧。夫以百亩之不易为己忧者，农夫也。分人以财谓之惠，教人以善谓之忠，为天下得人者谓之仁。是故以天下与人易，为天下得人难。”

② 语出《孟子·滕文公上》。

③ 由于祖先的善行给子孙带来的幸运。

④ 地位和任务。

诸侯乃一国百姓之父母，应有惠及天下之心。天子乃天下百姓之父母，大臣们应以天子之心为心，尽毕生之力惠及天下百姓。舜帝之智并未因身份之高低而变，不管身居何处也能在其位行其职。大贤以下之人，其才识有大小，才高之人被委以天下重任，为国所用，但其中之人未必能创造功绩。虽未能胜任大国之职，但若身处小国之中也可能创造功绩。知人善任，此乃君子治国平天下之要务也。后世之人不知人之才能可用于何处，便无法做到人尽其才、才尽其用[①]。掌管武士之人胸襟豁达有君子风范，若让其作为官员，便不能统筹众事。且有的人会因与生俱来的性情所困而徒劳一生，一事无成。故若让某些人做其不擅长之事，便会伤害那些擅长做此事之人。虽说有天赋之人不甚多，若能做符合其才能之事那就相当不错了。有时使用无德之人也可能激发出他的德能。

问曰：素富贵，行乎富贵；素贫贱，行乎贫贱。[②]那么，有能力之人是否当做符合其能力之事？贤明之人是否就应做难以实现之事？

答曰：此非有才就能为之也，知德者皆善处之。有德之君子，能做到富贵不能淫，贫贱不能移，威武不能屈[③]。如此，则当素其位而行，不求其外。知德之人而行之，纵有才德者也有不及之处也。

九十七

学者问曰：如今之高僧多为贵族之师，他们懂得底层百姓之困苦，但为何不能向贵族传授佛教的济度利生之道[④]？岁十一月徒杠成，周之十一月乃今之九月，徒杠乃供行人所渡之桥；十二月舆梁成，十二月乃今之十月，舆梁成乃供车马通过之桥也[⑤]。农事毕当用

---

① 例如行政经济之类的文官职务。

② 语出《中庸》第十四章：“君子素其位而行，不愿乎其外。素富贵，行乎富贵；素贫贱，行乎贫贱；素夷狄，行乎夷狄；素患难，行乎患难。君子无入而不自得焉。在上位，不陵下；在下位，不援上；正己而不求于人，则无怨。上不怨天，下不尤人。故君子居易以俟命，小人行险以徼幸。”

③ 语出《孟子·滕文公下》：“……居天下之广居，立天下之正位，行天下之大道。得志，与民由之；不得志，独行其道。富贵不能淫，贫贱不能移，威武不能屈，此之谓大丈夫。”

④ 从生死的苦恼予以救护，使之渡往开悟的境地，利益众生。济度是指救助漂泊在生死大海的众生，渡到彼岸。利生是利益众生之义，谓给与众生利益。

⑤ 语出《孟子·离娄下》：“子产听郑国之政，以其乘舆济人于溱、洧。孟子曰：‘惠而不知为政。岁十一月徒杠成，十二月舆梁成，民未病涉也。君子平其政；行辟人可也，焉得人人而济之。故为政者，每人而悦之，日亦不足矣。’”

民力，时值寒冬，有桥梁之时则民无徒涉之忧。民间道路，河上无桥无船之处甚多，游民自做舟桥收费以渡人，[①]贫穷之妇幼因无钱而无法渡河。虽说人们亦可自己徒步渡河，但却比较危险。在佛法的制度中，若佛堂损坏超过十分之一便会修复。佛法以慈悲为怀，古代之贤明君主为何不能施行仁道做利民之事？干旱时，百姓凭己之力花钱祈祷下雨，但其收成却作为国贡苛刻上交。为何僧侣不向贵族讲述诸如此类之事？

答曰：雨在该下的时候就会下，在没有下的理由的时候便不会下雨，人民并不懂得其中的道理，认为要是祈祷的话便会下雨。虽然会花很多钱财，但也不会下雨，甚是无奈。干旱的时候祈祷下雨，这应该是君主的职责。因此君主尽力做事，并祈祷下雨，这样就不会耗费人民的财产，君主祈祷下雨，更有可能降雨。

问曰：如今在人们不祈雨之时为何还会下雨？虽说没有下雨之理，但忧民之心却是诚实的。也许有我们不知道的地方更需要雨水。

答曰：僧侣岂能不知此等神圣之理？且若只为作渡世之凡僧，便会有为济度利生的慈悲之心。故而有些僧侣虽说与贵族交往，开销增大，增加百姓之苦，诚不足论也。

九十八

友人问曰：唐朝与日本，争夺天下之人皆是诸侯大名。争夺者均为贵族，弑君者、蔑视君主者乃大臣也。若君主是暴君，即便处于乱世中，也有过之而无不及。如果暴君死去，后世会变好。诸侯无论富贵与否，提拔、重用之而不授予官位和俸禄，能长久乎？

答曰：《孟子·告子》下曰："入则无法家拂士[②]，出则无敌国外患者，国恒亡。然后知生于忧患，死于安乐也。"[③]法家位高禄厚，礼仪规矩正确。继位之君志于道则为师，无道之时则为谏。虽

① 无固定职业之人。

② 保护国家法度的大臣。

③ 语出《孟子·告子下》："舜发于畎亩之中，傅说举于版筑之间，胶鬲举于鱼盐之中，管夷吾举于士，孙叔敖举于海，百里奚举于市。故天将降大任于是人也，必先苦其心志，劳其筋骨，饿其体肤，空乏其身，行拂乱其所为，所以动心忍性，曾益其所不能。人恒过，然后能改，困于心，衡于虑，而后作；征于色，发于声，而后喻。入则无法家拂士，出则无敌国外患者，国恒亡，然后知生于忧患而死于安乐也。"

不听谏言然不可变其法，此乃大臣也，代代相传，与国兴亡共存，此非高官俸禄所能实现的。拂士乃在君主做法正确之时，能够辅佐君主，在君主做错时，能够冒死进谏君主之贤士也。敌国之外患不止是在战国的时候才发生。若自身懈怠，敌方利用我方弱点消耗我方财力，则会酿成大祸。对外讲礼节，治理好国家才能长治久安。彼国感善政而诚心归附，此乃心诚悦服焉。其政善则外方心服而成为防范外患之屏障，其政恶则心忧外祥大名之患。代代之诸侯，为天下之主而视之为贵重宝物。若无如此之凡情，虽思心安则当善，然君子之心非如此也，故先王于外而设诸侯。秦之始皇无诸侯大臣，万万岁天下当于吾子孙之手，天下虽无一人之诸侯，然自天下统一之时，二世胡亥三年，三世子婴四十六日，直至汉高祖降临之年，仅十六年即秦亡也。秦始皇灭了许多大敌，都是有勇有谋之人，然仅注意外患而未顾及内忧，致使国家灭亡。汉高祖无方寸之地，乃一介草民，却结束了秦之统治。高祖虽无贤人君子之德，然外设诸侯，内备大臣，持续了400多年的统治。出无敌国外患者，国恒亡，生于忧患，而死于安乐也，此等并非虚言也。不论身份地位高低，均应知晓此理。南帝①政权尚未结束之时，足利氏谨言慎行，家族内部稳定，家业逐渐扩大。南朝灭亡之后，足利氏家族内部出现分裂，失去了天下大权。若当时之大臣知道生于忧患，死于安乐之理，善待南帝而侍奉之，北朝的公家谨言慎行，重用将军，重于政道，公家古风不失，足利家历久弥新，就不会失去政权。然而，南北朝合二为一，南帝返回京都，回想南帝被监禁之事如同就发生在眼前。故上下同心、思想一致何其难哉！

九十九

知友问曰：告子曰性无善无不善，先儒又曰无善无恶心之体。此二说似乎并无不同，孟子曰性善。心之本体②无声无臭之时，与言性善当有不同乎？此三说差异之处，应性善之无声无臭之处之理，如何？

---

① 与足利氏对抗，南朝的天子。

② 此为蕃山的学说。孟子提出了性善论，认为人性本善，人之为善，是他的本性的表现，人之不为善，是违背其本性的。孟子提出的“人性善”是本体之人性，是不能用善恶相对的“善”也就是道德层面上的善来加以阐述的，此本体层面上的无善无恶之至善，与王阳明预设的至善又有不同。

答曰：告子所言人性无善无恶是错误的，天生具有之谓性，与心同，此为见气之灵觉而不知理之灵明之故也。所谓无善无恶心之体，又与告子之旨趣相异。心之体若为虚灵不昧之物，不仅无恶，亦无善。然性乃心之本然，若观性感通之迹，皆善而无恶，所谓恶由人欲之私而生，而非由性之感通而来。放任性若无人欲之害，则其事皆善也，此为孟子所言之性善，并非言性之本体具善。无声无臭心之本体，其无思无为寂然不动，通感而观天下之迹，此皆为善。观其迹之皆善而无恶之理，当知性善之理也。

一〇〇

知友问曰：孟子曰："为政不难，不得罪于巨室，巨室之所慕，一国慕之……"①从古至今无论王室还是武家，无君主，豪族大臣便会争权，甚至夺权篡位。若君主无智无勇，将权力全部委任于大臣，应大臣之心，便如同没有君主一般，最终会失去天下。若君主有勇有谋保持君位，那么对豪族们来说是种损失。但若如此，则豪族大臣应痛恨有勇有谋之君主，可为何豪族大臣们反而会感到满足而服从朝廷？

答曰：不行德政才会让豪族大臣不满。从古至今，不德之君憎大臣之威势，以力而夺其位，小知之小臣劝此者亦有之。君与小臣合其心之政，致大臣之无道，仅会灭东而生西，且致原官员之恨意，带入新生之官员。皆为凡夫无变之中，若大族为平辈，同样之事稍有不善则当虽之于君。然君唯一人为主，为臣未传其令，则必有新晋之臣为助。一国憎此新晋之臣之心，皆违君也，小臣亦为如此。国之危险乃大族之权威，主君传令然事情未有改变。要想让权重之臣放权奉君，又不失其颜面，君主应谨慎实行德政，以此为大臣之耻，认为威胁君主之威是很大的错误，尽臣之道才能保全其名，仁有教化，必明是非利害，若克欲而修德，则贵族必诚服。本为善，若士、民久从之于贵族，君之德亦高，同德而助之，则君德当沛然而盛行。

问曰：若从君之教仍有无道之人，又该当如何？

---

① 语出《孟子・离娄上》："为政不难，不得罪于巨室。巨室之所慕，一国慕之；一国之所慕，天下慕之；故沛然德教溢乎四海。"

答曰：如此之恶人，国人通常会疏远他们，忽略他们。并且如果君主为仁君，那么不跟随君主之人就会招致官民共愤，不值得忧愁。

问曰：君主分封俸禄难以使士、民信服。贵族不分发俸禄，为何武士、百姓还会跟随贵族?

答曰：君主距离人民遥远而尊贵，故不亲近，凡事皆隐而易过。大臣虽尊贵，与百姓亲近，事无巨细皆知晓，故而有所恐惧。不仅如此，君臣之交亦有亲疏，赏罚分明大臣各取所需，故诸人皆信而心悦诚服。故大臣贤则国天下易治，古之圣主，于民间遍寻贤臣也。

一〇一

知友问曰：冉求[①]是季氏之家臣，帮助季氏收敛钱财。冉求虽为孔子高徒，因其不仁，孔子言其罪而责，连吾等浅学不德之人亦难解此等不应有之事。

答曰：此话差矣。冉求虽帮助季氏收敛钱财，但因之使百姓生活变得富裕，故此百姓喜悦，季氏也得到满足，可谓是皆大欢喜。

问曰：如先生所言，孔子何故责备冉求?求财乃为民，此事不该有吗?

答曰：此言更差，凡夫虽有才智然欲望至深不会有好结果，且因不知事物之理之故，故不知钱财使用之道，多数情况下不知为谁花费钱财，徒为浪费耳。古时因屯田兵之故，为保国防坚固，十份收成二份交税赋，百姓所得份儿中，八成中的三成多因消耗而无用了。因治理国家事务等，需三成开销，其中一份用于君主二份用于民见，故君主满足则民悦。于君主百姓均有益，孔子之责在于季氏志其道。欲施仁政者，给与君子百姓所需之财物而有助于施行仁

---

① 冉求（前522—?），字子有，通称“冉有”，尊称“冉子”，鲁国（今山东省菏泽市定陶区冉堌镇冉堌集村）人。周文王第十子冉季载的嫡裔。春秋末年著名学者、孔子门徒。孔门七十二贤之一，受儒教祭祀。以政事见称。多才多艺，尤擅长理财，曾担任季氏宰臣。公元前484年率左师抵抗入侵齐军，并身先士卒，以步兵执长矛的突击战术取得胜利，又趁机说服季康子迎回了在外流亡十四年的孔子。帮助季氏进行田赋改革，聚敛财富，受到孔子的严厉批评（冉求帮季氏敛财是工作需要，但孔子认为这样不符合儒家所谓“不患寡而患不均”的思想。但冉有不听，于是孔子对其严厉谴责）。冉求是孔子的最得意的门生之一，在孔子的教导下逐渐向仁德靠拢，其性情也因此而逐渐完善。

政。季氏不知仁义，仅拘于利，然终因富贵而助其私欲，追求奢侈更是错误，且有将恶置于后之理，故冉求之裁判当为善。奉行变了，给予君主之花费增加而给予百姓之花费回到从前水平，如此，民之伤当倍增，此谓留恶。君子不应留人之恶，故孔子深叹矣。

一〇二

知友问曰：孔子登东山而小鲁，登泰山而小天下[①]。身居高处，往下看时愈小。当你看到一个事物认为它很大的时候，即说明你所看的事物太少。若学术亦如此，则应当变得骄傲自大吗？

答曰：高傲是因心胸狭窄，目光短浅。骄傲自大者一定心胸黑暗，了解了道之广阔理之无穷之时，便不会自我满足。日新日日新也，予曾闻治国理政之政令受阻不通畅，思之荒唐可笑，愿行道则上安下裕，近日渐悟其非。生于五岛、对马之小岛而少有知见者，愿其岛中安稳，如离了小岛到了像京都、江户，则应忘却小岛而祈求国家长治久安；若为大明之臣，则心系大国之治乱而忘却日本；死后成为阴阳之神[②]，则关注普天率土之造化，关注东夷、南蛮、西戎、北狄[③]，关心其百年之治乱。若归于太虚，成十二万九千六百岁于一，则心忧天地之寿，如何忧于生于日本仅五十年之或喜或悲。然理并无大小，感一体之仁、发恻隐之情而不能已。然强思之亦为非也。毕竟思越吾人之位而侍政道乃由不忘势之凡情所生。孟子云“古之贤王好善而忘势；古之贤士何独不然？乐其道而忘人之势。故王公不致敬尽礼，则不得亟见之。见且由不

---

① 语出《孟子·尽心上》：“孟子曰：‘孔子登东山而小鲁，登泰山而小天下，故观于海者难为水，游于圣人之门者难为言。观水有术，必观其澜。日月有明，容光必照焉。流水之为物也，不盈科不行；君子之志于道也，不成章不达。’”

② 人由阴阳二气组成，死后，魂升天，魄下地。

③ 华夷五方格局的形成经历了春秋、战国五个多世纪，而文献中明确以华夏居中，东夷、西戎、南蛮、北狄配合四方的记述，大概出现于战国。《左传·昭公十七年》记载，孔子向郯子学习古代官制时曾说：“吾闻之，‘天子失官，学在四夷’，犹信。”这是指四方之夷，而《论语》中未出现“东夷”“南蛮”等配有方位的民族称谓。《孟子·梁惠王上》提到“莅中国而抚四夷”，仍是指四方之夷。《孟子》中虽已出现“东夷”“南蛮”等称谓，但在《孟子·尽心下》说：“国君好仁，天下无敌焉。南面而征北夷怨，东面征而西夷怨。奚为后我！”证实孟子所说“四夷”仍是指四方之夷。《管子·小匡》和《礼记·王制》中关于中国、东夷、南蛮、西戎、北狄五方之民，及其习性、语言、衣服、器用等不同的记载。《管子》为战国中晚叶齐人追叙，虽依据了管仲相主而霸的事迹与言论，但所指五方之民，方位整齐的观念，是战国中晚叶成书时对齐桓公霸业的概括。《礼记》则是西汉中叶学者们依据先秦材料所作。

得亟，而况得而臣之乎？”[①]

古之圣王贤君尊德而乐于道，故视己之富贵如物，君子之富贵乃广救众人而施教化之重宝，故好善人，忘位而重其礼。后世尊德之道荒废之时，思之令人奇怪，然作为天下根本之达尊者三中，德乃天爵，位乃人爵也。古时得天爵者若与其人爵，德为位之本而非有二。有贤君尊老而养之，兼具天爵人爵而后行。然三达尊若无德而余二亦为徒劳，贤王见下之贤者，忘官位与权势而重礼乃必然之理。君王之子落于民间而不知，与此皆同。具天爵之人居于卑贱之位而让人吃惊，贤德之士居于民间而忘人之势，此为乐天而知命之故也。居于野而乐于尧舜之道，不愿素其位而行乎其外，一治一乱乃气化之盛衰、人事之得失，不断重复乃理之常态也，富贵贫贱，由上向下之转变，正如寒暑之往来，贤士见之无动于衷。故王公致敬而不尽礼，则不能诚恳相见而闻其言，不能应招担任职位，岂由吾求上而受招乎。如何心寄国与天下之得失乎。吾等稍有些学问，所以忧国家天下者，乃出于凡人之恻隐之心。且自己不知性命之分，天命之势，仅闻古昔之事而以今日为非，以之思变，甚错也。不知其愚者危矣。

一〇三

知友问曰：欲令天下长治久安，有何妙策？

答曰：甚多也。举其一而论之难也，然天下之长治久安有一大之根本，此根本存则吉，亡则凶也。君主及执政大臣，好善而亲贤之时，君子在其位小人在野，君子进而小人退，虽愿国家天下亡亦不能得[②]。三皇五帝之长治久安皆以此为本。礼乐法度虽因时而易，然君子进而小人退之治国之本则不变，违背于此，则国破家亡、天下大乱。不知德者虽为君王大臣，然认为已之智足而不好善言，思凭已之才智武勇而治天下，不近贤者，远离讲真实道理之士、有道之君子之时，因阿谀奉承者在其位之故，终因刚愎自用，致天下之根本崩溃，做违背人情之事而不知，及至发生乱逆之事，

---

① 语出《孟子·尽心上》。

② 语出诸葛亮的《出师表》：“亲贤臣，远小人，此先汉所以兴隆也；亲小人，远贤臣，此后汉所以倾颓也。先帝在时，每与臣论此事，未尝不叹息痛恨于桓、灵也。侍中、尚书、长史、参军，此悉贞良死节之臣，愿陛下亲之信之，则汉室之隆，可计日而待也。”

虽大惊失色然不可回矣。孟子曰："鲁欲使乐正子为政。吾闻之，喜而不寐。"公孙丑曰："乐正于强乎？"曰："否。""有知虑乎？"曰："否。""多闻识乎？"曰："否。""然则奚为喜而不寐？"曰："其为人也好善。""好善足乎？"曰："好善优于天下，而况鲁国平？夫苟好善，则四海之内皆将轻千里而来告之以善；夫苟不好善，则人将曰：'也也，予既已知之矣。'也也之声音颜色距人于千里之外。士止于千里之外，则谗谄面谀之人至矣。与谗谄面谀之人居，国欲治，可得乎？"①

鲁国想让孟子的弟子乐正子管理国家政事，孟子听闻后高兴得睡不着。孟子认为乐正子处理国事一定会国泰民安。公孙丑认为可疑便问孟子，乐正子是刚强、努力把事做好，决不屈服的人吗？是有智谋能够判断事情好坏的人吗？是清楚古今人情时变之来历，见识多广的人吗？执政之人才，不应不具备此等才能。多数无此才能却执政故非善。乐正子非有上述之才，故持疑而有此问。孟子答曰乐正子非有此才能者。公孙丑认为既然如此，不具备这些才能那为何乐而不寐，这样反复询问。孟子答曰乐正子为好善者也。公孙丑又问好善便可治理国家乎？世间有好善者，世间有善柔之人。不辩天真异道，仅言好善事而从之者，此等之人执政反而有害。事虽善，未应"时·处·位"之变，拘于人情，虽言为善事，不如避开。言乐正子好善，亦非如上之事也。不忍凡情之故而不立己身，悦于人之善而不嫉妒，以尊德性道问学之功，明真知，则善辨正邪，是否符合"时·处·位"，是否能区分善之天真，拘泥于旧习，正如镜中所映出之美丑。虽可掌控诸事，然因仁厚温和而好善、乐于听闻人之谏言之故，人不顾道路之远、不辞辛劳前来告知善。居上位之人普遍不知百姓之情状，以为政令皆可之故，天下百姓不疲于政道，踊跃行善，天下之人致力于为善之时恶则自然消亡，此乃天理人欲不可共存之故。好善之德用于一国也为善，用于天下则更善

---

① 语出《孟子·告子下》："鲁欲使乐正子为政。孟子曰：'吾闻之，喜而不寐。'公孙丑曰：'乐正子强乎？'曰：'否。''有知虑乎？'曰：'否。''多闻识乎？'曰：'否。''然则奚为喜而不寐？'曰：'其为人也好善。''好善足乎？'曰：'好善优于天下，而况鲁国乎？夫苟好善，则四海之内，皆将轻千里而来告之以善。夫苟不好善，则人将曰："訑訑，予既已知之矣。"訑訑之声音颜色，距人于千里之外。士止于千里之外，则谗谄面谀之人至矣。与谗谄面谀之人居，国欲治，可得乎？'"

矣。不好善人之秉性乃唯命是从、声音洪亮且善察言观色，拒贤人智者于千里之外，具有拒绝劝谏之意。善人被拒而离去之时，小人则得其势，对贤者谗言，让人疏远之。假装劝谏，擦眼观色揣摩上意，极尽阿谀奉承之辞，于国家长治久安无用。上者若弄权且心胸狭隘，终亡其位。

问曰：如此，好善有道乎？

答曰：有。孟子曰："古之贤王好善而忘势；古之贤士何独不然？乐其道而忘人之势。故王公不致敬尽礼，则不得亟见之。见且由不得亟，而况得而臣之乎？"

古之圣王贤君听闻有圣知之人，便忘记自己的地位和权势，谦逊而以礼相待之，执政大臣者亦如此，此乃好善之道。因己尊德而重道之故，成好善之至也。持王公之位，傲于大臣权势，未能礼贤下士之时，善人、义士皆隐于野而不知焉。阿谀奉承之徒仅好利，不拘于礼，徒增君臣之恶也。贤士为乐道德而忘人之权势者，虽为王公贵族，若未恭敬尽礼，则不能让贤士尽其才智。贤士不悦而未尽其才智之时，胜于其无。后世虽言有好善之君臣，然因未能做到忘权势而敬贤士，故善亦无益。

一〇四

学友问曰：君子之祭祀父母之心，如何？①

答曰：君子懂得在明界生存的人死后进入冥界成为鬼魂，故生死一贯并无间隔，皆为悟境明觉之心，是故孝子之心乃不愿让父母死去，在祭祀之时并无所求，尽至诚而已。

一〇五

知友问曰：《集义和书》②的前言删减了很多。现如今已经过去

① 孔子创立"仁学"，"孝"是"仁"的重要内容之一。孔子的学生有若说："孝弟也者，其为仁之本与！"在儒家看来，孝顺父母，敬爱兄长，是实行仁德的根本。"君子务本，本立而道生。"君子抓住这个根本，实行"仁"的基础建立起来了，人与人之间伦理道德就会产生出来。孔子把"祭祀"作为治理国家的四件大事之一，祭祀是十分重要的。祭祀要按照"礼"的规定。祭祀的核心是要"敬"，"祭思敬"（《论语·子张》），要"真诚"，要做到"事死如事生"，做到"祭如在，祭神如神在"（《论语·八佾》），"洋洋乎如在其上，如在其左右"（《中庸》）。如果自己不能亲自进行祭祀，不能让别人代替，"吾不与祭，如不祭"（《论语·八佾》）。

② 指《集义和书》初版。

十五年了，又有需删减之章节？

答曰：余下之章节半数不满意，若能解人之惑就不应删减。明白后人之非难就在眼前，而解今人之惑乃今日之天职。正值文明开化之机，余编此书旨在以此开拓民智之蒙昧报答天恩而不顾世俗之责难。

第六篇 智、仁、勇

一〇六

知友问曰：仁之理，孔子亦一言难尽也。于门人之问答亦皆有所异否。

答曰：仁乃全德之名[①]也。答门人之问，言以其心之位入仁德之端也，如孔子曰[②]，如有王者，必世[③]而后仁[④]，此乃以恩泽遍布天下，施仁政之义也。吾心不通太虚天地之间，不可称之为仁。

问曰：如此，则天地万物之理，皆应于世间万物而探求乎？

答曰：非也。虽知世间万物之理，然吾心于万物之上而存私欲之好恶之时，则非仁。天下无好恶，追随天下之义而无私心杂念之时，始为仁也。医书言手足痿痹为不仁，此言最善名状，气已不贯皆不属己。[⑤]富贵贫贱，死生寿夭，夷狄患难，君子无入而不自得焉[⑥]。天地阴阳，人生顺逆吾皆具，有何好恶之处。仅存求好而舍恶之心，未能一贯，义无以流行，此乃不仁也。

一〇七

知友问曰：礼之用，和为贵，[⑦]此用与体用之用同言[⑧]，则为用礼之用焉。总而言之，难解此章之受用也。

答曰：礼之用乃行礼之所也，礼繁则必乱，不知和也。夫礼，则尊恭俭，简之应“时·处·位”之时，存和而易行，天以易知，地以简能，天地上下之位定为礼，易简之善为和，易则易知，简则易从；易知则有亲，易从则有功。[⑨]日月变换分明，四时运行不止，则

---

① 从完全具备各种德这一点上称呼其名。

② 语出《论语·子路》：“子曰：‘如有王者，必世而后仁。’”

③ 三十年。

④ 行仁的理想社会。

⑤ 语出《河南程氏遗书》卷二上：“医书言手足痿痹为不仁，此言最善名状。仁者，以天地万物为一体，莫非己也。认得为己，何所不至？若不有诸己，自不与己相干。如手足不仁，气已不贯，皆不属己。”

⑥ 语出《中庸》第十四章：“君子素其位而行，不愿乎其外。素富贵，行乎富贵；素贫贱，行乎贫贱；素夷狄，行乎夷狄；素患难，行乎患难。君子无入而不自得焉。”

⑦《论语·学而》：“有子曰：‘礼之用，和为贵。先王之道，斯为美，小大由之，有所不行，知和而和，不以礼节之，亦不可行也。’”

⑧ 朱子的说法，以理为体用，礼的本质是严，但他的作用是和。

⑨ 语出《易经·系辞上传》：“乾以易知，坤以简能。易则易知，简则易从。易知则有亲，易从则有功。有亲则可久，有功则可大。可久则贤人之德，可大则贤人之业。”

天道悠久而无穷也。礼乐之本，专于人事与和，则易为流传，故以礼为节。若无礼节，则难以为和，礼节过时，则烦而乱也。故礼节交错以为其根，此乃阴阳动静之理。先王之道，天下之事，小大由之，有所不行。夫礼，乃安上治下之备也。然古今人情，时变具不同之事，《易》云，黄帝尧舜，垂衣裳而天下治。通其变，使民不倦。垂衣裳而治天下，无为政治之最高境界也。通其变而使民不倦，未苦于礼法，无厌烦之态，通于时与人情，此乃以和为贵之义也。

一〇八

知友问曰：颜渊问仁，孔子答非礼勿视、勿听、勿言、勿动[①]。稍志于道德之学，亦不会喜欢将非礼之事寓于视、听、言、行当中。颜子身为大贤而热衷此事，此为何故?

答曰：各有非礼之处。有凡人、学者之非礼，进而有美人、大人之非礼[②]，及至圣人始无非礼也。颜子未达圣人，为一等，故言应至圣人之境。言礼，乃天理流行不停息。《易》云，天行健，君子以自强不息。天行之健，乃礼之本质，君子用之进取自强不息，此乃礼也。未至言及心上，视、听、言、动之轻率，须臾分离则为颜子之非礼也。虽言三月不违仁[③]，然四时皆以三月为一季变化迁移，故谓三月即指一年。一年中未违背仁，然尚未意识到努力之故，所以是三月之字。若未至无心，则非至诚无息。可言颜子近乎圣人，无做作之痕迹即为圣也。此处专指此话。

问曰：圣人亦有戒慎乎?

答曰：然也。

问曰：若如此，则不可称之为无心。

答曰：戒慎即出于自然，不会时有时无，即无心也。若有心则须臾不能停息，至无心便是无息。自强即克己也，不息而复礼也。用之自强不息之时，合于天行健，吾心气之造化归一也，故天下于

---

① 语出《论语·颜渊》:“颜渊问仁，子曰：‘克己复礼为仁。一日克己复礼，天下归仁焉。为仁由己，而由人乎哉?’颜渊曰：‘请问其目。’子曰：‘非礼勿视，非礼勿听，非礼勿言，非礼勿动。’颜渊曰：‘回虽不敏，请事斯语矣。’”

② 孟子德性说中将其分为六个等级：善、信、美、大、圣、神。

③ 语出《论语·庸也》:“子曰：‘回也其心三月不违仁，其余则日月至焉而已矣。’”

吾仁。春夏秋冬，日月星辰，寒暑风雷，土地山川河海，万物皆备于吾身。此乃天下归仁也。

一〇九

知友问曰：军阵必具其备，不备则逢敌而易破也，则治国之备为何？

答曰：治国之备乃政也。政者孔子已有所言，足食足兵民之信矣。[1]此三者，食不足时士贪民盗，争斗不止，刑罚不断，上奢下谀成其俗，偷盗亦不为彼之罪。及陷乎罪，然后从而刑之，是罔民也。焉有仁人在位，罔民而可为也？[2]正如雪中扫庭，散粟而集鸟，未教而杀，此乃不仁也，况置民于死地。上者无用而下者贪，下者穷苦而恨上，此乃逆乱之端也。无此战阵则国破，兵不足，况信之道乎？

问曰：足食之道为何？

答曰：上者恭俭而具威严，士、大夫无贪之时也。民以己之力而作五谷，工、商换粟而食，取年贡甚少，则民好游乐而怠耕作，甚多则民忧于饥寒而无力。未懈怠之时则播五谷，食足，则士、民富裕而无武备，此时亦乱。故集武艺高超之士，常练弓马，强士之筋骨，训马匹之灵敏，置铸弓者、箭师，箭尖、刀之冶炼，磨刀、铠甲、枪矛、白银、刀鞘、上色鞍蹬绺配件、缝纫等诸种类之作坊，置诸武具之工匠，付诸军用，此即称之为兵之足也。士、民无病，气血康健，此乃成政教之第一也。信乃吾人之本心，天道乃诚也，以其诚为本心而生之人无邪无伪，成厚之风俗而教化。此信之中含仁、义、礼、智之性理，人者，具耳、目、口、鼻，民乃无位者之总称，尤有无用于士、工、商者。虽有庶人，况但未有教化庶人之人。天下，国家之政道，言之为礼法之事，仅言之信，未及礼仪法度者尤妙也。随德之衰则礼法受激，虽抑制亦易兴起。唯难以立之物乃诚也，诚不立之时，虽圣人之礼仪法度皆备，然并无何所

---

① 语出《论语·颜渊》："子贡问政。子曰：'足食，足兵，民信之矣。'子贡曰：'必不得已而去，于斯三者何先？'曰：'去兵。'子贡曰：'必不得已而去，于斯二者何先？'曰：'去食。自古皆有死，民无信不立。'"

② 语出《孟子·梁惠王上》："及陷于罪，然后从而刑之，是罔民也。焉有仁人在位，罔民而可为也？"

益。五典十义乃诚之条理也，风俗浓厚而事少之时亲于无伦，如此以礼乐而成。此乃“绘事后素[①]之心也。天下国家，饮食衣服充足，武器繁多而善武艺者，明诚之道，君臣相和，父子相亲，夫妻有别，兄弟有序，友朋相让而无争斗，虽求乱而不得。

问曰：信乃本也，未置于第一而言之为三，此为何？

答曰：此依赖于政也。出生于世，无饮食则不能生存，故此为第一。若无兵具，人之禽兽交锋强弱相凌而未能静止，此乃以智为上愚为下之备也，故次之。赤子生于母体以泣为始，存天真。康诰曰，若保赤子。心诚求之，虽不中不远矣[②]。仅此信，未因人欲而损，故为末。故不得已而除此三者之一时，去兵，存信而众和时，可使制梃以挞秦楚之坚甲利兵矣[③]。又不得已去其二时，绝食而亡，天下之人皆亡则天地破，此亦可也。无信则成无义禽兽，故顺义无害之政以足食为先，无恒产而有恒心者甚少[④]，此亦为立诚之备，反之则义有害时唯诚存。人之性命，听其自然。依食而生存，持武力而保全生命，居安思危，立信之道行人之义，至其衰而力尽兵散，难咽其食而亡，未亡者仅诚也。若无子贡，则无此问，若无孔子，则无此答。天下政道，治乱得失，皆依此三者之存亡。缺一则国非国，天下非其天下，简易而明白之理也。

问曰：后世丰年食足时士困窘，凶年食不足则民饥，上下交替而苦陷入困境，逐成乱世，此何解？

答曰：虽由此而来之事颇多，然其根本有三。其一，大小之城皆于河海通路处立都之时，骄奢日长而难守，商人富而士贫。其二，以粟易诸物之事日少，以金银为专时诸物之价日高，皆经天下金银商人之手，显贵庶民之用不足。其三，无当然之理之时，事繁而物多也。士以禄米换银钱以购诸物，米粟价低而诸物价高时其用不足，且事繁物多之时愈贫乏，士困则倍取于民，故至丰年而不足，凶年亦饥寒。士、民困窘之时，工、商则无购粟之所，仅大商

① 语出《论语・八佾》：“子曰：‘绘事后素。’曰：‘礼后乎？’”
② 语出《礼记・大学》：“康诰曰，如保赤子。心诚求之，虽不中不远矣。”
③ 语出《孟子・梁惠王上》：“入以事其父兄，出以事其长上，可使制梃以挞秦楚之坚甲利兵矣。”
④ 语出《孟子・梁惠王上》：“无恒产而有恒心者，惟士为能。若民，则无恒产，因无恒心。”

愈富。将财权放任于庶人，夫国君决不与人以富贵，与人以富贵之时则失其权，国亡而天下乱。天下乱时商之富乃身之祸。虎皮有纹路故受田狩之灾，商人多金银故遇盗贼之灾，或失其命。无情之草木亦会枯槁，物之盛衰乃其自然也，况专于已利而致众生苦者，未能其久。

一一〇

知友问曰：孔子曰：其身正，不令而行，其身不正，虽令不从。又季康子问政，孔子曰：政乃正也，若使子帅以正，则孰皆非正。又曰子若不欲，则以此为赏亦非盗。然后世上虽正而下不正者有之，上不欲而士欲者有之，而其下之盗不尽者，为何？

答曰：徒善不足以为政也[①]。君虽恶然具权威之时下亦顺，君虽善无权威之时下亦逆。后世为君之人，虽身正无欲然无威，此乃柔善也，亦不知为政之道。故虽身正无欲，然其化不及其士，其泽不达其民。此气质之美，未出于道德，得之于道德者，善与威也，亦知行善之道。故，其德惠及士大夫，其德化泽至民庶。故孔子曰君子之德，风也，小人之德，草也，草上之风，必偃。故君子治世不用杀，无威虽杀之亦不从，并不为惧。且君无威之时下必具威，虽为下而夺上之威，其必不善。虽不善，然具威，其从者亦有之。

一一一

朋友问曰：吾甚不才，何以成学问乎，若成其用为何？依学而生才智，此为吾欲学之道。

答曰：正如善学者未藏其原有之才智，依何种学问可生才智？学乃明明德之用也。具才智而损德者甚众，助于德者甚少。学问乃求天真之乐，才智使己身心烦忧，己身苦闷。学乃齐家，治国，平天下之道也，才智未齐家，不治国，亦未平天下。故古人云，拙乃吉，巧乃凶，拙乃德，巧乃贼也。不才且拙近于德，自然之幸也；具才智且巧近于伪，一不幸也。吾子虽得天然之吉，一变成凶，甚惑。学，正如解惑，乃自明之事。世人皆恶夭折而愿长寿，不才命

---

① 语出《孟子·离娄上》："今有仁心仁闻而民不被其泽，不可法于后世者，不行先王之道也。故曰，徒善不足以为政，徒法不能以自行。"

长，才智浅。人皆厌劳而求安，有才则劳，无才则休。有才智者不仅已身招凶，亦集人之凶事，深山之木材有招刀斧之忧，无材之木无斧钺之祸而保全其天性。庶民而拙者，专于农事而无其余之劳，有才者，成名主而为人分忧。武士而拙者，习武道而成国之防卫，无战事之时，学文以自乐，成优士之外别无他劳；有才者，因为官而一生操劳，虽为武士无习武之暇，更何况修文德之功？一生无知而老衰之悔无益。

问曰：如此之道学传至天下，人皆以不学无术为乐，然天下国家，何人治乎？

答曰：隐才智而人民拙时，则无恶，不治即平也。恶之源由才智而生，至治之世，才智何用乎？

问曰：尧舜文武之代，有五九之才臣，孔子亦高才，亦未用才乎？

答曰：此皆灭天下之才智，绝万恶之源头之才臣也，非今日所谓之才。今之才于尧舜无用。大才如刀，细磨与官，虽昼夜不离身然未能用之一生，以威亦无事。小才如朝夕使用之刀，损人损已未有平安之暇，今之才即小才也。朝夕烦闷而国家不安，终致国破而天下乱。骥不称其力，而称其德[1]，力乃骥之才也，世虽有骥马之力，然无骥之德，亦为庸马；骥虽有余力，然无所作为虽幼童亦可驾，故有善马之名。况人有才而无德，此乃妖物也。吾虽近德，然不及耳。

问曰：无家产无钱财者，仕而不用其才，何以养其父母妻子儿女乎？

答曰：炎暑甚寒亦如做酱菜买卖者，为官非因贫也[2]，依天性而仅仕一职，居其位而行其事即可。

一一二

知友问曰：程子之敬之心法如何？

答曰：此非本言论所及。依书言之敬者，多为敬积于胸中，失

---

① 语出《论语·宪问》：“子曰：‘骥不称其力，而称其德也。’”

② 语出《孟子·万章下》：“仕非为贫也，而有时乎为贫；娶妻非为养也，而有时乎为养。为贫者，辞尊居卑，辞富居贫。辞尊居卑，辞富居贫，恶乎宜乎？”

其心之本然。古人之心与吾心，因以心传心而自有其相通之处，此乃用力之功也。吾虽得敬之心法，传与吾子，其受敬之束缚而未得其心法，所谓中者天下大本也。喜怒哀乐未发之时，此性浑然在中，心有散逸则失所以为主①。得此说法甚妙矣，当知此为无物之敬。

问曰：万事万物皆存天然之中，此为何？

答曰：得器物其身即为中，得饮食其味亦为中也。中虽为天下之大本，无处不填满，其体称之为中，其用亦称之为中。正如人之不动称为立，动则为行，此为一人之人也。百尺之木，由根至叶，生气一贯也，根乃大本，枝叶为道，土中之生气为中，枝叶之生气为和，然其尚未尽。木以木之本性为中，偶发之物为和，此亦可也。土根，枝叶，其生气无所差别，唯不见中，其和之迹仅春花秋红之季节可见。

问曰：中与仁如何？

答曰：中者寓于仁，仁者寓于中。古之圣王谓之民之君师，以君观之宜尊，以师观之宜亲，正如唯一人之圣主。

问曰：仁与爱如何？

答曰：仁乃生理，爱乃生气也；仁为性，爱为情也。如木由根至枝叶所流通之生意，气也；春花夏绿秋红之时，色之表，乃情也。此皆生气之变化，其变化之理乃仁也。唯人得此仁则备明德，若明明德之，则己亦有之。万物若无明德，则己不能为物，仁中有造物主。

一一三

知友问曰：先儒谓曰，周子言“无极”而“太极”，非也，而圣人之言无“无极”之语，此“无”之言，出于老佛，此说甚是有趣。

答曰：此仅拘于文字。易中有太极，并非《易经》所言。易乃变易无极致，无极致亦非无极，“无极”之字虽初出自周子，然“无极”乃易字之意，而非初始之意。夫无字出于老佛乎，老佛亦

---

① 喜怒哀乐未发之时，仁义礼智浑然是在心中，只有在失去心时，作为人类的主体，天下的大本的中的意义便消失了。

出于圣学，上天之事无声无臭，佛语本为梵字，如日本之伊吕波和歌，借自中国之文字而书。中国之字，非出自佛老之学。

一一四

知友问曰：先生未用先师中江氏之言，而立己之是，称您为傲慢者有之。

答曰：余受先师之教而未变者乃实义也，学术言行未成熟之时，应时、处、位，应日渐积累而成，应时而变通。余之后人，以补余之未成熟之说，改余不合时之言行。于大道之实义，先师与余未有丝毫之分歧，余与后人亦同。通其变等同民生智，见言行不同，而争其异同乃不知其道也。

问曰：大道之理，为何？

答曰：五典十义是也。行一不义，杀一不辜，而得天下，不行此事亦为实义，固憎不义而去恶之明德亦为实义也。育此明德且日日明之，未因人欲而害，此谓之心法，亦为心法之实义也。此不仅先师与余无所别，唐国与日本亦同焉。若疏于此实义，其所言虽皆同于先师之言，然并非先师之门人。余与后人亦如此，后人未用余之错误处，然具此实义者皆为同志也。先师本不爱凡情，而尊君子之志，不用未成熟之言，偏袒先师并以此为乐。先师在世之时，其心皆为不变之志，学术益进而无固滞之处。若有继其至善之志，受日新之德业者，则为真正之门人。自古，民生于三，父生之，师教之，君食之[①]，此恩皆同，故均服三年之丧。先师于余，其恩正如君、父，子常兴父之家，臣常扩君之德，而门人常革新师之学，此皆报恩也。

一一五

知友问曰：春夏秋冬四季不变，日月星辰皆同，人之形无异，皆备仁、义、礼、智之性。然古昔有道德之人众多，今却渐稀，此为何故？

答曰：孔子曰，古之学者为己，今之学者为人[②]，此乃今世有道

---

①《国语•晋语一》："辞曰：'成闻之：民生于三，事之如一。父生之，师教之，君食之，非父不生，非食不长，非教不知生之族也，故壹事之。'"

② 语出《论语•宪问》："子曰：'古之学者为己，今之学者为人。'"

德之人稀少之故也。古之士者利人，今之士者利己，为己之学乃人为，失利人之义则利己。故士君子多失其德而成小人焉。

一一六

知友问曰：具仁者不忧，知者不惑，勇者不惧[①]之时，可见此三人之态。若君子之道有三，三者皆备乃君子之义乎？仁者、知者、勇者，皆为君子之义乎？

答曰：君子不忧乃仁，不惑乃知，不惧乃勇也。此三者共存之时，君子之道宽广，根植于心之德时，此三者不过义也。成己仁也，成物知也，性之德也，合外内之道也[②]，故三者本一，如子观之乃父，臣观之乃君，妇观之乃夫也。仁、知、勇虽为同性之德，然以君子之天地、幽明、顺逆、死生、祸福为一，若未言非己，则无所忧之处，附名仁者，君子之阴阳、人鬼、富贵、贫贱、夷狄、患难，虽深亦无所得，心中无所滞正如流水，顺而行至明所，附名知者。君子浩然之气充盈，郁结于天地，刚强盛大而悠然于万物之上，不屈物欲，不屈威武，至恶鬼，妖物，猛兽横行之处亦无所惧，此乃附名勇者。不忧常人之所忧，故知君子，不惑凡夫之所惑，故知君子，不惧世人之所惧，故亦知君子。时或视之为三类君子亦无妨。又因仁而未能兼备知、勇；因知而未能兼备仁、勇；因勇而未能兼备仁、知，此源于与生俱来之气质。得仁之气质者，好爱人，或其本身温柔而宽裕也，并非无忧。无忧乃辨知，亦有不屈于勇者。得知之气质者，与俗人有别，然若无万物一体之仁则无成物之功。仅能分辨俗世之名利得失，而不知幽明，生死之理。故有所惧，不惑亦难以言说。得勇之气质者，于所习之处无所惧，于山中不避虎狼，乃猎者之勇也，入海而不惧龙蛇，乃海士之勇也，于战阵而不畏弓矢，乃武士之勇也。如大森彦七之武勇者，逢妖物亦失其力。且入海而不及海士，入山而不及猎者，虽得武士大勇之名，然难称之为不惧。因物而惧，因物而不惧，知不映射，仁与天地万物不为一体，与物为二分之故也，未有得道学者。勇者兼备

---

① 语出《论语·宪问》：“子曰：‘君子道者三，我无能焉，仁者不忧，知者不惑，勇者不惧。’”子贡曰：“夫子自道也。”

② 语出《中庸》第二十五章：“诚者，非自成己而已也。所以成物也。成己仁也。成物知也。性之德也，合外内之道也。故时措之宜也。”

仁、知而无所惧，知者兼备仁、勇而映射，仁者兼备知、勇而无所忧。故君子之道需三者皆备，缺一难称为君子。

问曰：孔子自言饱食终日，无所事事，然而并非孔子果真无所为。如此，后人难以与孔子相提并论。

答曰：当下亦有这般人物。自己所为之事，若有人未能做到，便勉励他说自己也未做到。然此人所为之事尽人皆知，故而如此劝解他人之义当不言自明。

一一七

朋友问曰：心学中亦有与下围棋、象棋同样的禁制，诚乎?

答曰：吾不知心学之事。总之志于道德仁义者，具禁人欲之理，不能尽除之，有何闲暇禁围棋、象棋之游戏乎。专事道学、六艺者，珍惜光阴昼夜专研，无暇于象棋、围棋之游戏。不专注于习文艺、武艺者，混混度日，远不如玩围棋、象棋，用不着禁止。玩双六游戏者是为赌博做准备吧，博弈乃恶事之根源，如有上述情形戒之亦可。本立之时，末端之事虽未禁亦自止，本不立而禁末端倒不如不禁。

一一八

知友问曰："曾子曰：'孟庄子之孝也。其不改父之臣与父之政，是难能也。'"[①]庄子之父献子，选用贤能之人，故其政善，不改理所当然。何以为难?

答曰：其父献子至贤，其子庄子，有知，且具孝心，故其政为是。古今父之用者，子代未用有二。其一，其人虽优，子之侍从欲取其权以立身，言父所用之人为恶，以此为不善。另父子之好恶有别也，故不用父之臣，而改其父之政，此乃子不明而孝心之淡者也。其二，为父所用者多私心，久居其位久已，因而不用。且父之政不可行之处甚多，需改。此乃子知，亦难言其不孝。父之本心，欲用善人而行善政，然反对者因人欲所害，从父之本心，改恶向善以使国家长治久安，以免其对父之祖先不孝之罪，大孝也。父之好

① 语出《论语·子张》："曾子曰：'吾闻诸夫子：孟庄子之孝也，其他可能也，其不改父之臣与父之政，是难能也。'"

恶乃一己之私，国家由代代相守，夫人善而知不足者有之，有知而行不足者亦有之，善而知不足者平生行为端正，然无节制之故，其善事多变为恶。行虽不足然有知者，平生所成之事虽十有七八不合礼仪，因有节制之故，其恶事消失，其所为也符合人情、时势。父为善人且为人所赞，然知不足亦不能用人，其政不符合时、处、位。子不贤，有知而识人之善恶，其政合乎时、所、位，由外观之，父优而子非优，然由内观之，父代未能治理好国家，至子一代乃善治者也。父不贤，有知而善用人，其政符合时、处、位。子善人，若无知，不辨是非而听信谗言，子一代未能立功。此二者乃自然之势也，为父之用者亦有不善。且于国有旧功之官人甚多，至其儿子一代，并无赏赐之指令，无一寸功德之小人代理朝政，共分官位、俸禄者众多。此非父子相继之礼，故如孟庄子之孝者甚少。

一一九

知友问曰：伊尹乃负重任之圣人，孔子乃圣代之圣人，如此孔子亦当负重任。列圣之中，其当负何任？

答曰：可当汤武之任。以天下之治乱，万人之安否为己任，故不顾德耻之恶名，实则不想要天下。巢父与许由虽高洁，然因任重而辞去尧之请求，后汤伐桀，将之流放到南巢。若桀有改过自新之志，受汤王之教而行道，则必重得天下。纣若有悔过之心而降武王，改恶而行善，则必得其助而施仁政。武王讨纣王而放任之，纣王具刚强、勇猛之心而自杀身亡。不久立纣王之子与其大国，成商之祭。与后世之人说到敌人之子孙，必搜寻而杀之后快相比，乃云泥之别。太甲无道，伊尹将其监禁，伊尹之幸，太甲悔先人之错，从伊尹之教，能复其位。未悔改，则伊尹得其天下。岂有篡位之名乎，故以任重为由请辞焉。

问曰：然天下之民陷于水火，诸圣贤皆哀之。众人皆应受任乎？

答曰：天任之时即任之。天未任时负其任，此乃私心也。故孔孟任道而未任天下。孔孟之时，诸侯之强大者若得孔孟之助则可统一天下。若孔孟之有才者，交于功名，助当时之诸侯，则一统天下乃举手之劳。且以好仁而不知义之异学，岂能夺天下而安民乎。然圣贤不曲道而安天下，止兵停食，天下之人饿死，唯信长存。

一二〇

知友问曰：天下有道，则庶人不议[1]，有法亦不可言国家政道之善恶乎？巧舌如簧者于军中勿谈敌之美，此二者同乎？

答曰：缄其口勿让其私下议论乃不能耳，私下议论可称为自然之势也。天下有道之时，天子拥天下之富贵而不与人，国君拥一国之富贵而不分之于人。大臣助君而无私权，农耕其地而工善其职，商通有无而利其利。天下、国、郡之财用，具自然之势，商不参与经营，岂敢妄议国、天下之政令乎。天下无道之时，国君世主骄奢，有道之时虽逾百十倍，然富贵之权转移至百姓也。故商人以心而获国、天下之资财，以取国、天下之利，山川之深浅，河海之运行，此皆于掌握之中。故商人日日详于天下之事，士人日日疏于万事。庶人之私议，此资财之权落入商人之手，则商人可随心所欲。故商人益富，士人益贫，士人之贫困至极时，无法取财于民。士、民共贫困之时，天下之工、商失其利而衣食无着。善者仅富商之数十人也，此可谓四海分困。尧曰，四海困穷，天禄永终。[2]君之禄福久绝，天下破也。此时极尽荣华之富商亦成盗贼之奴，悲哀而无益，与圣人所言无异。

一二一

知友问曰：人当皆为圣人，虽为迟钝之态，因此风传圣人为粗心大意者有之，为古怪者亦有之。

答曰：言其全德之时，圣人为神明不测之雅号，此为凡人所不知也。然人之本性与圣人无异，人皆有明德，大人亦不失其赤子之心也。学问乃去后天之人欲，存先天之天理。此心专于天理而无私欲之时，即为圣人之心。

一二二

知友问曰：心之向内与向外，其状态如何？

答曰：难以言之。《论语》有云，三人行，必有我师。此处有三人，其一人我也，以善为一人，以恶为一人。见善人，以其为

---

① 语出《论语·季氏》：“天下有道，则政不在大夫；天下有道，则庶人不议。”
② 语出《论语·尧曰》：“尧曰：‘咨！尔舜！天之历数在尔躬，允执其中。四海困穷，天禄永终。’”

好，并学之。见此不善，或避其身或避其心，反见吾身亦具此不善。受用此善，仅此时可见，善事虽善，师在其外，心向外之事不可避免。内求于师，则好善之心即为吾行善之师也；厌恶之心则为我改过之师也。心无声无臭，故而依感应之迹可知，虽有明师，然难知一念之微，唯奉持知善恶之灵明之时，师在我中，无幽明之隔阂。

一二三

知友问曰：人皆有志，然其志不明。

答曰：所谓志乃志于道也。初学之人，立志于道，尚未明道，然其心所向已明。故受邪伪所惑者甚少。

问曰：虽无志，然有正者，虽有志，然有不正者，此为何？

答曰：气质善之人，虽未学道，可为正直之人。气质不善之人志于道，非顷刻可成善人，然可胜昨日之己。一度立志于道，尚未见其道，然若立志向善，则不会为不仁不义之人，亦不为邪伪左道所惑。因气质而正直者，虽行迹为善，然因不知其道之故，未守本心，其身虽具善人之态，然不知其邪正，亦成不义，且有迷于旁门左道者。天生万物，若有此德则亦有此弊病。知不足者行为正，行不足者知明，有志者多行不足而知明。由外观之，知不足而行正者胜之，正如草木。得今日之养分而有明日之成长物，不计其本而同其末，得一尺树之养分而成长者，顷刻间难成长为二尺之木。

一二四

知友问曰：志于道，据于德，依于仁，游于艺，此章何解？

答曰：欲无歧路之惑而得人道之正，此乃志于道也。据于德，此乃近于有德之人也。依于仁，修己之天理即有所得，此乃从本心者也。游于艺，在礼乐弓马书数等人伦日用之事方面，于正确之地而游玩，六艺乃天理所寓之所，故一心修之，则流于末理而失本心之德也。知其悠哉畅游于六艺之心时，深入学问领会真谛，有助于道德而难流于末艺。不知其悠哉畅游于习六艺之心而成高明者，乃以道德之大成艺术之少也，此乃本末倒置也，于艺术自身之害亦多[①]。

---

① 语出《礼记·大学》：“其本乱，而末治者否矣。其所厚者薄，而其所薄者厚，未之有也。”

一二五

知友问曰：兴起于诗[1]，然后世之学者并非如此，古时之兴于诗者，何如？

答曰：古之习文者，始于诗，以诗言志也。善恶、正邪皆为人情之实事也。故习之者实学也。于人伦日用方面，感发善心而兴善行，知惩恶防邪恶之事，此非以诗立志也。

问曰：立于礼者，如何？

答曰：礼以恭俭谦逊为本，虚中而招天下之益。不争不奢，若施于身，则固肌肤之会，筋骸之束；若用于事，则为节制度数之规；用之于家、国、天下之时，则有吉、凶、军、宾、嘉之品。吉乃祭礼，凶乃丧礼，军乃军法，宾乃主客往来交会之礼仪，嘉乃婚姻之礼及冠礼也。人之无恭俭者，丧心而失身。及至家、国、天下，无恭俭谦逊之时，则骄奢日长而生争逆之事，终至国破家亡而天下大乱。故由身及家、国、天下，无礼则不立。故知礼者以敬存心，俭以修身，逊顺以齐家，谦明以治国，笃恭而平天下，立礼之义明矣。

问曰：见管弦之乐，以乐而正心、修身、齐家、治国、平天下，今思未成，古之成于乐者，如何？

答曰：孔子曰，视其所以，观其所由，察其所安。[2]今有其人，观其平生之所为何事，习文学、弓马等，不怠于文武之修。其所为虽善，然其心之所，观或为立德业，或为追求名利，得其成是，思其或求利禄，或得名声。学文以辨理，习弓马而修其业，则所依亦善。然其人闲暇无事之时，于游乐之地观其用心，其所安也。其所为所依，于所安之处虽有善人，有道德者甚少。故所为所依，心起而奋发。有权势武勇者虽志向笃实，不知乐时，不能用心于所安之所，或怠惰，或严厉，此乃不知游于正事之道也。持正乐而游，心之所安，游乐之事亦正，此易入德。夫乐有五声、十二律，或为歌舞、或为丝竹，怡人之性情而荡涤邪秽，和顺而得道德。故移风易俗由乐行之。道学成就于乐中——此理指求学而习正乐后方知。习文学虽知道理，然不知乐者不通其风情。习乐而不习文学，不通其

---

① 语出《论语·泰伯》：“子曰：‘兴于诗，立于礼，成于乐。’”

② 语出《论语·为政》：“子曰：‘视其所以，观其所由，察其所安。人焉廋哉？人焉廋哉？’”

道理。文学、乐道兼而用之，然若不知心术，则不能得之于心而乐，故乐者甚少。

一二六

知友问曰：仰之弥高，钻之弥坚。瞻之在前，忽焉在后。此章，说的是难得其道乎？若连颜子亦难得其道，则后学者当如何？

答曰：非也。大山虽高，其有限，则尽可攀；天可谓大，日月虽遥，具外形之物皆可以数字衡量。唯道之高远无穷无尽，故付与其高，难言仰之弥高也，此非目力见解所能及。钻之弥坚，非以力而能入，非以才智而可得。瞻之在前，忽焉在后，非以文章言语可描绘，也非知识之所能及。唯明实义后，不仰而至高远，具德行后，方入无穷之门。习得作出正确判断能力之知识后，方可达到学问之神奇处。

问曰：博文约礼，当如何？

答曰：吾之博文，以格物致知而修万物一体之身，达古今之人情、时变，用时行，舍时隐也。约束吾之礼乃克人欲而流行天理也，欲罢不能乃所见之处皆明之故也。今人忧于难以立志者，乃未明其所见之处也。皆明之时，欲罢而不能矣。竭才正如取手抬足，用与生俱来之知，颜子由志学而至善、信、美、大，尽其才方可及也。如有所立卓尔，虽欲从之，末由也已[①]。由此之后，大而化之，非功夫可及之所也。圣学峻绝之地位，难以言表。此时当为颜子终天年前，天若增颜子之年寿，当不期之化为圣人。

一二七

知友问曰：知者动而仁者静也，动静虽不相似，然皆为有德之人乎？

答曰：此非二人。一气之屈伸，天之阴阳，一动一静互为其本，常动者常静也。知者回流，其知流动不息、不滞于事、不惑于物，故悦。见流水而叹息，左右逢其源[②]，具知之象。仁者以万物为一体，死生祸福吾皆有也。故生生不息，此命长寿。无欲即静也，

---

① 语出《论语·子罕》：“欲罢不能，既竭吾才，如有所立卓尔。虽欲从之，末由也已。”

② 语出《孟子·离娄下》：“孟子曰：‘君子深造之以道，欲其自得之也。自得之则居之安，居之安则资之深，资之深则取之左右逢其原，故君子欲其自得之也。’”

具山之形，谓之德性之动亦知乐，静则长寿以为仁也。

一二八

知友问曰：仁乃全德之名，然博施济众依仁亦大也，此为何？

答曰：此谓仁之用也。仁虽以天地万物为一体，然其用以天地之大[①]亦有恶之所。尧舜亦止，仁者己欲立而立人，己欲达而达人，此非忧虑。仁者无一己之私而天理流行，故无他人与人之隔阂。有利物之德而无利己之欲，故成自然。能近取譬，远则取物，近则取身，言仁之体，太虚、天地、中国、夷狄皆无所留之物。子贡可谓尽其用，故有此言。圣人具天下之能事也，不应依此而求仁，有形之物必有其隐藏之所，无共通之势。鸢飞鱼跃[②]，由形观之各有其别，而其飞跃之理由皆相同也。

一二九

知友问曰：虽未惑于生死之道，然好生恶死之心难消，日生白发而体弱，遂生感慨之心。如何接受并理解凡人之无奈情感变化？

答曰：此乃为学者、非学者共有之人情也。学者与非学者之异在于或暗疑处多，或明悟处少。二者皆不是仁，此乃相同也。孔子在川上曰，逝者如斯夫，不舍昼夜[③]，此乃道体也。以河流之急传授道体之无色无臭[④]，吾人生白发皱纹，人生世间变化之快，正如彼之河流之道理也。知仁者，好何而憎何乎。

一三〇

知友问曰：子曰，温故而知新，可为师矣。习前之所学，加以锻炼，而知未知之事也，确乎如此？

答曰：温故乃学古之道也，知新乃知今所行之善也。得古道之

---

① 语出《中庸》第十二章："天地之大也，人犹有所憾。故君子语大，天下莫能载焉，语小，天下莫能破焉。"

② 语出《诗经·大雅·旱麓》："鸢飞戾天，鱼跃于渊。岂弟君子，遐不作人？清酒既载，骍牡既备。以享以祀，以介景福。"

③ 语出《论语·子罕》。

④ 语出《诗经·大雅·文王》："命之不易，无遏尔躬。宣昭义问，有虞殷自天。上天之载，无声无臭。仪刑文王，万邦作孚。"

真，不循其迹。应今之时、所、位，以易知易行之态而教，此谓为君师也。今之学者虽博览古书，然未用心受之，则不知身之所行。依书而谈，正如学者，脱书入俗，则与常人无异，此可谓学而不思则罔也[1]。昼夜用功苦于心思而欲行其道者虽有之，然因自己学问浅显而托于异见，误人误己，此可谓思而不学则殆也。

问曰：所谓博学，应读书几何?

答曰：古之博学，唯易、诗、书、礼、乐、弓、马、数也，非今之万卷书。虽博阅丛书，学识浅薄者亦多，虽非博学，见识广者亦有之。今吾人为己而学，当以四书为本，其余之经传当依年龄、精力而为。生于博学家者，从其家业，此乃常事也。

一三一

知友问曰：有人读您之书，虽言语上嘲笑、挖苦，心中却暗自学习解己之惑，尔后仿佛自己领悟一般，再教授他人。即便有所著述，亦不过模仿您之笔法，略加扩展而已。不知者亦无法辨别何种议论为先，您之见解多不公之于众。有人采用您之见解，将其撰写成书，读者不知，反而本末倒置。

答曰：自古难模仿有实德之人。余因缺乏道德仅言语之故，易为人效法也。夫有德亲炙之人，感其化也。文明之时无有德之人，然有以言说解世人之惑之功。余所言有益于世人也罢，为他人借用而有助于世人也罢，结果相同耳。余所言正如他人之言，他人所言正如余之言，皆生于天之灵明。即使效法者有恶心，听闻者亦可解惑。若听闻此言而不惑于吉利支丹等旁门左道之风俗，则幸甚至哉！

一三二

知友问曰：何谓里仁为美[2]，乃孟子之仁[3]，即可安身心之所，如此理解者有之；且乃孔子之仁，即安身之所乃故乡，心若安乐则

---

① 语出《论语・为政》：“学而不思则罔，思而不学则殆。”

② 语出《论语・里仁》：“里仁为美，择不处仁，焉得知？”

③ 语出《孟子・公孙丑上》：“孟子曰：‘矢人岂不仁于函人哉！矢人惟恐不伤人，函人惟恐伤人。巫匠亦然。故术不可不慎也。’孔子曰：‘里仁为美；择不处仁，焉得智？夫仁，天之尊爵也，人之安宅也，莫之御而不仁，是不智也。’”

常仁，作此理解者亦有之。而《集注》中仁之解读有别于上述正统之解，此说甚妙。

答曰：姑且作为学者之相互鼓励而不失为善事一件，本解当为《集注》之旨。此语意有所指乎？或意为出身之故乡，风俗恶劣，则难以立仁。他人之国虽有里仁，然当下难以迁居，难以做片面之解。因居于不好仁、有不仁之风俗之地，难以将知与仁俱失之道授予对方。此章虽未视仁为本心之物，但亦无所缺，当根据情形而解。

问曰：不仁者不可以久处约，不可以长处乐[①]，何故？

答曰：不仁者视物为二分，持一己之私而度日。好顺厌逆，愿富贵而恶贫贱，故小而厌，无所安之所，或溢或破，得富贵大悦，以为己一人之荣耀，终招身病，或其家亡，并无长久之所。周有大赉，善人是富[②]，武王拥天下，以商代之富施资财于天下，施与无所依者，有余则择善人施与其财使其富。善人若无私欲，以天下之资财赋天下之道，虽富有然未视为己之财宝为乐而以施人为乐。君子可谓民之父母，视父母为宝，正如以施与分与女子为乐一样。施财于国、天下，财虽甚多也不能面面俱到，有时与之反而有害，唯以其利为利而施政。且有外泄，善人仁者可救之。施于善人、仁者即为善，由外观之未想其为善者，故使善人富无遗漏，则仁政遍及也。

---

① 语出《论语·里仁》：“不仁者不可以久处约，不可以长处乐。仁者安仁，知者利仁。”

② 语出《论语·尧曰》：“周有大赉，善人是富。虽有周亲，不如仁人。百姓有过，在予一人。”

第七篇　天吾为一

一三三

知友问曰：古人多形容圣人之德，其中描绘一圣人亲切诚恳，此为何人？

答曰：《书经》记帝尧之德曰，钦明文思安安，允恭克让，光被四表，格于上下[①]，再无如此亲切而闻名者。钦乃本体固有之敬，无心自然而存，维天之命，于穆不已[②]。深远之物，常虚灵不昧也，故称之为钦明。文思亦思之修辞，仅以心官之思，无闲思杂虑不常往来之妄。仅思具道理之事，因无意外之思索，思然亦为自然，故谓之为文思。安安乃应事接物，起居动静，从容而顺天理，出于自然无事也。君子笃恭而天下平也[③]，此乃易简而得天地之理者也。允乃信也，恭俭而无奢，天、地、人三极之至德也。天高远，其气沉而造化万物，日月高明，照下土而不择清浊，大山高峻，然山泽通气，润泽下移。圣人富贵而以诸民为子，帝尧之恩泽，施于天下，因愤恨者甚少之故，击谏鼓而直闻庶民之愤，此乃亲民之至也。言近于俗，人之赞誉亦为恭之一端也。恭乃恭俭，自然具俭之道理，富于道德仁义，体验天理之真乐，则世间之愿亦少。若无所求之物，则为俭朴，有俭约之心具卑贱之处，因无欲仁厚而无私心杂念之俭则更清白。若集四方之物于帝土，则天下富足帝土长久。此可谓财散则民聚[④]也。克让乃帝尧之心，虚明而无一物，受百官之谏言，天下之善言，适中庸之至理，随机应变，择近于人情之物而用。天下之人，忘帝尧之圣知而奉善言，故四海之人情，无所不知，其令可行之时，亲自带头执行，尽天下人天质之美，此乃谦让之至也。虽无舍已从人之心，心胸宽广不自以为是，明而知人，人

---

① 出自《尧典》："曰若稽古，帝尧曰放勋，钦、明、文、思、安安，允恭克让，光被四表，格于上下。克明俊德，以亲九族。"

② 语出《诗经·周颂·维天之命》："维天之命，於穆不已。於乎不显，文王之德之纯。假以溢我，我其收之。骏惠我文王，曾孙笃之。"《中庸》第二十六章中有引用："《诗》云：'维天之命，於穆不已。'盖曰，天之所以为天也。'於乎不显，文王之德之纯！'盖曰文王之所以为文也，纯亦不已。"

③ 语出《中庸》第三十三章："《诗》曰：'不显惟德，百辟其刑之。'是故君于笃恭而天下平。"

④ 语出《礼记·大学》："德者本也，财者末也。外本内末，争民施夺，是故财聚则民散，财散则民聚。是故言悖而出者，亦悖而入；货悖而入者，亦悖而出。"

尽其才，使天下之人行天下之事。帝尧之天下人才智之主也，此人不知也。终天下未传子而传于贤者，此乃谦让之伟也。并非帝尧一人令人钦佩，此乃理之当然也。然行此当然之理，非至德则难行。光被四表乃天之所覆，地之所载，日月所照，霜露所坠，舟车所至，人力所通，凡有血气者，莫不尊亲，名声洋溢乎中华，施及蛮貊[1]，至数千年，远及日本，皆从其心。格于上下乃助天地之化育，阴阳之气至和至顺之故，风雨随民愿，时风时雨，生枝而育壤，及至鸟兽，鱼虫，草木，覆其泽而成其生。帝尧六尺之身，方寸之神舍，及至如斯广大。神明不测之妙，天下古今有胜于此者乎？

一三四

知友问曰：据《易经》，朱子主卜筮，程传主理，何如，先生曰，卜筮是理，理亦是卜筮。卜筮者，不过求决狐疑，神明吾心而已[2]。此虽为新解，然尚未十分信服。

答曰：《易经》中无卜之卜，无筮之筮，用卜筮乃末也，正如礼乐之玉帛、钟鼓[3]。故以卜筮为主，亦并非卜筮。以理为主，则为天下之理。初九，潜龙，勿用[4]，君子逢潜龙之时，当隐其才知，独善其身以养德，如此为吉，反则凶。不用此卜筮占卜则明，其他当如此效仿。非无筮之筮乎，以理思占卜，无不同之事，不及用筮。唯事存疑至时变，常理未显，在此以卜筮问天，此为礼也。神明虽不测，然神明与理无异。故理之必然不用卜筮。

一三五

知友问曰：阳明子云，目无体，以万物之色为体；耳无体，以万物之声为体；鼻无体，以万物之臭为体；口无体，以万物之味为体；心无体，以天地万物感之是非为体[5]，此为何意？

---

① 语出《中庸》第三十一章："是以声名洋溢乎中国，施及蛮貊。舟车所至，人力所通，天之所覆，地之所载，日月所照，霜露所队：凡有血气者莫不尊亲。故曰，'配天'。"

② 语出《传习录》："卜筮者，不过求决狐疑，神明吾心而已。《易》是问诸天。人有疑，自信不及，故以《易》问天。谓人心尚有所涉，惟天不容伪尔。"

③ 语出《论语·阳货》："子曰：'礼云礼云，玉帛云乎哉？乐云乐云，钟鼓云乎哉？'"

④ 语出《易经·乾卦》："初九，潜龙，勿用。"

⑤ 语出《传习录》："目无体，以万物之色为体；耳无体，以万物之声为体；鼻无体，以万物之臭为体；口无体，以万物之味为体；心无体，以天地万物感之是非为体。"

答曰：然也，此理明也。唯心以空为体，故于天地万物中有感应。于心之外，目、耳、鼻、口皆同。目无色则空，故常明五色；耳无声则空，故常闻五音；鼻无臭则空，故常知好恶；口无味则空，故常分五味。此皆以心为空，以目、耳、鼻、口而开穴。心以生生不息之理为神，日日而生，称之为性，性乃心之本然也。

一三六

学友问曰：老子以慈、谦、俭为三宝[①]，其意为何？

答曰：慈乃仁之实也，爱人则人亦爱已，集人愉悦之心，敬亲而爱子，和气盈身则长寿。咏善而憎恶，至公无我而心宽体胖。天地万物皆有己，以太虚为心，人之贫贱如我之贫贱，故取义而不惜财。人之富贵如我之富贵，故富贵之人有德教士而安民，己之子善保家如养己之子，无德不教士，不安民如己子之不明事理。耳当闻、目当见，口不当诽，当教不教乃命也。谦乃虚明之德也，心无一物，故召天下之益而不争，因明事理之故，则见天下之人皆有胜于己身之处，故可谦让。集天下之知为用，为他人不担苦，常豁达也。胸襟宽广虚怀若谷，尊人者人常敬之，吉祥集于家门。俭乃无欲之道也，知足者富，以不贪为宝乃义也。不求事，不备物，随心皆足。物少事缓皆静，诚慈仁而五伦和睦，虚明而不昧，无欲无求，以天下予之而不顾，何况国、郡乎。是故财富不为大。

一三七

知友问曰：君言老佛乃虚无之至，彼以虚无为其道，不以圣学为虚无，以何为据？

答曰：我心即太虚也，我心声臭形色皆无，万物由无而生[②]，圣学无心而存虚无，乃虚无之至。老佛求虚无之心，故非真之虚无，用心而言虚无也，故其学问详实，但别有用心。阳明子云，虽为圣人，道家之虚，其上未加一毫之实，然道家之虚由长生而来，佛家之无，其上亦未加一丝之有，佛家之无由脱离生死之苦海而来。与

---

① 语出《道德经》第六十七章：“我有三宝，持而保之：一曰慈，二曰俭，三曰不敢为天下先。慈故能勇；俭故能广；不敢为天下先，故能成器长。今舍慈且勇；舍俭且广；舍后且先；死矣！夫慈，以战则胜，以守则固。天将救之，以慈卫之。”

② 语出《道德经》第四十章：“反者道之动，弱者道之用。天下万物生于有，有生于无。”

告子不动心之说相似，不动心实乃用心也，心之本体原不动，所议之事符合道义则心动也[①]。

一三八

知友问曰：移风易俗，莫善于乐[②]。今之以乐教化民俗，何益也，难以明了。

答曰：首先民之教化在于道学之兴，加之贤君推广，今谓之木偶戏者亦演出孝子、忠臣、贞女等故事，延伸至农、工、商等生计闲暇、劳动休息之时，观赏戏剧，应有所得，必有益于风俗之教化，可触发其良心发现之处甚多。正如对于丝竹雅乐，非有志于道学者，或非出身高贵者，则难以产生兴趣。行道数年，卑劣之心、骄奢之陋习得以渐渐消除，当能领略雅乐之趣。以道德为本而行礼乐，故衰退之音律歌曲亦能渐次复兴。

问曰：难待有德之君出世而令道学兴起，然，以木偶戏、能剧演出孝子、贞女、忠臣、义士等故事，使俗民观之，能唤其本心，开导其善心乎？

答曰：若无道而为，则必奢，奢而费财，则民间皆困窘。因能剧、木偶戏而使妻离子散，失其田宅者众多。有何教化之益乎？实应厌之。虽取为古事，然经过十年左右，事物既已变迁，或有损于风俗也。欲为善事者，若不正本，亦皆为害，甚而逊于不做善事、毫无所为也。从事木偶戏之人身处世俗，技优而习恶，如此情形之下，待风俗可易之时，古事之善恶尚未定也。

问曰：有倾慕礼乐者，有避而不作礼乐者。其言所云，以弦等世人不知之乐作为其家享有盛誉之礼仪，则流于俗而无所裨益。公家诚以世俗所不知而风流，非普通人所能想象而尤为特殊，然丝竹之乐，若传于世，于公家亦为不善乎？

答曰：传乐于世，以公家之故为善。于不知乐者之耳，雅乐、能乐、筝皆同。其中能乐、古筝甚有趣。乐并无有趣之处。稍习

---

① 语出《孟子 • 公孙丑上》：“公孙丑问曰：‘夫子加齐之卿相，得行道焉，虽由此霸王不异矣。如此，则动心否乎？’孟子曰：‘否。我四十不动心。’曰：‘若是，则夫子过孟贲远矣？’曰：‘是不难，告子先我不动心。’”

② 语出《孝经 • 广要道章》：“教民亲爱，莫善于孝。教民礼顺，莫善于悌。移风易俗，莫善于乐。安上治民，莫善于礼。”

之，闻之能辨音，让普通人及乐器精通者区别琵琶、琴之调，连琵琶者亦不及公家。文章虽善，然公家之笔迹亦不卑也，善书法者与凡人之手迹无异。此乃世间有天允之位，居移其气之道理也[1]。故雅乐广传，知公家之位。不斥责者认为其非所需之物，视之为供物，多次推广，然仍未广传。雅乐乃寓含至高之妙之理之物，其音质清淡，民间称之为装饰品。舍弃筑紫筝、三弦、能拍子等有趣之物而好不常思能乐者，仅千百人中之一二人也。正所谓各有所好也。

一三九

知友问曰：以何为中和？

答曰：难言也。知过与不及即为今之中和也，致中和而天地位万物育焉，此乃德之至也。

一四〇

知友问曰：天地万物之始终，十二万岁之数，何以得知？

答曰：一昼夜即配十二万岁，阳明子云，夜气清明[2]时，无视无听，无思无作，淡然平怀，便是羲皇世界景象。拂晓之时，神清气朗，雍雍穆穆，即是尧舜世界；日中以前，礼仪交会，气象秩然，即是三代世界，日中以后，神气渐昏，往来杂扰，便是春秋战国世界；渐渐昏夜，万物寝息，景象寂寥，便是人消物尽世界。学者幸得良知，不为气所忧，便常做个羲皇已上人。经昼夜之道而知死生，经死生而知天地之有无，有形之物常为何，吾归于无之所即为天地之终也。

一四一

知友问曰：圣贤君子与他人迥异，然为其世人所不知，此为何？

答曰：君子正如富士之山，富士虽高，然莫如平地，不载万山之重，不承河海之流，虽具广厚之德，然无平地之可见之物。世间

---

① 语出《孟子·尽心上》："孟子自范之齐，望见齐王之子，喟然叹曰：'居移气，养移体，大哉居乎！夫非尽人之子与？'"

② 语出《孟子·告子上》："梏之反复，则其夜气不足以存。夜气不足以存，则其违禽兽不远矣。"朱熹注："若于旦墓之间，不至梏亡，则夜气愈清。夜气清，则平旦未与物接之时，湛然虚明气象，自可见矣。孟子发此夜气之说，于学者极有力，宜熟玩而深省之也。"

稍有学识者，与众不同，正如庭前假山，当之稍有不同。

一四二

知友问曰：言说人死则其神归于天，当为何之精神成一物而归天，如魂气游散，魄体蝉蜕[①]，空空寂寂，唯此空乃本来之常体乎？

答曰：然也，世人由形体之上而立见，故分生死为二，因此有归天之说，吾本不来，天吾为一也。有何所归，吾心之灵明乃造化天地万物之主宰也，成鬼神之吉凶灾祥之精灵也。无天地鬼神之精灵主宰，亦无吾心之灵明；无吾心之灵明，亦无天地鬼神之灵所。今死之人精灵游散，死者之天地万物皆空也。故君子言大则天下莫能载焉，言小则天下莫能破焉[②]。

一四三

知友问曰：朱子常以道心为一身之主，人心常听于命，阳明以其为二心也。程子引曰人心乃人欲也，道心乃天理也[③]，天理人欲不能两立，此为何。以天理为主，人欲听于命乎，程子、朱子、王子皆为贤者，他们之有关论述有异，然人心道心，天理人欲各有如此之分别乎？

答曰：心为一也，理所当然。得人心之正即为道心，非为二。总之，解释话语要迎合古人之意而观，仅以言语文章而作之时，因隐古人之苦心而未见之故，有扬非之意。今余迎合朱子之意而观之，人心道心不能二分。成道心一身之主，人心由命，暂以此为例。故云，心之虚灵知觉仅一，以性命之正为本循天理而获知觉之时，谓之道心；由形气之末而感知觉之时，谓之人心。尤观人心为人欲之文势也。尧舜传授之人心道心，乃非天理人欲也。为人欲非为危乃恶也，称为依处所而得之文势也。虽非今之恶，可言为恶之势。人心者乃有形之时，付形而知觉运动之物也。知寒暑而知饮食男女之类也，视之为人欲，似于异学（心学），而非人欲，由义理

---

① 语出《易经·系辞上传》："精气为物，游魂为变，是故知鬼神之情状。"

② 语出《中庸》第十二章："君子之道，费而隐。夫妇之愚，可以与知焉，及其至也，虽圣人亦有所不知焉。夫妇之不肖，可以能行焉，及其至也，虽圣人亦有所不能焉。天地之大也，人犹有所憾。故君子语大，天下莫能载焉，语小，天下莫能破焉。"

③ 语出《河南程氏遗书》卷十一："人心惟危，人欲也。道心惟微，天理也。惟精惟一，所以至之。允执厥中，所以行之。用也。"

上而知觉，符合防寒之理则防，符合避暑之理而避，具饮食之理而食，男女有礼有理而亲近，此皆为道也。何以人心为人欲乎？越寒暑之状而求温凉，食己之未得之物，男女不以理而相往，此乃人欲之私也。有此形之时付形而称生存欲，好此生存欲之所为实而非虚，应求之物亦有形色，有物即有则也。故此生存欲当于节中灵明而照，微妙而无声色。疏于精专则难存。所谓精乃使心神明，情欲不涨，存清净之真乐，故不流于形气之欲。一乃一堆之天理，践形之生存欲，无二心亦无二道。阳明子当世之学者，若以心、理为二分急于向外而格除疾病，察朱子之苦心迎合其意而无暇释之，当称时弊也。又程子言人心乃人欲，当为生存欲之心，可轻视之。

一四四

知友问曰：阳明子云，唐虞以上之治，后世不可复也，三代以下之治，后世不可效法也，惟三代之治可行。然世之论三代者，不明其本，徒事其末。则亦不可复矣[①]。三代之法，今时可达乎？

答曰：当称万世之师、当效他法乃尧舜之治也。礼虽未备，然浑然而存，笃恭而平天下。易简之善，配以至德，致中和，天地位焉，万物育焉。子思云，仲尼祖述尧舜，宪章文武[②]，孟子云，以尧舜为师而未有误者也[③]。唐虞三代皆明其本之时为一也，以其末为事，其皆不可复，三代以下若未行其道，则不足以言。言世之三代，多指周代文饰过多也。交于夏商，应时而变者甚少。孔子云，行夏之时，遵殷之辂，戴周之冕，乐即为韶舞，其意乃孔子行尧舜三代之法也。圣人之法，据春夏秋冬之时，如衣服饮食动作之异，久则生弊，故因时而损益。又曰，麻冕，礼也；今也纯，俭，吾从众[④]。淄布冠用三十升之布乃礼法，然难成今人之手，故世人视之为省略，孔子亦从也。虽为三代之礼，然难合今世之人情，时势，气力者不用。虽称为万万岁，也可用于称日本，然祖述而成师乃唐虞

① 语出《传习录》：“唐、虞以上之治，后世不可复也，略之可也。三代以下之治，后世不可法也，削之可也。惟三代之治可行。然而世之论三代者，不明其本，而徒事其末，则亦不可复矣！”

② 语出《中庸》第三十章：“仲尼祖述尧舜，宪章文武。上律天时，下袭水土。”

③ 语出《孟子·离娄上》：“不以舜之所以事尧事君，不敬其君者也，不以尧之所以治民治民，贼其民者也。”

④ 语出《论语·子罕》：“子曰：‘麻冕，礼也；今也纯，俭，吾从众。拜下，礼也；今拜乎上，泰也；虽违众，吾从下。’”

之治世也。孔子云，无为而治者，其舜也与[1]。黄帝尧舜，垂衣裳而天下治[2]。

问曰：阳明子云[3]，而欲行以太古之俗，此乃老、佛之学术也。诚之反朴还淳[4]若不放下，则万世不能达。专注于无为，三王则因时而治。

答曰：无为亦具实而有形。因时而治，近者无厌即无为，忽返太古淳朴之迹，虽欲行之，然亦不得。有势之人为之，当亦大害。天下之大乱，重虚文而轻实行，然以事而返俭朴，此仅虚文不实，舍而弃之，乱应渐止，无关文饰、质朴如何，唯心立诚。尊天下之诚，则成太古无为淳朴之真，风俗渐以复而当无害。

一四五

知友问曰：下学上达[5]乃下学人事而上达天命，如何？

答曰：然也。阳明子云，当教而学，用工夫者皆下学也，上达存于下学之中，耳目聪明，说解之精微，心思之功夫，此皆为人事。此人事之中，耳目、言说、心思，人力所不及而自然得者亦有之。此即为上达之天理也，依下学之诚当至其所。

一四六

知友问曰：虽知行合一，然知而不行者众多。知易而行难，如此，亦难言知行合一乎？

答曰：王子云，知乃行之始，行乃知之成[6]也，此说易得之。虽知而未行，乃虽有始然，善终者甚少也，知者不实，故难成也。

---

① 语出《论语·卫灵公》：“无为而治者，其舜也与？夫何为哉？恭己正南面而已矣。”
② 语出《易经·系辞下传》，原文为：“黄帝尧舜垂衣裳而天下治，盖取之乾坤。”
③ 语出《传习录》：“专事无为，不能如三王之因时致治，而必欲行以太古之俗，即是佛、老的学术。因时致治，不能如三王之一本于道，而以功利之必行之，即是伯者以下事业。后世儒者许多讲来讲去，只是讲得个伯术。”
④ 语出《传习录》：“子以明道者，使其反朴还淳而见诸行事之实乎？抑将美其言辞而徒以于世也？天下之大乱，由虚文胜而实行衰也。”
⑤ 语出《论语·宪问》：“君子上达，小人下达。”
⑥ 语出《传习录》：“知是行之始，行是知之成。”

一四七

知友问曰：周子主静，存心则自静，如未发之中立，如何？

答曰：由静而求静，气之静也。今人得定气而思存心，此非未发之中，古人主静，平生顺义从理而无私，此为无欲。无欲则心自然静而存未发之中。此未发之中以动静而损益。有好静厌功之心，不可专于循理，为物遮蔽非真敬。程子云定性，定者心之本体[①]，动静乃相遇之时也。王子云，精神、道德、言动多以静为主，动乃不得已也，天地万物皆然。[②]此说益于主静之功，人常不得已而应之时其过甚少，心无私欲而行无事也。

一四八

知友问曰：俗乐，真乐，何以分之？

答曰：去忧苦而求悦乐为俗乐也。天地之理，非仅阳而无阴之事，人生之境苦乐亦不同。厌苦然不能去，求乐然不可得，偶虽得乐然乐中生苦，况患难之来临正如冬之寒气，难以防之。故俗乐如佛家所云之水泡、光影，虚幻而难定其有无。真乐不以悦乐、忧患二分之。当忧而忧，然其心中若无人欲之交，则不改其乐[③]；当悦而悦，然其心中若无人欲之交，则乐而不淫也[④]；当怒而怒，若无怒气之动，则心体廓然大公而不失本体之正，正如见外人之相争相斗，若非人道，则我心亦怒，虽怒然于我无关心亦不动。虽有疾病之苦，然不因病而使身心痛苦，则常不失快活之本然，此心不动即为乐也。于人死生之理，圣学之徒大体无惑，悟与昼夜之道相同之理。然其心于死之际，思其日益艰，至此有毫发不洁之所，于全体尚未释疑之故也，如此未能达至乐之境。世间虽以死为善者甚多，或因名声，或由学识，下决心发奋而强迫自己安心。领会昼夜之道而知之者甚少。

---

① 语出《传习录》：“良知者，心之本体，即前所谓恒照者也。心之本体，无起无不起。虽妄念之发，而良知未尝不在，但人不知存，则有时而或放耳。”

② 语出《传习录》：“精神、道德、言动，大率收敛为主，发散是不得已。天、地、人、物皆然。”

③ 语出《论语·雍也》：“贤哉回也！一箪食，一瓢饮，在陋巷，人不堪其忧，回也不改其乐。贤哉，回也！”

④ 语出《论语·八佾》：“《关雎》，乐而不淫，哀而不伤。”

一四九

知友问曰：世之学者云，人死而无精神。祭父母先祖，然无受其祭者，孝子之心侍死如侍生也。吾与人死后当有何物?

答曰：如此观之，悟道诚乃易事也。仅见人心即具此见，人心乃形气之心也，若无此形则无此心。吾人之本心乃理也，理无始无终，生生不息，性即心也。君子当明此理而存，不以死生为二分。人心以天理而动之时，形色皆天性而践形者也。生者常戚戚，亡者长已矣，以生死而言有无者，乃不知理也。

一五〇

故友问曰：您老昔日为官之时，对有罪者未予审讯，人言您宽恕该杀之人，过于宽和也。

答曰：余以为古风不同于今世之风。昔日之武士重人晓理，故而有罪之人，若有可取之处，则惜其所长而不予惩罚，欲令其自行悔悟、改过。世上有按理当杀之人，但设身处地观之常有隐情。因惜人之性命，故察知有隐情却缄默不语之人，观其心有欲助之脱罪。今乃太平之世，故重理轻人，搜寻罪证，依理穷追不舍，如此则世上有罪之人甚少。适逢世道纷乱、国运危急之时，对于可用之人，当宽厚以待，温言以托也。非常之时，迅速改变做法，不免有失脸面，因而希望无论临危之时亦或平安无事之时，对人同样待之。

一五一

知友问曰：闲思杂虑之妄念，虽拔然由迹而生，难以去除，当如何降伏此心魔?

答曰：你，何故而厌此妄念？欲得道而无惑，心乐而无苦也。其缘由，岂非你以为所谓之悟道即如暗夜之明，噩梦之醒乎？然也。再者，岂非你以为所谓祈得心乐便可去世间诸苦，使心常乐乎？然也。此诸惑诸苦，皆由私欲而生，你秘藏凡根之私欲，虽去私欲而生之物，然无终身之功，如佛者今生不易而求来世，不知其心即为地狱也。以贪欲为本而求之，来世者成欲深而行恶者也。世间生惑而有才知，聚苦为利者终为未闻道学者也。你领悟苦惑之事，虽与凡人不同，然凡心所带之私欲利害皆同。夫欲与惑乃一病，而两痛乃闲思杂虑之源也，不绝此源则此间杂难克，望以凡心忽感圣人之无思无为，寂然不动而达悟道之境，此乃以义而袭之物也，终身而不得。你虽无恒产，然具恒心[①]，以不行窃盗之事而精义入神[②]，故行盗而无间思虑，亦无为盗之梦。此得何功夫，何学乎？于此一事而无欲与惑之病也。故一分尽心则具一分明悟与安乐也。明悟安乐皆为性之妙用也，尽性从之而生，因求明悟、安乐之故，学者亦有私欲，以私欲而得道者难。心乃此活泼生生不息之理也，是故心之官则思，除私欲之累而天理流行之时，思虑皆得其官，谓之一致百虑[③]也。如清浊之水皆为一河之流，思虑如此水，间杂如浊，厌浊而堵水，然有源之泉也难止。忌闲杂而欲止思虑，心若活泼流行难绝也。源泉流而不息之时，交浊乃一时之事，无根则终仅成本源之水。学者无所期之所而不断求实之时，闲杂之妄若为一时之迷，则逐渐除去得心之本然。天理人欲不两立，你以私欲为心源，除由心源而生之物，此乃惑也。若以天理为心源，当无限制共除闲杂。阳明子云，养生以清心寡欲为要[④]，然养生之二字即为自私自利，此病根东除而西生，终不得清心而寡欲。又云，欲求宁静而不欲念生，此乃自私自利，执着之病也，是以念念而生终无宁静。今你欲去念而以无念之所为本体，此不可也。反之私念乃死体也，维天之命，于穆不已，天机活泼，暂当未止。故人无念之时，唯欲思正事，尽思无邪三字之心法。言近而旨远，故学者疏忽而不知无穷之味。戒慎恐惧而慎独亦为念也，君子以无欲而静，以无好恶而无念。

一五二

知友问曰：读古人记述之书，说博文约礼[⑤]而达人情时变，此甚

---

① 语出《孟子·滕文公上》："民之为道也，有恒产者有恒心，无恒产者无恒心。苟无恒心，放辟邪侈，无不为已。"

② 语出《易经·系辞下传》："尺蠖之屈，以求信也。龙蛇之蛰，以存身也。精义入神，以致用也；利用安身，以崇德也。"

③ 语出《易经·系辞下传》："《易》曰：'憧憧往来，朋从尔思。'子曰：'天下何思何虑？天下同归而殊途，一致而百虑。'"

④ 语出《传习录》："养生以清心寡欲为要。夫清心寡欲，作圣之功毕矣。然欲寡则心自清，清心非舍弃人事而独居求静之谓也。盖欲使此心纯乎天理，而无一毫人欲之私耳。"

⑤ 语出《论语·子罕》："颜渊喟然叹曰：'仰之弥高，钻之弥坚。瞻之在前，忽焉在后。夫子循循然善诱人，博我以文，约我以礼，欲罢不能。既竭吾才，如有所立卓尔，虽欲从之，末由也已。'"

睿明也。于其世而可直谈者之说，无书中所见之态，正如不明者，非厚勤笃实之君子也，不可不疑。

答曰：当如此也。天之造物，有所长亦有所短，难以完美。人见之厚勤笃实而信奉并称道之人中，睿明之才者甚少。睿明广才中，难有厚勤笃实之质者，人观之不明其睿智之处，乃生而睿明之天质所附之瑕疵也。如身小之美男者具大勇，有大勇之名，然观其人甚奇，此乃以我心而观人之故也。正如具神灵之名珠亦有瑕，石虽有瑕然亦不为瑕，因玉之故而为瑕也。睿明之人之不掩其瑕，未具君子之风，乃不知何为君子也。平素无从得知，然岁寒而知松柏之后凋也[1]。故自古以来观人甚难，唯圣人笃实、睿明兼备。若十一人之列圣[2]同坐，其气象当不同也，况大贤以下之人，恭敬笃实，观之似具君子之气象，然无解天下千百年习惑之睿明广才也。如此之英才，其恭敬笃实亦必有不足之处也。然心之无欲清净无不同也。

一五三

知友问曰：天以其心普万物而无心，圣人以其情顺万事而无情也[3]。无心无情为善，然咏歌之时有心为善，无心为恶也，为何？

答曰：言咏歌而有心者，乃有情而有仁爱，明物而非凡人。无心者同于无知之贱男贱女，无情者可成义也。言圣人之无情，非无情也，如天地四时之色，理和而气未动也。言无心至公而无私心之义也。

一五四

或问：本体空空寂寂，当无所感。强感者乃气也，恻隐之心亦观入赤子之井，若有所感即应也。感应乃阴阳，不言为理，仁、义、礼、知皆为气之灵觉也。本体之理不可脱阴阳感应乎？

答曰：本体之理，虽未应然时感。太虚无一物之时，当感何物。本理之无声无臭乃寂感也，若一人未感，天地当据何而开，感之闻、感之言者为气也，本体之感，不可见、不可闻，而仅据其迹

---

① 语出《论语・子罕》：“子曰：‘岁寒，然后知松柏之后凋也。’”

② 指伏羲、神农、黄帝、尧、舜、禹、汤、文、武、周公、孔子。

③ 语出《答横渠张子厚先生书》：“夫天地之常，以其心普万物而无心；圣人之常，以其情顺万事而无情。故君子之学，莫若廓然而大公，物来而顺应。”

而言之。若勉而感应，非为本体。感而遂通天下之故[①]，仅知其本，故谓之感。以通气之处而言，此为误，另观之本体无感，亦不知本体也，至神非神也。

一五五

知友问曰：操则存[②]，操时则如有一物，此为何？

答曰：古人云，想要之物于此形色之上，留藏之物于气象之上，于不欲不藏之处，操存之也。恻隐、羞恶、辞让、是非之四端多现，乃操存之标志也。忿懥[③]、忧思、恐惧之情日益滋长，则为放舍亡失之标志也。

问曰：此四端不为情乎，非本心之无思无为、寂然不动之常体。自然之感当为此，以刺激为善，此为何？

答曰：天理人欲不并立，心以天理为主之时，人欲亡失，谓之操存。心以人欲为主之时，天理亡失，谓之放舍。天理存时，日夜仅天理之感应，故感万物一体之理而生恻隐之情，感义之理而发羞恶之情，亦知礼、知。此皆为真实无妄之天理也。天理流行，即为无思无为，寂然不动之常体也。谓此思无邪为无思，无私己之动为无为，不以有事、无事视天理之寂然不动为二分也。阳明子云，钟未扣时，原是惊天动地，既扣时，也只是寂天寞地。[④]

问曰：以天理为主，以人欲为主，正如心外之天理、人欲，如何？

答曰：此心外并无天理，人欲亦未于外。如眼色之喻，喜悦之眼色，忿怒之眼色，其眼色各别，然为同目也。唯以心之志趣而分天理人欲，心之内向，不失性命之本源时，曰以天理为主；心之外向，从于性命之末时，则言以人欲为主也。

问曰：心无内外，为何称之向内乎？

答曰：心，本无内外，不言出入于内外，唯言心之志趣也。

---

① 语出《易经·系辞上传》：“寂然不动，感而遂通天下之故，非天下之至神，其孰能与于此。”
② 语出《孟子·告子上》：“孔子曰：‘操则存，舍则亡；出人无时，莫知其乡。’惟心之谓与？”
③ 语出《大学》第七章：“所谓修身在正其心者，身有所忿懥，则不得其正；有所恐惧，则不得其正；有所好乐，则不得其正；有所忧患，则不得其正。”
④ 语出《传习录》：“问曰：‘未发未尝不和，已发未尝不中。譬如钟声，未扣不可谓无，既扣不可谓有。毕竟有个扣与不扣，何如？’先生曰：‘未扣时原是惊天动地，既扣时也只是寂天寞地。’”

问曰：七情虽为圣人亦有之，放舍之标志难明也。

答曰：非唯圣人，天地亦有七情。虽为凡夫然亦有四端，凡人之四端乃百姓日用而不知之物也。圣人之七情，形色乃天性，惟圣人然后践形。

一五六

众同仁读书，或用心以读书，或以书而读心。多以书为本，而以心为末，求解书之义而为附和。阳明子喻之为食，食乃养身之物也，当食之而消化。若食积未消则成疾，后世学者博闻多识，留滞胸中，皆伤食之病也①，故读书者，既不拘于片面之见，亦不为文义所限。唯以书解明己心，以此为乐也。得悟则此心自在，因知觉可达未至之处也；然，若不能领悟，则陷于书中而沉沦也。

问曰：识先言往行而积德，此为何也。

答曰：本立则助积累知识，逐末则妨碍获取知识。若立志于养身，则得饮食之益，若追逐美味，则病患易生。

一五七

故友问曰：今世所谓流放之刑，获罪者终身禁止为官，前途就此断送而生活困窘，若获死罪，流放之罪，尤为甚也。若以君子为诸侯，当如何处之?

答曰：此习久远则难论也。然君子且不论，近世有仁厚宽裕之国主，他人犯了切腹之重罪，然我等设身处地观之，必当有其由，但对主君难以开口辩解，又似惜死而默然欲行切腹，主君视之而予以原谅宽待。且因逾矩而被驱逐出门，今后之前途并不会受阻。若其他主君欲将之收入门中，前来探询其人可有不妥之处，亦会得到“此人虽偶有逾矩，但实为难得之才，可予以留意”之回复。而此人自感犯过恶，闻此必感激流泪、心怀感恩，自此将如旧主所言，恭谨行事，成为好官，人皆道：“果然名不虚传”。人皆有父母妻儿，如此不仅救助一家，且使不善之人转而向善。铭记人之善恶，若不能有益于其人，则无意义也。曾有九州郡主，俸禄十万石，确

① 语出《传习录》：“凡饮食只是要养我身，食了要消化；若徒蓄积在肚里，便成痞了，如何长得肌肤？后世学者博闻多识，留滞胸中，皆伤食之病也。”

为难得之善人。以理论罪之轻重，谁都无话可说吧？与其凭借善恶刑罚之理，莫若具有仁厚宽容之大德。人生于天地之间，经数十载之勤奋，长大成人而成一家之主者，然因犯罪受流放之刑而视之为废人，此种法难道是适合的吗？且孟子对此有更为详尽之论述。[①]人本无高下之分，上下皆有一命也。唐国、日本皆然。

一五八

故友问曰：平氏之清盛，迷于常盘之色，助敌之子，而成子孙之忧，如此之例甚多，当杀乎？

答曰：由凡人观之然也，由知天命者观之则非也。未迷于色而当立人之根，必迷于色更有助。虽尽杀义朝之子，然清盛暴虐而尽奢，外敌兴而被灭，平氏逆天命而树敌，谁也不会如此而为。虽令人困惑然无人助之，致平家之衰，其子孙败落各地而今未绝也。

一五九

知友问曰：您在《书信问答卷》中写道："主忠信乃本体之工夫也，诚意则工夫之本体也。"阳明之学术，与异学之弊端相似，如何？

答曰：余亦思此语意乃为不中和也。然于义而无害故不改，忠信乃为人根本之德也。诚乃天之道也，本体也。思诚乃人之道，工夫也。主忠信乃思诚之义，诚意之诚若以意为诚，工夫也，然意终归于诚时，诚乃本体也，故谓之工夫本体。

一六〇

知友问曰：忿思难[②]，似于计利害，如何？

答曰：怒气之中，有过言误行，后悔之难，甚者亦结仇，如君子怀刑，小人怀惠[③]，思惠乃利害之心也。思刑乃君子、孝子之慎

---

① 语出《孟子·离娄下》："王曰：'礼，为旧君有服，何如斯可为服矣？'曰：'谏行言听，膏泽下于民；有故而去，则君使人导之出疆，又先于其所往；去三年不反，然后收其田里。此之谓三有礼焉。如此，则为之服矣。'"

② 语出《论语·季氏》："孔子曰：'君子有九思：视思明，听思聪，色思温，貌思恭，言思忠，事思敬，疑思问，忿思难，见得思义。'"

③ 语出《论语·里仁》："子曰：'君子怀德，小人怀土；君子怀刑，小人怀惠。'"

也。怒而思难，乃临深渊而慎落之道理也[①]。小人甚恐难，然愚而发火，则不辨其难。君子当义而不避难[②]，慎于祸。火气渐薄之故，心明而前知后之难也。故此皆非难，乐不淫、哀不伤皆同也[③]。

一六一

知友问曰：舜之怨慕[④]，朱注言此非怨父母，听闻先生有不同之见，以为有孝子之怨，何如？

答曰：舜之怨慕即孝子之怨也。常人虽有怨父母之心，然难言怨父母也，两三岁之幼子虽母击之而泣，然仍迷恋其母也。

一六二

知友问曰：神代之三种神器乃知、仁、勇之德象，以镜为第一，重知则为何？

答曰：人君治国而统四海之事，以知（智）为主体也。若知明则可堪大任。故太平之时因平安而治，多事之秋士民皆听主君之令，生而仁爱、勇猛有力，为人所称赞。然若不明知，亦不可发布指令。故法令众多，而成事者少，人难以从之。勉而立之则害人而生乱，若未立，法令虽出然如未有也。人皆不听从主君之令，则终致国破天下乱也。夫神代、人代之历史，熟知治国之本，故以镜、玺、剑为知、仁、勇，而以知为主也。知之实质，乃知人也，欲知人，当以帝尧为师。

一六三

知友问曰：纣王之亡，乃己之残暴之故也。商治天下六百年，天下人代代皆为其臣也，宗族外戚不计其数。纣王灭而恶人全无，天下当以商之子孙为国君，岂会以同辈之周为君乎？然武王灭纣，立纣王之子为国君，此非凡人之见识所能及也，乃知天命也。诚然搜寻敌之子而杀之，可为子孙清除后患，然此举违背天命而不知天

---

① 语出《论语·泰伯》："曾子有疾，召门弟子曰：'启予足！启予手！《诗》云，'战战兢兢，如临深渊，如履薄冰。'而今而后，吾知免夫！小子！'"

② 语出《论语·为政》："子曰：'非其鬼而祭之，谄也；见义不为，无勇也。"

③ 语出《论语·八佾》："子曰：'《关雎》，乐而不淫，哀而不伤。'"

④ 语出《孟子·万章上》："万章问曰：'舜往于田，号泣于旻天。何为其号泣也？'孟子曰：'怨慕也。'万章曰：'父母爱之，喜而不忘；父母恶之，劳而不怨。然则舜怨乎？'"

理。立敌之子虽非出自本心，却是顺应天命而得长久之治也。诚乃天命所归非人力所能及也，难道不是武王具圣人之知而知天命之故乎?

答曰：武王虽明此理，然未能专注于此，辩如此之天命而行道乃吾人之心术也。武王承受天命，当伐而伐也，其时未定胜负，未计其后之利，未避其害，故恶人亡后，纣之子乃商之子孙，唯退而让之。天下以之为主君，皆当仕之。天下以武王为主君，此乃天命，亦无所辞。

第八篇　治国之本在于智

一六四

心友问曰：有“笃恭而天下平[①]，修己以敬，以安百姓[②]”之说。唯恭敬可成安邦治国之功，此说言过其实否？

答曰：此唯诚也。诚者其容貌体态自然恭敬，上位者以诚面对下位者时，能鼓舞天下人天性之诚，自成当世之风俗，既慎且恭。立刑法，畏者，虽免而无耻[③]。戒慎者，忘其之时甚多。不依道德而一意孤行者，无终也。用才知号令他人者，虽一时有利，然民亦设法作伪而应之。君子，以明知而无为，平安也。[④]

又问：人言圣人合天地其德、合日月其明、合鬼神其凶吉[⑤]，如此能实现恭敬之德吗？”

又答：上下恭敬归一之时，可言气和也。天地位焉，万物育焉。民，游于春风和气之中，利其利、乐其乐也。天尊地卑，乾坤定矣[⑥]，四时变换而万物生。[⑦]无为而成。[⑧]此乃笃恭而平天下之至极也，与天地合其德也。日月之道贞明也。至诚不息，不息则久[⑨]，此乃贞也。诚则明矣，[⑩]与日月合其明也。鬼神诚于福善祸淫也，故不怒而威。君子喜善而诚、憎恶乃诚也。其所信与民心相通。是故恐天下之恶、忘却伪邪，习德而以善为常情也。此与鬼神合其吉凶

---

① 语出《中庸》第三十三章：“《诗》曰：‘不显惟德，百辟其刑之。’是故君子笃恭而天下平。”

② 语出《论语・宪问》：“子路问君子，子曰：‘修己以敬。’曰：‘如斯而已乎？’曰：‘修己以安人。’曰：‘如斯而已乎？’曰：‘修己以安百姓。修己以安百姓，尧、舜其犹病诸！’”

③ 语出《论语・为政》：“子曰：‘道之以政，齐之以刑，民免而无耻；道之以德，齐之以礼，有耻且格。’”

④ 语出《孟子・离娄下》：“若夫君子所患则亡矣。非仁无为也，非礼无行也。如有一朝之患，则君子不患矣。”

⑤ 语出《周易》：“夫大人者，与天地合其德，与日月合其明，与四时合其序，与鬼神合其吉凶。”

⑥ 语出《易经・系辞上传》：“天尊地卑，乾坤定矣。卑高以陈，贵贱位矣。”天尊高而地卑低，乾坤的位置就确定了。《易经》中乾为天为高为阳，坤为地为低为阴的象征就定了。

⑦ 参见《论语・阳货》：“子曰：‘予欲无言。’子贡曰：‘子如不言，则小子何述焉？’子曰：‘天何言哉？四时行焉，百物生焉，天何言哉？’”

⑧ 语出《中庸》第二十六章：“博厚，配地。高明，配天。悠久，无疆。如此者，不见而章，不动而变，无为而成。”

⑨ 语出《中庸》第二十六章：“故至诚无息。不息则久，久则征。征则悠远。悠远，则博厚。博厚，则高明。”

⑩ 语出《中庸》第二十一章：“自诚明，谓之性；自明诚，谓之教。诚则明矣，明则诚矣。”

也。古今邪伪凶乱之事，皆因不慎而起。故可云敬胜百邪也。[①]况有德之君子位居上位，行无私心之恭敬时，可消人欲之万恶，灭山川之众邪。有勇有谋者，用其才于礼、乐、弓、马、书、数，则天下越发文明威武。故云："古之强有力者，将以行礼。今之强有力者，将以为乱。"[②]

一六五

知友问曰：有"能近取譬"之说，如何？

答曰：此非在于事，而在于心也。人，若以耳、鼻、口、目、四肢为例，甚是近也，此乃因其有己也。夫仁者，集天地于一身，以天地间万物为四肢百体，如今世之人一身也，并非由外取例。故取万物为譬，取世人之一身为譬相比，亲切而通人心。夫人，见己之四肢百体，至指甲、皮肤，可谓无比爱惜。心可切身感受疾痛快乐。唯手足麻痹者，虽紧紧抓扯，其心亦未烦恼。有手足者而感受不到病痛，谓之不仁之病也[③]。人若不能物我一体，便生迷惑，如同对他人之困苦不为所动。圣人乃至神也，故以天地为父母、人民为兄弟。不仁之人，父母兄弟之困苦不似己之四肢，故有不知恩者。

问曰：如今，天下困苦之人甚多。若因此而所有人都感到劳累，岂有暇快乐乎？

答曰：义乃仁之时。[④]天下之主，因天下之困苦而其心痛苦，故其施行无困苦之仁政。国主、郡主皆如此。士、庶人应当解决其一家之困苦，因其身份所施之仁有异，此乃义也。好仁而不知义者，国、郡之主也不能拯救天下，士、庶人也不能影响国家。反之，亦有打乱秩序施仁而劳累者，不知义也。

一六六

知友问曰：古人云："忿欲忍与不忍，便见有德无德。"[⑤]此唯

---

①《河南程氏遗书·明道先生语一》："敬胜百邪，万物皆备于我矣，反身而诚，乐莫大焉。"

② 语出《河南程氏遗书》卷六。

③ 语出《河南程氏遗书》卷二上："医书言手足痿痹为不仁，此言最善名状。仁者，以天地万物为一体，莫非己也。认得为己，何所不至？若不有诸己，自不与己相干。如手足不仁，气已不贯，皆不属己。"

④ 义乃仁适宜时间所行之位。

⑤ 语出《河南程氏遗书》卷六。

小德者才有之乎？

答曰：有德之人站位高、看得透，故世事轻而不系于心，无怒也。心有真乐，无世间之愿。凡人之心狭窄，故有怒。有欲而不知道德之乐者观之，常过于忍受难以忍受之忿怒。

一六七

吾等，思行德，唯日日希望责善。[①]一善益之则一恶损之。若日日行善当能退恶也。此乃阳长而阴消之理。长久如此、从不懈怠，能为善人乎？因名乃实之声也，且善人有名。名副其实者，能称德乎？好利者轻义，重义者，厌利也。此乃天理、人欲不并存之故也。

一六八

昔日王者拥有天下，虽谓王城但无城墙不筑关隘。此乃保民而王，[②]能见其德治之遗风。武家时代，以武力取天下。故以武力保天下，加固城池以护天下也。置民于外而不护，是故力衰而亡。

一六九

友人问曰：关东有一地，课税比年贡十一[③]还要少，甚是轻松。然民为盗者甚多，何故？

答曰：此亦可谓徒善不足以为政。日本以前也是以屯田制为主，故而皆取十之一为贡。其后随开垦土地增多，生活饥寒为盗乃凡人之常也，不可憎恨百姓。正如居高位者有偷盗行为一样。若不教之，则胡作非为者甚多。故贡少且耕地广阔，但越到后面，世世代代皆沦为盗者也。就连身居知行职位之人，其后代中也有强盗者，何况百姓乎？此风俗长久之时乃开乱世之端也。

① 希望劝勉从善，语出《孟子·离娄下》：“责善，朋友之道也。”王阳明《教条示龙场诸生》：“责善，朋友之道，然须忠告而善道之。悉其忠爱，改其婉曲，使彼闻之而可从，绎之而可改，有所感而无所怒，乃为善耳。……诸生责善，当自吾始。”

② 语出《孟子·梁惠王上》：“齐宣王问曰：‘齐桓、晋文之事可得闻乎？’孟子对曰：‘仲尼之徒无道桓、文之事者，是以后世无传焉。臣未之闻也。无以，则王乎？’曰：‘德何如，则可以王矣？’曰：‘保民而王，莫之能御也。’曰：‘若寡人者，可以保民乎哉？’曰：‘可。’”

③ 指发端于《孟子·滕文公上》中井田制的税收法，收取田地十分之一的收入为税。

一七〇

学友问曰：可摒除闲思杂虑，然难抑制其产生。

答曰：闲杂二字为妄。思虑本当不绝，唯无邪也。程子云：人乃活物也，当有动作、有思虑。闭[1]邪时，诚自存也。以忠信为主，诚乃无欲也。无思无为，寂然不动而感通天下。今者，因一己之私欲，故其所思并非天理，其所动并非义理。思、为皆妄也。不改妄之主虽防其末，却无法抑制、摒除闲杂之念，心中之负担反而加重。无论有念还是无念[2]都应忘之而思诚也。

一七一

心友问曰：居易俟命[3]之义。您如何看？

答曰：富贵、贫贱、安静、患难、生死、夭寿皆为命也，俟如待客。心，无惑无愿，居于安易之地，待天命之客之意也。生死即客也。故可朝闻道，夕死可矣。正叔云："吾日履安地，何劳何苦。他人日践危地，此乃劳苦。"[4]凡人以苦为乐，谓之惑也。日行聪慧而求幸，不知达命之事也。柔弱者当前忧愁悲哀，勇猛者陷入困境则无是非而亡。皆因内心阴暗也。

一七二

仁者其言也讱。[5]言不行乃虚也。君子有所耻之处。仁乃实理也。故仁者反省言行[6]是否相一致，便无虚处。其言之出才是难处。好人言少，其所为之事坚定也。故可云，肫肫其仁也，[7]谓其厚也。刚毅不讷，近仁也[8]，质朴迟钝而不屈于物者，终有不停而发之处也。

---

① 遗书中正确的是闲，"闲邪"出自《易・乾卦・文言》。

② 有无摒除闲杂的想法。

③ 出自《中庸》第十四章："故君子居易以俟命，小人行险以徼幸。"

④ 出自《河南程氏遗书》卷一："吾日履安地，何劳何苦。他人日践危地，此乃劳苦。"

⑤ 出自《论语・颜渊》："司马牛问仁，子曰：'仁者，其言也讱。'曰：'其言也讱，斯谓之仁已乎？'子曰：'为之难，言之得无讱乎？'"

⑥ 语出《中庸》第十三章："言顾行，行顾言，君子胡不慥慥尔。"

⑦ 出自《中庸》三十二章："唯天下至诚，为能经纶天下之大经，立天下之大本，知天地之化育。夫焉有所倚？肫肫其仁！渊渊其渊！浩浩其天！"

⑧ 出自《论语・子路》："子曰：'刚毅木讷，近仁。'"

一七三

君子之道，费而隐。[①]费乃不贵重也，不贵重则为抑而隐之意也。君子之道遍教而无隐。然言语中难表之处即为隐也。君子非隐，隐而未发，唯入德之人默而知之。

一七四

鸢飞鱼跃，鸢鱼无知也，故动天机。人有知，故防私心、天机。程子云必有事勿正之意也。[②]必有事，即人有性命，从其性命则必有事也。勿正，即不应有私心。人性，在于有知。故深通天机，乃活泼[③]之地。

一七五

知友问曰：佛教谓死不谓生，孔子言生不言死。儒佛分歧之处在于此乎？

答曰：生死一贯也。孔子为何言生而不言死，人之问死[④]因舍本而逐末故有惑，故达其本之时，末自会教其所知之理也。圣人之心无生死，如常人之心无昼夜。昼夜生死一贯而无二，但常人知昼夜，不知生死，此亦同于不知昼夜也。然，无惑之人所依据者，乃古今不惑之俗常情也，尧舜之民视生死亦如此。佛氏，惑于生死之理，[⑤]因惧生死，故谈论生死不息。圣学，无生死之惑便无惧，故不言生死。和汉皆三千年以来恐于生死，故梦见生死后清醒者甚少。儒学于惑而解惑，如梦中做梦。圣人之道，如日月之明，本当无惑，亦无该领悟之事。故孔子云“予欲无言。天何言哉。四时行焉，百物生焉。”[⑥]颜子默认且未辩如愚[⑦]，亦在于此也。

---

① 语出《中庸》第十二章：“君子之道，费而隐。夫妇之愚，可以与知焉，及其至也，虽圣人亦有所不知焉。”

② 原出自《孟子·公孙丑上》：“必有事焉而勿正，心勿忘，勿助长也。”

③ 生气勃勃。

④ 出自《论语·先进》：“季路问事鬼神。子曰：‘未能事人，焉能事鬼？’曰：‘敢问死。’曰：‘未知生，焉知死？’”

⑤ 惑于轮回。

⑥ 出自《论语·阳货》：“子曰：‘予欲无言。’子贡曰：‘子如不言，则小子何述焉？’子曰：‘天何言哉？四时行焉，百物生焉，天何言哉？’”

⑦ 语出《论语·为政》：“吾与回言终日，不违，如愚。退而省其私，亦足以发，回也不愚。”

一七六

谓理便遗气，谓气则遗理。[①]理气虽未分开，但所言有遗漏之处，非唯谈论道时才有遗漏，理气一体之名也。其所附大者谓空虚，小部分可以说是隐微，小者谓鬼神也。位天地而日月明，行四时而万物生，皆成于道也。其真寂然不动、无声无臭也。谓之未发之中，天下之大本。道发自然而无穷，阴阳之度、日月之寒暑、昼夜之变，有其常，乃无极而太极之理也。[②]具中庸[③]之名当有受用心法[④]之处。暂付于有形之物可见。不发不动者为物之根，物之体。木之根于土中，成花实、青红之变。其根自土中出，其化乃止。人之背部不动，四肢作用之躯，万事皆然。道寂然不动，隐微而不发，故为天下之根本也。体物而不可遗[⑤]，道之不动非如形之不动，虽说至神至动，亦可言其无欲而不现。

一七七

心法当慎心之所向，所向为实者，达自然也。孟子言其性善。善乃由内而生之物也。故辟邪时诚自存，谓善谓诚皆性之德也，乃一体异名也。诚即善也，善即诚也。今者，心所好、心所往者在于利与欲。虽未以利欲为主，其自然趋利，生存于欲望之中。不费功夫、不花力气就能做得很好的人，其所向者实也。诚以天为根，虽为固有之德，但志向若未落到实处，如思时存在，忘时亡。虽花功夫费力气，难于存养。若心好德而辟邪，则诚自立而行善。谓之忠信为主。未有忠信外求而以其为主者，由本为主也。当今以人欲为主，故忠信起于私欲而存之，正如客之往来。故程子云，不往东，不向西，此乃中也。非言不往东西为中，而是不必往东，也不必往西。随义而从为中也。[⑥]

---

① 存在的根本并不能规定是气还是理。
② 阴阳、日月、昼夜的恒常性乃本真的无极太极之理，无极太极之理用朱子的解释。
③ 未发之中，天下大本乃中。阴阳、日月、昼夜的恒常性乃庸也。
④ 中和庸的名称规定了存在的本质，应该以此抑制内心，中庸不仅仅是书的名称。
⑤ 语出《中庸》第十六章："视之而弗见；听之而弗闻；体物而不可遗。"
⑥ 语出《论语·里仁》："君子之于天下也，无适也，无莫也，义之与比。"

一七八

学友问曰：一阴一阳，谓之道，继之者善也，成之者性也。[①]

答曰：太极时而动生阳，时而静生阴。动静乃时也，阴阳互为其根。太极之时并无分歧。太极亦无极也。[②]故谓之道。一阴一阳生生不息，谓之继。不息之时，四时行而日月明也。善由之而大焉。见造化流行则善也。山下之清泉，其始无浊，难言其清浊。流至中间变浑浊则失本源之水色。故可辨出清浊之名。源出无异，则所继之物可谓清也。造物者，造人而赋予其人性，成万物而赋予其万物之性。人乃天地之心，保全一阴一阳之理，则明德皆备也。随性而动备仁、义、礼、智之性，故善也。失信之德则不仁、不智、不礼、不义，故恶也。如水中清浊之异。天无心无欲也，故无理气，四时不误。人有心有欲之故，无心法则误。圣人以下者，皆会犯错，能常改之视为善。心法随天命之德而受用。人心循天理而谓道，与一阴一阳谓之道一致。人，有自幼而善者，有自幼而恶者，气禀之自然也。虽自幼而恶，并非没有仁、义、礼、智之性，故有所羞耻，有所忌惮。故此之故，成长为人。无耐心者一日都不可生存。水虽浑浊，其往低处流淌，乃其性善也。浑浊非水之本然，不可言其是水。人之性虽善，但难言恶亦非性。赤子尚无善恶之名，其后变得浑浊，品格多样也。终未变浑浊者乃圣人也。若稍微浑浊就立刻使其澄澈者乃贤人也。虽多浑浊，但努力、勇敢且用智为之使其澄清，不出数年变得清澈，若松懈，则变澄清极为缓慢。不可说人生而静，可言释性非性。

一七九

知友问曰：乐只君子，民之父母也。[③]若其不乐则未达君子。[④]君子所乐者何事？

---

① 出自《易经·系辞上传》。

② 语出《太极图说》：“无极而太极，太极动而生阳，动极而静；静而生阴，静极复动，一动一静，互为其根，分阴分阳，两仪立焉。”

③《大学》第十章所引《诗经·小雅·南山有台》，原文为：“南山有杞，北山有李。乐只君子，民之父母。乐只君子，德音不已。”意思是南山生枸杞，北山长李树。君子很快乐，人民好父母。君子真快乐，美名必永驻。

④ 蕃山的《大学注解》中有写“君子必有乐，不乐便不可谓君子”。

答曰：程子云循理为乐，[1]不知此理则不知何为乐。如学音乐，俗乐虽不为人知，闻之却有趣也；雅乐，不知者闻之不觉有趣，学后才觉有趣。学而事理明，自然以循理为乐，如音律入耳自然好雅乐一样。凡人以循欲为乐，以循理为义务，因不知其道也。君子观之，循欲者皆苦，而以苦为乐令人困惑也。正因为不知雅乐之可养神气、令人毫无厌倦，而好损害神气之俗乐也。

一八〇

知友问曰：人云"惟圣人然后可以践形"，尽人道而得也。您认为如何？

答曰：人可谓五行之秀气、神明之舍、天地之德也。若与此言相符，便可以说尽人道而得。圣人现，方知天地之德，践此形也。

一八一

知友问曰：孟子云："民为贵，社稷次之，君为轻。"[2]此言似先抑后扬，意在阐明，乃为一国之治而置一君，若不明此道理，而为君一人乐而使一国之民苦，则违背了天道。

答曰：然也，为先天之理也。天地广阔而生人，人多谓为民。山川国土之神，为民生财。虽言神但位列民之后，民报答其本以祭之。人民多，不治则乱，故而立君。虽为国君亦次于民也。此据孟子先天之理而立。从现实观之，君居上位而威，民乃从君者。君为民而立社稷以祭之，此为现实之功用也。

一八二

知友问曰：古代圣主贤君，置史官，欲使其记录君王之言行、天下之善恶，不应奉承夸赞，不应愤怒诽谤，不遗漏不重复，唯依真实书写。后世恶逆之主、无道之君，权威强大，故史官畏惧将其恶事传于后世，便不记其恶事。此种趋势当中止，然不能中止。本有恶名又添恶声。人力不及于此，为何？

---

① 语出《河南程氏遗书·伊川先生语四》："循理为乐，不循理为不乐。"

② 出自《孟子·尽心下》："民为贵，社稷次之，君为轻。是故得乎丘民而为天子，得乎天子为诸侯，得乎诸侯为大夫。诸侯危社稷，则变置。牺牲既成，粢盛既洁，祭祀以时，然而旱干水溢，则变置社稷。"

答曰：鬼神乃福善祸淫也。古之圣主贤君，不立天工而立史官。此乃助造化之道也。人道不立史官，有天命之史官会记录其善恶。

问曰：天命之史官，其心知否？

答曰：其心不知。唯自然知其才、其时之善恶，或虽过时而生，有达上代之事者。皆天道鬼神之福善祸淫也。虽为天下之主，却不能胜鬼神。故不可以人力而御之。自成恶者，其心黑暗，故不知此理。若知此理者，唯专注于行善也。行善而不知此为灭恶名之道，惑也。

一八三

知友问曰：确有人于临死之际留下偈语否？

答曰：临死留下遗言，是因其心有生死，或好名声也。近则昼夜，远则生死。入夜而寝者，有何心有何名留下遗言？生死乃天地之常理也，循理而得始终者无私心也。昔程伊川因病而临死之际，有名为郭忠孝者前去看望，伊川闭目沉默。忠孝云，夫子平生所学，当用于此时。伊川云，道不可用[①]。忠孝尚未出寝门[②]而伊川卒。

问曰：当有遗言吗？

答曰：死去之人所言之事，存于幸存之人心中。据时、所而合乎子孙之位，于义无害之事当循时势。死者欲言何。正如去远方之人，自己外出而不安排看家之人一样。教诲子弟之语乃平日之言，非遗言也。

一八四

知友问曰：赞同寄亲[③]而背叛君主者，出于何义乎？

答曰：非礼之礼，非义之义，君子所不为之事也。今之俗，以非义之义为义。若犯错，至少是思义而为，尚可。唯为其中名利之欲所纠缠，不得已而为之也。盗贼本为不义者，不考虑义理，不能去难，为情所困也。

---

① 道，若要去用，便不是道了。
② 与大门相对。
③ 日本战国时代，在形成大名军士组织的基础上构成骨干的高级家臣。

问曰：寄亲若行义则当追随乎？

答曰：寄亲若行义，当行自己一人之义而去。为何率众起兵置其家人于危境，致其国动乱乎？是故，君子当选可做自己寄亲之人。

一八五

知友问曰：程子云，不诚而惜财者，不能为善。不惜财亦无诚者，有乎？

答曰：好名声而施财者，不惜财亦无诚也。

问曰：不仁者、吝啬者，皆不惜用于堂寺佛事之财，为何？

答曰：吝啬、不仁皆因内心黑暗而生。相信来生之谎言，亦是因内心阴暗。因其阴暗，故知将其用于黑暗之处。

一八六

知友问曰：简易似乎相近于略仪。

答曰：大不同也。圣人之教，具简易之善而不示略仪。教人略仪时礼仪亡。礼仪亡而骄奢生。骄奢之时文饰多而事繁杂[①]。事繁杂而生虚伪。文饰多而略仪越发盛行。乌纱帽、直垂、小刀[②]，为无官、无位者之礼服[③]也。此礼服，若文色定[④]则不用数量。仅一套装束便达礼仪。内衣一件抑或是两件由寒暑程度而定。不用数量装饰而达到美态。唯小刀挂腰间，无替换大、中、小腰刀之处。平常只佩一把刀，内外兼备足矣。军队中有常佩大刀者，礼仪备人道完美无缺，乃易简也。岂非善也？不知何时起，将黑漆帽上边折起来，垒成发髻，将垂直武士礼服去掉袴装，使其成为上下装[⑤]。虽近似简易，然因其略仪而无礼节，上下分为无数小袖，浪费至极也。以小刀为腰刀，大刀为刀挂于二腰，虽显麻利之态，但国容、军容[⑥]相混杂，如此则其治国之道不会长久，且军队无威。不仅如此，大、中、小腰刀之替换不便，皆为无限浪费。因略而成奢，礼仪亡，岂

---

① 所用之物装饰多，使用时繁杂。

② 别在腰上的刀。

③ 中世礼服。

④ 颜色。

⑤ 江户时代武士的礼服。

⑥ 文官、武官的礼服。

非物多事杂乎？事杂之时，人难以集中精力，重正直律仪之人[①]，不做虚伪之事。故此，圣人配简易之善而制人道之礼仪，戒略而防多事，堵生伪之源而立诚也。

一八七

知友问曰："圣而不可知之谓之神"[②]，先学皆谓之。非圣人之上有其他神人，您如何视之？

答曰：圣人有神明之德。有此德，圣人不自知也。[③]于空之中而生不存在之物，乃鬼神之造化。[④]开天地而生不存在之物，此乃圣人之神德也。画八卦而成六十四卦[⑤]，显天、地、人三极之道，尽万事万物之理，成医药针灸之事，兴律吕[⑥]管弦等，皆神明之德也。律吕确有遗漏，演奏之法一旦断绝则很难再兴。舜始作五弦之琴而歌颂南风。[⑦]琴之曲若绝，其后虽有乐器，纵贤君良相亦不能兴之，虽有迹[⑧]亦难矣。况且初时所作无迹之事非人力耳。鬼神非有人之功能，人亦不能具鬼神之妙用。幽明、人鬼[⑨]有异也。圣人为人而有神之妙用，可胜鬼神也。然圣人勤于人道而无心于神妙，为圣而不自知之神也。且圣人之上并非无神人之位，伏羲、神农、黄帝、尧、舜皆是也。禹王、文王、周公、孔子未尝不可为神焉。

一八八

学者问曰：孟子之后的诸君子皆有失言之处。其可为师者否？

答曰：皆可为师。其志之贤为后世学者所不及也。扬言之失而言先人之非易也，取其德而行其事难亦。如余所言，今者之惑，虽益于今日之受用，但时间流逝，涉及后人议论之事则大都不对。唯

---

① 认真且重情义。
② 出自《孟子・尽心上》："可欲之谓善，有诸己之谓信，充实之谓美，充实而有光辉之谓大，大而化之之谓圣，圣而不可知之之谓神。"
③ 蕃山自解，圣人虽然有神明之德，但其并未意识到。
④ 相当于天地妙用的鬼神的创造化育。
⑤ 八卦是易的基本类型，8×8=64。
⑥ 六律六吕即十二律。
⑦《乐记》之说。南风乃长养万物之意，故称其为孝子之诗，其辞曲已绝，故无法再看到。
⑧《集义和书》编者解读为乐器。
⑨ 在幽界为鬼，明界为人。

有实仪[①]才会感发人之良心。善心兴起之时，当以圣贤为师，其中之人皆为传道者也。世上博学笃行之师虽多，但不能启发人之良心。师傅弟子皆扬先学之非，当世学者亦互相毁谤。好先人之德而不能扬今日之善。其议虽可，却为损人之善者也。

一八九

贤不肖，不可言天生，治乱，不可言为命。君、相立志求贤，能否各安其分、各司其职明确之时，国当可自治也。天下，因小人而不自安，乃人心之灵。君、相励其志而躬行君子之为，则士民从之。心虽未化，但其用乃君子之事[②]也，故此，成人才难，成善人易。万物易变化[③]，虽不及王者之德，但立志时当变也。大变则有大益，小变则有益也。妇女无知，祈愿赤子之物因有诚而顺其欲，虽不中不远矣[④]，更何况男儿有知识才能。故百姓常言道，有仁慈之诚保民易耳。

一九〇

顺时变，易而从道，君子之中庸也。随时变易而从利，小人之中庸也。其知之明一也。唯主旨异也。

一九一

知友问曰：孟子，可谓知所言[⑤]。道学之要点，何也?

答曰：余仅知余所言，心定时其言重而舒，不定时其言轻而疾。

问曰：事急时，该当如何?

答曰：心定时，虽有急但心态不变，唯其言速而已。舒缓变得明显者，无事之时疾，疾乃心烦乱之故也，急时不速心则停滞也。

---

① 真正的义理。

② 此心还未成为君子，但此行已是。

③ 气质改变而成善人。

④ 语出《礼记·大学》：“康诰曰：‘如保赤子。心诚求之，虽不中不远矣。’”

⑤ 语出《孟子·公孙丑上》：“何谓知言？曰：‘诐辞知其所蔽，淫辞知其所陷，邪辞知其所离，遁辞知其所穷。’”

一九二

知友问曰："畏圣人之言"[①]，是何意？

答曰：圣人乃万岁之师也。其言教我，必能受用，故畏之。以天命为师，如今日之君命也。

问曰：有"畏大人"之说。大人是指有地位者吗？在位者无德，若吾有道，何惧乎？

答曰：因天命而成贵人居上位，故畏之。毕竟"畏天命"也。

问曰：是故，上天为何使无德之人立于有道者之上乎？

答曰：形势使然也。自然之势天命也。故君子从自然，小人以力违背自然，故招致灾难者也。故有云"以小仕大者畏天者也"[②]，小诚不可敌大者，[③]自然之天命也。"以大仕小者乐天者也"，我大随小诚易也。然，恭敬而仕者以义理也。当知仕心之义理，则其乐于义理，忘自然之势也，如仕将军仕于公家。将军家以天下为囊中之物，称不上为大。然公家乃天照大神之皇统，持三种神器，有不被将军所抑之天威，[④]故公家并不尊奉将军。足利家逢盛世时，本为将军所倚仗之公家蔑视将军，实为不誉[⑤]之举。因其不知乐天之理，随时势之发展，蒙受天罚的公家日渐式微，足利家之权威不久后亦衰弱，仅经历四五代将军[⑥]，如公家一样灭亡了。以武家之强大尊公家之微弱，乃为后世所称誉。强者管教弱者，以此为荣，谬也。举武家不符合礼义为例者，谬也。

一九三

学友问曰：先学[⑦]云，人心乃人欲，先生之解有异也。

答曰：解古语须有众人之见。是否合古人之主旨，不以符合者

---

① 语出《论语·季氏》："孔子曰：'君子有三畏：畏天命，畏大人，畏圣人之言。小人不知天命而不畏也，狎大人，侮圣人之言。'"

② 语出《孟子·梁惠王下》："孟子对曰：'有。惟仁者为能以大事小，是故汤事葛，文王事昆夷。惟智者为能以小事大，故大王事獯鬻，勾践事吴。以大事小者，乐天者也；以小事大者，畏天者也。乐天者保天下，畏天者保其国。《诗》云：'畏天之威，于时保之。''"

③ 语出《孟子·梁惠王上》："然则小固不可以敌大，寡固不可以敌众，弱固不可以敌强。海内之地方千里者九，齐集有其一。以一服八，何以异于邹敌楚哉？"

④ 未被将军家之力压倒的天神的威力。

⑤ 声誉。

⑥ 义澄、义晴、义辉、义荣、义昭。

⑦ 程子、朱子。

为贤者，不以不合者为不贤。余认为，人心并非人欲。大舜认为人心惟危也。[①]已成人欲，非危，乃恶也。人心乃形气之心。若有此形则有此心。圣、凡皆同。饮食、衣服、男女皆为此心。已有形气则有欲，有欲便有规则，乃礼仪也。人心虽有欲，从礼仪之天则之时为道也，违背之为恶也。天则微妙且无声无味，不常自我反省慎独者，易失。君子之所不可及者，其唯人之所不见乎[②]。

一九四

心友问曰：程子注[③]中，朝闻道，夕可死矣，死得是也，何意？

答曰：此“是”字别有深意。君子尽天年之数平安而终者，当为义而战死者。生为一事也，死亦为一事也。君子行事不超出正道。有心于正，无心于死。此乃死得是也。

一九五

学友问曰：孔子曰，未知生，焉知死。[④]是说知生自然可知死乎？

答曰：知生乃知人之其所。知人之本知天也。知天时，则人鬼、幽明、生死皆明白也。人虽生存于世，但因其不知人之其所，故分为人鬼、幽明。因其目之所及而知，目之所不及而惑，故有所悟之学[⑤]。圣学中，有一事之疑而无一生之疑。佛学，于天下国家无用。[⑥]故不知一事之疑而有幽明、轮回之惑。此乃终生之疑也。富贵贫贱天命之理、造化之自然。若不同，便不能行人事助造化。故富贵骄奢且吝啬，贫贱忧愁不安之时，为天地鬼神之妖怪也，无善始善终。故富贵之道在于好礼爱人，贫贱之道在于不祈于外而尽已之职。此乃天、地、人三才也。

---

① 语出《书经・大禹谟》：“人心惟危，道心惟微；惟精惟一，允执厥中。”《荀子・解蔽篇》中也有类似的引注，称：“《道经》曰：‘人心之危，道心之微。’危微之几，惟明君子而后能知之。”

② 语出《中庸章句》第三十三章：“诗云：‘潜虽伏矣，亦孔之昭。故君子内省不疚，无恶于志。君子之所不可及者，其唯人之所不见乎。’”

③ 程子对《论语》中朝闻道云云的说明，并非严密的注释。

④ 出自《论语・先进》：“季路问事鬼神。子曰：‘未能事人，焉能事鬼？’曰：‘敢问死。’曰：‘未知生，焉知死？’”

⑤ 佛学。

⑥ 因佛氏出家于社会之外。

一九六

知友问曰：比起唐朝上代之诗，后世的古诗更加有趣。故此，人们玩赏之诗皆为后世诗人所作之诗。

答曰：诗尤有名望之诗人所擅长也。然不似上古之诗般优柔[①]。

问曰：虽言后世，但当忧贤者之诗乎？

答曰：虽为贤者，后世之诗唯其言正而已，优柔之风甚少。唯贤者之心正而已。其风为其时代之神气感化所致也。上代之人着玉冠，后世贤者，却不能常着玉冠。此因神气改变之故也。日本上代之人，虽不知道德之学，却有今人所不及之处。此因世态变化缓慢而神气浓厚。今之道学者，虽其所知之理详于古人，然世间变化迅速且习俗、神气稀薄。故今时之风难及古人。能见此痕迹者便是诗歌。中古之歌者，虽因博学得名，但其歌风歌体似乎不及上古无名氏所作之诗歌。上代之歌优柔也。中古以来之歌虽好急迫而无优柔。优柔乃人心感化自然也。人心为政治教育风俗教化所致也。世态中所习之人之情绪，若为和歌之本，自然现于其言行之中。虽偶尔似于优柔，但以其为善而作之诗歌并非具有自然之风。古代日本国远而广袤，近来似乎国近而狭窄。政道宽裕时则广，匆忙时则窄。然挟狭窄以治国为谬也。古代人心服从君主，便无亲人反目之事；无凶事便无信使驱快马报信之人，礼式定而无交往之繁。故可访问遥远之地，不慌不忙地步行赶路，感知其时之日本国土辽阔。彼时之风俗、习惯在诗歌中被表现出来而为世人所知。在中国唐代，凭借国、郡村里[②]妇女吟唱之小歌，能知当时社会之政治、风俗[③]也。

一九七

知友问曰：艮其背[④]，您如何看？

答曰：背乃不动无欲之处。人身上，眼见、耳听、口尝、鼻闻、腹之饮食、手取、足行皆有欲有动。唯背无欲无动。故为一身

① 缓慢而不急躁的样子。
② 与中央政府相对的地方。
③ 地方政治风俗。
④《易经·艮卦》的卦辞。

之本。一身因背不动而用者，以我身举例，心无欲身当为主，有欲便不能为一身之主。一人之躯尚且如此，何况家、国、天下乎？好欲乃恶也。以喜爱之物为欲，去厌恶之物为欲。其好恶皆具时心躁动。或愤怒、或恐惧、或内心阴暗。心以灵明为身之主，失灵明之真主便无用。此可谓之放心。

一九八

学友问曰：打雷为上天发怒之说。

答曰：应该说是愉悦，雷雨动雨水满大地，给草木添加了生机，洗涤了人之心情故其悦，先王以之作乐曲。风雷同为造化之天理，皆悦。超出常理可谓怒。有因周公之德遭质疑而天刮大风之故，[①]感北野之天神[②]之忠臣之怨而致暴雷[③]之类的事。

一九九

人先有实，以文饰之则有礼。实少而文过乃奢也，有实而文不足称为俭。古人实有余而文不足，故以礼为本。今之用俭者，废礼而思俭实乃谬也。

二〇〇

知友问曰：和汉有大勇者。其勇同于君子之勇乎？

答曰：得气质之大勇者，看轻死胜物，诚似于君子之勇也。然其心地不光明。若勇者志于道，无盖藏[④]而使其身坚，必定有所惧之所。心有惑者无法消除恐惧，君子无惑。知、仁、勇乃心之一德也。[⑤]故君子无所惧也。小人之勇因得之于气，故而勇于气，死不得其所，且非死于当死之义。君子有勇于义，当为义而死，则舍生取义，弃生如敝履。

---

① 周成王怀疑叔父周公，故天刮大风来彰显周公之德。

② 道真之灵化为雷。

③ 严重的天雷。

④ 无许多藏身之处。

⑤ 语出《中庸》第二十章："天下之达道五，所以行之者三，曰：君臣也、父子也、夫妇也、昆弟也、朋友之交也。五者，天下之达道也。知、仁、勇三者，天下之达德也。所以行之者一也。"

二〇一

知友问曰：世间义理、守义[①]皆利也。如世间之音信、往来、宴请等。若不如此，则会失去世间的名利，身遭不幸。以经营名利为遵守义理，乃谬也。此同于官府分派之兵役、劳役否？

答曰：然也。可言顺义难言共义理。义理对失势之微贱者而言，不能离弃血亲，虽亲戚之后代卑贱也不能抛弃，甚至不忘挚友之亲人，擢升有功家臣之子孙，使其有可靠之处，即为义理也。此等非当下世人所为之利，因其于己有害无益，故而今之义理、守义者，大多对此视而不见反而认为会带来恶名。想博得善人之名而谋取利益，此乃与义理之本质有异。义理之本在于心之仁义，出于仁爱之心，为人所信赖，得仁者之誉，虽不语却闻名于众。虽不争眼前之利益，而为天道所护佑，将来必荣达长久，乃和义之利也。不善者之追逐名利，与小人一样能显赫一时，乐于饮食、衣服、器物、家财等所获之俗名，认为合时机则有利。日日沉浸于欲望与骄奢当中，钱财也必将匮乏，虽心中稍有所想，却不能行真实之义理。为亲戚、亲友、家臣等不信任，视为不可信赖者，不反省坏名声，终不知家将亡、利将失，乃因内心阴暗。心、身、家、国、天下，无论何者，可得幸福者，莫过于仁义。特别是人君，若无义理之实，则众叛亲离，近前唯有好利之小人，国家之灭亡指日可待。

二〇二

友人问曰：佛者言生死，儒者言死生。有何意乎？言生死之顺序，正如死生可逆也。

答曰：应无他心。然云死生而言顺也。语默如昼夜，死生如古今。[②]语乃昼动之理也，默乃夜息之理也。祖之死乃父之古也，父之生为今也。父之死乃子之古也，子之生乃今也。天地造化如织布机，人之死生如纬线。死生为常理不能一分为二，故唯言古今。

二〇三

人者，不自知，此乃大忧也。不自知者欲知他人且以此致力于

---

① 同顺仪，居于世间的义务。

② 语出《河南程氏遗书》卷六："语默犹昼夜，昼夜犹生死，生死犹古今。"

知外事，惑也。自知而不疑天下之事，乐也。

二〇四

知友问曰：漆器乃美物也。舜因何开始做此等美器乎？[1]

答曰：此非凡人所知，当历经数千年，方得以做成。上古饮食之器物多为陶器，朝夕使用，动辄或碎或损。其后人口渐多，陶器之使用不计其数。自舜帝时起的千百年间不知其况如何，又经数千年后，山林荒芜、人民生活困苦，天下动乱之势逐渐酿成。天地虽广，然亦非顷刻间就能做成漆器，需待山林茂密时，涂漆于木，始作饮食之器。

问曰：世间无贵贱，唯我这一代。不深思子孙后代之事，更何论忧于他人之时代、万年后之世，何以至此乎？

答曰：父母爱子至爱也。然子若不孝，则其爱心薄也。见圣人之民，虽为凶人恶人却不憎。陷入刑罚之时，叹息政教不达，而不怒于此罪人。憎恶乃理所当然。当弃一人而助万人，天下广如一家，万古遥远如一日。仁爱之诚永不停歇。此即天地生生之心也。

二〇五

知友问曰：解费[2]字，其意为不视其为宝物[3]，何意？

答曰：上古以贝为宝物。费字，由弗、贝二字组成。与如、心组成恕一样。可谓财散时民聚。[4]散指非宝物之义也。用途广意相近。财字中也有贝，故古代以贝为宝也。古之宝贝不知为何贝。后世以金银钱替换之。尧之时代，天下发洪水[5]而五谷不足，故制钱助交易，唯广用于天下而已，尚未视为宝收藏于君主的仓库。贤君之储备为民而备也。故不聚于王城而将五谷置于各地，作为水灾旱灾饥荒之备。民皆思可为己用而不为君主之物，也非君主之私财。不以为宝而广用之。道乃天下之道非君子之私理也。然本存于未发中

---

① 见《史记・五帝本纪》舜陶河滨。

② 语出《中庸》第十二章："君子之道，费而隐"。意思是：君子的道广大而又精微。

③ 蕃山的独特见解，朱子以作用广阔之事为费，本体微小为隐。

④ 语出《礼记・大学》："德者本也，财者末也。外本内末，争民施夺，是故财聚则民散，财散则民聚。是故言悖而出者，亦悖而入；货悖而入者，亦悖而出。"

⑤ 语出《孟子・滕文公下》："昔者禹抑洪水而天下平，周公兼夷狄驱猛兽而百姓宁，孔子成《春秋》而乱臣贼子惧。"

且无声无味。虽为圣人也有不能为之事。若称之为无，则神明不测也。[①]若称之为有，则形、色、声、味皆无。因无欲而无所依之处，因无好恶而无过无不及。不久可借名称为中。古昔、当今、后世皆为无终之物，故为造化之根。寂空虚无若亦以此为名则病也。唯言隐[②]、不流于“无”不遗留“有”，付名之言隐而知其神。圣人之言，妙哉。

二〇六

故友问曰：余母亲一系中微贱卑小之亲戚甚多。若疏远之则生怨恨，若热情待之，人数众多，难以为之。吾为长男娶妻，是否当选择亲戚少者?

答曰：有此心，谬也。您认为亲戚难以相处，乃因您以厌恶之心待之，故心神疲惫也。昔日，大舜鸡鸣而起，努力行善，何故?人伦交往有道也。您卑贱亲戚众多，行善甚多，当悦之，不应忧之。若您贫贱，亲戚富贵，亲戚讨厌见您，如同您厌恶亲戚一般，就只会是疏远您了。当以何行善，方法甚多。亲戚卑微乐意见您者，您可趁机亲近之，享受行善之乐。您虽非富有之人，但亦非贫贱者，当按您的情意，做亲戚们乐于接受之事。衣服、米面、点心、酒肴等或金银财物，尽您所给，无物可送时派人探望、写信问候亦可。您尽已之力帮助他们，若还有不满足乃至怨恨您者，便是彼之过也，不能怪罪于您。人皆憎恶名而好善名。不积小善难得好名声。小人好行引人注目之大善，对小善不屑一顾。君子日日行小善，连一善亦不遗漏，而大善则随机而行，不刻意而为。夫大善稀少而小善日日皆有。行大善易得名，行小善近乎德。大善人人争而行之，乃好名声之故也。为名声而行善之时，大善成了小善。君子积小善以修德也。真正之大善莫过于德，德乃善之源泉也。有德之时无心而善无数。您贫贱亲戚众多，行真情之善而积德行，岂非幸事乎。不求而得美名，思及此美名乃拜行善所赐，也就不会产生厌恶之心了，行善反而令内心愉悦。且集人之愉悦之心越多，则家中充满和气，日日享受无声之喜悦。人心顺服，则号令行、礼仪立

---

① 道不能规定为有、无中任意一方，有、无即存在与不存在。

② 本节句首的君子之道费而隐的隐。

也。和且有礼，则子孙享多福。《易经》有云："积善之家，必有余庆。"

二〇七

知友问曰：不知当如何言士？

答曰：知义理。有五典十义[①]之理。

问曰：当如何言君？

答曰：立义理也。君，专于义理；臣，尽忠乃道也。此非为鼓励人而为之。自己遵循义理也。臣下感其义而心悦诚服。若心服即为忠也。

问曰：学道并非为了知义理乎？然今之学问者不知义理，此为何？

答曰：仅辨经传上之义理，或思行于身者，或拘泥于形式上之义理者，乐于真而落于法[②]，其离真正之义理甚远。故唯知气质美之人的义理一类的学者甚多。天生知义理者亦有因学识而堵塞其知者，感觉恶劣。古代之人虽不为文学，然无论贵贱知义理者甚多。为君者，赏一人而众人悦，乃以义理之赏也。赏一人而众人嫉妒，此非义理之赏也。源义经感于继信为己牺牲之志，不顾战马乃酣战之急需，而将己之举世无双的名马祭奠于继信，此乃义理之赏也。若接受恩赐而生，言有用者乃利也。以利而赐予应招众人之恨。有违军士之心，纵得名马又有何价值乎？故名将有功提拔子孙者，不忘父辈忠勇之功；寻其血亲惠泽而养之时，众皆思主君之可信赖也。不仅是己身，为了子孙也要励其忠也。因此，不得赏者就如同得赏者。乃行义理而无私也。孔子《春秋》[③]一经之要义乃立一义理。不知义者乃狄夷禽兽也。大学之理，亦可言上好仁时下好义也。然上好仁而下不兴义者，其仁非诚，乃无义也。仁、义本为一德也，故君子之仁必有义。

问曰：如今提拔有血缘者，即便扬善人，亦会招众人妒忌，又

---

① 五典：父子有亲、君臣有义、夫妇有别、长幼有序、朋友有信。十义：父慈、子孝、君仁、臣忠、夫义、妇听、兄良、弟悌、长惠、幼顺。

② 真正有义理之处，观念上引起了共鸣，但却是形式主义。

③ 语出《孟子·离娄下》："孟子曰：'王者之迹熄而诗亡，诗亡然后《春秋》作。晋之《乘》，楚之《梼杌》，鲁之《春秋》，一也。其事则齐桓、晋文，其文则史。孔子曰：其义则丘窃取之矣。'"

当如何？

答曰：仅有利心而不能辨识者，会发生不测之事。有少许辨识义理之心者，不应苛责。不久便会服从也。嫉妒别人子孙上辈无恩赐赏与、也无高贵门第，虽有忠勇之功，见其家道破败杳无音信，认为不该对他们如此这般。我们且不言世之常情为何，但凡人若有真心，心底自然知君王不可信赖也。此乃忠义所亡也。故此，明君以位[①]赏德，以禄[②]赏功，以职赏才。勤恳为国家效力者，当场为国效劳者，当以物褒奖之。

二〇八

知友问曰：兵法云，趁敌人之疲痹，击之。此为君子所为否？

答曰：国君死而其子少且年幼，或是敌将患病之时，若因水灾旱灾而年成不佳，贫困艰难之处，适时取之而得利，虽一战能取一国，然非君子所为。以人之忧图己之利乃极其不仁也。君子乘敌之溃，乃指出其不意、攻其不备、伐其不德。己有德而彼不德也，己有义而其无义也，故讨伐之。见人之忧而悦乃己先无德不义，又以何讨伐别人乎？贼相互讨伐，非君子之交战也。

二〇九

知友问曰：虽有治体[③]之言，但至今仍未知其体。若为治国、平天下之根本，则虽不担任此事，知其理乃究理之学也。治体是何物？

答曰：治体乃知也。人君、若知不明，虽有君子之行而正万事，唯因无节制之故，即便是好也会被众人说不好。故人君磨炼其好学究理之心，通古今之人情、达时变者也。此理从神代传于人皇，三种神器为人君之宝。当中亦有内侍所[④]本体。《中庸》亦云知、仁、勇，以知为先。因知为神明，仁、勇自在其中。虽好学，文学仅为玩赏之用，若拘泥于旧习，反而阻塞其知也。人君之天职，以爱人为心。国主乃一国之父母。天下之主乃天下之父母也。

---

① 爵位。

② 俸禄。

③ 治国之根本。

④ 指八咫镜或供奉天照大神的神镜。

故言乐君子乃民之父母也。父母宅心仁厚则乐子之成长。虽怒却是爱也。为人父母者，过于以子为重，子若心满意足，行恶事，则也怒形于色。其真意并非怨恨，乃爱之切也。君子待民亦如此。虽伯夷、叔齐[①]也有为己打算之处，但待人宽厚也，以怨为希也，[②]当知其仁。

二一〇

知友问曰：闻古代之上国如今日之中等国，中等国如今日之下国。[③]国、郡多如牛毛，视国主、郡主为不善也。王朝时代国主之任期为四年，此乃良法乎？

答曰：不知古代之时势，今世之时难行也。古时行仁政有益为善。帝舜封象于有庳，[④]用代官之法治其国，象收缴其国贡品，能享受诸侯之富贵，象因不仁而受惩罚。日本古代，亦有各国的贡品，将其分给相当于诸侯者，在都城者亦分之。若国政为守、介[⑤]之把持，则相近于帝舜之遗法。不施仁政时，用秦之治法，废诸侯，置县守、令，[⑥]则为不妥。此守、令若为恶者，则不以四年为任期。即便非恶人，若无寸功，亦不能担此任者，四年当换任乃理所当然。若此守、令为仁者善国政，其四年一换无益也。刚开始之一两年，难以详知国之民情，亦不熟悉教令[⑦]，待终于施行仁政，风俗亦将转好之时，守、令任期结束，继任者，难学习、继承前任之善政，更有甚者，为确立自己的威信而废除旧政，或不废除亦不用之，前任之功德化为乌有。大部分官员非虚掷光阴之人，不感到丢面子而让其改变做法，最好是制定能让其长年在领地任职之法令，四年任期之法适合乎？

---

① 语出《孟子·万章下》：“伯夷，圣之清者也；伊尹，圣之任者也；柳下惠，圣之和者也；孔子，圣之时者也。孔子之谓集大成。”

② 语出《论语·公冶长》：“伯夷、叔齐不念旧恶，怨是用希。”

③ 日本律令制中，将国家分为大、上、中、下四个等级。

④ 语出《孟子·万章上》：“孟子曰：‘封之也。或曰放焉。’万章曰：‘舜流共工于幽州，放驩兜于崇山，杀三苗于三危，殛鲧于羽山，四罪而天下咸服。诛不仁也。象至不仁，封之有庳。有庳之人奚罪焉？仁人固如是乎？在他人则诛之，在弟则封之！’”

⑤ 长官。

⑥ 郡县的长官，郡守、县令。

⑦ 教训命令。

二一一

知友问曰：孔子，不为酒困，[1]此凡人之事也。常闻有饮酒过量者，当如何？

答曰：圣人之道如天也，高且远，恐不及于人之常情。若不及则近于怠，故圣人之教常俯而就之。虽然如此，非不重视教人也。常人控制饮酒而不至于生乱，故常饮酒而不知已饮过量。圣人虽也常饮酒，尤会思索是否已经过量。所谓乱[2]并非酒狂，而是酒过其量则气血乱也。心乱至酒狂者乃酒达乱后之状也。圣人此言，非常人俯身而就之，才气高且志向高远者，亦无法越级而一蹴而就。立圣人之礼始于饮食男女，当从正确处践行日用常伦而行心术，以之为浅近之事，去而从佛学之理者，陷入虚见而不行实学，谓之越等级也。无实之高明非真正之高明，最终不可成才。唐虞[3]之事业不及古今和汉，虽为佛学之徒亦不能行诽谤之事。然从尧舜开始，便毫不留意。不必以之为难事，用心于人伦日用中。故可称为唐虞揖让三杯酒，汤武征诛一局棋。[4]可知尧舜、汤武之心。

二一二

曾子易箦之心唯此天地生生之理。[5]死生一贯如昼夜。不以病烦而改变，不唯以今死而不动心，如平时暂有违背常理之事立即改正。一贯之唯[6]显露于此。程子曰，此与“杀一无罪之人，行一不义

---

① 语出《论语・子罕》：“出则事公卿，入则事父兄，丧事不敢不勉，不为酒困，何有于我哉？”

② 语出《论语・乡党》：“食不厌精，脍不厌细。食饐而餲，鱼馁而肉败，不食。色恶，不食。臭恶，不食。失饪，不食。不时，不食。割不正，不食。不得其酱，不食。肉虽多，不使胜食气。唯酒无量，不及乱。沽酒市脯不食。不撤姜食，不多食。”

③ 尧舜。

④ 尧让位给舜，舜让位给禹，汤讨伐夏桀，周武王讨伐纣，此等天下之大事业，不过在饮三杯酒、下一盘棋的时间内就完成了。

⑤ 语出《礼记・檀弓上》：“童子曰：‘华而睆，大夫之箦与？’子春曰：‘止！’曾子闻之，瞿然曰：‘呼！’曰：‘华而睆，大夫之箦与？’曾子曰：‘然，斯季孙之赐也，我未之能易也。元，起易箦。’曾元曰：‘夫子之病革矣，不可以变，幸而至于旦，请敬易之。’曾子曰：‘尔之爱我也不如彼。君子之爱人也以德，细人之爱人也以姑息。吾何求哉？吾得正而毙焉斯已矣。’举扶而易之。反席未安而没。”

⑥ 出自《论语・里仁》：“子曰：‘参乎！吾道一以贯之。’曾子曰：‘唯。’子出，门人问曰：‘何谓也？’曾子曰：‘夫子之道，忠恕而已矣。’”

之事，则无法得天下”[①]同理。如我者，有志于道，行一不义之事，杀一无罪之人而得天下之事不可为也。然尚不及曾子易箦之心，因行大义需力也。亦有为求名而具毅力、视死为善者。当以平和之心体味易箦之正，可至日用所养也。

二一三

学友问曰：学士可言当下之一念。然而孔子云：“若无远虑，必有近忧。”[②]

答曰：“当下一念”之语类似于佛学也，然其可用之。董子云，仁者正其义不计其利，明其道不计其功。先学皆称美[③]。可共言当下一念也。又孔子所言之远虑，即当下应思之远虑也。民耕作之业亦为远虑也。皆言预先有备。若怠于此，则父母妻子儿女至饥寒之境也，乃近忧也。从士大夫到国君，计其所入行其所出，亦为远虑也。天下之主，若无三年、十年之蓄，逢凶年饥荒则无救民之道。因此有可能兵乱起而天下大乱。这难道不是近忧吗？养子孙，若不思其内心之趣旨、风俗习惯等美德，其人品必恶也，乃大忧也。万事若无远虑则有忧。世间言远虑亦相通也。即便无凶乱之事，为民父母之国君，若失父母之道，则损德，其次也会败坏己之名声。

二一四

知友问曰：您常以尧舜谓圣人之盛世，为何？

答曰：三皇因德神明而行不测也，难及后世。禹、汤、文、武、周公、孔子虽皆为圣人，自然各有其盛衰。尧舜正值圣人之盛世也。故后世虽有作者，但虞帝弗可及也。[④]作者即圣人也。程子云，天地有盛衰，有一时之盛衰，有一人之盛衰，一草一木之荣枯，便是阴阳消长之理也。天地圣人自不可泄此理也。

---

① 语出《孟子・公孙丑上》：“伯夷、伊尹与孔子，若是班乎？”曰：‘否，自有生民以来，未有孔子也。’曰：‘然则有同与？’曰：‘有。得百里之地而君之，皆能以朝诸侯，有天下；行一不义，杀一不辜，而得天下，皆不为也。是则同。’”

② 语出《论语・卫灵公》：“人无远虑，必有近忧。”

③ 采用朱子白鹿洞书院的文章。

④ 语出《河南程氏遗书》卷十一：“礼云，后世虽有作者，虞帝弗可及也。如凤凰来仪，百兽率舞之事，三代以降无此也。”

问曰：然，孔门之诸贤，有民以来，便无如孔子一样之圣人，[①]此为何？

云曰：此亦事实也。闻万事之名超过其实者也，未亲见亲闻。唯圣人之德，言语文章难以言表。故传古之圣人之德，仅是浮在脑海里的身影。若见孔子而知者，则思胜于先圣之理也。列圣于其内心皆无改变，唯圣人不知之神德，与时共盛衰。

二一五

程子云，[②]恶当止于其微小之时。盛而后禁时劳苦且有伤败。君之恶既甚之时，虽为圣人救之，但有分歧之事不可避免。民之恶既甚时，圣人救之但不可避免刑罚。停己之恶亦然。一念之微当纠正而去之。[③]积念而发于言行后，虽禁之但其内心阴暗很难去除。大臣之恶，若不戒于骄奢之事，则发生至侵犯掠夺他人。事败露而抑制之时，乃怀怨恨叛者也。妻子肆意而为，结婚之始当谨慎。刚获得权力便蔑视其夫及至不孝敬父母，此时再禁之，必有伤败。子女至成人前都应用心教诲，如俗语所云：能曲时若不曲之则其成长便难制之。[④]古人亦云：不应用骄奢之子。[⑤]不仅妻子儿女，士大夫至民众，皆然。于火中取出燃尽物之始，手指熄灭之易，若火势变大至房屋延烧大山，不可正面靠近也。国家之凶乱，于治世之中不救而至乱世，虽有善者也无能为也。

二一六

知友问曰：程子云，人之不善于我身旁时，我不见，人之善言我身旁时，我闻之，敬也[⑥]。心以一为主也。稍有不达之处也。[⑦]

答曰：此非目不见也。即便能见，不责且不使其感化，便是未见也。凡人，见人之不善，成己不为之事，则难以责备耳。若不苛

① 宰我、子贡等以孔子为尧舜之上的圣人，他们认为孔子是人类以来的第一圣人。
② 《伊川易传·大畜》之注。
③ 心中拂去微念之处。
④ 树若是还幼小时不弯曲，长成大树便很难使其弯曲。
⑤ 语出《孙子兵法·地形篇》：“譬若骄子，不可用也。”
⑥ 参见《河南程氏遗书·伊川先生语》。
⑦ 程子说，敬以一为主有不适之处。

责，则有化为不善者。听闻言善事者好此也。非只用耳听也。[①]

问曰：以一为主，心便专于内吗？专于内，则不见不闻他人之不善乎？

答曰：心者，无内外也。言一云中皆是天理之别名也。精力，可言其专于内也。若说心专于内，则稍有弊害。以一为主，乃专于天理之心。故虽有不善之中，但耳能听之目能见之，心不改变也不指责。责难他人乃源于自己和不善之人近似之处。

二一七

心友问曰：闭目而静坐，有何益？

答曰：精神疲劳之时，用来缓解其疲劳，则可。厌动好静停止思虑，则不可。动静时也。应为之事皆人事也，不该厌之。思乃心之官也，[②]唯想着正确之事而已。精神发端于人之气色脸目。耳目所听、所见之处有限，故精力有限。动之甚则劳也，劳则息也，如呼吸之次数。动静乃昼夜之道，死生乃古今之理。唯心无远近、不存在无极限之内外。因精力有限，故养精之时守内而不耗费也。养精之本少欲也。

二一八

心友问曰：士以何为天职。

答曰：爱人也。民作五谷而养人。妇女织布而世人有衣可穿。士者无所为，若不爱人则无以为用。

问曰：又以何为爱人之事业？

答曰：做学问正心而修身，上待贤君，下解凡夫之惑，常行武事御凶贼而警固天下。谓之文武二道之事，此乃爱人之事也。君子若得势，则小人皆能养且乐其乐、利其利。小人若得势，凌驾于君子之上，让其屈辱与痛苦。君子慎独戒恐而德日益精进，他山之石可以攻玉也。[③]将君子之德广为颂扬者，民也。

---

① 不仅是耳朵听进去了，其内心亦明白了。

② 语出《孟子·告子上》："耳目之官不思，而蔽于物。物交物，则引之而已矣。心之官则思，思则得之，不思则不得也。"

③ 语出《诗经·小雅·鹤鸣》："乐彼之园，爰有树檀，其下维谷。他山之石，可以攻玉。"

二一九

友人问曰：您挽救了因筑堤而导致的饥荒，终止了之后的干旱损失，防御水患灾害，至今百姓皆都称赞其功。不知何以修得此功?

答曰：余既无您所述之功，亦无所修习。原先若为有功者，则为发挥自己的才智而防他人之才智，如此不能成功也。余无才，故仅使有才者尽其能，准许各人各尽其能而已。然后，向他人求教、学习而略有所成。观世人行事中所犯之错误，多起于未向他人求教、学习也。京城之事问生长于斯的京城人；山野之事问生活在山里的山樵野叟；川之流、洪水之势问河边之人，与其商议。筑堤修渠防水之患很少后悔，大事、小事难以列举。正值尧之时，天下有洪水之难，却无治洪而平天下之人。自朝廷诸臣到人民皆指鲧[①]为治水之人。帝尧一人，虽有才却未遂其功。然其时舜未有名，禹帝年幼，天下无人能出鲧其右者，其本领能负此任也。因与贵贱共进退，故不得已而命之。开始之时才智拔群并非无功，终无成就，乃立已而不达人之故也。然治与乱，当大任者，其心至公，舍己而从人，不用天下之才智、众人之谋略，则不能成其功。鲧自满于其才智，初始有功却骄傲，越发相信自己有才能，越发认为自己独自一人可担任更多职责。因此无人告知他何为善，也无人帮助他，人心离散而大功不成。帝尧从开始就知其有始而无终也。世人见鲧之才智拔群而推之，尧因鲧自满而知其无功。

二二〇

故友见幼小孩童玩泥土，便说这是恶事，当戒之。这并非恶事，这在幼童眼中理所当然。而且玩泥土能养脾、胃。而现在有一今后务必戒除之事，却还在放任不管。

故友问曰：缘何如此?

答曰：有击打、捉弄男仆之类游戏。因为幼儿所为，既不疼亦不会生气。男仆亦和小主人嬉闹，不会弄疼小主人、也不会使其难受，小主人赢了家仆更加嚣张。此会损害痛惜他人之痛的本心，一

---

① 大禹的父亲。

旦养成此心性，就会播下恶行之种，长大成人后便会任性，或怒斥妻子儿女、或追打仆人，与朋友相交亦争强好胜毫无和气。世人中，凡傲慢好胜之人，很难与朋友和睦相处。正如谚语“趾高气扬”所言一般。不过这样的人有的反而与家人能和平相处，因家人都顺从其心意之故。也有与朋友相交甚好而与家人交恶者，过于任性之故也。若对内对外皆恶，仅因担忧而内心不安，唯宽容待之。更有甚者，对内对外皆不和睦，其平素便怒气冲冲，胸中怒火萦绕，分不清苦与乐之界线。此皆源自年幼时父母仆人所教，未料到最后会对父母不孝，与家人成仇之地步。

二二一

知友问曰：入德之功，当始于何处？

答曰：始于精神收敛[①]。收敛精神始于慎言。此即所谓“唯口出好兴戎也”[②]。此诚关系到吉凶也。恶语妄言世俗之卑辞，稍有心者都不言。易言，吾人之通病也。或因悦于道学善事，有忘却当谨慎而多言者，或因人之夸赞而嫉妒者、责难者，闻此而造成危害之事，或知心朋友一类，泄漏他人秘密者。闻者为君子则不悦。不言亦不生隔阂，不言不会陷于不义。即便是父子，若父为君子，则亦不悦其子也。更何况他人乎？或觉得是好事，帮助保密倒也无妨。虽善事欲为人所知，因秘密之故，不可告知他人也。言无不尽并非益事也。若非己应言之义，不如沉默。行为恶者改之则为善也。若因言之失而害物，虽后悔也来不及也。故君子以此为始而慎之。

二二二

故友问曰：士之义当以何为先？

答曰：当立戒律。虽无一言之约、誓文、誓言，在不为人所见时亦不应言行不一。亦有学问者找个有利于自己的借口便不遵守信用。如，有人借别人密藏之书阅览时，会以为对方应该不会抄录便借给他。借到书的人认为此乃有利之事，抄录下来也没关系，如同偷偷作恶，不在心中立下戒律，那便与作恶之人相同。前述之性情

---

① 紧绷。

② 语出《尚书·虞书·大禹谟》：“四海困穷，天禄永终，唯口出好兴戎，朕言不再。”

软弱之人，即便没有发生那样之事，亦难以使人觉得可靠。当在心中立下坚定不移之戒律，不如此非人也。

二二三

友人问曰：我等为官者，亦曾多次做恶事。常强行制定法规且毫不掉以轻心吩咐他人执行。吾怀疑如此做是否有不足之处。

答曰：因您制定的法规非常严格，且对下强行发号施令，故有此等恶事也。然您认为还有不足之处，若此种想法益深，则恶事便益发增多。之后甚至会导致妻子儿女穷困而家境衰亡。您所定之法规、命令已超过常规。因此，善者难居。体验世间之人情，若是待人好之主人，周围自会聚集善者，严苛之主人，周围自会聚集恶者。因此，想雇佣善者，便需要择良家而居。蛮横者、恶者为善者所厌恶，亦会服务于无是非黑白的严苛之家。在严苛之家反而有竞争，因隐藏而成恶事，丝毫未思主人严苛之蛮横者自会在其周围侍奉。故作恶也。严苛之主人，不会重用善者；而普通人突然奉公于严苛之家，亦不会认真行事。反之，主人若良善，众人则想久居于其家，便会洁身慎行侍奉，普通人亦可成为能者。若不认为此处是自己长久侍奉之家，便不会在意主人所思所想。友人为恶人便不应赴其邀，中亦居于下也。

二二四

知友问曰：鄙人旧友问于我："有位戏剧演员常来我家，若令其演奏三弦、尺八[①]，以此与我的子弟交往，有害乎？或教授他短歌、连歌、文学等，以之与我的子弟交往，可否？他也希望学习一下文学，我当如何是好？"

答曰：此类人与年轻人相交带来的坏处甚多。不过若偶尔来往，应当无碍吧。即便是此人弹奏淫声之乐，但若比不上唐朝的演奏技巧，那么他演奏的日本俗乐也不过仅有淫声之外形，而不至于有迷惑人心之害。哪怕自己偶尔弹奏一下，之后也就厌倦了。更何况听人演奏小曲、三弦，也不过是一时之兴，当不会有所贻害。虽

---

① 一种源自中国的吹管乐器，开五孔（中国传统尺八开六孔），因管长一尺八寸而得名。管端为外切吹口（亦称唐口），竖吹。

并非什么好事，但其害也浅。若使其习和歌、修学问而与自己的子弟相交，则可令其戴学帽、着歌道之服，似与子弟同窗同学一般。若不喜这般，则可为其师也。然而，本来世间演员身上的乞讨者之劣根性便难消除吧，年轻人亦不应学习卑贱的恶习。年轻人若沾染此种恶习，便如将木头浸于水中。而沉溺于小曲、三弦之害可能百倍于此。演员者，令其从其所行，勿授以君子之事也。嫉恨善事，混于善人中祸乱风俗，乃卑贱者之好也。

二二五

“学而时习之，不亦说乎”①，学乃孝悌忠信之道也。侍君所学当为忠，侍父母所学当为孝，侍兄长习弟顺，夫妇有别而习和睦相处之道，朋友习信，为臣习仁，子习慈，弟习爱。人不能远离五伦，故时习之。五典十义皆磨炼人心智。若自得则逍遥也。理义如内心愉悦之物也，②故有不亦悦乎之说。悦乃自己之生意③。十一月，一阳往复则寒意渐甚，④唯梅得雪中之春意⑤。

二二六

“有朋自远方来，不亦乐乎。”已是三阳生之时⑥，此时天地交替也，为春也。自己也生机勃勃、充满活力。远处之友来时，近者当知⑦。见龙在田，天下文明也，⑧此君子所乐也。然人不知而不愠，与时共进退，可得己之悦矣。如此可言不为君子乎？为君子也。

---

① 语出《论语·学而》：“学而时习之，不亦说乎？有朋自远方来，不亦乐乎？人不知，而不愠，不亦君子乎？”

② 语出《孟子·告子上》：“圣人先得我心之所同然耳。故理义之悦我心，犹刍豢之悦我口。”

③ 生命的充实感。

④ 十月乃纯阴之月处于坤卦，十一月因一阳反复故为复卦。

⑤ 春天生命的充实感。

⑥ 生于三阳之下乃为泰卦，此卦天地相交而安泰。

⑦ 近处的人应该知道远处来人了。

⑧ 就像潜伏于地下的龙出现于地上，君子之德为世人所知，天下逐渐趋于文明。

二二七

鸢飞于天，上，得其道也。[①]鸢几乎不用力就可以飞于天，乘着气扇动翅膀而已。逍遥自在，自然飞翔，不知手舞足蹈之意也。如君子逢时而行道也。乘天运而无私心，其道仅达天下也。故君子无私福，以民安而国富为福也。鱼跃于渊，得其宜所也。鱼逍遥自在腾跃于深水，似乎不知其故，有德行朝代之民，乐其乐、利其利也，日日向善而不知其感化之故。君子乐于上，小人乐于下。虽或知、或不知，[②]不离道体也，如鸢飞鱼跃也。

---

① 语出《中庸》第十二章："'鸢飞戾天，鱼跃于渊'言其上下察也。君子之道，造端乎夫妇；及其至也，察乎天地。"

② 君子自觉，小人不自觉。

第九篇　农耕与贡租

二二八

知友问曰：《北风》之诗认为见祸乱之征兆而萌生去意。然，与君子临危受命[①]之义相差甚远，您如何看待此间应对之法？

答曰：《北风》之诗云："北风其凉，雨雪其雱。惠而好我，携手同行。其虚其邪，既亟只且。"[②]

北风为寒风，凉为寒气。所谓春日东风化雪生万物，夏日南风滋养万物，秋日西风成就万物，冬日北风扼杀万物。以北风伤物比喻暴政，北风寒冷萧瑟，伴着漫天大雪，国政衰败之时，不久伴着暴乱而灭亡。亲人、志同道合之人，有恩于我者，不忘记我，大家一同携手前去异国他乡。此时不应有所牵挂而犹豫慢行。如今事态紧急，祸乱已生，将降临于此，岂有视而不见，不离去之意乎？

北风其喈，雨雪其霏。惠而好我，携手同归。其虚其邪，既亟只且。[③]

喈意喻为北风声音之疾，比凉甚为激烈，霏比大雪甚为猛烈。最初之时全无寒气，很快便感觉寒冷之气。雨雪纷飞漫天扬，比喻亡国征兆，辞去官职回故乡。此时缓慢犹豫，会陷入灾难，若遵照士君子之意，则会死于其难。应趁祸乱未来临之时辞去官职回归故里。

莫赤匪狐，莫黑匪乌。惠而好我，携手同车。其虚其邪，既亟只且。[④]

狐狸乃恶兽也，乌鸦乃恶鸟也，皆不祥之物也，多以此喻小人。小人致使国破家亡，其不祥之意，甚过狐狸、乌鸦，且与君子

① 语出《论语·宪问》："见利思义，见危授命，久要不忘平生之言，亦可以为成人矣。"
② 语出《诗经·国风》，是《诗经》十五国风之一，共十九篇，为邶地民歌。邶为周代诸侯国之一，周武王封殷纣王之子武庚于此，约相当于今河南省淇县以北，汤阴县东南一带地方。
③ 语出《诗经·国风》。
④ 语出《诗经·国风》。

为敌。好人为摆脱此种烦恼而高兴。托故而请假告辞，驾着马车而去也。乌鸦因贪婪而成为有害之鸟，春日里毁坏灵鸟之巢取其子，夏日破坏田地，秋日损坏树木果实，皆恶事也。这些皆与小人之爱抱怨、欲望深、贪利、损害他人利益、媚上欺下等行为类似。狐狸乃奸诈且致祸乱之物也。小人之中，虽有才智、会处事者，但献媚阿谀奉承，诓骗主人之心，蛊惑人心，乃亡国之源，与狐狸无异。虽有才智、会见风使舵者如同狐狸。故可言不是红色不是狐。所谓赤，多少有些许才能之意也。爱抱怨和乌鸦贪婪相似，所谓不是黑色不是乌，如此只有亡国。君子之眼中，往往能看到亡国逼近之征兆，小人之心里无他，只有奢侈。即使事态紧急，也不逃离自己所制造之祸端。亡国岌岌可危之时，君子见机而离去，见君子之危而受命只会招来横祸。见到他人遇难，必施予救助乃出于道义，不惜命也。孟子拜见齐宣王时①，虽想宣王不是一起共事之人，但那时天下诸侯憎恨齐国之强大，各诸侯聚在一起会约、想联合抗击齐国。齐宣王为之感到苦恼焦虑，故将孟子奉为上宾，请孟子为其出谋划策。

《丘中有麻》之诗云："丘中有麻，彼留子嗟。彼留子嗟，将其来施。丘中有麦，彼留子国。彼留子国，将其来食。丘中有李，彼留之子。彼留之子，贻我佩玖。"②

丘中之地适合种植麻、小麦。喻贤者聚集于王宫、国都，讨论施行让人民过上幸福、安康生活之政教之意。子嗟、子国是在朝之小人，彼时朝中偏爱小人而致君子于野。故而百姓期盼君子来朝。所谓来食，非家食，朝廷俸禄也。之子也为小人，与子嗟、子国皆为一丘之貉。李子唯其口味甘甜而已，终不被人种植。食之小麦，穿之麻衣，李子则作为点心。朝中有君子贤者施行政教，间或用小人也没关系。全是小人聚在一起，一旦李子之甘甜入口，如同没有衣食就不能度过人生。如同广阔的土坡中，没有麻、小麦，而尽种植李子之类植物，是不能养民的。佩玉非真玉，佩是挂在外面之装

① 语出《孟子·公孙丑下》："孟子去齐，尹士语人曰：'不识王之不可以为汤武，则是不明也。识其不可，然且至，则是干泽也。千里而见王，不遇故去，三宿而后出昼，是何濡滞也！士则兹不悦。'高子以告。曰：'夫尹士恶知予哉！千里而见王，是予所欲也；不遇故去，岂予所欲哉！予不得已也。'"

② 语出《诗经·国风》。

饰品。他人赠我佩玉，不及赠给人民实惠，不符合于理，终不能使天下太平。

《晨风》优于集注，难见记录贤者之事，其诗曰："鴥彼晨风，郁彼北林。未见君子，忧心钦钦。如何如何，忘我实多。"①

鴥意急飞之态，晨风乃鹰也。郁为树木森林繁茂之貌也。此急速飞行之鹰栖落于郁郁苍苍的北树林，视为安心之所。所谓丈夫是妻子最后之归宿，即使公事等外部事物缠身，回到家亦有个可安身之所也。然丈夫一直在外，很久没有过问我，让我无时无刻不担忧思念心切。我一直想着，夫君是否已然忘记了我？因而写下了这首怨恨诗。我想公务在身也应回家。不应有恨，听凭怨恨之情而把本应为一体之夫妻之心视为二。然想违抗而不敢发怒，遂怀怨恨之意，渐转为贞女之心。

《墓门》优于程子之说，《墓门》之诗曰："墓门有棘，斧以斯之。夫也不良，国人知之。知而不已，谁昔然矣。"②

墓门乃墓道也。犹如通往墓道、布满荆棘防止他人进入之门。墓所，向来不许改建为田地、乡里，选用不作为修建城池而无用之慌地，如此使人安心罢了。恶木且凶险僻静易生荆棘。人心中无道义、无教义之时，易生邪恶，犹道路易生荆棘。有荆棘，应用斧头劈开。人善，则得良师益友道义相助。如今此人之恶，众人皆知而加以讽刺，他却不知悔改。此乃幼时未得贤师教诲，未择得良友，行恶而无人责备也。

墓门有梅，有鸮萃止。夫也不良，歌以讯之。讯予不顾，颠倒思予。③

鸮，乃猫头鹰也。发出恶声之鸟。梅树，虽为灵木，种植在墓

---

① 语出《诗经·秦风·晨风》。《晨风》是中国古代第一部诗歌总集《诗经》中的一首诗。历来对此诗主旨理解有分歧，一说这是妻子思念丈夫的诗，一说这是秦康公不能任用贤人的诗。全诗三章，每章六句。诗歌以重章叠句的形式，反复歌唱心中的思念和忧愁，各章感情的递进轨迹清晰而可信。关于此诗创造背景，历来有几种说法：《毛诗序》持"刺秦康公弃其贤臣说"，朱谋玮《诗故》持"刺弃三良说"，何楷《诗经世本古义》"秦穆公悔过说"，朱熹《诗集传》认为此诗写妇女担心外出的丈夫已将她遗忘和抛弃。

② 语出《诗经·陈风·墓门》。

③ 语出《诗经·陈风·墓门》。

门凶险僻静之地，恶鸟常栖息于此。虽说人之性因善而与生俱来，也有与不善之人共处染上恶习成为恶人者也。作此歌规劝他，深深地谴责其恶行，想到他不反躬自省，必招致灾祸。后悔已经毫无意义。

二二九

知友问曰：井田制[1]九夫为井，缴租为九分之一，而八夫为井者在扣除田中作坊用地后，所缴纳田租尚不到十分之一。您如何看待二者之不同？

答曰：上古富庶时代，并不在意二者孰轻孰重。山野地广易于建舍也。所谓舍者，乃今之米、麦等谷物脱壳之作坊也，因都城附近空地极少，故从公田中给予建舍用地。其时民众唯留心于建舍之事，而无意关注贡税多少。此建舍之事关涉极广。民众因不甚便利而不愿在空地处修建作坊，但没有作坊，稻谷收割之后便无存放之地，眼下拥有此类舍地者，百人中难找出一人，于是只好收割后就地晾晒，堆于居所之前，但稻谷经雨淋水浸，则不但米质损坏，稻草也腐烂败坏了，浪费极多，民之忧多也。若逢雨水连绵，等待大晴之时，意外发现稻谷被淋湿且发芽，已难以为用了。稻草可为民用之处难以计数，可用于制作草袋、绳子、草席、草鞋、草靴、马蹄鞋，亦可作为牛马之饲料，柴火不足时亦可烧来煮饭，难以获取茅草之时，亦可用于铺盖屋顶，甚而可拿到城里出卖以贴补家用。米亦好，稻草亦好，若无田中作坊，则损失甚重。天下合计，其浪费更不可计数。若民众无建舍之地、无建舍之材、无力改变此等现状，则君主当相助也。此乃仅次于田地之第二等重要之事也。民乃天下之本，乃首要之事，当优先于公家、武家书库、兵库、米库之虑也。出身富贵者，不知民众生活之艰辛，无法意识到此根本。如

---

① 参见《孟子·滕文公上》："方里而井，井九百亩。其中为公田，八家皆私百亩，同养公田。公事毕，然后敢治私事。"周时，道路和渠道纵横交错，把土地分隔成方块，形状像"井"字，因此称作"井田"。"井田"一词，最早见于《谷梁传·宣公十五年》"古者三百步为里，名曰井田。"夏代曾实行过井田制，商、周两代的井田制因夏而来。井田制在长期实行过程中，从内容到形式均有发展和变化。井田制大致可分为八家为井而有公田与九夫为井而无公田两个系统。井田制是我国古代社会的土地国有制度，西周时盛行。井田属周王所有，分配给庶民使用。领主不得买卖和转让井田，还要交一定的贡赋。领主强迫庶民集体耕种井田，周边为私田，中间为公田。井田制由原始氏族公社土地公有制发展演变而来，其基本特点是实际耕作者对土地无所有权，而只有使用权。

今说到山野之地，土地狭窄无建舍之地，由于未立宗领（长子继承制，二子、三子不能继承家产）之法，故田地分散给各个孩子，如此一来，即便获取田地的全部收成、不交纳年贡也不够养家糊口。无奈之下，为贴补家用到山上伐薪卖柴，然而山林亦逐渐荒废，徒劳辛苦而已。日常所食之物尚不及牛马的饲料，如此窘境，虽有田地却无力建屋造舍，故而灾荒之年饿死之人甚多。因忌惮奉行、代官等官员，上报时便称为病死，实际却是由于食物恶劣，食之内脏器官受损而死，实乃饿死也。此皆未能施行仁政所致，其恶果久矣。若能减控无舍者所要缴纳的费用，当可救凶年之饥荒也。

问曰：如今唯实行仁政，应先将此田赐与民众乎？

答曰：由此会发生紧急事态。无闲暇时间下命令分配舍。虽说国家、天下多为将军、诸侯管辖，骤然形势变化难以掌控也。且山林荒废难以支撑今日之民用，此外还到处建舍，木材、柴火等皆用尽，民众均贫困潦倒，士大夫也惹上了麻烦。此时急忙施行仁政，数十年后仁君继出，分舍之事自然应该没有了。不应剥夺农夫之力。百姓从事农耕，秋天有收成，对他们有利，故他们就劳作；调度百姓时该休息时就让他们安心休息，这样百姓虽劳苦却不怨恨。此乃以佚道使民也[①]。其根本在于仁君、良相之心中立以民为子之爱，节约费用用之于民。如此则民心归服君上、天道顺而天下长治久安矣。曰财散则民聚之谓也。[②]

问曰：按贡法之十一规定[③]，丰年、凶年如何分摊？

答曰：比如，一反之田稻百束，十束为贡。古代以五家[④]共同减田、共同种植、共同收割庄稼，秋天收成稻五千束，则五百束为贡，余之四千五百束则为五家共有，此也称为五人组。军法中之五五制（五人编为一组）亦来源于此。古代之屯田兵、兵役制均从此出。今之日本九州仍留有屯田兵之遗迹。故从前无毛见之说（日

---

① 语出《孟子·尽心上》：“以佚道使民，虽劳不怨。以生道杀民，虽死不怨杀者。”

② 语出《礼记·大学》：“是故财聚，则民散。财散，则民聚。”

③ 贡法，即贡赋之法。《尚书·禹贡》孔安国传：“禹制九州贡法。”孔颖达疏：“禹制贡法，故以《禹贡》名篇。贡赋之法，其来久矣，治水之后，更复改新，言此篇贡法，是禹所制，非禹始为贡也。”《孟子·滕文公上》：“夏后氏五十而贡。”宋朱熹集注：“夏时一夫授田五十亩，而每夫计其五亩之入以为贡……其实皆什一者，贡法固以十分之一为常数。”

④ 古代以为户籍编制的基层单位。周代以五家为一比，春秋时齐国管仲以五家为一轨。《周礼·地官·大司徒》：“令五家为比，使之相保。”《管子·小匡》：“制五家为轨，轨有长，六轨为邑。”

本称毛见为估产[1]）。毛见之开销与无舍之费用相同。

问曰：按今年之势，不估产则不能确定年贡乎？不按十分之一纳贡，安能实行数稻束分摊之法乎？

答曰：今不估产就不能实行数稻束分摊之法，却可以用估产之法。在四五万石或七八万石之间，郡之奉行官员经验丰富、聪明能干者，其人有估产之法。选百姓中经验丰富者，让其担任一万石估产经验之职务，在本村之庄屋、肝煎（日本江户时代名主、庄屋之异称）中选出近里者，再添加二三人，让他们预先进行估产，制作账本，郡奉行官到全国巡视之机，把预先估产之账本与现场确认之地进行对照，一看便知，无需多少时日，临时纳贡不超过规定时间，亦不耽搁播麦种时间。上下皆称此法妙也。

问曰：谚语有云"暗通款曲"，让百姓估产之事，岂不会有舞弊行为乎？

答曰：此估产不需要费功夫，查看之后把账本隐藏在心里，放入普通的估产给奉行官员查验，把百姓估产中收成之五成作为年贡，普通政府官员估产按四公六民纳年贡即可。按三公四民则地头吃亏。百姓之痛是超过了四公五民纳年贡。加上还有把收成中的成作为各种各样之开销。故，见到世间毛见，若在大名之下，对于收成是五六万石之郡，则二三百石之武士十人俸禄从中供应。平均下来七八十人供应七八人，加上骑马快速奔跑应相当于百人，百人潜入一郡要花二十天或三十天时间。这些财物寄到住处还需用到百姓劳力，还需草鞋、柴火、捣米、打水等，一天到晚不仅很多人在劳累，而且又不干农活，对贡租赋税抱怨，每天官司缠身通宵达旦度日，这些必要之费用又是开销。即便估产之人非常正直清白，除了贡租赋税率之外，估产之贡米应有五公六民。若收成不好，庄屋、肝煎有私欲，则收成中应有一成作为无用之开销。各地刮风下雨，又过了稻谷之收割时间，百姓心中大约四成收成，得到三成七八分即是亏本的。不仅仅米少了，稻草性能也变坏了，百姓也困惑。以上都隐藏的话，麦子播种时就迟了30天，即将来到的夏天收成会变少。这损失又相当于三成四五分。万事都已延迟了，到了农

① 估产，日语称为毛见，即检见，指稻米收获前幕府或潘主派出官员，调查稻穗之丰歉情况来确定当年的年贡。

历12月30日一年到头忙碌，无所得心生不安。到处都需花费，困难重重，更无心妻儿之事。加上收成不够，收割后产生不了利润，其他开销难以数清。地头也遭受损失，百姓也疲惫了，坏事聚在一起这就是估产之后果。若把其中之道理说给百姓听，理解为遇见政府官员估产是一件损失巨大之事，从奉行、代管等官员视之，规定高贡租课税率，是根本不需要估产的。今日之势是没有比这更好的方法，没有紧急情况时免除按照过去数年间丰歉年份之平均总量为基础确定一定的贡租课税率即可。免除贡租税率则可忍受出现的大部分之不足。估产不稳定贡租课税率下降，如前所述，与贡租课税率下降相比还有一倍多之损失。故，不能依据丰歉年份规定贡租课税率，情况年年恶化。有不知此理而为者，也有虽知但为了私欲之代官、手代等官员而喜好估产者。代官分上中下三类：仁爱、清廉正直者为上，私欲而不正直者视为中，不仁而清廉正直视为下。

问曰：有私欲、不正直代官可否视为下等乎？

答曰：您是问不仁与清廉正直之优劣。当今为君为国为民之官员，逊于有私欲、不正直者也。百姓贿赂有私欲之代官（日本江户时代管理幕府的直管地，征收租税的地方官），试探贡租课税率等此类之事接连不断。因私欲收受贿赂而免除贡租课税率之代官，虽不正直，但百姓生活不是很困难，凶事不起、天下太平胜过乱世，这岂不是为君为国乎？世人把彼之不仁、清廉正直之代官视为上等官。然称为下等者乃自己不收取贿赂而以之为正直清濂，以此在世人中自夸，因其没做亏心事而无所畏惧，为君主无私奉献而提高贡租课税率强行征收贡米。诉讼之类事也公正地快速下决断，口碑好而取信于民，能出人头地。与上述有私欲、不正直者相比有更大的贪欲，其之所谓终使乡村荒废、百姓生活贫困成为祸乱之源，故谓之下等也。古代之上等者乃仁爱、正直清濂之代官，在当今之世视为下等。虽清廉正直、有仁爱之心且亲民，但人们怀疑其对下宽恕之处甚多。今日之势，虽有仁爱之心，换了他人则很难对百姓宽恕。知晓国费吃紧，百姓也会献上一点资财，与仁爱、清廉正直之奉行[①]和睦相处且无必须之开销，故村庄不荒废，百姓也不甚贫困。观察其执政业绩之时多按酌情处理。无仁爱之心、清廉正直者一旦

① 日本武士执政时代的官名。奉命处理事务之意。镰仓幕府之后，用作衙门长官的官名。

多收取贡租，村庄荒废，百姓疲惫，数年后贡租课税率也大幅下降。不必等到此善恶之证据显现，人们认为清廉正直而强制性收取贡租者是好代官。依清廉正直无仁爱之心之处罚，可说导致了村庄之凋敝。

（1）刚直不阿之代官把四民六公当作标准。百姓困惑，说提高贡租率，按采样估产六成为年贡，四成给百姓。然而，包含籽粒不饱满的稻谷在内，连四民六公都不能保证。缴纳贡米之质量佳，要突破四民六公之贡租，因交纳贡米达到六成，故百姓所得几乎没有。虽说百姓以年贡米之糠米为食，但卖什么东西能换取花费在农具及其各种农用物质上之费用呢？完全办不到。

（2）有山林之村庄，把山林当作标准，设置高贡租课税率。故山林日渐荒废，不久村庄渐无维生计之物。毁坏房屋、卖掉田地，村庄没有了昔日之繁华，疲惫不堪，无法纳贡，不得已只有免除年贡。

（3）引入水则为水田，放掉水则为旱田，在田里种麦子作为民之食。即便收取四六分的高赋税，亦可为继。然，麦子收成不佳之年份，若不免除年贡，百姓须举债缴纳，即便不举债，收成也不足以维持生计。而举债还要支付利息，因此每年百姓的债务数量不断增多，无法纳贡，只能把田地抵押出去，价值十公母的水田仅以二三公母抵押，像乞丐一样无法维持日常生活之开销。前任代官去世了，百姓议论其过失，代官的名声变得很不好，继任的代官即使马上采取建减租的措施，可百姓的田地变卖后减少很多，就算减除少许田租，收成也不及原本的二三分；哪怕田租全部免除，也无法恢复到原先的状态。若奉行、代官有仁爱之心，当初只要稍稍斟酌处理，就不会使百姓落到山穷水尽的地步，更无须减免田租。

（4）水田湿地不能种小麦，山林又没有依靠，除田外没有别的。这样的村庄如今十之二三要交纳年贡，百姓得不到七八成收成，则无法生存。不知此差别，按贡租四民六公估产，不久百姓只有家破人亡。

（5）不考虑水田中稻米之有无，频繁催促纳贡，而收成不好无法完成纳贡目标则卖掉牛马抵偿纳贡，年幼的男子女子永远地成为别人家的长工，夫妻叹息悲伤意志消沉，精力疲惫，不会全力投入农业生产则收成恶化。冬天把牛马贱价卖出，春天则高价买入，万事前后颠倒不断借钱度日，田地、房屋为富人所得，可以说成绝户了。家业、田产分摊给村里所有人，过去有房屋百间之多的村庄，只剩下二十、三十间，田地毁坏了，法令荒废了，亦无耕种之力。光做插秧播种等农活，即便估产也无过去贡租之一半。如此则要拿出再多的救济米来救灾，正如谚语所云“在沙地里埋深渊——难成功”。再回到从前难矣。

（6）每年搞估产，使问题恶化，观察领地内强制纳贡情形，百姓宅基地主屋只剩下光溜溜的石头，向住在乞丐一般棚屋旁边的人打听缘由，这户主人是田多收成多的百姓，想方设法开垦田地准备年贡米，是因为原来收成两石的田地现在收成只有一石，且米的质量也不好。当地领主虽说贪婪，但并没有多收年贡。诸如此类没法一一道尽。如此将失去国、郡。近年来让人意外且不幸之事层出不穷，百姓既失去了家产，也贫困不堪。夫百姓乃国之本也，天命所系也。

问：接受此等民间事者，您认为是卑鄙下流吗?

答曰：国之本民也。民之本食也。不详知民、食之事，不能治国、郡。予非君主、大名，乃为隐退之身，治国乃国之大者，因而须提倡朱子之格物穷理之学，如我者通过即物穷理而多少知晓一些事理。更何况作为君主、大名，治国平天下乃天命所授之职责也，不履行此天职必为上天所罚。故古人云“人君受众人敬仰”。爱民治民之道应至诚。尽人之至诚，及于其子。人君者，民之父母也。于子女之教育中，何为优先。溺爱子女非第一要务也。应备养育之道而后教之。故，仁义之君知晓农事之艰辛，有周公旦之诗为证曰：

> 七月流火，九月授衣。一之日觱发，二之日栗烈。无衣无褐，何以卒岁。三之日于耜，四之日举趾。同我妇子，馌彼南亩，田畯至喜。[1]

七月是指夏历（农历或阴历）七月。北斗七星斗柄指向正西

---

①《豳风·七月》是《诗经·国风》中最长的一首诗。《毛诗序》认为它的主题是“陈后稷、先公风化之所由，致王业之艰难”；陈奂《诗毛氏传疏》则认为是“周公遭管蔡之变而作”。豳地在今陕西旬邑、彬县一带，公刘时代周之先民还是一个农业部落。《七月》反映了这个部落一年四季的劳动生活，涉及衣食住行各个方面，从各个侧面展示了当时社会的风俗。

与西南之间，即为现在之农历七月。流火，星也，蝎子座之心宿二星。此星于六月黄昏时在正南可见也。至七月黄昏偏向西下，故为流火也。此星仲夏五月的黄昏于正南方。周公旦之时，已有一千二百四十余年历史，虽有岁差，约十六七度罢了。故此心宿二星，六月黄昏居中，七月黄昏居于地平线之末端。七月尚处残暑，见大火星向西运动，过了八月，九月应下霜。由此，虽处暑气之中但要备冬季之物。若不未雨绸缪，到头来手忙脚乱，人便痛苦烦恼无甚功劳也。九月初寒，正需用衣，见七月流火心中感觉不可思议。故给人衣服御寒乃极为普通之事。一之日为如今之十一月，北斗七星斗柄指向北方。按《易经》复卦，卦象为一阳，一阳之月可称为一之日，也叫十一月。故周历以此月作为正月。觱发为大风触物声，十一月北风劲吹，寒风瑟瑟。二之日为今之十二月也，指北斗七星中之丑时。按《易经》临卦，卦象为二阳。十二月寒气袭人，栗烈形容气寒也，风吹寒冷未到酷寒，无风而冷乃为酷寒。衣是丝绸质地衣服，褐为毛织物，若不备好衣服难熬过寒冷的日子。三之日乃今之正月也，指北斗七星中之寅时也，于耜乃取出农具使用也。四之日为今之二月，指北斗七星中之卯时也，举趾谓之耕田，耕田需将脚踏入田地中上下翻动，正如《易经》中所云“上入下动”。耜乃农具初始之物，如今在日本，有用牛来耕地者，用马来耕地者，用人力耕地者。上等田每年都要耕作，中等田可以隔年耕作，下等田间隔两年。三年一循环，故也并不怎么用肥料。如今，由于中等田、下等田每年无间断耕作之故，频繁施肥，一年到头都忙于去除肥料。很早以前，把策马奔驰之地改造为今之农田，仅靠人力进展又不顺利，随着交际渐多，仅靠人力便现不足，故需借用牛马之力。而如今上等田也不需要施肥，全凭人力耕作。所谓“同我妇子，馌彼南亩”说的是：年轻人、成人皆要在田间劳作之故，家中老父带着媳妇子女，为在田间劳作之亲人送食。田畯又叫田长，为掌管农事之官名，又称农正或田大夫，相当于今之郡代、郡奉行官职。按天时务农为乐，今之郡代、奉行、代官，剥削民众，危害百姓，给民众带来甚多烦恼。迎送庄屋、肝煎、近村等官员，需要很多人，如此则延误农事矣！为此，聪明之地头努力禁止官员们去民间走动。古之田长频繁去民间，百姓喜悦，因为几乎不碍农事而有助于农甚多。

七月流火，九月授衣。春日载阳，有鸣仓庚。女执懿筐，遵彼微行，爰求柔桑。春日迟迟，采蘩祁祁。女心伤悲，殆及公子同归。

春日阳光暖融融，黄鹂婉转唱着歌。去年七月大火向西落，九月妇女缝寒衣。姑娘提着深竹筐，一路沿着小道走。伸手采摘嫩桑叶，春来日子渐渐长。虽不知日子还有多久，却感到春天还有很长。蚕初生下来以桑叶为食，也以白蒿为食。故人来人往采集白蒿。懿筐乃深竹篮也。微行乃桑间小道也。柔桑乃嫩软桑叶也。采桑叶之道非人来人往之大道，采嫩桑叶供蚕出生时食用而备之桑间小道，迟迟乃天长之意也。蚕刚出生时很难食桑叶，故采白蒿供其食之。祁祁指缓慢悠闲之心也，春来日子渐长，将自然与人心融合为一体，女子之内心也变得缓慢起来。饲养蚕的女工也是如此。女人心中易生悲，乃指春来女悲，秋来男悲，感受天地万物之变化也。公子是国君之兄弟，同归是指春天公子从国中来此迎娶，乃迎亲之礼也。女子想到要远离父母而心生哀叹，要随贵人嫁他乡过着朴实而无骄奢的生活。公子找寻国中贤惠女子并娶其为妻，亲自从事农活及养蚕等生产活动，家庭富有而百姓不贪婪，故无天下大乱之忧。

七月流火，八月萑苇。蚕月条桑，取彼斧斨，以伐远扬，猗彼女桑。七月鸣鵙，八月载绩。载玄载黄，我朱孔阳，为公子裳。

萑苇即芦苇也，八月芦苇长成，收割下来，可以做箔。养蚕从来年春天开始，芦苇则在今年八月收割而储备好以备来年之用。见到七月流火，意指下个月则收割芦苇。蚕月即三月，谓之养蚕之时节，条桑即修缮桑树，为蚕盛之时光摘取桑叶而不劳作，故从枝头折起以供食之。斧斨乃类似方孔之斧头也，伐远扬指长得太长而高扬之枝条，桑树有大树，妇女用手触碰不到，不能采摘到树上的桑叶，故要把长而高扬之枝条砍掉取其叶。倚乃牵引也，指用手拉着桑叶来采之。女桑是指女子从小桑树上摘取桑叶，砍掉桑枝桑树会感觉到痛心。去年秋天，见流火，收割芦苇，春深夏来正是养蚕最好时节。养蚕季节刚结束，七月听到伯劳声声叫。割麻蒸之、浸之而成丝，伯劳应时而鸣，感觉会让人有些吃惊。八月开始把麻织，染丝有黑又有黄，我的红色更鲜亮，献给公子做衣裳。红色近于妇女之服，做成华丽礼服反而显得端庄。如今在日本，很难见到衣冠束带，下身铠甲片着红色，同时用朱刀削去红色的、华丽的绫罗锦缎了。反而处处呈现着文明开化之貌，此乃礼仪高贵之所也。夫天地化育万物，冬季所用之物应在春夏备齐，夏季所用之物应在秋季做好，供来年夏天之用。蚕丝之事若为来年冬季之用，需在春夏备好。麻是夏天之衣服，染上了七八月份之阴气，养蚕之时阳气来，黄鹂鸣，染麻之际伯劳鸣。故君子遵循天理，做事在先受益无穷。炎热之夏，即刻备好单层麻料单衣，临寒冷之冬备置好过冬带袖厚衣，张弛有度，未雨绸缪而不至于手忙脚乱。政道实，顺势先为则万事顺。

四月秀葽，五月鸣蜩。八月其获，十月陨萚。一之日于貉，取彼狐狸，为公子裘。二之日其同，载缵武功，言私其豵，献豜于公。

秀乃花未开之果实，葽为草之名也，是当今植物，名远志也。按《易经》乾卦，四月乃纯阳之月，阳气至上。故在纯阳之月已经藏下怀阴之胎，秀葽远志结了籽。蜩，为蝉也。按《易经》之卦，五月现阴，故蝉感知阴气而鸣。秀葽乃最初收成物，蝉鸣渐入秋也。获乃收割早稻之意。陨萚乃草木之落叶也，十月树上叶子随风而落，故可谓寒风刺骨。貉也叫貈。狐狸也叫狐或貉，裘即皮衣。所谓公子之皮衣不全是为了公子而做的，而是想要送给公子做皮袄。国君之子，巡视山野，为民操劳，百姓会感恩戴德。二之月同十二月，在山间溪流打猎，故可以捕获许多猎物。十一月是每个人各自有小小的捕获，十二月是国君亲率全国之壮丁出动，故捕获甚大。规定：不捕获猎物则处以军法，故谓之缵武功，也称为习武事也。先人之以武威治国、平天下，征服夷狄，故需继续田猎也。十一月农事毕，民众为过冬做准备会进行小范围的狩猎活动，十二月民事全部结束可用民力。故捕获甚大也算是让民众学习大型战阵之法。以不教之民而战之谓之弃也[1]。经常研习军阵之法，可避免临阵之死伤。万事只要适应了，尽管人手不够，做事也能成功。人多则更加运用自如者也。豵为一岁之小猪，代表小兽，豜为三岁之大猪，代表大兽。捕猎到小的留给自己，捕猎到大的交给官家。并非全都如此，狩猎之始乃为选定进献物之时。古之农兵所捕猎之猎物，并非全部献给君主，而是在猎场附近将猎物逐一分类，记下数目呈给君主过目，并择取猎物中最好者贡献于君主。君主下诏令，多为民间所用。君之予民之物如同给予孩子一样，故宜忘却私欲万事先思君。四月尚未至炎热，见秀葽则知阴气之所在。五月闻蝉鸣便会感到阴气现。经过八月之四阴至十月之纯阴，乃为大寒。君主应知善恶之兆而有所备也。此段诗句之主旨指冬末，民众闲暇狩猎而行武事，做皮衣御寒之意也。然，四月之秀葽，五月之蝉鸣赋予了其韵味，其意境其体状之优美，非圣人不知其意。不口论道德，则道德之大善明于言外。天地造化、人伦正道、文武之美皆备矣。

> 五月斯螽动股，六月莎鸡振羽，七月在野，八月在宇，九月在户，十月蟋蟀入我床下。穹窒熏鼠，塞向墐户。嗟我妇子，曰为改岁，入此室处。

斯螽、莎鸡皆为虫名，斯螽为蝗类，现叫蚱蜢，然非当今俗称之蝗虫。虫子在诗、歌里经常被视为秋天之物，斯螽在五月鸣叫，莎鸡在六月鸣叫。莎鸡也称为蟋蟀。斯螽感知五月阴现而鸣，莎鸡感知六月二阴生而鸣。二者皆为阴类，能感知阴故而鸣叫。故虽夏季鸣叫，虫子却是秋天之物。而且，秋天再三鸣叫喻意虫子颇多。动股指蚱蜢发出鸣声，斯螽以两股相切发声。振羽是指经常挥动翅膀发出声音，松虫等鼓翅发声。蟋蟀也称为蝗虫，非今日俗话所言蝗虫。斯螽、莎鸡、蟋蟀是随着时间之变化而改变了称呼。斯螽于五月中旬鸣叫，莎鸡于六月中旬鸣叫，七月这些虫子于田野间，八月在屋檐下，九月则潜伏门内，十月入床下。炎热之时在田野，寒冷之时近人群。《诗经》中也有“蟋蟀鸣叫是霜夜”之说。该蟋蟀今日俗语称之曰“こおろぎ（蟋蟀）”。穹窒指将家中进风之缝隙

---

① 语出《论语·子路》：“以不教民战，是谓弃之。”

处堵上，便于熏鼠，让其不在屋内打洞筑巢成害。堵塞鼠洞熏老鼠，封好北窗糊门缝。夏天开窗通风，冬天堵上防寒。墐户指竹制的门扇（贫家门扇用柴竹编成，涂泥防通风）。夏天通风冬天涂上泥可抵御寒风。告诉家中老父、妻子儿女，天冷而事不息，准备好过冬所需之屋。新的一年即将到来，希望生活会变好。入此屋防寒冷以待春天，此老年人所爱也。此诗之主旨是让人们预防冬天。然，闻五月蟋蟀之鸣叫感知阴气生之征兆，即让人们尚炎热之时需思考严冬之事，以便未雨绸缪。治世之时不忘乱，顺天理而为乃成事也。

九月筑场圃，十月纳禾稼。黍稷重穋，禾麻菽麦。嗟我农夫，我稼既同，上入执宫功。昼尔于茅，宵尔索绹。亟其乘屋，其始播百谷。

场即打谷场地，圃即菜园。古时春夏做菜园地，秋冬就做成打谷场地，所以场圃连成一片。从春夏到七八月，正是万物化育之时，翻土犁地平整田地，种植蔬菜，九十月份蔬菜季节结束收割稻子放入仓库之时，有一加工蔬菜谷物之场地也，谓之“こなし場（舂米场）”。十月收谷近仓。禾可称为未脱壳之谷类。煮饭时，当场用臼把稻壳去掉煮而食之。故入仓之时，稻谷经常是不要脱壳的。这样避免生虫后浪费。当场脱壳之稻米味道各有千秋，能滋养人之精气也。稼可谓田野中之谷物精华果实。先种后熟的谷称为重，后种先熟的谷谓之穋。禾麻菽麦指麻、豆、麦等，经冬天到来年的春夏要储存五谷。所谓禾乃五谷之总称也，五谷备也。“嗟我农夫”指诗作者感叹自己就是农夫，不单是自己一家人，也有指左邻右舍之意。每天劳作，很辛苦，还要为公家提供物资和劳役。大家都要把田野里的谷物收拢聚在一个地方。上缴谷物给公家做贡物入国君仓库。执宫功指农事结束后还要做公家的劳役，为官家修建宫室。古时百姓每年服劳役三天，与农事相抵触时可不服役。农事结束后还要重修自家屋顶、包大梁、捆绑篱笆等，白天去山野割茅草、打柴砍树，晚上搓绳子织草席、编草鞋，要做好春季耕种到来前的诸种准备工作，故百姓们无闲暇的时间去游玩。播百谷指春耕时播撒、种植各种谷物。盘中之饭菜一点一粒皆来自百姓之辛劳，[①]故古之民吃饭之时就想饭来之不易，此乃天下互相帮助互相报答之理也。故不行善者乃天地之贼也。更何况因骄奢使民痛苦之人，其危害何其大焉。学文明礼慎言、好弓马武艺与百姓农事耕种如出一辙。武士保家卫国、使民安居乐业而成为国君之勇士，欲以威武而平定天下。因知晓德之故，稍稍报答百姓之辛劳可矣。国、郡之主，鼓励武士学文习武知晓人之善恶，时刻不忘百姓之艰苦而成百姓教化之师、治国之君。岂能知下情而被人鄙视乎？所谓“饮食之人，则人贱之矣”[②]意为鄙视喜好吃喝玩乐之人，乃古今通行之道。夫诸侯、大夫、武士大家聚会在一起，游于弓马，和于礼乐。作诗赋歌，尽情体会自然造化之功用，深思道德仁义之精义。然，涉及各人之言语、饮食、衣服、房屋、器物、五谷、金银等话题，他们视心中没有道义只有欲望为卑贱。

二三〇

知友问曰：《诗经·国风·曹风》中《候人》[③]之诗，其所表达者乃圣贤者亦有过失之意乎？

答曰：然也。其诗云：“彼候人兮，何戈与祋。彼其之子，三百赤芾”。

候人[④]乃送迎宾客之官。先君主前到达、迎送邻国君主乃卿大夫之职。戈、祋皆为武器。有此武器如同身持长矛、长刀。赤芾[⑤]可谓大夫以上之官服。三百可谓人多。[⑥]

维鹈在梁，不濡其翼。彼其之子，不称其服。

鹈，鸟名也，比喻不弄湿其翼不劳而获取水中堤坝之鱼而食，

① 参见唐代李绅《悯农》诗：“锄禾日当午，汗滴禾下土。谁知盘中餐，粒粒皆辛苦。”
② 语出《孟子·告子上》：“饮食之人，则人贱之矣，为其养小以失大也。饮食之人无有失也，则口腹岂适为尺寸之肤哉？”
③《毛诗序》认为此诗是因曹共公“远君子而好近小人”而讽刺之。方玉润《诗经原始》赞同《毛诗序》的说法。朱熹《诗集传》认为这是一首慨叹小人物命运不幸、批判庸才人小不配其职的诗歌。
④ 官名，是看守边境、迎送宾客和治理道路、掌管禁令的小官。
⑤ 赤色的芾。芾，祭祀服饰，即用革制的蔽膝，上窄下宽，上端固定在腰部衣上，按官品不同而有不同的颜色。赤芾乘轩是大夫以上官爵的待遇。
⑥ 可以指人数，即穿芾的有三百人；也可指芾的件数，即有三百件芾。

也比喻无才无德、无功受禄、无劳显荣之人。此类人与其官服不相称者，虽为大夫以上官员却无大夫之才。卿大夫之职责乃引导其君为有道德之人、让武士习文武、教化人民使其安居乐业。身无一寸功德却着一身华丽官服者甚多，如同鹈不濡其翼食梁之鱼也。

维鹈在梁，不濡其咮。彼其之子，不遂其媾。

咮，鸟之嘴也。媾，君主之宠爱也。意思是出人头地之后便能从事各种职务。此乃上文之意也。若皆为小人便不遂其宠也。意指身无寸功不劳而获而受宠得势。

荟兮蔚兮，南山朝隮。婉兮娈兮，季女斯饥。

荟蔚形容草木繁茂也。朝隮形容云雾缭绕也。南山比作朝君，小人得势如云雾升起，草木盛开也。婉娈指年轻貌美女子。稍有过人之处之少女，走运受宠，此等可称为年轻貌美女子。想方设法要成为那样的女子，就要做到心怀贞正，不会随意顺从于人，非贤夫之礼不赴。无贤夫便无礼节，以此为比喻。小人富贵至极，贤者贫困低贱。贤者虽贤德，在无道之年代，最终只会潦倒失意。扬起无私欲之旗行义，辞去高官厚禄，成为与身份地位相符合者，主人、同辈都不会觉得很奇怪。加之与贪得无厌这第一印象有关联，总是贪心不讲道义，结果此等清廉正直之人都失势反而趋附于污浊下等之人，无谈论之价值。从开始就认为无私欲且行义理之事甚为奇怪者，看了他们自甘沉沦之姿态也会认为今之时代，讲义理、守清正廉洁都属于恶。无用之礼仪忠节乃一种败落之行为，耳濡目染、热衷于此而不遵从礼仪。为人子孙者也言世间贤人君子少有，其宣扬不依靠父母自己立道，乃我等所欠缺的。父母在世处于下位者，现处于上位，若顺从于世人，纵使不居于人之下，认为自己无谈论之价值而有所不满。彼等利欲熏心、本该辞去职位俸禄而不辞官者，见到与自己的身份地位相适应之贤者，认为上述想法卑劣者，此乃好事。那些贪婪成性、无论贵贱都能得到高俸博取美名者，以登上上座为第一要务、不知真正之义与不义者，父子兄弟相处也被欲望左右而改变了风俗、甚而导致祸乱。观此凶兆，贤者隐退而去，忍受艰苦，却能避免其父母妻子儿女发生祸乱。彼等少女，虽最初饥饿，但终会得贤夫之礼而被养之。不贞之女所拥有之财富不过是姿色尚好时得到的宠爱罢了，究其根本乃不仁义之夫衰败，自己年老色衰而呈凄惨之相。无道义之年代贤夫贞女同甘共苦。此处之贤夫并非道统之贤人[①]，而是守礼仪之贤夫。受用心法者中，有看破世间祸福穷达之人，其通达幸福之时与人为善，遭逢祸事灾难之时洁身自好。忍受小人之冒犯与欺凌，经历患难，磨炼君子之德也。如于良医而言，药无有毒、无毒之分，用以救治而已。

① 继承道学传统、感悟道学心法之人。

第三部分

熊泽蕃山《集义和书》思想评述

江户时代的思想家熊泽蕃山（1619—1691）不仅得到同时代学者的高度评价，现代日本文化研究者家永三郎亦赞誉其为江户时代“富有个性的思想家”[①]。即使在三百多年后的今天，熊泽蕃山也与王阳明、中江藤树等一样，被列为“影响东亚的99位实学思想家”之一[②]。

熊泽蕃山作为日本阳明学始祖中江藤树（1608—1648）的弟子之一，进一步阐发藤树的阳明学思想，成为日本阳明学两个流派之一主事功派的代表人物。他推崇王阳明的“致良知”说，将阳明学相关理论运用于以其所奉职的冈山藩政治、经济改革为主的社会实践当中，并著书立说，阐释关于为人、为学、为政的思想和学说。蕃山思想的一大重要特色，是主张“应当合乎时、处、位之至善”的权变思想，即主张观察、判断、思考事物，应当依据时代、处地、时势来确立、施行，认为只有如此才能真正发挥其作用。他对自己的主张从来都是身体力行，充分贯彻了王阳明的“知行合一”思想和精神。

《集义和书》这部著作可视为熊泽蕃山思想的总纲，在蕃山的论著中占有重要地位。此书思想的主要轮廓、内容结构及主旨，包括蕃山关于宇宙观、天道、人道、心法及其受用的论说及思考，其对于太极、理、心、气、性、仁、孝、诚、智、勇等儒学重要概念、含义的阐发，特别是对“时·处·位”思想的理论建构与践行方法及意义的阐述等。在此主要对熊泽蕃山思想的形成轨迹，《集义和书》的核心思想内容进行考察和分析，并通过阐析熊泽蕃山思想的特质、其与中国阳明学的异同及其历史影响和作用，阐明熊泽蕃山及其《集义和书》的思想特色，《集义和书》在日本思想史上的地位、学术价值与现实意义。

一、熊泽蕃山思想的形成轨迹

熊泽蕃山生活在日本江户时代前期。在此时期，德川幕府已掌

① 家永三郎：《日本文化史》，赵仲明译，译林出版社 2018 年版，第 199 页。

② 中、日、韩三国的实学研究会编著了《影响东亚的 99 位实学思想家》（中国财富出版社 2015 年版），熊泽蕃山位列其中。

握了统治全国大小两百多个藩国的实权，建立起以“封建领主土地所有制”“四民等级身分制”和“朱子学思想统治”为基石的幕藩体制。在这种体制下，幕府是全国权力的中枢，天皇成为有名无实的统治者；大名对幕府既有服从、履行“参覲交代”的义务，也享有在自己领地内的统治权，武士作为将军、大名的家臣，食其禄、奉其公，为将军统治国家、大名治理藩国效力，进入了所谓“元和偃武”的长期和平时期。而幕府为了维护其统治，加强对天皇、武士的威慑力和控制，于1614年（庆长十九年）颁布《禁中并公家诸法度》、1615年（庆长二十年）首次颁布了《武家诸法度》，对大名、天皇、武士的权力与行为进行约束、限制。①而告别以武力、武艺建功立业时代的武士们在进入和平时期以后，需要面对幕藩统治者的新要求，他们的生活内容、方式和观念也必然会随之发生变化。而占人口绝大多数的农民从事农业生产，向领主缴纳实物地租和贡米，统治阶层依赖农民的生产维持其生活。但随着和平时期的延续，生产力不断发展和剩余农产品大量增加，城市迅速增多、扩展，统治者消费需求不断加大，使拥有专事商工特权的町人阶级的商品经济活动得到快速发展，到17世纪后半叶，商品经济呈现出史无前例的盛况，不仅出现了“一怒令天下诸侯战兢”之类的大商人，而且兴起了以“肯定人欲私情，追求人性解放”为主要精神指向、带有庶民色彩的“元禄文化”（1688—1703）。而幕府由于奢侈腐败、施政不当、对农民过度剥削，导致财政出现危机，下层武士生活渐趋贫困，武士面临生存危机。

幕府为了加强意识形态方面的统治，一开始就起用朱子学者林罗山，让其为将军讲学，并参与公文文书的起草，参与各种制度、礼仪、规章的制定等等，不过此时朱子学尚未成为占据主流地位的官学，儒学者中不乏反对朱子学主张的人。如山鹿素行（1622—1685）初入林罗山之门学习儒学，但后来认为儒学的真意应当求于孔孟，1666年出版《圣教要录》，攻击朱子学为异端，遭幕府流放；伊藤仁斋（1627—1705）也认为宋儒偏离古代圣人本意，主张

① 德川幕府共颁布过几次法度，即《元和令》（1615年，共13条）、《宽永令》（1635年，共19条）、《宽文令》（1663年，共21条）、《天和令》（1683年，共15条）。

恢复儒家经典即孔孟之学的古义；荻生徂徕（1666—1728）主张应当理解儒学古典原著的意义，认为程朱之学偏离孔子之教，对其进行了批判。与上述学者立足于古学而与朱子学对立不同，中江藤树（1608—1648）则认为王阳明的学问方才承继了孔子思想的真髓，因而力倡阳明学。这是江户时代前期总的社会、政治、思想状况，也是熊泽蕃山思想形成的大背景。

从熊泽蕃山个人的经历而言，他以武士阶级之出身，一生历经德川秀忠、德川家光、德川家纲、德川纲吉四代将军掌权时期。这期间幕府的机构逐渐完备，稳定的幕藩政治体制逐步确立。武士占人口少数，处于士、农、工、商的身份等级制之首，属于统治阶层。但自1615年“元和偃武”后就没有了较大战事，武士生活内容随之发生变化，不再以军功成名立业、出人头地，而是协助藩主管理藩内的农民，维护藩内的秩序。

不需要再到处征战，亦不需从事农业生产，这从时间、精力方面为武士读书为学、提高学问修养创造了条件；而在幕藩体制下，各个藩国有一定的独立性，能够行使一定的自治权利，这为有思想、学问的武士协助藩主实施政治、经济制度方面的改革提供了施展空间；更重要的是，幕府颁布的武家法度中明确规定武士“应专心修练文武弓马之道，文左武右，古之法也，需兼备之”（1615年《元和令》）、“修练文武弓马之道”（1635年《宽永令》）。这样，修习学问成了武士的重要义务之一。

在这样的时代变化、发展的驱动下，熊泽蕃山经历了如下几个人生阶段：初期选择专心学武，继而转向文道（22—27岁），进而出仕，实施藩政改革（27—39岁），至不惑之年后隐退著书立说（39—73岁）。其学问之路始于自学《四书集注》，继之问学于中江藤树，而后则自己研学和讲学，或与师友书信来往切磋学问；其政治实践集中于冈山藩就任期间；因个人身体的健康状况、幕府的猜忌、林罗山的毁谤、藩改遭遇既得利益者的阻力等选择隐退，此后直至被幕府软禁、终老于古河期间，主要致力于著书立说，与师友、门人弟子交流学问。

与中江藤树主动脱藩，回归乡里专注于学问不同，熊泽蕃山在出仕期间倾注心力于藩政的改革，在隐退后也仍然心系政改，多次关注、批评冈山藩的弊政。蕃山的学问及其实践与江户时代前期的社会现实密切相关，其主要思想也正是为回应这一时代的主要问题而产生和形成的。

（一）专心学武

日本近世的许多学者都是从幼时便开始熟读经史子集，钻研修习学问的。如日本朱子学掌门人林罗山22岁时就已经研读400多部书。而熊泽蕃山16岁时虽已出仕冈山藩，但当时他所关注的乃武学之道，将拥有高超的武艺视为武士的本分与职责。蕃山曾回忆那时的情形说：

> 我十六七岁时，就已十分壮硕，但是体重过重就无法成为优秀的武士。我思虑怎样才能不如此肥胖，于是不眠不休、不食美味、不饮酒、不行男女之人道，这样坚持了十年。[①]

蕃山为成为真正的武士而付出了极大的努力，不仅如此，他还在野外练刀习枪，夜深人静时在黑暗的院子里练习兵法……不断锻炼身体、磨炼武技。[②]可以看出蕃山具有坚忍不拔的毅力和好强的性格。但是，有两件事成为蕃山由专心武艺而转向关注文道的契机。一是岛原事件[③]，当时，蕃山怀着一腔热血，未经允许私自前去参战，但还未来得及真正参战，暴乱就被幕府平息了，蕃山因此被辞退。另一件事是1638年（宽永十五年）辞官之后，蕃山和父母、弟弟、妹妹一起暂居于近江桐原祖母家中，此间他跟随父亲学习兵法，但因日夜练习过于刻苦而病倒。这次病倒令蕃山开始反思为学之道。后来他追忆道：

> 我年幼时不曾求学，既无文才，亦不识文字。我在风华正茂时竟不知有学问之事，甚是不幸。我在无用之事上费力劳

---

①熊泽蕃山：《熊泽蕃山的生涯与思想的形成》，《集义外书》第2卷，后藤阳一、友枝龙太郎校注：《日本思想大系30：熊泽蕃山》。

②熊泽蕃山：《熊泽蕃山的生涯与思想的形成》，《集义外书》第2卷，后藤阳一、友枝龙太郎校注：《日本思想大系30：熊泽蕃山》。

③1637年，九州岛原半岛和天草岛农民与天主教教徒为反抗幕藩压迫和宗教迫害而发动起义，次年失败。

神，以至于积劳成疾。此后才开始阅读四书，通过集注学习四书之内容。[①]

正是这两个契机使蕃山意识到或许自身的体质并不适合习武，或者仅凭武艺无法解决现实中的问题，由此开始将目光和注意力转向求学问道。还有一个来自外部环境的原因，即前述的幕府颁布武家法度，明确要求武士应文武兼修。

（二）访师求学

1641年（宽永十八年）熊泽蕃山赴京都访师求学，历经些许波折拜入中江藤树门下。蕃山问学于藤树之时，两人都处于自身人生方向或学问的转折点上。蕃山由习武转向从文，而藤树则是将学问由朱子学转向阳明学。此前，藤树一直尊奉朱子学，提倡朱子的学风，1639年（宽永十六年）甚至还模仿朱熹的《白鹿洞学规》撰写了《藤树规》。但在修习朱子学说的过程中，总有困惑不解之处，直至接触、研读了明代思想家王阳明、王龙溪的著作后才大彻大悟、逐渐能够将自己的体验与学思融会贯通，形成自己的学问体系。

恰在熊泽蕃山赴京都前一年即1640年（宽永十七年），中江藤树著述了《翁问答》，其中已论及明德、中庸、“时·处·位”之至善之间的关系，并且初读《王龙溪语录》，开始反省自己之前过于泥古的倾向，对朱子学说展开批评，告诫门人弟子：“汝辈读圣贤书，宜师其意，勿泥其迹。”

在1643年（宽永二十年）藤树为蕃山所赋送别诗的前言中，称蕃山为“性命之友”，与自己“同声相应、同气相求”，“甚得辅仁之益、莫逆相交之喜”[②]等，从中可以看出师生二人思想、志趣相近，秉性、意气相投，近乎亦师亦友，说明蕃山不仅受教而且很好地接受了藤树有关阳明学的思想，特别是关于心法的见解。

1641年9月—1642年4月（宽永十八年九月至十九年四月），蕃山聆听了藤树对于《孝经》《大学》《中庸》的讲授，其后不久蕃

① 熊泽蕃山：《熊泽蕃山的生涯与思想的形成》，《集义外书》第6卷，后藤阳一、友枝龙太郎校注：《日本思想大系 30：熊泽蕃山》。

② 熊泽蕃山：《熊泽蕃山的生涯与思想的形成》，《集义外书》第6卷，后藤阳一、友枝龙太郎校注：《日本思想大系 30：熊泽蕃山》。

山因其父赴江户求职，不得不返回近江桐原村，担负起一家的生计，度过了一段食不果腹、衣不蔽体的艰难生活。

1664年，藤树得到《阳明全集》，“受其触发而得以验证自身的甚多感悟，十分喜悦，其学愈加精进”①。蕃山在近江老家一面自学，一面与藤树书信往来交流学问。对此，蕃山在《集义外书》第六卷中有相关记述：

> 中江先生读王子之书，得知“良知”之要旨，心甚悦。吾亦有所感悟，于此心法受益良多。朝夕相处之友伴亦不知我修学之事，我未读王子之书而在生活中磨练心法三年。②

由此可见，蕃山乃经藤树而知晓阳明学，并在同老师的交流中领会阳明学的意旨，在近江桐原村这段艰难生活的体验，使蕃山加深了对于“良知”“心法”等王阳明核心思想的体会和思考。如果说居于近江期间的蕃山对阳明学心法之汲取带有内省性质而近似于独善其身的话，那么其后他在冈山藩实施的政治、经济改革和从事的教育活动，则带有较强的“实践性”，也可视作其对知行合一的践行。

（三）实施藩政改革

1645年（正保二年），熊泽蕃山为生活所迫再次出仕冈山藩。冈山藩藩主池田光政作为外样大名，对幕僚采取了主动靠近的态度，在藩政治理上也怀有励精图治、振兴藩国之志。其知人善用、颇具气度，对蕃山给予了极大的信赖和支持，因此蕃山得以开展一系列政务改革，实现经世济民的抱负。

1645至1657年（明历三年）蕃山在任期间，池田光政在其指导下，施行了一系列诸如开设藩校，改革政治制度、经济制度，整理寺庙神社等举措，力图培养人才、革除政务之弊、解决武士及农民的生计问题。而在蕃山第二次辞官之后，池田光政仍然按照他的改

①《熊泽蕃山的生涯与思想的形成》，《集义外书》第6卷，后藤阳一、友枝龙太郎校注：《日本思想大系30：熊泽蕃山》。

②《熊泽蕃山的生涯与思想的形成》，《集义外书》第6卷，后藤阳一、友枝龙太郎校注：《日本思想大系30：熊泽蕃山》。

革理念继续实行了多项措施。

1.开设藩校

德川幕府于1691年（元禄四年）设置了高等学校昌平黉（亦称为昌平坂学问所），而日本最早的藩校则是1632年（宽永九年）设立的名古屋藩学问所，冈山藩紧随其后于1641年（宽永十八年）开设了花畠教场，教授王学（藤树学）与武艺，其开设先于幕府的昌平黉整整50年。而作为该教场校规的《花园会约》即由蕃山起草。从会约的内容中可以窥知蕃山这一时期阳明学思想的立场和主张。《花园会约》由九条构成，比较引人注目的是第一条内容：

> ……武士，乃守护民众之士。士，须具备德行。德行，乃心中之仁义，天下事业中之文武之道。故而，光明而慈爱即文德，光明而勇敢、坚强即武德。明良知，则此德备于己身，是以今诸子当遵守学规，以“良知”为宗旨。[①]

从这段话中可以看到，蕃山指出培养人才的目标是“守护民众”，同时修正了之前认为习武乃无用之事的观点，主张武士应当兼具文德与武德，文武兼修。同时，他还提出了德在文德、武德之外的另一内涵，即仁义。此处蕃山虽然没有详述仁义之德与文德、武德之间的关系，但我们从其老师藤树在《翁问答》中对文德、武德之本质、二者之间的辩证关系及二者与仁义之关系的阐述，可以观察到他的认识与立场。中江藤树说：

> 原本，文武一德，并不能分为两种事物。正如天地万物之造化原本一气而有阴阳之分，人性之感通亦原本一德而有文武之别。故，无武之文非真正之文，无文之武亦非真正之武。
>
> 文为仁道之别名，武为义道之别名。仁与义，均为人性之一德，是故文武一德而无格外不同。当准确理解仁义之德，明了文武之含义。背离仁之文者，名虽为文实非文也。背离义之

① 译自林秀一：《冈山的藤树学与蕃山学》，《思想史大系·月报》，岩波书店 1971 年版。又见于后藤阳一、友枝龙太郎校注：《日本思想大系 30：熊泽蕃山》。

武者，名虽为武实非武也。[①]

将《花园会约》第一条的内容对比上述藤树的阐述可知，蕃山对上述藤树的观点不仅认同，而且立场亦与藤树完全一致。会约中提出的当以“良知”为修学之宗旨，证明此时蕃山思想倾向于王阳明的良知说。后蕃山在其所著《集义和书》与《集义外书》中分析“仁”时写道：“仁者，德之本”[②]，“仁者，天地置于我心，万物备于我身。故而无死生幽明之隔、无富贵贫贱之好恶，随世间安乐忧患而行，至公而无至私之心，至明而无私照之欲，浩然之气满乾坤。处静则虚则明，处动则直则合乎理。观其气象，则笃恭而天下平也”[③]。此时蕃山对于“仁”的认识更加深入，阐述也更为详细，但与其在冈山藩就职之时相比，他赋予“仁”之重要地位并没有变化，也就是说，关于对“仁”的认识，在蕃山第二次出仕冈山藩期间就已经基本确立了。

2.财政改革

熊泽蕃山在池田光政的支持下，实施了改良税法、整合寺院神社、治理山林水利工程等有利于改善藩国财政状况和减轻民众生活负担的政策。

1654年（承应三年）7月，冈山藩发生旱灾，紧接着又发生了大洪水，加上随后发生的饥荒，冈山藩遭到巨大损害，蕃山得到藩主信赖与委派，为赈济灾民和灾后重建四处奔波、筹划安排，采取了一系列抚恤民众生活的政策和措施。

同时，蕃山还亲自带领武士到八塔寺村种植土地，既使武士归农，又起到守卫藩国边境的作用。如此一来，武士既可以实现经济上的自给自足，又能充实藩国的军备。[④]

---

① 中江藤树：《翁问答》上卷之末，山下龙二校注：《日本思想大系 29：中江藤树》，岩波书店 1974 年版。

② 熊泽蕃山：《集义和书》第 8 卷“论义一”，后藤阳一、友枝龙太郎校注：《日本思想大系 30：熊泽蕃山》，第 134 页。

③ 熊泽蕃山：《集义外书》第 7 卷，正宗敦夫编：《增订蕃山全集》，第 153 页。

④ 熊泽蕃山：《熊泽蕃山的生涯与思想的形成》，《集义外书》第 6 卷，后藤阳一、友枝龙太郎校注：《日本思想大系 30：熊泽蕃山》。

（四）著书立说

熊泽蕃山早期著述不多，主要有《大和西铭》《十界之图》《花园会约》，他的重要著作都集中在后半期。

在藩政改革中，因想要通过减少官员俸禄来改善财政状况而得罪了一些有权者，以及坠马受伤等原因，1657年（明历三年），熊泽蕃山39岁辞官隐居。可以说，这并非蕃山的本意，乃迫于形势，不得不如此决定。自此一直到晚年，蕃山都过着较为自由的著述生活，包括《集义和书》在内的大部分著作都在此期间完成。读书思考、交友论学、授学传道，前来问学求教者也很多。其门人弟子约有数十人，如熊泽淡庵、泉泉窝、野尻流憩、巨势直干、中根次常、北小路石见、松平隐山、山本广定、一条教辅、久我广道、中院通茂、野野宫定缘等人。[①]

但是，蕃山虽已不在其位，却仍然关注冈山藩的政务，在与其养子池田政伦（池田光政第三子）书信往来中多有讨论、批评藩政不当之处，也曾几次上书幕府，议论时政。

二、《集义和书》的主要思想内容

中国的哲学思想，儒学一派自先秦的孔孟之学，到南宋由朱熹集大成的程朱理学，再到明朝形成理论体系的王阳明心学，经历了逐渐发展、成熟的过程，其中也吸收了佛教、老道思想，但其核心主旨，即如何修身、齐家、治国、平天下这一经世济民的理想一以贯之，每一时期的发展皆是在对前一代思想的归纳、总结、反思、完善的基础上进一步展开、推进的，完成新的思想确立及体系建构，这一过程持续了两千年左右。而朱子学于13世纪、王阳明心学于16世纪传入了日本，二者相隔的时间很短。从这一点来看，日本面对的可说是一种“现成的学问”。此期间日本形成了天皇与幕府二重结构的新型政治制度，登上政治舞台并成为统治阶级的武士阶级面临转型。在这种背景下，日本的思想家们基于各自不同的立场和思考来理解理学、心学这些思想成果，并对其进行了不同角度的

① 李庆：《日本汉学史第一部：起源和确立（1868—1918）》，上海人民出版社2010年版，第15页。

取舍，或将其作为学问的对象进行研究、阐发，如中江藤树；或将其作为政治实践的指导思想加以钻研、阐释，如林罗山等；或采取对立的态度，认为朱子学流于空疏、无以致用，脱离了圣人思想的本意，主张应当于孔孟之学中寻求“真意”，如山鹿素行等。

与上述几类思想家对于学问主张、学问内容选择比较明确这一特点不同，如前所述，蕃山的学问目标在于学以致用，进行政治实践。并且，在当时的政治结构中，藩国与幕府所处的位置不同，幕府首要追求的是政权的集中和统治秩序的稳定，而藩国优先考虑的则往往是如何强藩，因而在藩国内能够为朱子学之外的学问自由发展提供一定空间。基于这种现状，加之蕃山个人的特质，使他的学问、思想明显表现出包容的态势，呈现出一种“集大成”的倾向。蕃山自己也曾说“鄙人既不学朱子，亦不学阳明，仅学于古代之圣人。”[①]诚如其言，《集义和书》中对孔孟多有引述，对朱子、阳明之学亦有赞同、阐发之处，而他的为学主张与方法更近似于阳明心学之法，特别是蕃山在中江藤树的基础上完善的“时·处·位”之说，更使他有别于日本其他的思想家，这一论说里包含了蕃山对儒学进行本土化的努力，同时也为丰富阳明学思想提供了可能性与方法。

（一）宇宙观及人伦认识

1.蕃山的宇宙观

宇宙观念是回答世界本源、构成、运行原理的问题，对宇宙的认识、观点往往影响思想家对人性、生活中具体问题的见解和主张。蕃山的世界认识，从其使用的理，气，太虚，至诚无息，诚之四大道理——元、亨、利、贞等概念、术语来看，似并未脱离朱子“理气”说解释世界运行规则的框架。

蕃山以图示方式论述天地自然之理法：“理者，寂然不动之象也；气者，流动之象也；下图之□内者为‘理’，□外○内者为‘气’。太虚者，即理气之浑融。天道，至诚无息也。故而将‘诚’字置于正中。诚者，天之道也。诚之一理中又自然具有元、

① 熊泽蕃山：《集义和书》第8卷“论义一”，后藤阳一、友枝龙太郎校注：《日本思想大系30：熊泽蕃山》，第141页。

亨、利、贞四大道理。此称之为天之四德。”①

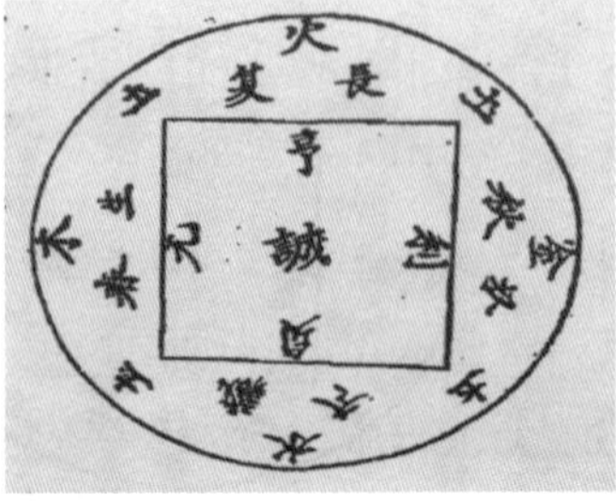

（注：天道图，《集义和书》第6卷“心法图解”，第101页）

这里的理气，一静一动，似取于朱子理气二元说，但又说太虚为理气之浑融，又似主张一元说。朱子理气说本身也有暧昧不清之处，如他所说：“此（理和气）本无先后之可言。然必欲推其所从来，则须说先有是理。然理又非别为一物，即存乎于气之中；无是气，则是理亦无挂搭处。气则为金木水火，理则为仁义礼智。”②却又说“也先有理。只不可说是今日有是理，明日却有是气；也须有先后。且如万一山河大地都陷了，毕竟理却只在这里”③。综合两段陈述来看，理似乎可独存，但又和气不分先后，理气合一，但总体来看，将理和气做了区分。而蕃山此处用“太虚”，而不用“太极”，太虚一词来自张载《正蒙·太和》：“太虚无形，气之本体，其聚其散，变化之客形尔。”这可再结合蕃山其他的论述进行判断，如：“所谓万物一体，是指天地万物皆由太虚一气生成”④“太虚者，唯理、气也。简言之，一气也。理者，气之德性也。一气之屈伸生阴阳，阴阳生八卦，八卦生六十四象。理之形态多样，难以尽言，称为理一分殊。天地万物皆尽于理。以理为主，则气为理之形，动、静，太极之时中”⑤。从这些论说来判断，可说他偏于气一

① 熊泽蕃山：《集义和书》第 6 卷“心法图解”，后藤阳一、友枝龙太郎校注：《日本思想大系 30：熊泽蕃山》，第 101、102 页。
② 黎靖德编：《朱子语类》卷一，王星贤点校，中华书局 1986 年版，第 3 页。
③ 黎靖德编：《朱子语类》卷一，王星贤点校，第 4 页。
④ 熊泽蕃山：《集义和书》第 3 卷“书简一”，后藤阳一、友枝龙太郎校注：《日本思想大系 30：熊泽蕃山》，第 13 页。
⑤ 熊泽蕃山：《集义和书》第 3 卷“书简三”，后藤阳一、友枝龙太郎校注：《日本思想大系 30：熊泽蕃山》，第 47 页。

元论，因此不用“太极”，而用“太虚”，以区别于朱子理气说。

蕃山将“诚”置于代表“理”的方框正中，取意于《孟子·离娄上》所说“诚者，天之道也；思诚者，人之道也”之“诚”，以及《中庸》所说“故至诚无息，不息则久，久则征，征则悠远，悠远则博厚，博厚则高明”之“诚”，并认为诚之一理有四大道理——元、亨、利、贞。此出自《周易》乾卦的卦辞，乾为天，元、亨、利、贞即为天之四大特征，蕃山称之为天之四德，并将其对应木、火、金、水四气，以四气感于元、亨、利、贞四理而流动，然后万物生育。由此，蕃山通过论述理气、天道与万物之关联，构建了他对于天道运行法则的认识框架。

如前所述，蕃山用“太虚”，不用“太极”，倾向于气一元论，从而与朱子学的理气说作出区分，同理，蕃山不用“天理”，而用“天道”，也显示出同样的意图。道与理有何区别？朱熹认为“道是统名，理是细目”[①]，但他又说：“道即理也。”其区别在于：“以人所共由而言，则谓之道。以其各有条理而言，则谓之理。其目则不出乎君臣、父子、兄弟、夫妇、朋友之间，而其实无二物也。”[②]由此可见朱子主张道既高于理，又与理本质相同，同时道与理又存在着“道一分殊”的关系。而蕃山对道的理解与朱子不同，他说：

> 言理，便疏忽了气，言气，便疏忽了理，理气本合一，但言及理、气时总会遗漏之一。唯言道时，无所遗漏。理气乃一体之名也，其大则空虚，其小则隐微，其妙用则鬼神。位天地而日月明，行四时而万物生，皆成于道也。其真寂然不动、无声无臭也。此可谓未发之中，天下之大本。道，自然而无穷尽，但阴阳之度、日月之寒暑、昼夜之变，有常者乃无极而太极之理也。……道，寂然不动，隐微不发，是以为天下之根本也。[③]

① 黎靖德编：《朱子语类》卷六，王星贤点校，第 99 页。
② 朱杰人等主编：《朱子全书（修订版）》（第 23 册），上海古籍出版社 2010 年版，第 2257 页。
③ 熊泽蕃山：《集义和书》第 15 卷“论义八”，后藤阳一、友枝龙太郎校注：《日本思想大系 30：熊泽蕃山》，第 299、300 页。

在这段论述中，蕃山认为理气一体，不能分而言之、分而论之。因此，蕃山采用“天道”而不用“天理”来避免这一弊端，显示出了与朱子关于理气认识的不同主张和立场。蕃山此思想的目的，可说是试图用“道”来统摄理气，以“诚”作为天道的最高法则。

2.人伦认识

人伦说是儒学伦理思想的基础理论，蕃山对“人道”原理的阐释也是以人伦为核心展开的，是其思想的重要构成部分。对于人、人伦的认识及阐发也是蕃山治国论、人才论、心法之受用、“时·处·位”说等的前提和基础。

正如蕃山自己所称的天人合一图，其所描绘的“人道”图与“天道”图二者之间存在着明显的对应关系，其原理、结构具有同一性，或可说蕃山的立场是认为人道乃天道的具体体现和直观映射。

（注：人道图，《集义和书》第6卷“心法图解”，第102页）

其论述道：“唯此无极之理、二五之精，二者妙合而成之人，方具明德。此谓之为“性”。性中自有仁、义、礼、智、信之道理。具天之元谓之仁，具天之亨谓之礼，具天之利谓之义，具天之贞谓之智，具天之至诚无息之真则谓之信。此即如同一水流，因流域不同而有不同之河名。仁、义、礼、智、信，乃如天理处于未发之中也，故而示之于□内。喜、怒、哀、乐，乃气之灵觉也，故而示之于○中。恻隐、羞恶、辞让、是非，虽为仁、义、礼、智之端，但感于气而形之于声色，故而示之于〇中。”[1]又说：“四端又与四时相配，喜、怒、哀、乐亦是模仿天时，皆置于口之四角。喜者，春之色也；哀者，秋之声也；乐者，夏之象也；怒者，冬之气也。”[2]这即是说，信与诚对应；仁、义、礼、智与元、亨、利、贞对应；恻隐、辞让、羞恶、是非与木、火、金、水对应；喜、怒、哀、乐与春、夏、秋、冬对应。如此，蕃山就实现了将天道与人道同构化、平行化，它与朱子所言“气则为金木水火，理则为仁义礼智”并不相同。从蕃山对天道与人道之关系的阐释看，它失去了程朱理学中“理一分殊”所包含的辩证关系，而形成了一种简化的对应关系。

蕃山接下来的论述显示，其前面的阐释或许旨在引出天之五行与人之五伦的对应关系：“天之元、亨、利、贞与人之仁、义、礼、智，乃名异而体同也。天之五行与人之五伦，乃形异而气同也。”[3]同时，蕃山将其概括定义为“五典十义”，即：“天有五行，人有五伦。五行之神者，即元、亨、利、贞、诚也；五伦之真者，即仁、义、礼、智、信也。故此，父子之亲即为仁、君臣之义即为义、夫妇之别即为智、长幼之序即为礼、朋友之信即为信也。”[4]

在中国儒学有关人伦关系的阐述中，关于五典的说法最早见于《尚书·尧典》中的“慎徽五典”，即要以五种美德教导臣民。根据《左传》的解释，“五典”就是“父义、母慈、兄友、弟恭、子孝”。后在《论语·颜渊》中出现了“齐景公问政于孔子，孔子对曰：‘君君，臣臣，父父，子子’”之说；到《孟子·滕文公上》进一步发展为“五伦说”：“圣人有忧之，使契为司徒，教以人伦——父子有亲，君臣有义，夫妇有别，长幼有叙，朋友有信。”《礼记·礼运》中所谓的“十义”是指“父慈、子孝、兄良、弟悌、夫义、妇听、长惠、幼顺、君仁、臣忠”，而蕃山“五典十义”之

① 熊泽蕃山：《集义和书》第6卷“心法图解”，后藤阳一、友枝龙太郎校注：《日本思想大系30：熊泽蕃山》，第102、103页。

② 熊泽蕃山：《集义和书》第6卷“心法图解”，后藤阳一、友枝龙太郎校注：《日本思想大系30：熊泽蕃山》，第105页。

③ 熊泽蕃山：《集义和书》第6卷“心法图解”，后藤阳一、友枝龙太郎校注：《日本思想大系30：熊泽蕃山》，第105页。

④ 熊泽蕃山：《集义和书》第6卷“心法图解”，后藤阳一、友枝龙太郎校注：《日本思想大系30：熊泽蕃山》，第105页。

"十义"为"父慈、子孝、君仁、臣忠、夫义、妇听、兄良、弟悌、朋友、交信"，与《礼记》所说稍有不同，他用"朋友、交信"代替了《礼记》中的"长惠、幼顺"，"朋友，交信"取自《论语·学而》"贤贤易色；事父母，能竭其力；事君，能致其身；与朋友交，言而有信"，以及上述的《孟子·滕文公上》所说。《礼记》中的十义是基于纵向结构来确立的，而蕃山则将其内容扩展到朋友的范围，加入了横向的结构，从而以这一纵横交错的结构拓展了人伦关系的范畴。

更重要的是，蕃山赋予五典十义以极高的地位，他说："何为大道之实义？五典十义是也。行一不义、杀一无辜而得天下之事而不为者，亦为实义，固憎不义而去恶之明德亦为实义也。"[①]又说："唯难立之物乃诚也，诚不立之时，虽圣人之礼仪法度皆备，然并无何所益。五典十义乃诚之条理也，风俗浓厚而事少之时亲于无伦，如此以礼乐而成。此乃绘事后素之心也。"[②]蕃山视"诚"为天道之最高法则，将五典十义规定为诚之条理，并且将其直接与国家的太平昌盛联系在一起，指出："天地遵循元、亨、利、贞之理而运行于四时之际，则天地在其位而生育万物。人遵循仁、义、礼、智之性而明五伦之时，则家齐、国治、天下太平也。"[③]而《大学》中相关记述则为："古之欲明明德于天下者，先治其国；欲治其国者，先齐其家；欲齐其家者，先修其身；欲修其身者，先正其心；欲正其心者，先诚其意；欲诚其意者，先致其知。致知在格物，物格而后知至，知至而后意诚，意诚而后心正，心正而后身修，身修而后家齐，家齐而后国治，国治而后天下平。"

由此可知，蕃山是用仁、义、礼、智、信等德目以及以此为基础构建的五伦代替《大学》中的"修身"而作为平天下的基础，而将修身的主旨定于提高个人的修养，包括知识扩展、心灵境界的提升等。同时，他将五伦的核心内涵明确为了个人在社会中的位置及

① 熊泽蕃山：《集义和书》第 13 卷"论义六"，后藤阳一、友枝龙太郎校注：《日本思想大系 30：熊泽蕃山》，第 254、255 页。

② 熊泽蕃山：《集义和书》第 13 卷"论义六"，后藤阳一、友枝龙太郎校注：《日本思想大系 30：熊泽蕃山》，第 247 页。

③ 熊泽蕃山：《集义和书》第 6 卷"心法图解"，后藤阳一、友枝龙太郎校注：《日本思想大系 30：熊泽蕃山》，第 105 页。

其社会实践，表现了对于何为治国、平天下之基础的观点有别于《大学》意旨的特点。

3.关于“孝”的论释

《集义和书》中论孝之处很多，显示了蕃山对这一德目的重视，这与当时日本幕府于1615年（元和元年）颁布《武家诸法度》，1663年（宽文三年）发布《宽文令》，增加了对不孝之子科以处罚的条文以及倡导孝行、孝道的规定不无关系。

蕃山对于孝的含义的理解见于他对于五典十义的解释：“子女尊敬父母，使父母生活安定即为孝。”[①]从他对于董永卖身葬父、是否当守孝三年的见解可以知道，此时蕃山对“孝”的认识是比较理性的。例如他说：“父母在世时，董永倾尽所有而奉养，父母去世时，董永卖身而安葬。其全身心皆奉于父母，毫无私念，此非常人可为之至孝也。”[②]又说道：“古人因为欲浅情深，俗事少，精力旺，无病无痛，故能守三年之孝。还有人认为三年不够，亦有人认为短暂服孝即可。后世之人，杂事诸多，为了满足一己之欲心被众多俗事占据，加之薄情、气虚体弱，故而很难守三年之孝，即便想坚持也无法实现。”[③]在这里，蕃山从普通人、现实主义的立场出发，客观分析了至孝非常人所能及，三年守孝为何难以做到的原因，显示了理解和理性看待的态度。同时，蕃山也对孝的种类进行了分析，认为有天性气质美善之孝者，也有以心法而增益之孝者，圣贤孝者，[④]对孝的细化，可以看到蕃山对孝的含义、对孝行的实际表现状况等都有细致的观察和深入的思考，也表明了其思想体系对于“孝”这一德目的重视。

蕃山对孝的重视更体现于他对《孝经》内容的关注，后期也专著了《孝经小解》《孝经外传》。他在比较《易经》和《孝经》时对后者做出了很高的评价，例如他说：

---

① 熊泽蕃山：《集义和书》第6卷“心法图解”，后藤阳一、友枝龙太郎校注：《日本思想大系30：熊泽蕃山》，第105页。

② 熊泽蕃山：《集义和书》第7卷“始物解”，后藤阳一、友枝龙太郎校注：《日本思想大系30：熊泽蕃山》，第130页。

③ 熊泽蕃山：《集义和书》第4卷“书简四”，后藤阳一、友枝龙太郎校注：《日本思想大系30：熊泽蕃山》，第80页。

④ 熊泽蕃山：《集义和书》第8卷“论义一”，后藤阳一、友枝龙太郎校注：《日本思想大系30：熊泽蕃山》，第141、143页。

> 《易》乃循天地阴阳之道而定之道德，其语势幽深玄远；《孝经》言人伦、授道德，故而其语势平易近人。因此，善读《易》者，若取于近旁事物而解，则不觉其用语幽远；然善学《孝经》者，虽阅读浅近之语，但却不会错过其幽深玄远之意旨，浅近与幽深至中和，则天地有序、万物生育。如此至大之功、神之能事，皆在《孝经》之中也。孝经不必一字一句处处留意，只要关注其特别值得留意之处，便可得知其大体；而《易》则含有当然之大义，句句皆有深奥无穷之道理。总而言之，《易》当近观之而学，《孝经》当远观之而学也。之所以如此，是由于《易》所论为天道，当近而合乎人道；而《孝经》所述为人道，当与天道遥遥相合也。[①]

尤其是其中“《孝经》所述为人道，当与天道遥遥相合”这一看法，已经将孝与天道联系了起来。《论语》中孔子以孝为仁之本[②]，而蕃山则对孝这一德目进行了重新定位，颠倒仁、孝二者的本来位置，并更明确地进行了阐述：

> 孝于天地未分之前即已产生，乃太虚之神道。天、地、人、万物皆生于孝，春夏秋冬、风雷雨露，无不在于孝之中。仁、义、礼、智、信乃孝之条理，五典十义为孝之时势，其含蓄之神理即为孝。孝不是以言语而名之，而是取象形而谓之，即“孝”字乃由“老”“子”二字拼合而成。于天地未开之太虚之时，理为老，气为子。天地开辟之后，则天为老，地为子；乾坤为老，六子为子；日为老，月为子。……感通于德性之中，则仁为老，爱为子。以此理观之，若无孝理，则万事万物不生也。自我心中有此神理而取用之，即为爱敬也。……普天之下，爱其父母之心人皆有之，无憎恨其亲者也；敬其父母之心天下人亦皆有之，无轻慢其亲者也。将一心之爱敬尽奉于父母，则可令天地同根、万物一体之本性得以清明。有朝一日

---

①熊泽蕃山：《集义和书》第8卷“论义一”，后藤阳一、友枝龙太郎校注：《日本思想大系30：熊泽蕃山》，第134、135页。

②《论语·学而》：“有子曰：‘其为人也孝弟，而好犯上者，鲜矣；不好犯上，而好作乱者，未之有也。君子务本，本立而道生。孝弟也者，其为仁之本与！”

> 私欲灭而天理存，则天理虽大却不居于心外，私欲虽小却不存于心内，此即可谓仁之初萌也。义为孝之勇，礼为孝之节，智为孝之神，信为孝之实也。孩提之时，孝之理始出于对父母之爱，如鲜花初绽其花蕾；及其年岁增长，幼子心中则生尊亲之敬，如花朵散发之清香。此爱敬之德，因最初现于对父母之感情，故不可改变其作为天地万物本体之名，而将侍亲之道称为孝。①

在这里的论述中，蕃山认为“孝先天而生，统摄万物，仁爱合一为孝，五典十义之神理即为孝，取用此神理即为爱敬”。“爱敬”一语出自《孝经·天子章》：“爱亲者，不敢恶于人；敬亲者，不敢慢于人。爱敬尽于事亲，而德教加于百姓，刑于四海。盖天子之孝也。”从中可以看出蕃山受到中江藤树的影响。藤树在论述孝德含义的时候，也曾引用上述《孝经》的内容而阐发说：“孝德之真意感通，可以‘敬爱’二字简明归纳之。爱者，真心诚意亲近之心也；敬者，恭敬长者，不轻慢欺侮晚辈之意也。”“倘若扼要论之，首当举五伦为例，因爱敬父母乃感通之根本，故不变其本初之名，谓之孝行。”②蕃山对孝的含义的阐释和定位，基本采用了其师藤树的观点。

蕃山认为孝生于天地之先，且为居于仁、义、礼、智、信上位之理：“仁、义、礼、智、信乃孝之条理，五典十义为孝之叶势，其含蓄之神理即为孝”，“义为孝之勇，礼为孝之节，智为孝之神，信为孝之实”。可见蕃山将孝置于了统摄其他德目之地位，即主张孝在各德目中居于中心和首要位置。

（二）心法及其受用论

“心法”一词本为佛教用语，指经典以外传受之法，以心相印证。宋儒亦使用此语，如朱熹《中庸章句·序》中说：“此篇乃孔门传授心法，子思恐其久而差也，故笔之于书，以授孟子。”此处

---

① 熊泽蕃山：《集义和书》第8卷“论义一”，后藤阳一、友枝龙太郎校注：《日本思想大系30：熊泽蕃山》，第135、136页。

② 中江藤树：《翁问答·孝德含义》，山下龙二校注：《日本思想大系29：中江藤树》。

所指为传心养性之方法。从《集义和书》通篇来看，蕃山在两种含义上使用了“心法”一词，其一是指心之未发和已发状态，在《集义和书》心法图解卷中以心法图显示并予以了阐释；其二是指受学的方法，即为学、修身方法论，在书中多处可见，其相关论述明显体现出蕃山的学问取向，这在一定意义上也成为蕃山之思想学问与其政治实践的联结点。

1.关于心法含义的阐释

蕃山以天道为天地自然之规范，人道为基于天道之人之规范，而心法，则为心之正常状态。蕃山绘心法图，以理与气的关联来阐述正确的人心为何。按照其阐释，下图□中的“中”为天下之大本，“无形无色、无声无臭”为未发之本然，“静虚、无欲”是中之德，“寂然不动”是中之神理，而“神明”则代表“知”，且此处之慎独即为心法之要。“和”及“动直”“无为”“感而遂通天下之故”，即表示发而皆中节之义。而“视善、听善、言善、行善”等则是人作为动物的行为性之体现，故要行善，以区别之，主张人应当以“为今日当为之事”的方式“行善积德”。[①]

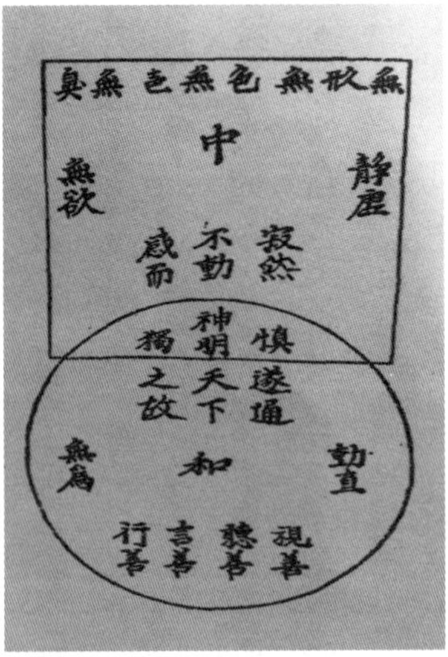

（注：心法图，《集义和书》第6卷“心法图解”第106页）

① 熊泽蕃山：《集义和书》第 6 卷“心法图解”，后藤阳一、友枝龙太郎校注：《日本思想大系 30：熊泽蕃山》，第 106、107 页。

其中，中、和、无声无臭、慎独、静虚动直、寂然不动感而遂通天下之故等用语，分别取自《中庸》《诗经》《礼记・大学》《通书・圣学》《周易・系辞上传》①。从整体来看，蕃山的心法之解主要依据《中庸》的如下论述："故君子慎其独也。喜怒哀乐之未发，谓之中；发而皆中节，谓之和。中也者，天下之大本也；和也者，天下之达道也。"但他给予了心之未发的本然状态和已发的中节状态更明确的解释，即认为未发之"中"即寂然不动、静虚无欲，这种状态无形、无色、无声、无臭，而已发中节之"和"则动直无为。蕃山在此将喜、怒、哀、乐移到了他的人道图中，与天道中的春、夏、秋、冬相对应，并以"视善、听善、言善、行善"代替之，即以人之言行代替了人之情。同时，他以"感而遂通天之故"建立起心之未发与已发之间的途径，且认为使这种途径或方法得以发挥作用则在于慎独。

以上即蕃山对于"心"的描述，从形式和含义上看，蕃山综合了中国古代思想家的看法，并认为心法的关键之处在于慎独，若基于前述蕃山取《孟子・离娄上》之意，认为诚乃天之道，再结合其所赞同《大学》"所谓诚其意者，毋自欺也"之意，则可知道蕃山归纳出"心法之要为慎独"之观点是必然的结果。而从此心法的整体意涵观之，则可以毫不夸张地说它是汲取了王阳明"无善无恶心之体，有善有恶意之动，知善知恶是良知，为善去恶是格物"之思想。

2.对"慎独"的认识

先秦儒学中慎独的含义和宋儒对慎独的理解有一些细微的差别。《大学》说："所谓诚其意者，毋自欺也。如恶恶臭，如好好色，此之谓自谦。故君子必慎其独也。"这之中所说的"慎独"指不自欺，诚其意；《中庸》说："天命之谓性，率性之谓道，修道之谓教。道也者，不可须臾离也，可离非道也。是故君子戒慎乎其所不睹，恐惧乎其所不闻。莫见乎隐，莫显乎微，故君子慎其独也。"这之中的"慎独"是指君子独处时也应当谨慎，使自己一刻

①《中庸》第一章："天命之谓性……万物育焉。"《诗经・大雅・文王》："上天之载，无声无臭。"《通书・圣学第二十》："'圣可学乎？'曰：'可。'曰：'有要乎？'曰：'有。'请闻焉，曰：'一为要。一者，无欲也。无欲则静虚动直。静虚则明，明则通；动直则公，公则溥。明通公溥，庶矣乎！'"《周易・系辞上传》："《易》无思也，无为也，寂然不动，感而遂通天下之故。非天下之至神，其孰能与于此。"

也不要离道。

相对于此，朱子在《四书集注》中对《大学》的“慎独”解释说：“诚其意者，自修之首也。毋者，禁止之辞。自欺云者，知为善以去恶，而心之所发有未实也。谦，快也，足也。独者，人所不知而己所独知之地也。言欲自修者知为善以去其恶，则当实用其力，而禁止其自欺。使其恶恶则如恶恶臭，好善则如好好色，皆务决去，而求必得之，以自快足于己，不可徒苟且以殉外而为人也。然其实与不实，盖有他人所不及知而己独知之者，故必谨之于此以审其几焉。”[①]这里的“慎独”是指独处、独知时亦要“知为善以去其恶”“谨之于此以审其几焉”。他对《中庸》中的“慎独”解释道：“独者，人所不知而己所独之地也。言幽暗之中，细微之事，迹虽未形而几则已动，人虽不知而己独知之，则是天下之事无有著见明显过于此者。是以君子既常戒惧，而于此尤加谨焉，所以遏人欲于蒋萌，而不使其滋长于隐微之中，以致离道之远也。”[②]应该说这一解释与其对《大学》“慎独”的理解十分近似，只是《大学》中以诚意的内容为慎独，而朱子则视诚意为自修之首要。

熊泽蕃山在《集义和书》中，用两大段的篇幅直接且明确地阐述了他对“慎独”的见解：

> 君子与小人，人前与独居，虽因时、因事、因人而有界限，但这并非受用心法的方法。当不立此四种界限，而以一念独知来践行慎独。《大学》中慎独之独字下应附一“知”字，因古之言语简易也，言独，便自然有独知之心。若理解为“独自”，则因并未言及人前之事，便成了人身之独处，徒具慎之形式，拘泥于此则如心之无主也，若理解为“独（知）”，则已蕴含知之意。[③]
>
> 人前有人前之规则，独居有独居之规则，不能混为一谈。而且，慎独者慎独知之心也。古之语法简易，一字表两字之义者甚多，曰中而含庸，曰独而含知。一人独知之所并不分人前

① 朱熹：《大学章句》，《四书集注》，中华书局 2011 年版，第 8 页。
② 朱熹：《中庸章句》，《四书集注》，中华书局 2011 年版，第 20 页。
③ 熊泽蕃山：《集义和书》第 11 卷“论义四”，后藤阳一、友枝龙太郎校注：《日本思想大系 30：熊泽蕃山》，第 202 页。

与独居，在人前时，我心独思之事，别人更不会知道。慎吾心独知之处时，不为心外之事所束缚。思无邪、无自欺、诚意皆为慎独之意。心起一念，善必自知，恶必自知，乃知也。知乃心之神明，本无善恶，故能照出善恶。……故此，以独知为心之主而慎独，乃尊德性之义也。夫思乃心之官也。然，若非发自天理自然之心之所思，而为人欲之我之所思者，乃邪思也。以独知照于天理、人欲，无私欲之思谓无邪也。此亦为慎独之意也。慎独知、不自欺之时，意诚也。如此则心宽体胖。浩然之气，充塞于天地之间，万物皆备于吾身，天地太虚无不合于己身也。①

从上面两段论述可知，蕃山对“慎独”的看法可以分为几个层次来理解，一是对独之训诂，认为独乃独知之意；二是将人前与独处时之礼仪与独知相区别，认为所谓慎独是慎独知之心；三是明确慎独不应拘泥于独自学习、领会道理这一外在形式，而应重视一念之独知；四是解释慎独的含义，即思无邪、无自欺、诚意；五是以慎独为意诚之方法，意诚则“万物皆备于吾身，天地太虚无不合于己身”。这反映了蕃山对“慎独”理解的特点，即他将慎独的重点放在“知”“独知”“一念独知”上，并不注重身处的场所是人前还是独处，并且认为若过于拘泥于场所、方式，反而会导致“心之无主”。

我们将上述蕃山对“慎独”的理解与《大学》《中庸》中的“慎独”之意以及朱子对其之解释相互对比一下便可知，蕃山的见解与前三者均有不同之处。那么蕃山对慎独的见解究竟源自何处呢？我们不得不再看看王阳明对于“慎独”之解释。王阳明在《传习录》中说：“（慎独）只是一个工夫，无事时固是独知，有事时亦是独知。人若不知于此独知之地用力，只在人所共知处用功，便是作伪，便是‘见君子而后厌然’。此独知处便是诚的萌芽。”②由此我们可以判断，虽然蕃山没有直接引用阳明的上述话语，但其对

① 熊泽蕃山：《集义和书》第 11 卷“论义四”，后藤阳一、友枝龙太郎校注：《日本思想大系 30：熊泽蕃山》，第 213、214 页。
② 王守仁撰，王晓昕译注：《传习录译注》，中华书局 2018 年版，第 166 页。

“慎独”之见解无疑源自阳明的上述思想。

3.心法之受用

蕃山取阳明的“慎独”之意为心法之要，但未停留在对这一见解的理论阐释，而是在《集义和书》中多次强调、思考如何受用心法，并将心法分为了诸多类型，如读书之心法、格物致知之心法、孝之心法、敬之心法以及五典十义之心法、执中心法、《易》之心法、圣学之心法等。

不过，比起具体内容的受用方法，蕃山更着重强调为学者的主观态度问题，例如他说：“圣贤之书，若是合乎道德的，不论何人阅读，则道理皆同。若仅丧失主体性坐而论道，行他人之路，则心之尘埃难除，此为理所当然之事。”[①]即蕃山强调如果丧失了主体性，则会变成以他人之见解代替自己之见解，如此则心很难澄明，也就难以慎独而诚意了。蕃山在其他很多地方强调了受用心法者主体性的重要性，认为“道理乃吾心”[②]“道德涵养关键不在儒家经典中，而在吾等心中”[③]，倘若无此觉悟，就会导致“受用心法者不知越其品性，终其一生陷于丧失主体性之心术之训诂”[④]的结果。

关于应当如何阅读经籍的论说最能代表蕃山对待学问的立场，他指出：“道理乃吾心也。儒教经典，用以解吾心之道理也，故读儒教经典所获之乐便能知晓吾心之道理矣。吾心之道理无穷，勿满足于书中一章之要点，且勿求甚解；若求甚解，以儒家经典为本即有失去吾心之弊。当以吾心之定位和学问之进展为本，且受用之关键在于据时而变。故，吾心知其受用之要即可。应无限扩张、涵养道德，积累日新之功，改变自己之气质。”[⑤]这段论述非常明确地表明了蕃山“心即理”的学问主张，同时也显示出另一个特点，即受用心法亦当参照时间的变迁。

---

① 熊泽蕃山：《集义和书》第1卷“书简一”，后藤阳一、友枝龙太郎校注：《日本思想大系30：熊泽蕃山》，第20页。

② 熊泽蕃山：《集义和书》第4卷“书简四”，后藤阳一、友枝龙太郎校注：《日本思想大系30：熊泽蕃山》，第87页。

③ 熊泽蕃山：《集义和书》第4卷“书简四”，后藤阳一、友枝龙太郎校注：《日本思想大系30：熊泽蕃山》，第87页。

④ 熊泽蕃山：《集义和书》第1卷“书简一”，后藤阳一、友枝龙太郎校注：《日本思想大系30：熊泽蕃山》，第20页。

⑤ 熊泽蕃山：《集义和书》第4卷“书简四”，后藤阳一、友枝龙太郎校注：《日本思想大系30：熊泽蕃山》，第87页。

与此同时，蕃山对“受用之要”也提出了自己的主张，认为：“修习心法，并不在于学问之粗、精，而在于心之所向是否有异。心向内求者，则一言即可极尽精微；而心向外求者，纵然千言万语诚切讲论，亦只停留于言论，难入精微。心本为凡人之心，何以不除名利之欲哉！”[①]蕃山这里所论及的心向内求亦是受阳明思想的影响，将其视为与主体性密切相关的问题。蕃山对此进行了如下阐发：“当思天地之间唯有己身，以天为师，以神明为友，如此便再无依赖他人之心。至此，则内心坚定而不为外物所夺，待人温和而不求全责备。”[②]

但蕃山亦未仅仅停留于心向内求这一求学途径的选择，他说：“然若仅仅止于一念独知之处，而不穷究心存疑惑事物之根理，则仍难脱离今日常人之境。正因如此，前述之工夫不能精进，而后即会渐渐厌倦。唯穷理解惑而开悟真正之智慧，方可脱离今日凡俗之境界。”[③]他认为穷理也是不可或缺的学习途径，只是学者穷追心存疑惑之事之理，为初学之法。[④]并且，蕃山认为穷理只是方法、求道的途径，而不是目的，说：“吾心并未欲要穷尽天下事物之理，只是在修身之余修习学问，而在辨明心中有所不通或者困惑之事的过程中，逐渐领会道之大意。其后，对天下之理再无困惑，且不一味依赖儒、佛之学。”[⑤]“时常穷理解惑，便可不断受益于心法，渐而提高原有之境界，最终得进德之门而达及君子之地位。此亦可称为气质之变化。”[⑥]也就是说，蕃山是将心法受用与解惑结合在一起，从而贯彻知行合一之意旨。

总之，蕃山做学问，是既采取陆象山“六经注我”、以天下经书皆为我所用的态度，同时也不排斥以穷理、格物、致知的方式解

---

① 熊泽蕃山：《集义和书》第9卷“论义二”，后藤阳一、友枝龙太郎校注：《日本思想大系30：熊泽蕃山》，第178页。

② 熊泽蕃山：《集义和书》第1卷“书简一”，后藤阳一、友枝龙太郎校注：《日本思想大系30：熊泽蕃山》，第19页。

③ 熊泽蕃山：《集义和书》第8卷“论义一”，后藤阳一、友枝龙太郎校注：《日本思想大系30：熊泽蕃山》，第138页。

④ 熊泽蕃山：《集义和书》第8卷“论义一”，后藤阳一、友枝龙太郎校注：《日本思想大系30：熊泽蕃山》，第141页。

⑤ 熊泽蕃山：《集义和书》第9卷“论义二”，后藤阳一、友枝龙太郎校注：《日本思想大系30：熊泽蕃山》，第165页。

⑥ 熊泽蕃山：《集义和书》第8卷“论义一”，后藤阳一、友枝龙太郎校注：《日本思想大系30：熊泽蕃山》，第138页。

惑，即以解惑为出发点，以穷理为方法，以在解惑过程中领悟大道，从而不再有惑为目标。这可说是一种将知与行紧密结合而为学、求学的方法。

（三）“时·处·位”说的内涵与意义

蕃山意识到了日本与中国在文明开化、历史发展、地理位置、政治结构等方面的不同，因而对中国的学问能否、以及如何适用于日本的情形进行了种种思考，从而认为恩师藤树提出的“时·处·位”之说最佳，故在藤树的基础上进一步进行了深入的意涵阐发、理论建构和思想扩展，成为蕃山思想学问的重要特点之一。

“时·处·位”说是一种权变思想，此思想最早见于《周易·系辞下传》：“神农氏没，黄帝、尧、舜氏作，通其变，使民不倦，神而化之，使民宜之。易穷则变，变则通，通则久。是以自天祐之，吉无不利。黄帝、尧、舜垂衣裳而天下治，盖取诸乾坤。”其后孔子、孟子、朱子、王阳明等都对经权思想进行过阐发。

1.“时·处·位”说的理论来源

“时·处·位”一语源自蕃山的老师中江藤树，“时·处·位”说中的“时”指时代，“处”指场所，“位”指身份或地位。藤树虽然对权、道的含义进行了阐释，但对“时·处·位”仅举以事例，未详细说明其内涵，而蕃山对其作了进一步阐发，他在《集义和书》中明示了此说所依据的思想来源，即：“若依照易之理察之，则即便万事达至穷极而难行难为之时，亦必可变通也。圣明之君主，与时势共进而变通，施行可行、可为、易知、易从之政教。世间穷极之时，事物繁多，不胜其累，将其变通，使其合宜，是为易简之善也。易简则治世长久也。易简即天地之德，乃君主作为民之父母当行之道也。如此则可得天神福佑，获赐吉利，民亦皆可各利其利。”①

蕃山“时·处·位”说的理论来源主要是《周易》，周易之易

① 熊泽蕃山：《集义和书》第7卷“始物解”，后藤阳一、友枝龙太郎校注：《日本思想大系30：熊泽蕃山》，第118页。

有三义，指变易、不易、易简。变通属于变易，万古不变是不易。在蕃山的理解中有两者是属于万古不易、不变的，一是作为天之道的诚，一是作为人伦秩序的五典十义。而可变、应变的是礼仪、法度，需遵循时、处、位而变通。[①]

2.“时・处・位”的含义

在《集义和书》很多具体事例的论述中，蕃山往往将“时・处・位”视为一个整体，或以之为角度来阐释某种情形下应当采取怎样的立场和态度，如对于学术，他说，一种学术尚未成熟之时，会适应时、处、位的变化而逐渐成熟，因时而变通，后人虽不断修改其中不合时代之处，但学术背后的大道之实义则始终不变、前后一致[②]。综合蕃山关于“时・处・位”的诸多阐释可以知道，他所谓的“时・处・位”具有以下基本含义。

其所谓“时”，有两层含义，即中国和日本的历史进程、所处历史阶段不同。他说：“古之圣人，自伏羲氏始，承续至今，有远有近。伏羲至神农，历经一万七千七百八十七年，神农至黄帝五百一十九年，黄帝有熊氏在位百年。此三人被称为三皇……”[③]认为中国的历史远远长于日本，中国经历了从伏羲时无礼仪、法度，到黄帝时期略见礼仪雏形，再到五帝时期初步建立的礼仪、法度，经夏、商至周朝才建立了完备、详细的法律，即中国的立法是在循序渐进中完成的，而日本目前的社会处于“世人神智渐开，入世者开始萌发利欲之心”[④]这一阶段，其意是说中国已成熟完备的礼法制度不适合日本。

所谓“处”，即是指因不同的地理位置和由此而形成的不同的风土人情，认为日本不仅与中国所处历史阶段不同，而且有着自身的特殊状况。蕃山以姓氏为例，通过列举日本存在着大量姓氏混乱、同姓却不同族的情况以及其与中国同姓同族情形的不同，来说

① 熊泽蕃山：《集义和书》第7卷“始物解”，后藤阳一、友枝龙太郎校注：《日本思想大系30：熊泽蕃山》，第118页。

② 熊泽蕃山：《集义和书》第13卷“论义六”，后藤阳一、友枝龙太郎校注：《日本思想大系30：熊泽蕃山》，第254页。

③ 熊泽蕃山：《集义和书》第5卷“书简五”，后藤阳一、友枝龙太郎校注：《日本思想大系30：熊泽蕃山》，第92、93页。

④ 熊泽蕃山：《集义和书》第1卷“书简一”，后藤阳一、友枝龙太郎校注：《日本思想大系30：熊泽蕃山》，第9页。

明日本与中国具有不同的历史传统、生活方式和习俗。

所谓“位”，即指身份或地位，按照蕃山的论述，日本当时所处的位，即为“当今之世，论器物之丰、人之骄奢，恐已超周朝之盛世，但民众不习礼仪之事，却与伏羲之时相同。伏羲时期之民众，虽不习礼仪，但质朴淳厚，欲念淡薄，不计利害，而今人却欲念深重，唯计利害。世间此风习之形成不过百年，却已根深蒂固，若骤然抑制其弊，迅速防止其害，则道不可行也。”[①]即说日本“欲念深重，唯计利害”的风俗已形成百年，但目前时机还未成熟，尚不能马上采取措施抑制此弊端。

同时，蕃山所谓的“位”，也指五伦秩序、人才等的各安其位。蕃山列举日本现有等级秩序中的“位、序”说：“唯天子只有一人。而今日之日本，天子之外又立一人。诸侯虽同为一等，然而其中又分为公、侯、伯、子、男五品。另又有附庸之小国。日本亦如此名类不同，品级有异，四五十万石以上者为公、侯，三十万石左右者为伯，十五万石左右者为子、男，十五万石以下者为诸侯国之附庸小国。此为诸侯等级内部之分类。而所谓卿大夫一等，则与其德行、职务之规则相同，无论大小高低皆为同类。其内部之品级，天子朝中之公卿、大夫当中，公卿等同于公、侯，而大夫等同于伯，元士等同于子、男。”[②]蕃山认为：“（《孝经》之心法，乃）正心修身、安于天命之分、人人按其所处之位而行道者也。天之生民，有物有则，天子之富贵，亦自有天子之规则，公、侯、伯、子、男各有其规，卿、大夫、士各有其道，农、工、商各有其务。”[③]从天子到士、农、工、商，都需要按照其所在的“位”而行事。

3.“时·处·位”说的意义

考察蕃山思考问题的视角可知，他基本在东亚时空的视域中来思考日本面临的问题，其对事物的判断也是基于“时·处·位”说。这一方法对于我们今天在世界时空的视域下思考中国的问题不乏启

① 熊泽蕃山：《集义和书》第5卷“书简五”，后藤阳一、友枝龙太郎校注：《日本思想大系30：熊泽蕃山》，第87页。
② 熊泽蕃山：《集义和书》第8卷“论义一”，后藤阳一、友枝龙太郎校注：《日本思想大系30：熊泽蕃山》，第144、145页。
③ 熊泽蕃山：《集义和书》第8卷“论义一”，后藤阳一、友枝龙太郎校注：《日本思想大系30：熊泽蕃山》，第143页。

示意义。同时，蕃山依据这一视角对日本当时社会政治改革提出的建议，应当也能带给我们一些启发。

在何为治理国家之人才方面，古时常认为德才兼备者方为人才，而蕃山则认为：“博学多才、德行兼备之人，若不能洞晓人情世故和时势变化，则难以治国理事。”但是，“若由了解世情可性格乖僻之人为政，又弊害甚多”，合适的方法为“作为君主，宜在适合其位之人，或是百姓认可之人，或是通晓人情世故之人中，择仁德之人来治理国事，此人即便没有学问，亦胜过以学问者处理国政”[①]。也就是说，在蕃山的心目中，懂得世风民俗、时势变化者比德才兼备还要重要，而仁德之人次之，仅有才学的博学者又次之。

对于礼法是否当立的问题，蕃山以“同姓不婚”为例，指出日本人姓氏情况特殊，非常复杂，难以确定。认为“就目前所知同氏之人而言，即使以同姓为忌，仍然不及周朝以前的五服之忌，故在现今形势下此规难以确立。可以断言，即便不立此规，百人之中同姓嫁娶者也不过一二”。因此他主张日本当下尚不宜施行此规，应当选择适合日本时、处、位之中道，[②]即蕃山认为兴立礼法等应当合乎时代，按照当时的道义而行之，不能照搬他国之不合于本国时、处、位的礼法，其理由是“礼法之兴立当循序渐进，其间若有强行之举，必有损于大道”[③]。

关于礼法当如何制定，蕃山的见解是：“礼之用乃礼所行之所也，礼繁则必乱，不知和也。夫礼，则尊恭俭，简之应‘时·处·位’之时，存和而易行，天以易知，地以简能，天地上下之位定为礼，易简之善为和，易则易知，简则易从；易知则有亲，易从则有功。”[④]很明显，蕃山认为基于当时日本社会的现状，礼法应当施行简单易行易从者。这也许和当时幕府、大名的奢侈浪费，财政出现危机有关。

---

① 熊泽蕃山：《集义和书》第1卷“论义一”，后藤阳一、友枝龙太郎校注：《日本思想大系30：熊泽蕃山》，第9、10页。

② 熊泽蕃山：《集义和书》第5卷“书简五”，后藤阳一、友枝龙太郎校注：《日本思想大系30：熊泽蕃山》，第92、97页。

③ 熊泽蕃山：《集义和书》第7卷“始物解”，后藤阳一、友枝龙太郎校注：《日本思想大系30：熊泽蕃山》，第118页。

④ 熊泽蕃山：《集义和书》第13卷“论义六”，后藤阳一、友枝龙太郎校注：《日本思想大系30：熊泽蕃山》，第245页。

对于如何才能移风易俗，使世间风气良好，适于推行礼法的问题，蕃山主张除了依靠教育，即“教导当今之世人犹如引导幼童，需启其童蒙，待其智开。……先授以学问而待其萌发礼学之心”[①]，还需要做到“持正乐而游，心之所安，游乐之事亦正，此易入德。夫乐有五声、十二律，或为歌舞，或为丝竹，怡人之性情而荡涤邪秽，和顺而得道德。故移风易俗由乐行之”[②]；并认为“今谓之木偶戏者亦演出孝子、忠臣、贞女等故事，延伸至农、工、商等生计闲暇、劳动休息之时，观赏戏剧，应有所得，必有益于风俗之教化，可触发其良心发现之处甚多。”[③]蕃山认为移风易俗的最好方法是，通过音乐来陶冶民众的性情，进行风俗的教化，从而达到移风易俗的目的。

总的来看，蕃山在中江藤树提出的“时·处·位”一说的基础上，进一步明确了其含义，深化了思考，并对“时·处·位”进行整体性把握，根据与人情、时势之不同关系阐释“时·处·位”的具体意义，主张立足于解决诸如为学、为政、教育、人才的选拔方法、确立礼规等现实问题，发挥“时·处·位”这一变通思想和方法的作用。

三、熊泽蕃山思想的主要特色及其与中国阳明学的异同

阳明心学是由中国明代大儒王守仁集心学之大成而建构，于16世纪中叶传入日本的。[④]纵观阳明学在中日的发展历程，其命运的轨迹竟有几分相似，都是在同当时作为官学、占据主流意识形态的朱子学相对立的过程中发展起来的。但若从具体内容和发展脉络来看，日本阳明学虽源于中国，却经日本学者的吸收、消化、阐发，形成独具自己特色的日本式阳明学。熊泽蕃山著成的《集义和书》，则是日本阳明学发展史上体现日本阳明学特色的一部重要

① 熊泽蕃山：《集义和书》第5卷“书简五”，后藤阳一、友枝龙太郎校注：《日本思想大系30：熊泽蕃山》，第93页。
② 熊泽蕃山：《集义和书》第13卷“论义六”，后藤阳一、友枝龙太郎校注：《日本思想大系30：熊泽蕃山》，第264、265页。
③ 熊泽蕃山：《集义和书》第14卷“论义七”，后藤阳一、友枝龙太郎校注：《日本思想大系30：熊泽蕃山》，第275页。
④ 据日本学者柴田五郎考证，王阳明的主要著作《传习录》等大致在16世纪中叶传入日本。

著作。

在此书中，熊泽蕃山以中国儒学为思想资源，将其老师，即日本阳明学始祖中江藤树提出的“时·处·位”说做了进一步阐发和理论结合实践的构建，并且将阳明学重视践履的特色发挥到了极致，由此成了日本阳明学主事功派的主要代表人物。从蕃山学与中国阳明学的不同之处来看，蕃山的思想学问主要有如下几个特点。

（一）学问目标方面的异同

中国阳明学的核心思想主张是“心即理，致良知，知行合一”，其学问的目标在于追求个体人格的完善，但同时，阳明学思想的内里也潜含了成圣、内省和成事、事功这两种发展方向的可能性。而蕃山的学问在于通过领悟大道，以之指导施政，身体力行人伦之道，旨在建立社会秩序和政治实践，其思想的经世济民性格非常明显，对于君主如何施政、如何选用人才等论述很多。例如他指出：“得人乃治国平天下之要”[①]，因为“君行仁政，而一人不可兼顾，则臣辅之。宜置本才之人于宰相之职而为政”[②]，即蕃山认为，君主要施行仁政，仅凭其一人之力难以实现，需要大臣辅佐，也需要担任职务、处理事务的人才。蕃山经世济民的理想主要体现在对施政、辅政、人才三个方面理念的思考中。

1.施政理念：对人君的要求

蕃山主张人君应当施行仁政，对人君提出了如下要求：

> 人君当有身为民众父母之仁心，以行仁政为天职。一国之君，有作为一国民众父母之天命；天下之君，有作为天下民众父母之天命……而天命无常，得众心则得国，失众心则失国。众心近仁而远不仁。修天职则得天命，废天职则失天命。天命常与仁善共存，是以天命虽无常，因仁善而恒常。[③]

仁政理念来自孟子对孔子的“仁者，爱人”这一仁学主张的继

---

① 熊泽蕃山：《集义和书》，正宗敦夫编：《增订蕃山全集》（第 1 卷），第 306 页。
② 熊泽蕃山：《大学小解》，正宗敦夫编：《增订蕃山全集》（第 3 卷），第 210—211 页。
③ 熊泽蕃山：《大学或问》，后藤阳一、友枝龙太郎校注：《日本思想大系 30：熊泽蕃山》，第 411 页。

承与发展，是基于孟子性善论、民本、王道等理论而形成的政治思想。作为儒家历来的政治主张，其核心内容是爱民、恤民，注重民计民生。

> 王如施仁政於民，省刑罚，薄税敛，深耕易耨，壮者以暇日，修其孝悌忠信，入以事其父兄，出以事其长上。可使制梃以挞秦楚之坚甲利兵矣。[①]
>
> 离娄之明，公输子之巧，不以规矩，不能成方员：师旷之聪，不以六律，不能正五音；尧舜之道，不以仁政，不能平治天下。[②]

蕃山的仁政主张也是受中国儒学的这一思想影响而产生。蕃山所言“人君虽有仁心，然不施仁政仅为善也”，来源于孟子的“徒善不足以为政，徒法不能以自行。徒，犹空也。有其心，无其政，是谓徒善；有其政，无其心，是为徒法”。[③]在此基础上，蕃山除了要求人君施行仁政，还对上层建筑的构成、保障仁政能够实施的条件进行了构想：

> 欲施仁政，需得人才。应令贤者居其位，本才施其政，能者各履其职，人君之仁心方得以广布，仁政方得以施行。[④]

可见，蕃山基于君主应当施行仁政的主张，提出了由“人君、贤者、本才、能者”构成的施政系统。

2.辅政理念：对人臣的要求

此处所说的人臣，实际指的是蕃山所说的贤者。为保证仁政的实施，蕃山认为人臣的义务当为：

> 助君主施行仁政，乃臣子之天职。为君主思、向君主进

---

① 语出《孟子・梁惠王上》

② 语出《孟子・离娄上》

③ 语出《孟子・离娄上》。

④ 熊泽蕃山：《大学或问》，后藤阳一、友枝龙太郎校注：《日本思想大系 30：熊泽蕃山》，第411页。

言、协助君主行动，善，归于君主，过，归于自身。不立己威，将威权尽归于君主。臣子谦卑，但又不过于柔弱。不为利己折腰，君主乏善之时，直言进谏，以激其柔。①

这里蕃山指出了臣子所应遵循之道义，亦即贤者所应具备的品质，但他同时对君主提出了相应要求，主张君臣应当各行其道，刚柔相济，方为君臣之正理。

3.人才理念：对本才的要求

熊泽蕃山明确指出："知人用才乃君子治国平天下之要务。"②那么何为"本才"？蕃山在多部著作中对本才进行了定位和阐释。例如他说：

本才者，治国平天下之才也……必兼备道德学术也。③

本才者，治国平天下之才也。具有救危治乱、临大变而施展世人所不及之才智，得其任而能立大功者也。④

蕃山所以为的本才，既需要具有道德品格、学术之知识，又需有应变救世之才智与本领：

贤有品，善人、信人、美人、大人并称贤人，又有狂者、狷者、中行之名，皆贤人也。其中，本才者有之，非本才者亦有之。凡人中具本才之人亦有之。管仲之辈，虽不脱凡心，但为本才。能于大难之际救天下，比之仁者亦有不让。有孔子之才者，本才之人也。⑤

蕃山对能够协助君主施行仁政的人才提出了种种要求，并将其

---

① 熊泽蕃山：《大学或问》，后藤阳一、友枝龙太郎校注：《日本思想大系 30：熊泽蕃山》，第 411 页。

② 熊泽蕃山：《集义和书》第 12 卷"论义五"，后藤阳一、友枝龙太郎校注：《日本思想大系 30：熊泽蕃山》，第 228 页。

③ 熊泽蕃山：《论语小解》，后藤阳一、友枝龙太郎校注：《日本思想大系 30：熊泽蕃山》，第 411 页注释部分。

④ 熊泽蕃山：《孝经外传或问》，正宗敦夫编：《增订蕃山全集》（第 3 卷），第 69、70 页。

⑤ 熊泽蕃山：《孝经外传或问》，正宗敦夫编：《增订蕃山全集》（第 3 卷），第 70 页。

进行了分类，评判其中何者可称为本才。在蕃山眼中，贤人当中并非都是本才，而普通人中也有天生的本才，而在天下国家遭逢大难，处于生死存亡危急之际，能够救助天下渡过难关的本才，其地位甚至可超越仁者。

综合上述内容可见，蕃山对于君主如何施政，臣子如何辅政、如何鉴别人才等都有很深入的思考，体现了他对政治的关注，这也是他为学的出发点，是其思想的重要组成部分，也是与王阳明思想的不同之处。

（二）思想内容方面的异同

1.对“格物致知”的理解

朱熹在《大学》中对格物致知解释说：“所谓致知在格物者，言欲致吾之知，在其物而穷其理也。盖心之灵莫不有知，而天下之物莫不有理，唯于理有未穷，故其知有不尽也，是以《大学》始教，必使学者即凡于天下之物，莫不因其已知之理而益穷之，以求至乎其极。至于用力之久，而一旦豁然贯通焉，则众物之表里精粗无不到，而吾心之全体大用无不明矣。此谓物格，此谓知之至也。”朱熹将格物对象集中于外在事物，认为格物即是穷尽天下事物之理，格物的目的是致知。而王阳明与朱熹的观点不同，他将知理解为心本来既已具备的良知，而不是知识本身，因此他对格物致知这样解释说：“端正事业物境，达致自心良知本体。‘致知’云者，非若后儒所谓充扩其知识之谓也，致吾心之良知焉耳。良知者，孟子所谓‘是非之心，人皆有之’者也。是非之心，不待虑而知，不待学而能，是故谓之良知。是乃天命之性，吾心之本体，自然灵照明觉者也。……‘物者’，事也，凡意之所发必有其事，意所在之事谓之物。格者，正也，正其不正以归于正之谓也。正其不正者，去恶之谓也。归於正者，为善之谓也。夫是之谓‘格’。”（《大学问》）阳明认为格是纠正之意，即去恶从善。物是与心、意、事一体的，通过格物而正良知。

朱王两说相较可知，朱熹的重点在于外在的客观事物，王阳明侧重于正心。而蕃山则说：“易经六十四卦皆有合乎卦象之格致心法。其阐述简易明了、连贯通畅易懂，最早出自尧传于舜之执中心法。孔子传授于颜回之‘非礼勿视，非礼勿听，非礼勿言，非礼勿动’，皆格物致知之意也。曾子将孔子一以贯之之思想概言之，曰‘忠恕’二字，子思又将孔子、曾子所传授之思想述为一章经，此即格物致知也。”又说：“所谓万事万物之道理，无论如何用心体会，亦不知其意。以吾之见，物即事也。事为物之用，物为事之体，二者不可分也。有五伦之物，则有五伦之事，五伦之物为君臣、父子、夫妇、兄弟、朋友，五伦之事为五典十义。即以五伦之物穷尽五典十义之理，得以心领神会且身体力行者，即为格物致知也。”可见，熊泽蕃山对于格物致知概念的理解、阐释以及所指内容，具有明显的向形而下发展的特点，即变得更加具体和现实，更易于付诸社会实践和道德实践了。

2.对“良知”的认识

在何为“良知”的认识上，蕃山与王阳明有明显的相似之处。王阳明说：“知是心之本体，心自然会知。见父自然知孝，见兄自然知弟，见孺子入井，自然知恻隐，此便是良知，不假外求。”又说：“所谓人虽不知而己所独知者，此正是吾心良知处。”（《传习录》）即认为慎独也属于一个人良知的范畴。蕃山与王阳明相比，对“良知”的界定更为简单明了。他说：“人皆厌憎不义之行为、耻于种种恶行，此即为良知也。”[①]并且认为即便是恶人也具有良知，所以他曾向求学者强调：“阁下心中自有良知，自能知晓深处之念头。不止你我，凡有恶念之人皆是如此。”[②]由此可知，熊泽蕃山与王阳明在主张“良知即是去恶为善”“无论任何人皆具有良知”之观点是完全一致的。

对于致良知，王阳明说：“若鄙人所谓致知格物者，致吾心之良知于事事物物也。吾心之良知，即所谓‘天理’也。致吾心良知之‘天理’于事事物物，则事事物物皆得其理矣。致吾心之良知者，致知也。事事物物皆得其理者，格物也。是合心与理而为一者也。”（《传习录》）蕃山的立场与阳明基本一致，认为：“所谓万事万物之道理，无论如何用心体会，亦不知其意。以吾之见，物即事也，事为物之用，物为事之体，二者不可分也。”

① 熊泽蕃山：《集义和书》第6卷“心法图解卷”，后藤阳一、友枝龙太郎校注：《日本思想大系30：熊泽蕃山》，第108页。

② 熊泽蕃山：《集义和书》第1卷“书简一”，后藤阳一、友枝龙太郎校注：《日本思想大系30：熊泽蕃山》，第10页。

蕃山所说的物与事二者不可分，与王阳明所说的“合心与理而为一”有异曲同工之妙。蕃山还强调“天下诸理之要者，是齐家、治国、平天下。其中各事，皆需天赋才智”的立场，主张“一人无法穷理，唯有合力共谋，方能知天下，为天下之事……”[①]蕃山将“理”“事”“知”“才智”统统连接了起来，希冀天下之人都能“致知”，增长才智，合力共致天下之事，表现出了格外重视事功的特点。

3.对心法的理解

蕃山所绘心法图及其阐释从表面上看是综合各家之说而成，但其本质正是对王阳明之四句教之阐发。王阳明四句教的内容是：无善无恶心之体，有善有恶意之动，知善知恶是良知，为善去恶是格物。即心之本体无善无恶，当有意念时，则失去本体，就会有善恶，意识到善恶就是良知，而为善去恶即格物。若不为善去恶，则良知就被遮蔽。

但蕃山对心法的阐释首先由“中”而展开，他说：“中也者，天下之大本也；中也者，天地人之根本也，义也，不向他处求，且无超过此‘中’之解者也。‘中’亦称内，内乃物之主也，禁中而奉内亦为此义也；心亦称内，故中为心之别名也。”[②]这清楚说明了心法图中方框和圆形皆为“心”的结构性意涵，而其中的“无形无色、无声无臭、静虚无欲、寂然不动”，正是无善无恶心之体所形容之心之本然状态；其次是“感而遂通天下之故”，意即意念萌发之时；第三是所谓“动直、无为”，“视善、听善、言善、行善”，蕃山对其解释说“不行善便不能积德。而所谓善者并非行事，游于六艺亦为行善也，为今日当为之事皆为善也”[③]，认为其皆可理解为为善去恶；第四，蕃山重视的慎独亦是王阳明所强调之工夫。

王阳明以言述之，而蕃山以图示之，并加以语言阐释，将四句

① 熊泽蕃山：《集义和书》第9卷“论义二”，后藤阳一、友枝龙太郎校注：《日本思想大系30：熊泽蕃山》，第160页。
② 熊泽蕃山：《集义和书》第11卷“论义四”，后藤阳一、友枝龙太郎校注：《日本思想大系30：熊泽蕃山》，第205页。
③ 熊泽蕃山：《集义和书》第7卷“心法图解”，后藤阳一、友枝龙太郎校注：《日本思想大系30：熊泽蕃山》，第106、107页。

教的意思解释得更加直观、易懂。

4.对经权思想的理解

学者赵清文对中国儒学史上的经权思想进行了梳理："在儒家思想史上，对于'权'的重视始于孔子。《论语·子罕》中说'可与立，未可与权'，'权'作为一种能力或境界，强调的是主体在具体的实践情境中的权衡或权变。然而，将'经'与'权'作为一对概念对举从而形成明确的经权理论，是从汉代才开始的。"① "汉儒的经权观着重在'权变'的意义上来解释'权'，提出'反经合道为权'；宋代的程颐、朱熹等人则突出了'权'的"权衡"之意，认为'权即是经'或者'权为未定之经，经为已定之权'。尽管这两种理论对'经'的普遍性限度和适用范围的理解不同，但无论是汉儒还是宋儒，都将"经"首先视为一般情境之下都应普遍遵循的道德准则。"②这里，经指常理、常道，可能出自经典，也可能是现实中大家普遍遵守的规则，变化不大，而对权的解释在侧重上有一些改变。

王阳明也认为经为常道，根据不同的情形，则常道之依据亦不同，可为《易经》《书经》《诗经》《礼记》等经典。但"心即理"，把握这些经典内容的仍然是心，取决于人的主体性，而致良知是"经""权"统一的实践路径。③

通过前文对蕃山"时·处·位"说的分析，我们能够看到蕃山对于经与权的认识，即作为形而上的经，不可更易改变的是作为天之道的"诚"、作为人之道的"五伦""五典十义"，而作为可以权衡利弊予以取舍、变通的是依据时、处、位的具体情况而采取的对策和方法等。

比较蕃山与阳明经权思想，其不同之处在于他们的"经"的来源不一样，而"权"之对象也不尽相同，阳明所指的是适用于普遍、一般情形下的权衡，而蕃山主要针对的对象是礼法，并且其权衡的依据在于通过将中国的学问历史化、相对化后所凸显出来的时、处、位。但二者在通过主体性而赋予"经""权"的意义内容

---

① 赵清文：《"良知"与"经权"——王阳明的经权观及其启蒙意义》，《浙江社会科学》2018年2月，第110页。

② 赵清文：《"良知"与"经权"——王阳明的经权观及其启蒙意义》，第111页。

③ 赵清文：《"良知"与"经权"——王阳明的经权观及其启蒙意义》，第112页。

方面仍然是一致的。

5.“知即理”与“心即理”

如前所述，中国儒学的发展，自孔孟、程朱理学至陆王心学，是依照时间之序，在各种流派的立场、主张相碰撞，各种观念的论争与交融中逐步发展、形成、深入与成熟的。而程朱理学、陆王心学，以及同时期其他持各种立场的儒学思想，则在短时期内同时传入日本，日本的思想家面对各种见解与主张，势必要做出取舍与整合，加之江户时代日本闭关锁国，也为其主体意识产生和主体性确立提供了条件。蕃山的“时·处·位”说，正是在这种背景下，通过将儒学思想的历史化和相对化进行容受与扬弃，承继中国阳明学思想的产物。蕃山的诸多言说也明确显示了他亦是站在“心即理”的立场论述道、理。但蕃山在容受、继承的基础上，也有一定的创新和发展，例如蕃山相对于程朱的性即理、王阳明的心即理，提出了“知即理”一说：

> 所谓万事万物之道理，无论如何用心体会，亦不知其意。以吾之见，物即事也，事为物之用，物为事之体，二者不可分也。有五伦之物，则有五伦之事，五伦之物为君臣、父子、夫妇、兄弟、朋友，五伦之事为五典十义，即以五伦之物穷尽五典十义之理，得以心领神会且身体力行者，即为格物致知也。知即理也。①

虽然蕃山对此“知即理”说并没有做进一步的理论完善和逻辑建构，但他对儒学的基本概念、理念、德目，诸如仁、智、礼、义、信、诚等的解释和定位，与中国儒学者的阐释并不完全相同。例如孔子强调仁的重要，孟子欲尽心知性，朱子追求天之理，阳明追求心之理，而蕃山所追寻的“知之理”，则是日本之理。

例如对于“先王之道，于忠、质、文三者中，当取何者”之问，蕃山回答说：“此非鄙人所知也。如若圣贤在世，当择‘忠’也。现今骄奢之风气，非文也。质，亦为文之基也。惟忠是为诚

---

① 熊泽蕃山：《集义和书》第9卷“论义二”，后藤阳一、友枝龙太郎校注：《日本思想大系30：熊泽蕃山》，第159页。

也。诚立，则伪去也。所谓骄奢与矫饰，多为伪矣。消除此习气而后，方可趋于质也。再经时变，或可使文再现。”①

在蕃山的“知之理”中，首先肯定“诚”乃万古不易之道，具有最高的价值；其次，基于当时武家掌权的社会现实强调文武兼修，重视“武”之价值与精神；第三，基于当时德川社会对人才才能素质的需要，主张在“文”“质”“忠”三者中选择“忠”；第四，认为孝于天地诞生之前即已存在，以其统摄仁、义、礼、智、信等德目，便可以孝治天下。此即蕃山的“知之理”，亦即其所谓的“日本之理”。

尽管蕃山在对学问具体内容的理解上与阳明心学存在一定的差异，但蕃山的致良知主旨与阳明心学主张体现主体性的立场别无二致；蕃山以匡扶社稷为己任而注重践履的实学思想——“事功良知学”，主张“即知即行”，这与阳明学强调社会实践中知行合一的主张亦具有非常相似的性格；蕃山的经权思想、对于人的主体性的强调，也同中国阳明学所具有的启蒙色彩和作用一样，具有促进人的主体性价值发现的积极意义。总而言之，蕃山与阳明二者在学问目标、具体内容等方面虽然有所不同，但在主张提高自身修养，努力超越自我，内求于己方面的价值取向是一致的。

四、结语

日本阳明学始创人中江藤树壮年早逝，其“时·处·位”说尚未拓展开来，蕃山作为其弟子承继该学说，继续阐发，成为日本阳明学主事功派的主要代表，对日本阳明学的发展起到了承前启后的重要作用，其所著《集义和书》也成为了解、研究日本阳明学不可或缺的名著。

日本阳明学主事功派注重践履，以匡扶社稷为己任与目标，其思想理论被学界称为“事功良知学”。熊泽蕃山主导了冈山藩的藩政改革，并著书阐释、阐发王阳明的学问。他最早于为冈山藩学校《花园会约》中就提出了“致良知”作为该校教育的宗

① 熊泽蕃山：《集义和书》第9卷“论义二”，后藤阳一、友枝龙太郎校注：《日本思想大系30：熊泽蕃山》，第165、166页。

旨。除了《集义和书》，蕃山还著述了《大学或问》《论语小解》《易经小解》等书，对于阳明学在日本的传播、传承都起到了巨大作用。

熊泽蕃山针对封建领主阶层提出了“王道经济论”，针对中下级武士阶层提出了“武士归农论”，针对町人阶级尤其是商人提出了“理欲调和论”，并以这三者为支柱建构了他的“道德经济相即论”，确立了其在日本思想史上的地位；熊泽蕃山的“时·处·位”理论，即使在当今社会仍然具有重要的参考价值，对当下时代的前进、社会的发展依然有着重要的启示意义。

在不同的文化土壤中育养与历史风雨洗礼之下，同一思想来源的花朵会结出不同的果实。阳明学创始于中国，却传播至异域焕发出另一种光彩，从而丰富了其内涵与价值，赋予了它更多的文化活力与深化的意义。在面临当下传统与现代、知识与实践、个体与社会、道德与秩序、法律与伦理等重要课题时，日本阳明学应当能给我们提供一个将传统与现代、他者与自我结合起来思考并进行思想理论创新的参照系。熊泽蕃山对于阳明心学的认知、阐发、创新以及基于本国现实的实践，对于我们如何继承、活用和发挥阳明学思想的现代价值，并将其运用于我国社会主义文明和核心价值观建设之中，具有不可否认的启示意义。

参考文献

[1] 后藤阳一，友枝龙太郎，校注．日本思想大系 30：熊泽蕃山[M]. 东京：岩波书店，1982.

[2] 井上哲次郎．日本阳明学派之哲学[M]. 东京：富山房，1890.

[3] 李庆．日本汉学史第一部：起源和确立（1868—1918）[M]. 上海：上海人民出版社，2010.

[4] 王守仁．王阳明全集[M]. 陈恕，编校．北京：中国书店出版社，2014.

[5] 源了圆．德川思想小史[M]. 东京：中央公论新社，1973.

[6] 赵清文．“良知“与“经权”——王阳明的经权观及其启蒙意义[J]. 浙江社会科学，2018.2.

[7] 正宗敦夫，编．增订蕃山全集[M]. 大阪：名著出版，1976.

[8] 中江藤树．翁问答[M]// 山下龙二，校注．日本思想大系 29：中江藤树．东京：岩波书店，1974.

[9] 中、日、韩三国的实学研究会，编著．影响东亚的 99 位实学思想家[M]. 北京：中国财富出版社，2015.

[10] 子安宣邦．江户思想史讲义[M]. 东京：岩波书店，2013.

附录：熊泽蕃山年谱

	年龄（岁）	经历	相关事件	著述
1619 年	1	出生于京都稻荷。父野尻一利，母熊泽龟。	外祖父熊泽守久追随被德川幕府流放的福岛正则至信浓。藤原惺窝去世。	
1623 年	5	次弟仲爱出生。	德川家光继任将军。	
1624 年	6		熊泽守久赴京，奉侍于德川赖房。	
1625 年	7	妹玉女出生。		
1626 年	8	与其母寄居于外祖父熊泽守久家，不久成为熊泽家养子。		
1627 年	9		伊藤仁斋出生。	
1629 年	11	熊泽权八郎（熊泽正兴）出生。	后水尾天皇退位。	
1630 年	12		林罗山在上野忍冈开设私塾。	
1631 年	13		中江藤树著《林氏剃发受位辩》。	
1632 年	14		贝原益轩出生。	
1634 年	16	出仕、奉侍于冈山藩藩主池田光政(1609-1682)。养父（外祖父）熊泽守久去世。	中江藤树脱离大洲藩，回到近江小川村。	
1635 年	17		幕府颁布锁国令。	

1636 年	18	弟仲爱出仕平户藩，奉侍于松浦氏。妹万出生。	日光东照宫建成。	
1637 年	19	随池田光政赴江户参勤。 岛原之乱中，父野尻一利加入锅岛藩军队作战。 弟仲爱成为岩田治左卫门的养子。	发生岛原之乱。	
1638 年	20	池田光政奉命回藩、出兵岛原。蕃山紧随其后欲随军出战，因战乱平息未能如愿。 蕃山离职移居到近江桐原村，立志于学问。	中江藤树著《持教图说》《原人》。	
1639 年	21		中江藤树著《学舍座右铭》。	
1640 年	22	读《四书集注》。 三弟一成出生。 熊泽正兴出仕于平户藩松浦氏。	中江藤树著《翁问答》《灵符疑解》《翼传》，读《性理会通》《王龙溪语录》。	
1641 年	23	赴京都访师求学。七月、九月至翌年四月受学于中江藤树，听讲《孝经》《大学》《中庸》。	荷兰商馆从平户迁移至长崎出岛。 中江藤树著《孝经启蒙》。 冈山藩开设花畠教场。	

1642 年	24	父野尻一利赴江户，蕃山回到近江桐原村照顾弟弟妹妹。 弟仲爱离开平户藩，不久进入中江藤树门下。		
1643 年	25		《宽永诸家系图传》成书。	
1644 年	26		中江藤树阅读《阳明全集》。	
1645 年	27	再度出仕冈山藩，改名为二郎八。		
1647 年	29	任近侍，俸禄三百石。	山崎暗斋著《辟异》。	
1648 年	30	奉池田光政之命吊唁中江藤树。 熊泽正兴离开平户藩。	中江藤树去世。	
1649 年	31	随池田光政赴江户参勤，幕府武士向蕃山问学者甚多。		
1650 年	32	改名为助右卫门。升为番头，俸禄三千石。 弟仲爱、正兴奉召入冈山藩。	林罗山《本朝通鉴》成书。	出版《大和西铭》，著书《十界之图》
1651 年	33	随池田光政赴江户参勤，纪伊赖宣等问学者甚多。发起“花园会”。	德川家光去世，德川家纲继任将军。 林罗山著《草贼前记》。	起草《花园会约》
1652 年	34		林罗山著《草贼后记》。	

1654 年	36	发生史无前例的洪水、大饥荒。蕃山到处奔走救灾。		
1655 年	37	次女载出生。	冈山藩实施藩政改革。池田光政将祖先祭祀改为神儒祭祀。	与津田永忠等的“问答略记”成书
1656 年	38	将池田光政三子池田政伦收为养子，作为家业继承人。		
1657 年	39	隐居寺口村，将其改名为蕃山村。长子继明出生。	林罗山去世。新井白石出生。	赠津田永忠诗《吾辅仁之良友也》
1658 年	40		室鸠巢出生。	
1660 年	42	改名了介。 从冬天至翌年四月于丰后指导冈藩民政。		
1661 年	43	迁居到京都上御灵。		
1662 年	44	到深草称心庵拜访元政上人。 次子继义出生。	松平信纲去世。 京畿发生大地震。 伊藤仁斋开设古义堂。	
1665 年	47	三子武三郎出生。	山鹿素行著《圣教要录》。	
1667 年	49	移居到山城鹿背山。		出版《葬祭辩论》
1668 年	50	熊泽正兴之妻、蕃山之妹万去世。	冈山藩开设习字所。	
1669 年	51	移居明石城。 在冈山藩新学校授课至第二年四月。	冈山藩设置新学校。	

1670 年	52	母熊泽龟去世。移居太山寺。	林鹅峰著《续本朝通鉴》。冈山藩设立闲谷学问所。	
1671 年	53	回蕃山村小住。自此被池田光政排斥。	伊藤仁斋倡导垂加神道。	《源语外传》成书
1672 年	54		池田光政隐退，池田纲政袭位。	出版《集义和书》，著《息先生道谈》
1674 年	56	给池田政伦写信，劝戒其切勿骄奢，议论冈山藩施政不当。		
1675 年	57	自号息游轩。		
1676 年	58	次女载去世。		再版《集义和书》
1677 年	59	欲回近江桐原村隐居，未获幕府准许。		
1679 年	61	由明石迁居郡山藩矢田山法光寺。		著《中庸小解》、《集义外书》（十二册）、《论语上卷小解》
1680 年	62	父野尻一利去世。		
1682 年	64		山崎暗斋去世。池田光政去世。	《浩然之气解》成书
1683 年	65	应堀田正俊之邀赴江户。拒绝幕府擢用，回到矢田村。		
1684 年	66	赴京都，与门人弟子论学。		

1685 年	67	赴京都，与门人弟子论学。 继明之妻烈（27岁）、继明（29岁）去世。 致书身在江户的池田纲政、池田政伦，劝谏治理藩政之乱。	山鹿素行去世。	《三轮物语》《大学（和）解》成书
1686 年	68	赴京都论学。		《大学小解》《论语下卷小解》《系辞上下传解》成书，计划增加乐论、水土解，修订《集义和书》
1687 年	69	赴京都论学。 被幕府幽禁于古河城赖政廓。		出版《论语下卷小解》
1688 年	70	蕃山之妻一去世。		
1689 年	71			出版《大学小解》
1690 年	72	京都的门人学习《孝经小解》《孝经外传》《夜会记》等。	圣堂迁至汤岛。	
1691 年	73	去世。		《易经小解》成书

注：本表制定时参考了后藤阳一、友枝龙太郎校注的《日本思想大系30：熊泽蕃山》书后所附《熊泽蕃山年谱》。

后记

《熊泽蕃山〈集义和书〉译注与研究》是由北京大学教授、贵州师范大学特聘教授刘金才先生主持、于2015年立项的国家社会科学基金重点项目《日本阳明学家经典著作译注与研究》的成果之一，结项之后我们根据专家意见等又做了一些修改和完善。

本书是《日本阳明学家经典著作译注与研究丛书》的第二辑，是这套丛书中字数最多的一辑。熊泽蕃山是日本阳明学主事功派最具代表性的学者，在日本近世阳明学发展史和谱系中占有极其重要的地位，其思想上承其师中江藤树，下启日本阳明学后学，对日本阳明学的发展做出了仅次于中江藤树的重要贡献。从熊泽蕃山的整体思想学问来看，最能体现其学问体系和思想核心要旨的当属《集义和书》。在该书中，蕃山充分论述和阐发了自己的天道与人道观、施政观、人才观及“时·处·位”说等，因此，欲窥其思想的概貌、核心内容及精神要旨，抑或认知、研究日本近世阳明学，此书都是极具代表性的经典。

本辑的译著工作由张凌云和严薇完成。其中，第一部分“述介”、第三部分“思想评述”由张凌云完成；第二部分即《集义和书》的译注部分，严薇承担了第一卷《书信问答》（第1—4篇）、第四卷《论义》（第3—9篇）的译注；张凌云承担了第一卷《书信问答》（第5篇）、第二卷《心法图解》、第三卷《始物解》、第四卷《论义》（第1、2篇）的译注；最后由张凌云负责全文统稿。在本书译著过程中，刘金才教授组织了多次讨论会，就翻译中出现的各种情况和问题进行了指导，并对张凌云承担的部分进行了审定；刘齐文教授对译稿进行了订正和审阅。

本书初稿完成时，贵州省社会科学院阳明学专家王路平研究员对译稿和评述进行了审阅，提出了诸多宝贵的修改建议和意见，深表谢意！本书能够出版，有赖于贵州日报当代融媒集团和孔学堂书局的大力支持，衷心感谢！也感谢张基强、黄文华两位编辑认真校阅，他们查阅了大量资料，在校阅过程中与我们就一些细节进行了多次商讨，为本书的出版付出了很多心血，他们的严谨、细心保证了本书的出版质量，在此谨致以诚挚的敬意和感谢！

本稿虽经过认真修改，力争完善，但由于译著者才疏学浅，尚存在不足之处，敬请读者批评、指正。

译著者

2022 年 10 月

总跋

2013年本人在日访学期间，为调研日本阳明学的生成轨迹，前往日本阳明学创始人中江藤树的家乡滋贺县高岛市，参访了“近江圣人中江藤树纪念馆”、挂有光格天皇1796年亲赐“德本堂”堂匾的藤树书院以及日本阳明园，真切感受到了阳明心学文化在日本经久不衰的影响力和日本阳明学的特色，萌生了将“原汁原味”的日本阳明学介绍到我国的想法。后与国际中江藤树思想学会合作在北京大学举办“阳明学与东亚文化”学术研讨会（2014年12月），又受邀参加贵州阳明文化研究院举办的“阳明文化与社会主义核心价值观”高端学术论坛（2015年1月），进一步认识到译注日本阳明学原著对于中国学界深化研究阳明学普世价值和时代意义的必要性，确立了进行“日本阳明学家经典著作译注与研究”课题的基本构想。随之在贵州师范大学的领导和该校社科处的支持下进行课题设计、论证和组建团队，申报了2015年国家社科基金重点项目，于当年6月成功获批立项（项目批准号：15AZX011）。可以说，没有这一课题的立项，就没有这套《日本阳明学家经典著作译注与研究丛书》，因此我们首先要向为这一课题的构思、设计、选材、论证及成功申报给予诸多支持和帮助的时任贵州师范大学副校长的徐晓光教授，贵州阳明文化研究院院长郭齐勇教授、常务副院长韩卉教授，日本中江藤树纪念馆馆长中江彰先生，国际中江藤树思想学会常务副会长海村惟一教授，贵州师范大学刘齐文教授，北京大学潘钧教授等表示由衷的谢意。

这套丛书是在上述国家重点课题结项成果的基础上编辑而成的。课题的目标是对日本近世6位著名阳明学家的7部原著进行中文译注，对著者的生平和该著的成书经纬、思想内容及其价值意义进行专题研究，可称是一项集文本译注与思想研究为一体的综合性、多单元的大课题。其翻译任务之艰巨、注释工作之庞杂、研究难点之繁多、校勘和统稿之耗力，在中国日本学翻译与研究史上也属罕见。也正因如此，本课题从立项开题，确定课题组成员对应6个单元的任务分工开始作业，到完成课题结项，及至编辑成丛书出版，共耗时7年之久。

7年来，课题组成员以完成课题任务为使命，在中外有关专家、学者的支持和指导下，围绕课题的宗旨和目标、翻译的原则和文体、注释的范围和体例、研究的路径方法和内容创新等，先后召开了规模不等的研讨会十数次，集思广益解决译注和研究过程中的问题，公开发表学术论文11篇。为提高译注和研究的水平和质量，在兢兢业业进行艰苦汉译作业的同时，多方求教于阳明学研究专家，“恶补”中日阳明学有关理论知识，广泛借鉴前人的研究成果，潜心研究作家作品和竭力撰写“思想评述”。没有这样一支日文功底深厚、汉译经验丰富、学术思想活跃、内聚力强和敬业务实的学术团队，要完成如此艰巨的课题是不可想象的。这一课题凝聚了每位成员的智慧和汗水。我作为课题主持人，在此谨向课题组全体成员致谢并道一声辛苦。他们是：担任第一辑《中江藤树〈翁问答〉译注与研究》译著的北京邮电大学日本文化研究所所长左汉卿副教授；担任第二辑《熊泽蕃山〈集义和书〉译注与研究》译著的贵州师范大学讲师张凌云博士、严薇老师以及负责审定的刘齐文教授；担任第三辑上卷《三重松庵〈王学名义〉译注与研究》译著的贵州师范大学刘静讲师、担任第三辑中卷《三轮执斋〈日用心法〉•〈四句教讲义〉译注与研究》译著的贵州师范大学潘琳静讲师、担任第三辑下卷《佐藤一斋〈言志录〉译注与研究》译著的外交学院日语教研室主任代红光博士；担任第四辑《大盐中斋〈洗心洞札记〉译注与研究》译著的北京邮电大学日语专业负责人李凡荣博士。

当然，本课题之所以能够顺利完成和出版，必须感谢众多中日有关专家、学者的热情支持、多方指导和帮助。他们是：在开题活动中为课题开展出谋划策的贵州师范大学社科处处长杨斌教授、贵州大学王晓梅教授、浙江工商大学李国栋教授等，在课题研究中惠予我们诸多启迪和指导的时任中华日本哲学会会长的王青教授、北京大学魏长海教授、浙江省社会科学院钱明研究员和吴光研究员、复旦大学吴震教授、南开大学刘岳兵教授、山东大学邢永凤教授、日本国际基督教大学小岛康敬教授、日本帝京大学安达义弘教授等，对课题稿件进行审阅和指教的贵州省社会科学院王路平研究员、贵州师范大学娄贵书教授、海南大学金山教授、中国科学院诸葛蔚东教授、宁波社科院陈礼权研究员、广岛大学客座讲师杨刚博士等，谨记于此，一并表示衷心的谢忱和敬意。

本丛书得以作为“阳明文库”系列之一出版，有赖于贵州日报当代融媒集团和孔学堂书局的青睐和鼎力支持。在此谨向为策划、组织丛书出版殚精竭虑的张发贤副总编辑，向为丛书文稿的编辑、校对付出辛勤劳动和智慧的编辑们致以诚挚的感谢！

我们深知，日本阳明学是思想史上一个奇特的现象，日本近世阳明学家著作是其集中体现，能否完成好其经典著作的译注与研究任务，对于我们这个多出身于日本语言文化专业的课题组而言，无疑是非常艰巨的挑战。所以尽管我们磨砺 7 年，尽了最大努力，但肯定会有不少力所不逮乃至错谬之处，敬请读者和学界同仁不吝批评和指正。

课题主持人·丛书主编 刘金才谨识

2022 年 10 月 16 日于北京